Hans-Joachim Hess

Kommentar zum Produktehaftpflichtgesetz

Hans-Joachim Hess
Rechtsanwalt

Kommentar zum Produktehaftpflichtgesetz (PrHG)

Verlag Paul Haupt Bern · Stuttgart · Wien

Die Deutsche Bibliothek – CIP-Einheitsaufnahme

Hess, Hans-Joachim :
Kommentar zum Produktehaftpflichtgesetz /
Hans-Joachim Hess. –
Bern ; Stuttgart ; Wien : Haupt, 1994
ISBN 3-258-04863-0

Vorwort

Mit dem Inkrafttreten des Produktehaftpflichtgesetzes zum 1.1.1994 wird im Rahmen der Swisslex die „autonome Anpassung" der Schweizer Produktehaftpflicht an das sekundäre EG-Gemeinschaftsrecht vollzogen. Dabei wurden die Bestimmungen der EG-Produkthaftungsrichtlinie (85/374/EWG) überwiegend wörtlich übernommen, d.h. der schweizerischen Gesetzessystematik angepasst.

Der vorliegende Kommentar soll dem Anwalt, Wirtschaftsjuristen aber auch Studenten als Arbeits- und Handbuch dienen. Darüber hinaus vermittelt er nicht nur einen Einblick in das schweizerische Produktehaftpflichtrecht, sondern will auch die Diskussion rund um das bestehende Produktehaftpflichtrecht und den Konsumentenschutz anregen.

Wegen der nur vereinzelt zum Thema „Produktehaftpflicht" in der Schweiz zur Verfügung stehenden Literatur habe ich versucht, den Kommentar mithilfe der Doktrin und Rechtsprechung unserer europäischen Nachbarn zu ergänzen, dabei wurde insbesondere Bezug auf die Lehre und Judikatur in Deutschland genommen, wo die EG-Richtlinie am 1.1.1990 als „Produkthaftungsgesetz" (BGBl. 1989 I S. 2198) transformiert wurde.

Aufgrund der unterschiedlichen Behandlung des „Importeurs" in der Schweiz und der EG war es darüber hinaus angezeigt, näher auf internationale Übereinkommen, wie z.B. das Lugano-Übereinkommen, und Fragen der kollisionsrechtlichen Anknüpfung im Rahmen des IPRG einzugehen.

Da die meisten EG- und alle EFTA-Staaten mittlerweile ihr Recht der EG-Produkthaftungsrichtlinie angepasst und die wesentlichen Bestimmungen der Richtlinie ebenfalls weitgehend wörtlich übernommen haben, gibt das Werk auch die Möglichkeit, sich vom Produktehaftpflichtrecht in Westeuropa einen ersten Überblick zu verschaffen.

Literatur und Rechtsprechung sind bis Ende September 1993 berücksichtigt.

Für die redaktionelle Bearbeitung sowie für die Erstellung der Anhänge und Register danke ich meiner Kollegin Frau lic. iur. Daniela Langenauer, meinen Mitarbeitern, cand. iur. Matthias Courvoisier, cand. iur. Marc. R. Epelbaum, cand. iur. Michael Hyzik sowie cand. iur. HSG Benno K. Räber.

Danken möchte ich vor allem meinem ehemaligen Ausbilder bei der EG-Kommission in Brüssel, Herrn Prof. Dr. Hans Claudius Taschner als der zuständige Referent für die EG-Produkthaftungsrichtlinie, der mir seinerzeit den notwendigen Einblick in das europäische System der Produzentenhaftung vermittelt und die Begeisterung für dieses wirtschaftlich so bedeutende Thema geweckt hat.

Nicht zuletzt gilt mein Dank auch dem Verlag Paul Haupt, der sich schon frühzeitig für die Aufnahme der Kommentierung in sein Verlagsprogramm entschieden hat.

Dem Benutzer dieses Werkes wünsche ich eine interessante und aufschlussreiche Lektüre. Hinweise, Kritiken und Ergänzungen sind jederzeit sehr willkommen.

Küsnacht/ZH, im Oktober 1993 Hans-Joachim Hess

Inhaltsverzeichnis

Teil 1
Systematischer Teil

Teil 2
Bundesgesetz über die Produktehaftpflicht

Kapitel 4: Ausnahmen von der Haftung und Selbstbehalt... 254

Teil 3: Die Produktehaftpflicht in Europa

Anhänge

23

Abkürzungsverzeichnis

A.	Auflage
a.A.	anderer Ansicht
a.a.O.	am angeführten Ort
a.E.	am Ende
a.M.	anderer Meinung
ABGB	Allgemeines Bürgerliches Gesetzbuch für Österreich vom 1. Juni 1811
ABl.	Amtsblatt der Europäischen Gemeinschaften
Abs.	Absatz
AJP	Aktuelle Juristische Praxis (Zeitschrift)
allg.	allgemein
Amtl.Bull.	Amtliches Bulletin der Bundesversammlung (bis 1966 StenBull.)
Art.	Artikel
AT	Allgemeiner Teil
BB	Betriebs-Berater (Zeitschrift)
BBl	Bundesblatt der Schweizerischen Eidgenossenschaft
Bd.	Band
Bde.	Bände
bes.	besonders
betr.	betreffend
bez.	bezüglich
BG	Bundesgesetz
BGB	(deutsches) Bürgerliches Gesetzbuch
BGE	Entscheidungen des Schweizerischen Bundesgerichts, amtliche Sammlung (zit. nach Jahrgang, Band, Seite)
BGer	Bundesgericht
BGH	(deutscher) Bundesgerichtshof
BGHZ	Entscheidungen des deutschen Bundesgerichtshofes in Zivilsachen
BJM	Balser Juristische Mitteilungen (Zeitschrift)
BR-Drucks.	Bundesratsdrucksache
BT	Besonderer Teil
BT-Drucks.	Bundestagsdrucksache
bzw.	beziehungsweise
CC	Code civil
	Codice civile
	Código civil
CR	Computer und Recht (Zeitschrift)
d.h.	das heisst
DAR	Deutsches Autorecht (Zeitschrift)
DB	Der Betrieb (Zeitschrift)
ders.	derselbe
dies.	dieselbe(n)

DIN	Deutsche Industrie-Norm, Deutsches Institut für Normung e.V.
Diss.	Dissertation
E	Entwurf
E.	Erwägung
EDMZ	Eidgenössische Drucksachen- und Materialzentrale (Bern)
EG	Europäische Gemeinschaften
Einf.	Einführung
Einl.	Einleitung
ErwG	Erwägungsgrund
etc.	et cetera = usw.
EuGH	Gerichtshof der Europäischen Gemeinschaften
EuGVÜ	Europäisches Gerichtsstands- und Vollstreckungsübereinkommen
ev.	eventuell
EWG	Europäische Wirtschaftsgemeinschaft
EWR	Europäischer Wirtschaftsraum
f.	und folgende (Seite, Randziffer, Anmerkung etc.)
ff.	und folgende (Seiten, Randziffern, Anmerkungen etc.)
FN	Fussnote
gem.	gemäss
gl.A.	gleicher Ansicht
gl.M.	gleicher Meinung
h.L.	herrschende Lehre
h.M.	herrschende Meinung
Hrsg.	Herausgeber
i.a.	im allgemeinen
i.a.R.	in aller Regel
i.b.	in bezug
i.d.R.	in der Regel
i.E.	im Ergebnis
i.S.	im Sinne
i.ü.	im Übrigen
i.V.m.	in Verbindung mit
insb.	insbesondere
IPR	Internationales Privatrecht
IPrax	Praxis des Internationalen Privat- und Verfahrensrechts (Zeitschrift)
IPRG	BG über das Internationale Privatrecht vom 18. Dezember 1987
JA	Juristische Arbeitsblätter (Zeitschrift)
JZ	Juristen Zeitung (Zeitschrift)
Kt.	Kanton
lit.	litera, Buchstabe
LugÜ	(Lugano)-Übereinkommen über die gerichtliche Zuständigkeit und die Vollstreckung gerichtlicher Entscheidungen in Zivil- und Handelssachen vom 16. September 1988

m.E.	meines Erachtens
m.w.N.	mit weiteren Nachweisen
MDR	Monatsschrift für deutsches Recht (Zeitschrift)
N	Randziffer, Anmerkung
NJW	Neue Juristische Wochenschrift (Zeitschrift)
NR	Nationalrat
Nr.	Nummer
NZZ	Neue Züricher Zeitung
o.ä.	oder ähnlich(es)
OLG	(deutsches) Oberlandesgericht
OR	Schweizerisches Obligationenrecht vom 30. März 1911
PHG	(österreichisches) Produkthaftungsgesetz
PHI	Produkthaftpflicht international (Zeitschrift)
Pra.	Die Praxis des Bundesgerichtes (Zeitschrift)
PrHG	BG über die Produktehaftpflicht vom 18. Juni 1993
ProdHaftG	(deutsches) Produkthaftungsgesetz
recht	recht, Zeitschrift für juristische Ausbildung und Praxis
resp.	respektive
RIW	Recht der Internationalen Wirtschaft (Zeitschrift)
RL	Richtlinie des Rates vom 25. Juli 1985 zur Angleichung der Rechts- und Verwaltungsvorschriften der Mitgliedstaaten über die Haftung für fehlerhafte Produkte
S.	Seite
SAV	Schweizerischer Anwaltsverband
Sem.jud.	La semaine judiciaire (Zeitschrift)
SJZ	Schweizerische Juristen-Zeitung (Zürich)
sog.	sogenannt
SR	Systematische Sammlung des Bundesrechts
ST	Der Schweizer Treuhänder (Zeitschrift)
StR	Ständerat
str.	streitig
SVG	BG über den Strassenverkehr vom 19. Dezember 1958
SVZ	Schweizerische Versicherungs-Zeitschrift
Swisslex-Botschaft	Botschaft über das Folgeprogramm nach der Ablehnung des EWR-Abkommens vom 24. Februar 1993, BBl 1993 I 884 ff.
SZS	Schweizerische Zeitschrift für Sozialversicherung
Ü	Übereinkommen
u.a.	unter anderem
u.ä.	und ähnliche(s)
u.U.	unter Umständen
Urt.v.	Urteil vom
USG	BG über den Umweltschutz vom 7. Oktober 1983
usw.	und so weiter
v.a.	vor allem
VDE	Verband Deutscher Elektrotechniker e.V.

VE	Vorentwurf
VersR	Versicherungsrecht (Zeitschrift)
vgl.	vergleiche
VO	Verordnung
Vol	Band
WKR	Übereinkommen der Vereinten Nationen über Verträge über den internationalen Warenkauf vom 11. April 1980
WM	Wertpapier-Mitteilungen (Zeitschrift)
WuR	Wirtschaft und Recht, Zeitschrift für Wirtschaftspolitik und Wirtschaftsrecht mit Einschluss des Sozial- und Arbeitsrechts (Zeitschrift)
z.B.	zum Beispiel
z.T.	zum Teil
ZBJV	Zeitschrift des Bernischen Juristenvereins
ZGB	Schweizerisches Zivilgesetzbuch vom 10. Dezember 1907
ZHR	Zeitschrift für das gesamte Handelsrecht und Wirtschaftsrecht
Ziff.	Ziffer
ZIP	Zeitschrift für Wirtschaftsrecht
zit.	zitiert
ZPO	Zivilprozessordnung
ZR	Blätter für Zürcherische Rechtsprechung
ZRP	Zeitschrift für Rechtspolitik
ZSR	Zeitschrift für Schweizerisches Recht
Zusatzbotschaft I	Botschaft I über die Anpassung des Bundesrechts an das EWR-Recht (Zusatzbotschaft I zur EWR-Botschaft) vom 27. Mai 1992, BBl 1992 V 419 ff.

Literaturverzeichnis

ACOCELLA DOMENICO, Die Verjährung in der neueren Rechtsprechung des Bundesgerichts, SJZ 1990, 333 ff. (zit. Acocella, SJZ 1990)

ACOCELLA DOMENICO, Internationale Zuständigkeit sowie Anerkennung und Vollstreckung ausländischer Entscheidungen in Zivilsachen im schweizerisch-italienischen Rechtsverkehr, St. Galler Studien zum Internationalen Recht, Bd. 1, St. Gallen 1989 (zit. Acocella, internationale Zuständigkeit)

ADAMS MICHAEL, Ökonomische Analyse der Gefährdungs- und Verschuldenshaftung, Heidelberg 1985

ADDOR FELIX, UNICITRAL - eine Organisation im Dienste de r Vereinheitlichung des Handelsrechts, recht 1992, 91 ff.

ANTONIAZZI FRANÇOIS, La responsabilité du fait des produits défectueux, in: Mélanges Assista, Genf 1989, 551 ff.

BARANOWSKI MARTIN, Die Haftung des Lizenzgebers gegenüber dem Nichtvertragspartner, Diss. Mainz 1988

BARTL HARALD, Produkthaftung nach neuem EG-Recht, Kommentar zum deutschen Produkthaftungsgesetz, Landsberg 1989

BAUDENBACHER/ROMMÉ, Ausgewählte Rechtsprobleme des Franchising, in: Mélanges Engel, Lausanne 1989, 1 ff.

BAUER AXEL, Produkthaftung für Software nach geltendem und künftigem deutschen Recht, PHI 1989, 38 ff., 98 ff.

BECKER HERMANN, Berner Kommentar zum schweizerischen Privatrecht, Bd. VI/1, Allgemeine Bestimmungen, Art. 1 - 183, Bern 1941

BLENK WERNER, Zum Fehlerbegriff im Richtlinienvorschlag „Produkthaftung" der EG-Kommission, DB 1978, 1725 ff.

BORER PETER, Haftpflichtrecht, insbesondere Produktehaftpflichtrecht, in: Schindler/ Hertig/Kellenberger/Thürer/Zäch, Die Europaverträglichkeit des schweizerischen Rechts, Zürich 1990, 495 ff. (zit. Borer, Haftpflichtrecht)

BORER PETER, Produktehaftung: Fehlerbegriff nach deutschem, amerikanischem und europäischem Recht, Diss. St. Gallen 1986 (zit. Borer, Fehlerbegriff)

BORER/KRAMER/POSCH/SCHWANDER/WIDMER, Produktehaftung Schweiz - Europa - USA, Bern 1986 (zit. Autor, in: Schweiz - Europa - USA)

BRANDENBERG BRANDL BEATRICE, Direkte Zuständigkeit der Schweiz im internationalen Schuldrecht, St. Galler Studien zum internationalen Recht, Bd. 6, St. Gallen 1991

BREHM ROLAND, Berner Kommentar zum schweizerischen Privatrecht, Bd. IV/1/3/1, Die Entstehung durch unerlaubte Handlung (Art. 41 - 61 OR), 3. A., Bern 1990

BROGGINI GERARDO, Zuständigkeit am Ort der Vertragsverletzung, in: Schwander Ivo, Das Lugano-Übereinkommen, St. Galler Studien zum Internationalen Recht, Bd. 2, St. Gallen 1990, 111 ff.

BRÜGGEMEIER GERT, Produkthaftung und Produktsicherheit, ZHR 1988, 511 ff.

BRÜGGEMEIER/REICH, Die EG-Produkthaftungs-Richtlinie 1985 und ihr Verhältnis zur Produzentenhaftung nach § 823 Abs. 1 BGB, WM 1986, 149 ff.

BRÜHWILER BENNO, Die Risiken der Produktehaftung, Zürich 1982

BRUNNER ANDREAS, Technische Normen in Rechtssetzung und Rechtsanwendung, Basler Studien zur Rechtswissenschaft B, Bd. 32, Basel/Frankfurt a.M., 1991 (zit. Brunner, technische Normen)

BRUNNER HANS-ULRICH, Die Anwendung deliktsrechtlicher Regeln auf die Vertragshaftung, Arbeiten aus dem juristischen Seminar der Universität Freiburg Schweiz, Nr. 110, Freiburg 1991

BRUSA GUIDO, Sozialversicherungsbeiträge und Schadenersatz, SJZ 1993, 133 ff.

BUCHER EUGEN, Schweizerisches Obligationenrecht, Allgemeiner Teil ohne Deliktsrecht, 2. A., Zürich 1988 (zit. Bucher, AT)

BUCHER EUGEN, Schweizerisches Obligationenrecht, Besonderer Teil, 3. A., Zürich 1988 (zit. Bucher, BT)

BUCHNER HERBERT, Neuorientierung des Produkthaftungsrechts? Auswirkungen der EG-Richtlinie auf das deutsche Recht, DB 1988, 32 ff.

BÜHLER ROLAND, Die EG-Produkthaftung: Eine Einführung aus schweizerischer Sicht, ST 1990, 131 ff. (zit. Bühler, ST 1990)

BÜHLER ROLAND, Produkthaftung für Software, in: Software-Schutz, Software-Haftung, Schriftenreihe SAV, Bd. 9, Zürich 1992 (zit. Bühler, Software)

BUNDESAMT FÜR JUSTIZ, Bericht der Studienkommission für die Gesamtrevision des Haftpflichtrechts, August 1991, EDMZ Nr. 407.010 d/f. (zit. Gesamtrevision)

BURKI FRANZ, Produktehaftpflicht nach schweizerischem und deutschem Recht, Diss. Bern 1976

CAHN ANDREAS, Das neue Produkthaftungsgesetz - ein Fortschritt?, ZIP 1990, 482 ff.

CHRISTEN ANDRES, Produkthaftung nach der EG-Produkthaftungsrichtlinie im Vergleich zur Produkthaftung nach schweizerischem Recht, Schriften zum Europarecht Bd. 10, Zürich und Bern 1992

CULEMANN HANS-JOACHIM, Die Produktehaftpflicht für schweizerische Lieferungen in die EG, in: Meyer-Marsilius/Schluep/Stauffacher (Hrsg.), Beziehungen Schweiz - EG, Zürich 1991, 10/7/VIII

DESCHENAUX/TERCIER, La responsabilité civile, 2ème édition, Bern 1982

DEUTSCH ERWIN, Der Schutzbereich der Produzentenhaftung nach dem BGB und dem PHG, JZ 1989, 465 ff. (zit. Deutsch, JZ 1989)

DEUTSCH ERWIN, Der Zurechnungsgrund der Produzentenhaftung, VersR 1988, 1197 ff. (zit. Deutsch, VersR 1988)

DEUTSCH ERWIN, Unerwünschte Empfängnis, unerwünschte Geburt und unerwünschtes Leben verglichen mit wrongful conception, wrongful birth and wrongful life des anglo-amerikanischen Rechts, MDR 1984, 793 ff. (zit. Deutsch, MDR 1984)

DIEDERICHSEN UWE, Die Entwicklung der Produzentenhaftung, VersR 1984, 797 ff. (zit. Diederichsen, VersR 1984)

DIEDERICHSEN UWE, Wohin treibt die Produzentenhaftung?, NJW 1978, 1281 ff. (zit. Diederichsen, NJW 1978)

DOMMERING-VAN RONGEN LOES, Neue Entwicklungen im Produkthaftungsrecht der Niederlande, PHI 1990, 2 ff.

DROLSHAMMER/SCHÄRER, Die Verletzung des materiellen ordre public als Verweigerungsgrund bei der Vollstreckung eines amerikanischen „punitive damages-Urteil", SJZ 1986, 309 ff.

ENDERLEIN/MASKOW/STROHBACH, Internationales Kaufrecht, Kommentar, Berlin 1991 (zit. Enderlein)

ENGEL FRIEDRICH-WILHELM, Produzentenhaftung für Software, CR 1986, 702 ff.

ENGELHARDT HANNS, Kind als Schaden, VersR 1988, 540 ff.

ESSER JOSEF, Grundlagen und Entwicklung der Gefährdungshaftung, 2. A., München 1969

FELDGES JOACHIM, Konsumentenschutz durch private Normen, Schweizer Schriften zum Handels- und Wirtschaftsrecht, Bd. 99, Zürich 1987

FELLMANN WALTER, Produzentenhaftung in der Schweiz, ZSR 1988, 275 ff. (zit. Fellmann, ZSR 1988)

FELLMANN WALTER, Zivilrechtliche Haftung öffentlich zugänglicher Tiersammlungen für Schädigungen durch Tiere, Diss. Bern 1984 (zit. Fellmann, Tiersammlungen)

FELLMANN/VON BÜREN-VON MOOS, Grundriss der Produktehaftpflicht, Bern 1993

FICKER HANS CLAUDIUS (JETZT TASCHNER), Der EG-Richtlinienentwurf der EG-Kommission für ein einheitliches europäisches Produkthaftpflichtrecht, in: Ficker/Girsberger/Stark, Wer haftet für Produkteschäden?, NZZ-Schriften zu Zeit (40), Zürich 1978, 35 ff.

FITZ/PURTSCHELLER/REINDL, Produkthaftung, Wien 1988

FOERSTE ULRICH, Das neue Produkthaftungsrecht, JA 1990, 177 ff. (zit. Foerste, JA 1990)

FOERSTE ULRICH, Die Produkthaftung für Druckwerke, NJW 1991, 1433 ff. (zit. Foerste, NJW 1991)

FOERSTE ULRICH, Zur juristischen Akzeptanz und Abgrenzung der „Weiterfresserschäden", VersR 1989, 455 ff. (zit. Foerste, VersR 1989)

FRANZKI HARALD, Neue Dimensionen in der Arzthaftung: Schäden bei der Geburtshilfe und Wrongful life als Exponenten einer Entwicklung?, VersR 1990, 1181 ff.

31

FRESE-V. WERDER-KLINKENBERG, Produkthaftungs-Management deutscher Grossunternehmungen nach altem und neuem Recht, DB 1988, 2369 ff.

FRIETSCH EDWIN, Das Gesetz über die Haftung für fehlerhafte Produkte und seine Konsequenzen für den Hersteller, DB 1990, 29 ff.

FUHRER STEPHAN, Computerviren und Haftung, SJZ 1991, 129 ff.

GAUCH PETER, Der Werkvertrag, 3. A., Zürich 1985

GAUCH/AEPLI/CASANOVA, OR Allgemeiner Teil, Rechtsprechung des Bundesgerichts, 3. A., Zürich 1992

GAUCH/SCHLUEP, Schweizerisches Obligationenrecht, Allgemeiner Teil, 5. A., Zürich 1991

GAUCH/SWEET, Deliktshaftung für reinen Vermögensschaden, in: Festschrift Keller, Zürich 1989, 117 ff.

GIGER HANS, Der Leasingvertrag, Systematische Darstellung unter besonderer Berücksichtigung des Finanzierungsleasings, Bern 1977

GIL SANTIAGO MARTÍN, Das neue spanische Produkthaftungsgesetz, PHI 1993, 149 ff.

GILLIARD FRANÇOIS, Vers l' unification du droit de la responsabilité, ZSR 1967, 193 ff.

GUHL/MERZ/KOLLER, Das Schweizerische Obligationenrecht, 8. A., Zürich 1991

HÄFELIN/HALLER, Schweizerisches Bundesstaatsrecht, 3. A., Zürich 1993

HÄSSIG KATHARINA, Haftungsfragen der Gentechnologie, Zürcher Studien zum Privatrecht, Bd. 94, Zürich 1992

HAGER GÜNTER, Deutschland: Fehlerbegriff, Entwicklungsrisiko und Produktbeobachtungspflicht bei der Produkthaftung, PHI 1991, 2 ff. (zit. Hager, PHI 1991)

HAGER JOHANNES, Die Kostentragung bei Rückruf fehlerhafter Produkte, VersR 1984, 799 (zit. Hager, VersR 1984)

HEER PETER, Arzneimittelrecht, in: Schindler/Hertig/Kellenberger/Thürer/Zäch, Die Europaverträglichkeit des schweizerischen Rechts, Zürich 1990, 143 ff.

HEERSTRASSEN FRANK, Die künftige Rolle von Präjudizien des EuGH im Verfahren des Luganer Übereinkommens, RIW 1993, 179 ff.

HEGNAUER CYRIL, Grundriss des Kindesrechts, Bern 1989

HEINI ANTON, Direkte Gewährleistungshaftung des Warenherstellers gegenüber dem Endabnehmer?, in: Festschrift Keller, Zürich 1989, 175 ff.

HERBER/CZERWENKA, Internationales Kaufrecht, Kommentar, München 1991

HERRMANN GEROLD, Anwendungsbereich des Wiener Kaufrechts - Kollisionsrechtliche Probleme, Bern 1991 (zit. Herrmann, Wiener Kaufrecht)

HERRMANN HARALD, Die Rückrufhaftung des Produzenten, BB 1985, 1801 ff. (zit. Herrmann, BB 1985)

HESS HANS-JOACHIM (HRSG.), Das aktuelle Handbuch der Produktehaftpflicht, Loseblattausgabe, Zürich 1991 ff. (Stand 1993) (zit. Bearbeiter, in: Hess, Handbuch)

32

HESS/COURVOISIER/EPELBAUM/RÄBER, Gebrauchs- und Betriebsanleitungen, Luzern 1993 (zit. Hess, Betriebsanleitungen)

HEYMANN THOMAS, Haftung des Softwareimporteurs, CR 1990, 176 ff.

HOEREN THOMAS, Produkthaftung für Software - Zugleich eine kritische Erwiderung auf Bauer PHI 89, 38 ff. und 98 ff., PHI 1989, 138 ff.

HOLLIGER EUGENIE, Produktehaftung, Diessenhofen 1990

HOLLMANN HERMANN, Die EG-Produkthaftungs-Richtlinie, DB 1985, 2389 ff., 2439 ff.

HONEGGER PETER, Schadenersatzansprüche aus OR 45 und Leistungen privater Pensionskassen, SJZ 1991, 135 ff.

HONSELL HEINRICH, Entwicklungstendenzen im Haftpflichtrecht, in: Symposium Stark, Zürich 1991, 15 ff. (zit. Honsell, Entwicklungstendenzen)

HONSELL HEINRICH, Schweizerisches Obligationenrecht, Besonderer Teil, 2. A., Bern 1992 (zit. Honsell, BT)

HONSELL HEINRICH, Standardsoftware- und Sachmängelhaftung, in: Festschrift Pedrazzini, Bern 1990, 313 ff. (zit. Honsell, Standardsoftware)

HONSELL/VOGT/WIEGAND (HRSG.), Kommentar zum Schweizerischen Privatrecht, Obligationenrecht I, Art. 1 - 529 OR, Basel 1992 (zit. Bearbeiter, in: Privatrechtskommentar)

HÜLSEN HANS-VIGGO VON, Ist die von der EG-Kommission vorgeschlagene Form der strikten Produzentenhaftung eine gute Lösung?, RIW 1980, 752 ff.

HÜTTE KLAUS, Gedanken zur Ermittlung des haftpflichtrelevanten künftigen Schadens jugendlicher Schwerstinvalider wegen Minderung der Erwerbsfähigkeit, SVZ 1991, 157 ff., 287 ff. (zit. Hütte, SVZ 1991)

HÜTTE KLAUS, Genugtuungsrecht im Wandel, SJZ 1988, 169 ff. (zit. Hütte, SJZ 1988)

JÄGGI PETER, Rapports et communications de la Société suisse des juristes 1967, ZSR 1967 II, 754 ff.

JAYME/KOHLER, Das internationale Privat- und Verfahrensrecht der EG nach Maastricht, IPRax 1992, 346 ff.

JUNKE ARNO, Deutschland: Zur Konkurrenzsituation der Produkthaftung in Sondergesetzen, PHI 1991, 138 ff.

JUNKER ABBO, Computerrecht, Baden-Baden 1988 (zit. Junker, Computerrecht)

JUNKER ABBO, Ist Software Ware? Die Behandlung von Computerprogrammen im Steuerrecht und im Bilanzrecht, beim Leasing, im Warenzeichenrecht, im Schuldvertragsrecht und in der Produkthaftung, Teil 2, WM 1988, 1249 ff. (zit. Junker, WM 1988)

KÄLIN WALTER, Kolumne: Schubert und der Rechtsstaat oder: Sind Bundesgesetze massgeblicher als Staatsverträge?, ZSR 1993, 73 ff.

KÄSTLI ROLF, Produkthaftung - eine Herausforderung für den schweizerischen Gesetzgeber?, recht 1990, 85 ff.

KANDUT GABRIELLE, Zur Neuordnung der Produkthaftung in Italien, PHI 1988, 114 ff.

KARAKOSTAS IOANNIS, Grundzüge der Produkthaftung in Griechenland, PHI 1988, 157 ff.

KELLER ALFRED, Haftpflicht im Privatrecht, Bd. I, 4. A., Zürich 1979 (zit. Keller, Haftpflicht I)

KELLER ALFRED, Haftpflicht im Privatrecht, Bd. II, Bern 1987 (zit. Keller, Haftpflicht II)

KELLER ANDREAS, Die EG-Produktehaftpflicht-Richtlinie und ihre Bedeutung für Schweizer Unternehmen, Atag-Praxis 1991, 10 ff. (zit. Keller, Atag-Praxis 1991)

KELLER/GABI-BOLLIGER, Haftpflichtrecht, 2. A., 1988

KELLER/SYZ, Haftpflichtrecht, 3. A., Zürich 1990

KILLIAS LAURENT, Die Gerichtsstandsvereinbarungen nach dem Lugano-Übereinkommen, Zürich 1993

KLEIN BERNHARD, Produkthaftung bei Baustoffen und Bauteilen unter Einbeziehung der Rechtsverhältnisse des Baustoffhandels, Düsseldorf 1989

KLINGMÜLLER ERNST, Wie weit reicht die Produkthaftung?, VersR 1989, 1226 ff.

KOCH FRANK A., Deutschland: Herstellerhaftung für die sichere Produktentsorgung, PHI 1992, 20 ff. (zit. Koch, PHI 1992)

KOCH FRANK A., Ratgeber zur Produkthaftung, München 1989 (zit. Koch, Ratgeber)

KOCH HARALD, Internationale Produkthaftung und Grenzen der Rechtsangleichung durch die EG-Richtlinie, ZHR 1988, 537 ff. (zit. Koch, ZHR 1988)

KOCH/SCHNUPP, Expertensysteme als Gegenstand von Entwicklungsverträgen und Schutzrechten, CR 1989, 776 ff., 898 ff. (zit. Koch/Schnupp, CR 1989)

KOCH/SCHNUPP, Softwarerecht, Bd. I, Berlin etc. 1991 (zit. Koch/Schnupp, Softwarerecht)

KOCKS CHRISTOPH, Grundzüge des belgischen Produkthaftungs- und Gewährleistungsrechts, PHI 1990, 182 ff.

KÖHLER HELMUT, Die haftungsrechtliche Bedeutung technischer Regeln, Beilage 4 zu BB 1985, 10 ff.

KÖNIG MICHAEL M., Die Qualifizierung von Computerprogrammen als Sachen i. S. des § 90 BGB, NJW 1989, 2604 ff. (zit. König, NJW 1989)

KÖNIG MICHAEL M., Zur Sacheigenschaft von Computerprogrammen und deren Überlassung, NJW 1990, 1584 ff. (zit. König, NJW 1990)

KÖTZ HEIN, Deliktsrecht, 2. A., Frankfurt a. M. 1979 (zit. Kötz, Deliktsrecht)

KÖTZ HEIN, Ist die Produkthaftung eine vom Verschulden unabhängige Haftung? in: Festschrift Lorenz, Tübingen, 1991 (zit. Kötz, Produkthaftung)

KOHLER CHRISTIAN, Integration und Auslegung - Zur Doppelfunktion des Europäischen Gerichtshofes, in: Jayme Erik, Ein internationales Zivilverfahrensrecht für Gesamteuropa, Heidelberg 1992, 11 ff.

KOLLER ALFRED, Der gute und der böse Glaube im allgemeinen Schuldrecht, Arbeiten aus dem juristischen Seminar der Universität Freiburg Schweiz, Nr. 70, Freiburg 1985

KORT MICHAEL, Fehlerbegriff und Produkthaftung für medizinische Software, Einordnung im deutschen und US-amerikanischen Recht, CR 1990, 251 ff. (zit. Kort, CR 1990)

KORT MICHAEL, „Stand der Wissenschaft und Technik" im neuen deutschen und „state of the art" im amerikanischen Produkthaftungsrecht, VersR 1989, 1113 ff. (zit. Kort, VerR 1989)

KRÄMER LUDWIG, EWG - Verbraucherrecht, Schriftenreihe Europäisches Recht, Politik und Wirtschaft, Bd. 118, Baden-Baden 1985 (zit. Krämer, Verbraucherrecht)

KRÄMER LUDWIG, Zum Rückruf von Produkten in der Europäischen Gemeinschaft, DAR 1982, 37 ff. (zit. Krämer, DAR 1982)

KRÄNGER HANS, Die Produktehaftungspflicht nach geltendem Recht und ihre zukünftige Ordnung, Lausanne 1983

KRAFT RAINER MARIA, Österreich: Das neue Produkthaftungsgesetz und seine Auswirkungen auf den deutschen Hersteller, PHI 1988, 54 ff.

KRAMER ERNST A., Die Kausalität im Haftpflichtrecht: Neue Tendenzen in Theorie und Praxis, ZBJV 1987, 289 ff. (zit. Kramer, ZBJV 1987)

KRAMER ERNST A. (HRSG.), Neue Vertragsformen der Wirtschaft: Leasing, Factoring, Franchising, Bern 1985 (zit. Kramer, Vertragsformen)

KRAUSS HARALD, Frankreich: Der Vorentwurf zur Umsetzung der EG-Richtlinie, PHI 1988, 26 ff.

KREIFELS THOMAS, Qualitätssicherungsvereinbarungen - Einfluss und Auswirkungen auf die Gewährleistung und Produkthaftung von Hersteller und Zulieferer, ZIP 1990, 489 ff.

KRENGER HANS, Die Produktehaftpflicht nach geltendem Recht und ihre künftige Ordnung, Lausanne 1983

KRETSCHMER FRIEDRICH, Die EG-Richtlinie zur Produzentenhaftung und die deutsche Industrie, PHI 1986, 34 ff. (zit. Kretschmer, PHI 1986)

KRETSCHMER FRIEDRICH, Die Haftung für Druckerzeugnisse in den USA, PHI 1988, 77 ff. (zit. Kretschmer, PHI 1988)

KRETSCHMER/ALLEWELDT/BUYTEN/SCHELLER/WAGENER, Produkthaftung in der Unternehmenspraxis, Stuttgart/Berlin/Köln 1992 (zit. Bearbeiter, in: Unternehmenspraxis)

KROPHOLLER JAN, Europäisches Zivilprozessrecht, 4. A., Heidelberg 1993

KULLMANN HANS JOSEF, Produkthaftungsgesetz, Kommentar, Berlin 1990 (zit. Kullmann, Produkthaftungsgesetz)

KULLMANN HANS-JOSEF, Aktuelle Rechtsfragen der Produktehaftpflicht, 2. A., Köln 1989 (zit. Kullmann, Produktehaftpflicht)

KULLMANN HANS-JOSEF, BR Deutschland: Die neuere Rechtsprechung des BGH zur Produkthaftpflicht - Konsolidierung und Rechtsfortbildung, PHI 1989, 110 ff. (zit. Kullmann, PHI 1989)

KULLMANN HANS-JOSEF, Die Produktbeobachtungspflicht des Kraftfahrzeugherstellers im Hinblick auf Zubehör, BB 1987, 1957 ff. (zit. Kullmann, BB 1987)

KULLMANN HANS-JOSEF, Produzentenhaftung in der Rechtsprechung des Bundesgerichtshofs, BB 1976, 1085 (zit. Kullmann, BB 1976)

KULLMANN/PFISTER, Handbuch Produzentenhaftung, Loseblattausgabe, Berlin 1980 ff.

KUMMER MATHIAS, Produktehaftung - „Modewort, sozialpolitischer Druckpunkt, Notwendigkeit?", WuR 1983, 29 ff. (zit. Kummer, WuR 1983)

KUMMER MAX, Art. 8 - 10 ZGB, in: Berner Kommentar zum schweizerischen Privatrecht, Bd. I, Einleitung, Art. 1 - 10 ZGB, Bern 1962 (zit. Kummer, BK)

KUMMER MAX, Die Rechtssprechung des Bundesgerichts im Jahre 1971, ZBJV 1973, 137 ff. (zit. Kummer, ZBJV 1973)

LANDSCHEIDT CHRISTOPH, Das neue Produkthaftungsrecht, Herne/Berlin 1990

LANG ELISABETH, Die Haftung für Fehler in Druckwerken, Schriften zum gewerblichen Rechtsschutz, Urheber und Medienrecht, Bd. 2, München 1982

LEDERER THOMAS, Praxishandbuch der Österreichischen Produkthaftung, Loseblattausgabe, Wien 1988 ff. (Stand 1993) (zit. Bearbeiter, in: Praxishandbuch)

LEHMANN MICHAEL, Produkt- und Produzentenhaftung für Software, NJW 1992, 1721 ff.

LEM CATHERINE, Die Haftung für fehlerhafte Produkte nach deutschem und französischem Recht, Abhandlungen zum Recht der Internationalen Wirtschaft, Bd. 26, Heidelberg 1993

LEMPPENAU JOACHIM, Die Haftung des Zulieferer-Unternehmens nach den Grundsätzen der Produzentenhaftung, DB 1980, 1679 ff.

LENZ CHRISTIAN, Amerikanische Punitive Damages vor dem Schweizer Richter, Zürich 1992

LINK KLAUS ULRICH, Gesetzliche Regressansprüche bei Produzentenhaftung gegenüber dem Zulieferer, BB 1985, 1424 ff.

LÖRTSCHER THOMAS, Produkthaftung: Der neue Art. 135 IPRG, SVZ 1990, 253 ff.

LORANDI FRANCO, Haftung für reinen Vermögensschaden, recht 1990, 19 ff.

LORENZ WERNER, Europäische Rechtsangleichung auf dem Gebiet der Produzentenhaftung: Zur Richtlinie des Rates der Europäischen Gemeinschaften vom 25. Juni 1985, ZHR 1987, 1 ff. (zit. Lorenz, ZHR 1987)

LORENZ WERNER, Nachwirkende Produzentenpflichten: Produktbeobachtung, CR 1987, 568 ff. (zit. Lorenz, CR 1987)

LUKES RUDOLF, Reform der Produkthaftung, Köln/Berlin/Bonn/München 1979

LUTZ PETER, Haftung für Gebrauchsanleitungen - ein Sonderfall der Produktehaftung, SJZ 1993, 1 ff.

MARBURGER PETER, Die haftungs- und versicherungsrechtliche Bedeutung technischer Regeln, VersR 1983, 597 ff.

MARSCHALL WOLFGANG FREIHERR VON, Deutschland: Bedenken zum Produkthaftungsgesetz, PHI 1991, 166 ff.

MAYER KURT, Das neue Produkthaftungsrecht, VersR 1990, 691 ff.

MEIER-HAYOZ ARTHUR, Berner Kommentar zum schweizerischen Privatrecht, Bd. IV/1/1, Systematischer Teil und Allgemeine Bestimmungen, Artikel 641 - 654 ZGB, 5. A., Bern 1981

MEIER/WEHLAU, Produzentenhaftung des Softwareherstellers, CR 1990, 95 ff.

MERCIER/DUTOIT, L' Europe judiciaire: les Conventions de Bruxelles et de Lugano, Dossiers de Droit Européen, Vol. 2, Bâle/Francfort 1991

MERZ BARBARA, Analyse der Haftpflichtsituation bei Schädigung durch Medikamente, Diss. Zürich 1980 (zit. Merz, Medikamente)

MERZ HANS, Die privatrechtliche Rechtsprechung des Bundesgerichts 1978, ZBJV 1980, 1 ff. (zit. Merz, ZBJV 1980)

MERZ HANS, Die privatrechtliche Rechtsprechung des Bundesgerichts im Jahr 1984, ZBJV 1986, 157 ff. (zit. Merz, ZBJV 1986)

MERZ HANS, Obligationenrecht, Allgemeiner Teil, Einleitung (Entstehung, allgemeine Charakteristiken); die Obligation, Schweizerisches Privatrecht (SRP), Bd. VI/1, Basel 1984 (zit. Merz, Obligationenrecht)

MEYER JUSTUS, Produkthaftung für Verlagserzeugnisse in den USA - Vorbild für Deutschland?, RIW 1991, 728 ff.

MOHR PETER MICHAEL, Technische Normen und freier Warenverkehr in der EWG, Köln/Berlin/Bonn/München 1990

MÜLLER-HENGSTENBERG CLAUS DIETER, Zuordnung von Softwarefehlern in Risikobereiche, CR 1989, 900 ff.

NATER HANS, Die Haftpflicht des Geschäftsherrn gemäss OR 55 angesichts der wirtschaftlich-technischen Entwicklung, Bern/Frankfurt a. M. 1971 (zit. Nater, OR 55)

NATER HANS, Hersteller und Verteiler als Garant mängelfreier Waren?, SJZ 1976, 33 ff. (zit. Nater, SJZ 1976)

NATER HANS, Produkthaftung in der Schweiz, in: Brendl Erich (Hrsg.), Produkt- und Produzentenhaftung, Loseblattausgabe, Freiburg i. Br. 1980 ff., 9/II/95 ff. (zit. Nater, Schweiz)

NATER HANS, Zur Entwicklung der Produktehaftpflicht in der Schweiz, SJZ 1989, 389 ff. (zit. Nater, SJZ 1989)

NAUROTH DIETER M., Computerrecht für die Praxis, Haar bei München 1990

NICKEL FRIEDHEIM G., Produzentenhaftung und Handelsrecht, VersR 1985, 310 ff.

OEHEN/VON MOOS, Das Problem der Produzentenhaftung aus industrieller Sicht, WuR 1979, 66 ff.

OFTINGER KARL, Haftpflichtrecht I, 4.A., Zürich 1975

OFTINGER/STARK, Schweizerisches Haftpflichtrecht, Bd. II/1, Zürich 1987

PALANDT OTTO (BEGR.), Bürgerliches Gesetzbuch, 52. A., München 1993 (zit. Bearbeiter, in: Palandt)

PAULI, Die Produktbeobachtungspflichten in der verbraucherpolitischen Auseinandersetzung, PHI 1985, 134 ff., 180 ff.

PEDRAZZINI MARIO M., Versuch einer Normalisierung des Lizenzvertrages, in: Festschrift Schluep, Zürich 1988, 413 ff.

PETITPIERRE GILLES, L' acheteur-revendeur et la responsabilité de l' article 208 II du code des obligations, in: Mélanges Deschenaux, Fribourg 1979, 329 ff. (zit. Petitpierre, acheteur-revendeur)

PETITPIERRE GILLES, La responsabilité du fait des produits, Genève 1974 (zit. Petitpierre, responsabilité)

PILTZ BURGHARD, UN-Kaufrecht, Bonn 1991

POHL/HENRŸ, Das neue finnische Produkthaftungsgesetz, PHI 1991, 42 ff.

POSCH WILLIBALD, Die Umsetzung der EG-Richtlinie „Produkthaftpflicht" in den Mitgliedstaaten und die beim „autonomen Nachvollzug" durch Drittstaaten auftretenden Probleme, in: Symposium Stark, Zürich 1991, 85 ff. (zit. Posch, Umsetzung)

POSCH WILLIBALD, Österreich: Teilnahme am EWR bedingt Novelle des Produkthaftungsgesetzes, PHI 1993, 16 ff. (zit. Posch, PHI 1993)

POSCH WILLIBALD, Zwei Jahre österreichisches Produkthaftungsgesetz, PHI 1990, 134 ff. (zit. Posch, PHI 1990)

POSCH/SCHNEIDER, Neues Produktehaftpflichtgesetz im Fürstentum Liechtenstein, PHI 1993, 56 f.

POTT/FRIELING, Gesetz über die Haftung für fehlerhafte Produkte, Kommentar, Essen 1992

POUDRET JEAN-FRANÇOIS, Les règles de compétence de la Convention de Lugano confrontées à celles du droit suisse, en particulier à l' article 59 de la Constitution, in: Gillard Nicolas (Hrsg.), L' espace judiciaire européen, CEDIDAC, Vol. 21, Paris 1992, 62 ff.

PRAGER MATTHIAS, Die Produkte-Haftpflicht im IPR, Diss. Zürich 1975

QUITTNAT JOACHIM, Qualitätssicherungsvereinbarungen und Produkthaftung, BB 1989, 571 ff.

REHBINDER MANFRED, Konsumentenschutz im schweizerischen Recht, RIW 1991, 97 ff.

REINELT EKKEHART, Gefährdungshaftung statt Verschuldenshaftung im Produkthaftrecht, DAR 1988, 80 ff.

REISER HANS, Gerichtsstandsvereinbarungen nach dem IPR-Gesetz, Zürich 1989

RHEINECK BURKHARD, Rückrufpflichten [...], WRP 1992, 753 ff.

RIEMER HANS MICHAEL, Berner Kommentar zum schweizerischen Privatrecht, Bd. I/3/1, Die juristische Person, Allgemeine Bestimmungen, Systematischer Teil und Kommentar zu Art. 52 - 59 ZGB, Bern 1993

RÖHL KLAUS, Fehler in Druckwerken, JZ 1979, 369 ff.

ROLLAND WALTER, Produkthaftungsrecht, Kommentar, München 1990

RÜESCH CORINNA, Die Weitergabe von Standard-Software, Diss. Zürich 1988

RUFENER ADRIAN, Praxis des Bundesgerichtes zur Abgeltung des Sozialversicherungsschadens, SZS 1992, 197 ff.

RUSCONI BAPTISTE, Quelques considérations sur l' influence de la faute et du faitdu lésé dans la responsabilité causale, in: ZSR 1963, 337 ff.

RUST PAUL, Produktehaftpflicht und Defensivstrategien, Zürich 1983

RYFFEL GRITLI, Die Schadenersatzhaftung des Verkäufers nach dem Wiener Übereinkommen über internationale Warenkaufverträge vom 11. April 1980, Bern 1992

SACK ROLF, Das Verhältnis der Produkhaftungsrichtlinie der EG zum nationalen Produkthaftungsrecht, VersR 1988, 439 ff.

SCHAER ROLAND, Grundzüge des Zusammenwirkens von Schadenausgleichsystemen, Basel/Frankfurt a. M. 1984

SCHAETZLE MARC, Der Rentenschaden im Haftpflichtrecht, SJZ 1993, 136 ff.

SCHAUMANN CLAUDIA, Die heterologe künstliche Insemination, Arbeiten aus dem juristischen Seminar der Universität Freiburg Schweiz, Nr. 106, Freiburg 1991

SCHLECHTRIEM PETER, Angleichung der Produktehaftung in der EG, VersR 1986, 1033 ff. (zit. Schlechtriem, VersR 1986)

SCHLECHTRIEM PETER, Anwendungsvoraussetzungen und Anwendungsbereich des UN-Übereinkommens über Verträge über den internationalen Warenkauf (CISG), AJP 1992, 339 ff. (zit. Schlechtriem, AJP 1992)

SCHLÜCHTER FABIO, Haftung für gefährliche Tätigkeit und Haftung ohne Verschulden: das italienische Recht als Vorbild für das schweizerische?, St. Galler Studien zum Privat-, Handels- und Wirtschaftsrecht, Bd. 24, Bern/Stuttgart 1990

SCHMID NIKLAUS, Von der zivilrechtlichen zur strafrechtlichen Produktehaftpflicht, in: Festschrift Keller, Zürich 1989, 647 ff.

SCHMIDT-RÄNTSCH JÜRGEN, Die Umsetzung der Produkthaftungsrichtlinie des Rats der EG vom 25. 7. 85, ZRP 1987, 437 ff.

SCHMIDT-SALZER JOACHIM, Der Fehler-Begriff der EG-Richtlinie Produkthaftung, BB 1988, 349 ff. (zit. Schmidt-Salzer, BB 1988)

SCHMIDT-SALZER JOACHIM, Die neuen Dimensionen des Produktrisikos, BB 1983, 1251 ff. (zit. Schmidt-Salzer, BB 1983)

SCHMIDT-SALZER JOACHIM, Produkthaftung, Band III/1: Deliktsrecht, Heidelberg 1990 (zit. Schmidt-Salzer, Deliktsrecht)

SCHMIDT-SALZER JOACHIM, Produkthaftung, Produkthaftpflichtversicherung, Betriebs-organisation und risk management, BB 1972, 1430 ff. (zit. Schmidt-Salzer, BB 1972)

SCHMIDT-SALZER JOACHIM, Rechtliche und tatsächliche Aspekte der Produktbeobach-tungshaftung, BB 1981, 1041 ff. (zit. Schmidt-Salzer, BB 1981)

SCHMIDT-SALZER/HOLLMANN, Kommentar EG-Produkthaftung, Bd. II: Ausland, Heidelberg 1990 (zit. Schmidt-Salzer/Hollmann, Ausland)

SCHMIDT-SALZER/HOLLMANN, Kommentar EG-Richtlinie Produkthaftung, Band1: Deutschland, 2. A., Heidelberg 1988

SCHNYDER ANTON K., Auswirkungen des Lugano Übereinkommens auf bestehende Vollstreckungsabkommen und das autonome Vollstreckungsrecht der Schweiz, in: Jayme Erik, Ein internationales Zivilverfahrensrecht für Gesamteuropa, Heidelberg 1992, 283 ff. (zit. Schnyder, Auswirkungen)

SCHNYDER ANTON K., Das neue IPR-Gesetz, 2. A., Zürich 1990 (zit. Schnyder, IPRG)

SCHNYDER ANTON K., Internationale Versicherungsverträge auf der Grundlage des neuen schweizerischen IPR-Gesetzes, SVZ 1990, 4 ff. (zit. Schnyder, SVZ 1990)

SCHUBERT MATHIAS, BR Deutschland/EG: Verschuldenselemente im Fehlerbegriff des neuen Produkthaftungsrechts, PHI 1989, 74 ff.

SCHWANDER IVO, Das Lugano Übereinkommen, St. Gallen 1990 (zit. Schwander, LugÜ)

SCHWANDER IVO, Einführung in das internationale Privatrecht, Bd. I, Allgemeiner Teil, 2. A., St. Gallen 1990 (zit. Schwander, IPRG)

SCHWANDER IVO, Internationales Privatrecht und internationales Zivilprozessrecht, in: Schindler/Hertig/Kellenberger/Thürer/Zäch, Die Europaverträglichkeit des schweizerischen Rechts, Zürich 1990, 584 ff. (zit. Schwander, IZPR)

SCHWARZENBACH-HANHART HANS RUDOLF, Das Haftungsgesetz des Kantons Zürich, Kommentar, 2. A., Zürich 1985

SCHWEIGHAUSER ROLAND, Hersteller, Mehrzahl von Ersatzpflichtigen und Regress im Produktehaftungsrecht, St. Galler Studien zum Internationalen Recht, Bd. 12, St. Gallen 1993

SCHWENZER INGEBORG, Das UN-Abkommen zum internationalen Warenkauf (CISG), recht 1991, 113 ff. (zit. Schwenzer, recht 1991)

SCHWENZER INGEBORG, Rückruf- und Warnpflichten des Warenherstellers, JZ 1987, 1059 ff. (zit. Schwenzer, JZ 1987)

SINDING CHRISTIAN, Grundzüge der Produkthaftung in Dänemark, PHI 1990, 112 ff.

SMITH/HAMILL, Neuregelung der Produkthaftpflicht im Vereinigten Königreich: Der Consumer Protection Act 1987, PHI 1988, 82 ff.

SPIRO KARL, Die Begrenzung privater Rechte durch Verjährungs-, Verwirkungs- und Fatalfristen, 2 Bde., Bern 1975 (zit. Spiro, Verjährung)

SPIRO, KARL, Zur Haftung für gesundheitsschädigende Produkte, in: Festgabe Oftinger, Zürich 1969, 255 ff. (zit. Spiro, Haftung)

STARK EMIL W., Ausservertragliches Haftpflichtrecht, Skriptum, 2. A., Zürich 1988 (zit. Stark, Skriptum)

STARK EMIL W., Die Produktehaftpflicht und die Tendenzen zu ihrer Vereinheitlichung in Europa, ZBJV 1978, 345 ff. (zit. Stark, ZBJV 1978)

STARK EMIL W., Einige Gedanken zur Produktehaftpflicht, in Festgabe Oftinger, Zürich 1969, 281 ff. (zit. Stark, Gedanken)

STARK EMIL W., Probleme der Vereinheitlichung des Haftpflichtrechts, ZSR 1967, 1 ff. (zit. Stark, ZSR 1967)

STARK EMIL W., Produktehaftpflicht, in: Recueil des travaux présentés au Xè Congrès international de droit comparé, Basel 1979, 1 ff. (zit. Stark, Produktehaftpflicht)

STAUDER BERND, Schweizerische Produktehaftung im europäischen Umfeld, ZSR 1990, 363 ff.

STIEB STEPHAN, Produkthaftung in Portugal - Überblick über das neue Produkthaftungsgesetz sowie die Haftung bei Sachmängeln, PHI 1991, 18 ff.

TASCHNER HANS CLAUDIUS, Die EG-Richtlinie zur Produzentenhaftung und die deutsche Industrie - Eine Erwiderung, PHI 1986, 54 ff. (zit. Taschner, PHI 1986)

TASCHNER HANS CLAUDIUS, Die künftige Produzentenhaftung in Deutschland, NJW 1986, 611 ff. (zit. Taschner, NJW 1986)

TASCHNER/FRIETSCH, Produkthaftungsgesetz und EG-Produkthaftungsrichtlinie, Kommentar, 2. A., München 1990

TUOR/SCHNYDER, Das Schweizerische Zivilgesetzbuch, 10. A., Zürich 1986

ULBRICH KLAUS, Die Abgrenzung des privaten Gebrauchs im Verhältnis zum gewerblichen oder sonstigen Gebrauch nach dem Entwurf des Produkthaftungsgesetzes, ZRP 1988, 251 ff.

ULMER, Softwarefehler und Gewährleistung, CR 1988, 813 ff.

UMBRICHT ROBERT P., Abriss des schweizerischen internationalen Privatrechtes der Produkthaftpflicht, SVZ 1989, 321 ff.

VISCHER FRANK, Das Deliktsrecht des IPR-Gesetzes unter besonderer Berücksichtigung der Regelung der Produktehaftung, in: Festschrift Moser, Zürich 1987, 119 ff. (zit. Vischer, IPRG)

VISCHER FRANK, Entwurf zu einem Gesetz über die Produktehaftpflicht, SJZ 1976, 50 ff. (zit. Vischer, SJZ 1976)

VISCHER/VON PLANTA, Internationales Privatrecht, 2. A., Basel/Franfurt a. M. 1982

VOGEL DANIEL, Die Produktehaftung des Arzneimittelherstellers nach schweizerischem und deutschem Recht, Zürcher Studien zum Privatrecht, Bd. 88, Zürich 1991

VOGEL OSKAR, Grundriss des Zivilprozessrechts und des internationalen Zivilprozessrechts der Schweiz, 3. A., Bern 1992

VOLKEN A., Anwendung der längeren strafrechtlichen Verjährungsfristen auf die zivilrechtliche Haftung juristischer Personen (Art. 60 Abs. 2 OR), SJZ 1984, 281 ff. (zit. Volken, SJZ 1984)

VOLKEN PAUL, Das Lugano-Übereinkommen - Entstehungsgeschichte und Regelungsbereich, in: Schwander Ivo, Das Lugano-Übereinkommen, St. Galler Studien zum Internationalen Recht, Bd. 2, St. Gallen 1990, 37 ff. (zit. Volken, LugÜ)

VON THUR/ESCHER, Allgemeiner Teil des Schweizerischen Obligationenrechts, 3. A., Zürich 1974

WALDER HANS-ULRICH, Einführung in das Internationale Zivilprozessrecht der Schweiz, Zürich 1989

WASSENAER VAN CATWIJCK A. J. O. BARON VAN, Neuregelung der Produzentenhaftung in den Niederlanden, PHI 1988, 48 ff.

WEBER ROLF, Drittschadensliquidation - eine Zwischenbilanz, in: Mélanges Piotet, Bern 1990, 215 ff. (zit. Weber, Drittschadensliquidation)

WEBER ROLF, Sorgfaltswidrigkeit - quo vadis, ZSR 1987, 39 ff. (zit. Weber, ZSR 1987)

WEBER STEPHAN, Der Rentenschaden: Zur Berechnung des „Invaliditätsschadens" auf neuer Grundlage, SJZ 1992, 229 ff. (zit. Weber, SJZ 1992)

WEIMAR PETER, Schadenersatz für den Unterhalt des unerwünschten Kindes?, in: Festschrift Hegnauer, Bern 1986, 641 ff.

WELSER RUDOLF, Produkthaftungsgesetz, Kurzkommentar, Wien 1988

WESTPHALEN FRIEDRICH GRAF VON, Das neue Produkthaftungsgesetz, NJW 1990, 83 ff. (zit. von Westphalen, NJW 1990)

WESTPHALEN FRIEDRICH GRAF VON (HRSG.), Produkthaftungshandbuch, 2 Bde., München 1989 und1991 (zit. Bearbeiter, in: Produkthaftungshandbuch)

WIDMER PIERRE, Braucht die Schweiz eine Produktehaftung?, in: Posch/Schilcher, Rechtsentwicklung in der Produkthaftung, Wien 1981, 108 ff. (zit. Widmer, Schweiz)

WIDMER PIERRE, Gefahren des Gefahrensatzes, ZBJV 1970, 289 ff. (zit. Widmer, ZBJV 1970)

WIDMER PIERRE, La responsabilité du fait des produits en droit suisse, in: Journées de la société de législation comparée - Année 1989, Paris 1990, 597 ff. (zit. Widmer, droit suisse)

WIDMER PIERRE, Le visage actuel de la responsabilité civile en droit suisse, in: Neuere Entwicklungen im Haftpflichtrecht, Zürich 1991, 7ff. (zit. Widmer, responsabilité)

WIDMER PIERRE, Produktehaftung, Urteilsbesprechung, recht 1986, 50 ff. (zit. Widmer, recht 1986)

WIDMER PIERRE, Responsabilité du fait des produits et responsabilité du fait de l'organisation, in: Mélanges Grossen, Basel/Frankfurt a. M. 1992, 349 ff. (zit. Widmer, organisation)

WIDMER PIERRE, Standortbestimmung im Haftpflichtrecht, ZBJV 1974, 298 ff. (zit. Widmer, ZBJV 1974)

WILMS EGBERT F. J., Produkte- und Produzentenhaftung aus Marken oder ähnlichen Zeichen, Zürich 1984

WINCKLER RUDOLF, Zum Begriff „Stand der Technik", DB 1983, 2125 ff.

ZÄCH ROGER, Berner Kommentar zum schweizerischen Privatrecht, Bd. VI/1/2/2, Stellvertretung, Kommentar zu Art. 32 - 40 OR, Bern 1990

ZOLLER MICHAEL, Die Produkthaftung des Importeurs, Studien zum Handels-, Arbeits- und Wirtschaftsrecht, Bd. 20, Baden-Baden 1992

Teil 1
Systematischer Teil

A. Die Entwicklung des schweizerischen Produktehaftungsrechts

I. BGE 49 I 465: Der „Anilin-Fall"

In der Schweiz ist die Produktehaftung schon lange ein Thema in Literatur[1] und Rechtsprechung. Bereits 1923 setzte sich das Bundesgericht im „Anilin-Fall" mit der Produktehaftung auseinander[2].

1

Der Sachverhalt sei zur Illustration kurz dargestellt: Die Klägerin hatte zum Einfärben ihrer Schuhe eine bestimmte Lederschwärze benutzt. Beim Durchqueren einer feuchten Wiese löste sich die Lederschwärze und kam mit der Haut in Berührung. Die Folge war ein starkes Ekzem, das sich mit der Zeit über den ganzen Körper ausbreitete. Die Frau musste sich einem längeren Spitalaufenthalt unterziehen. Daraufhin erhob sie Klage gegen den Hersteller.

2

Das Bundesgericht beurteilte damals den Fall zwar unter dem strafrechtlichen Aspekt, die Parallelen zur modernen Produktehaftungsproblematik sind aber unverkennbar.

3

II. Weitere Entwicklung

Die weitere Entwicklung des schweizerischen Produktehaftungsrechts wurde auch in den nächsten 50 Jahren von einigen wenigen Entscheiden des Bundesgerichts und höchstinstanzlicher kantonaler Gerichte geprägt[3]. Im

4

---

[1] Angeregt durch den Schweizerischen Juristentag von 1967 (vgl. N 7 f.) setzten sich diverse Autoren mit dem revisionsbedürftigen schweizerischen Haftpflichtrecht auseinander. In der Folge sei eine kurze Auswahl aufgeführt: Burki, 209 ff.; Kummer, WuR 1983, 29 ff.(insb. 41); Nater, SJZ 1976, 33 ff.; ders., SJZ 1989, 389 ff.; Oehen/von Moos, 66 ff.; Spiro, Haftung, 258 ff.; Stark, ZBJV, 346 ff.; ders., Gedanken, 281 ff.; Widmer, Schweiz, 103 ff.; ders., Produktehaftung, 15 ff.

[2] BGE 49 I 465.

[3] Nater, SJZ 1976, 39, begründet die geringe Zahl von Urteilen mit der weiten Verbreitung der Unfallversicherung, einer grosszügigen Schadensregelung durch die Versicherer und dem geringen Wettbewerbsdruck auf Schweizer Produkte und Hersteller.

„Steiggurt-Fall"[4] von 1949 anerkannte das Bundesgericht für einen im Zusammenhang mit Produktmängeln entstandenen Folgeschaden nebst der vertraglichen auch einen konkurrierenden ausservertraglichen Anspruch aus Art. 55 OR: Der Geschäftsherr wurde aufgrund seines Organisationsverschulden schadenersatzpflichtig. Natürlich gibt es nun aber kein eigentliches Verschulden bei einer Kausalhaftung. Das Bundesgericht begründete die Haftpflicht des Geschäftsherrn vielmehr mit dem Verstoss gegen den Gefahrensatz[5], den es bei dieser Gelegenheit als ein auch bei der Geschäftsherrenhaftung anzuwendendes Prinzip bezeichnete[6].

5   Im „Pflanzenwuchsmittel-Fall"[7] wurde der Hersteller aufgrund von Art. 41 OR zu Schadenersatz verurteilt, weil er sich eine Verletzung der Instruktionspflicht hatte zuschulden kommen lassen[8].

6   Die sich abzeichnende Vereinheitlichung der Rechtsprechung in Produktehaftungsfragen erlitt mit dem „Friteusen-Fall"[9] einen Rückschlag. Das Bundesgericht erachtete in diesem Entscheid den Entlastungsbeweis des Herstellers trotz des klaren Vorliegens eines Fabrikationsfehlers als gege-

---

4   Ein Freileitungsmonteur zog sich beim Absturz von einem Kraftleitungsmast schwere Verletzungen zu. Der Unfall war darauf zurückzuführen, dass die beklagte Sattlerfirma den betreffenden Steiggurt nicht mit der genügenden Sorgfalt und bloss mit zweitklassigem Leder repariert hatte. Die Beklagte wurde aufgrund von Art. 55 OR zu Schadenersatz verurteilt, weil ihr der Nachweis der richtigen Instruktion ihrer Hilfspersonen nicht gelang und sie nicht dafür gesorgt hatte, dass nur erstklassiges Leder zur Verarbeitung gelangte, BGE 64 II 260.

5   Der Gefahrensatz besagt, dass wer einen gefährlichen Zustand schafft oder unterhält, verpflichtet ist, alle geeigneten Schadensverhütungsmassnahmen zu ergreifen, BGE 82 II 28.

6   Aufgrund eines Fehlers bei einem in eine Friteuse eingebauten Thermostaten brach in einer Hotelküche ein Brand aus. Die eingebaute Überhitzungssicherung versagte, weil der Thermostat von einem Arbeiter des Herstellers nicht richtig eingebaut worden war, BGE 64 II 260.

7   Ein Weinbauer verlangte vom Hersteller eines Pflanzenwuchshormons Schadenersatz, weil das betreffende Mittel zu schweren Schädigungen an den Wurzeln seiner Rebstöcke führte. Der Schaden hätte u.U. mit einer genügenden Gebrauchsanweisung verhindert werden können. Widmer, Schweiz, 110, sieht den „Pflanzenwuchsmittel-Fall" als produktehaftungsrechtlichen leading case und bezeichnet ihn in Anlehnung an die deutsche Rechtsprechung als den schweizerischen „Hühnerpest-Fall", BJM 1961, 189 ff.

8   Borer, Haftpflichtrecht, 522.

9   BGE 90 II 64.

ben und liess die noch im „Steiggurt-Fall"[10] statuierte Pflicht des Herstellers zur zweckmässigen Organisation des Betriebes ausser Acht. Auch verpasste es das Bundesgericht, in diesem Entscheid zur Pflicht des Herstellers zu einer Nach- oder Endkontrolle der Produkte Stellung zu nehmen[11]. Dieser Entscheid führte zu einer breiten Diskussion über die Produktehaftpflicht in der Schweiz[12].

III. Der Schweizerische Juristentag von 1967

Am Schweizerischen Juristentag 1967 befassten sich Peter Jäggi und   7
François Gilliard näher mit der Produktehaftung und insbesondere mit dem „Friteusen-Fall"[13]. Sie erhoben die Forderung, eine verschuldensunabhängige Produzentenhaftung in Form einer Organisationshaftung für Betriebsmängel einzuführen[14] oder aber den Art. 55 OR in Produktehaftungssachverhalten dahingehend zu revidieren, dass kein Entlastungsbeweis des Herstellers möglich sein könne[15].

Diese Diskussion kam mit der Ankündigung einer Gesamtrevision des   8
Haftpflichtrechtes zum Stillstand. Es folgten jedoch weitere Gerichtsurteile[16].

IV. Vorstösse im National- und Ständerat zum Thema Produktehaftpflicht

1979 versuchten die Parlamentsmitglieder Neukomm[17] sowie Lieberherr[18],   9
das Problem der Produktehaftpflicht über das Gesetzgebungsverfahren zu lösen. Ihre Vorstösse hatten jedoch keinen Erfolg: Weder der National- noch der Ständerat zeigten sich ernstlich an einer (gesetzlichen) Verschärfung der Produzentenhaftung interessiert.

---

[10]   BGE 64 II 254.
[11]   Nater, SJZ 1989, 390.
[12]   Widmer, Schweiz, 111 f.; ders., recht 1986, 53; Nater, OR 55, 56.
[13]   Gilliard, 296, bezweifelt die Richtigkeit des Entscheides.
[14]   Jäggi, 757.
[15]   Gilliard, 300 ff.; a.A. Merz, ZBJV 1986, 157; Nater, OR 55, 76.
[16]   „Gasolin-Fall", BGE 96 II 108; „Garagisten-Fall", Sem.jud. 1981, 433 ff.; „Mobilpool-Fall", ZR 1985, Nr. 4.
[17]   Motion Neukomm, Nr. 79.407, Amtl.Bull. NR 1979, 1155 ff.; die Motion wurde in Form eines Postulates überwiesen.
[18]   Motion Lieberherr, Nr. 79.412, Amtl.Bull. StR 1979, 352 ff.; die Motion wurde abgelehnt.

10   Auch die parallel dazu ablaufende Entwicklung eines künftigen europäischen Produktehaftungsrechtes vermochte der schweizerischen Entwicklung keine entscheidenden Impulse zu vermitteln[19].

11   Durch die in der Frühjahrssession 1986 eingebrachte Motion Neukomm[20] kam das Thema der Produktehaftung erneut vor die Räte[21]. Der Parlamentarier verlangte, die Einführung einer verschuldensunabhängigen Produktehaftung zu prüfen. Aufgrund dieser Motion setzte der Bundesrat im August 1988 eine Studienkommission zur Revision des Haftpflichtrechts ein[22].

V. Der „Schachtrahmen-Fall" (BGE 110 II 456)

12   Den eigentlichen Wechsel im schweizerischen Produktehaftungsrecht führte in der Zwischenzeit das Bundesgericht mit dem „Schachtrahmen-Entscheid"[23] herbei.

13   Das Bundesgericht verschärfte die Anforderungen an den Entlastungsbeweis des Geschäftsherrn nach Art. 55 OR. Gemäss dem Entscheid muss der Geschäftsherr, will er sich mit dem Sorgfaltsbeweis entlasten können, nebst dem Nachweis der bisher gängigen Trilogie cura in eligendo, instruendo und custodiendo[24], auch beweisen können, dass sein Betrieb

---

[19]   Vgl. N 1 ff. zu Art. 1.

[20]   Motion Neukomm, Nr. 86.384; die Motion wurde im schriftlichen Verfahren behandelt.

[21]   Fellmann, ZSR 1988, 280.

[22]   Amtl.Bull. NR 1991, 368. Die Brandkatastrophe von Schweizerhalle vom November 1986 führte zu weiteren parlamentarischen Vorstössen zu diesem Thema: Motion Fetz, Nr. 86.992, „Rechtliche Besserstellung des Geschädigten bei Umweltschäden", Amtl.Bull. NR 1987, 499 ff.; Motion Uchtenhagen, Nr. 86.141, „Haftpflichtrecht im Umweltbereich", Amtl.Bull. NR 1987, 983 f.

[23]   Als ein 690 kg schwerer Schachtrahmen mit Hilfe eines Baggers hochgehoben wurde, riss eine der beiden im Schachtrahmen eingegossenen Aufhängeschlaufen, worauf der Rahmen herabfiel und den Fuss des Klägers, eines Bauarbeiters, zerquetschte. Die Verletzung hatte eine starke Deformation des rechten Fusses zur Folge. Der Kläger war nach dem Unfall für seinen Arbeitgeber nur noch beschränkt einsetzbar. Der geschädigte Bauarbeiter verlangte aufgrund von Art. 55 OR Schadenersatz und Genugtuung. Ein Gutachten ergab, dass drei Fabrikationsfehler vorlagen, die aber von aussen nicht zu erkennen waren. Dabei fiel insbesondere die Tatsache ins Gewicht, dass der Beton nach Einsetzen der Schlaufe nicht nochmals, wie sonst üblich, gestampft oder vibriert worden war, BGE 110 II 456.

[24]   Fellmann, ZSR 1988, 303; Schweighauser, 94 f.

einwandfrei organisiert sei[25]. Zwar war der Nachweis der Sorgfalt vom Bundesgericht bereits früher um dieses zusätzliche Element erschwert worden[26], aber erst im „Schachtrahmen-Entscheid" präzisierte es, was bei Produktehaftungssachverhalten darunter zu verstehen sei, nämlich das Ergreifen sämtlicher Massnahmen, um Produktfehler respektive daraus möglicherweise entstehende Schäden zu verunmöglichen[27]. Das war nichts anderes als eine Ausdehnung der Geschäftsherrenhaftung auch auf Ausreisser[28]. Insbesondere bedeutet dies für den Geschäftsherrn die Pflicht zur zweckmässigen Organisation des gesamten Herstellungsvorganges und zur Durchführung der zur Schadensverhütung[29] erforderlichen Kontrollen[30].

---

[25] Die Vorinstanz, der Bernische Appellationshof, erachtete den Sorgfaltsbeweis der Beklagten durch den Nachweis der cura in eligendo, instruendo vel custodiendo als erbracht. Auch habe die Beklagte ihren Betrieb zweckmässig organisiert gehabt. Daraus folgerte die Vorinstanz, dass die Haftung des Produzenten für Ausreisser von der Geschäftsherrenhaftung nach Art. 55 OR nicht erfasst sei, BGE 110 II 461.

[26] BGE 90 II 64.

[27] BGE 110 II 465.

[28] Widmer, recht 1986, 50; Stauder, 374.

[29] Massnahmen, die bloss zur Schadensminderung beitragen genügen nicht. Das Bundesgericht führt in BGE 110 II 464 aus: „Die Beklagte war deshalb verpflichtet, alle nötigen und zumutbaren Massnahmen zu ergreifen, um Herstellungsfehler zu verhindern, oder zu verunmöglichen, dass mangelhafte Erzeugnisse verkauft wurden."

[30] Widmer, recht 1986, 50; Nater, SJZ 1989, 391, leitet aus dem „Schachtrahmen-Fall" zwei Pflichten ab: (1) Konstruktionspflicht: Produkte müssten so sicher konstruiert sein, dass Dritte bei bestimmungsgemässem Gebrauch mit an Sicherheit grenzender Wahrscheinlichkeit nicht geschädigt werden; (2) Kontrollpflicht mit Bezug auf Fabrikationsfehler: Der Produzent muss eine Warenendkontrolle vornehmen.
Auf die Frage, wie eine Nachkontrolle konkret ausgestaltet sein müsse, um zu genügen, ging das Bundesgericht nicht näher ein. In BGE 110 II 465 wurde dieses Problem einfach umgangen: „Die Frage, wie eine Nachkontrolle auszugestalten wäre, kann jedoch offen bleiben. Denn sollte es keine tauglichen und zumutbaren Möglichkeiten einer derartigen Prüfung gegeben haben, so durfte die Beklagte nicht darauf verzichten, ohne durch eine sicherere Konstruktion die Gefahr, dass eine Schlaufe ausreisst, auf ein Minimum zu reduzieren. Mit anderen Worten hätte also die Beklagte die Konstruktion der Schachtrahmen so verändern müssen, dass ein Ausreissen der Schlaufen auch dann mit an Sicherheit grenzender Wahrscheinlichkeit auszuschliessen war, wenn die Festigkeit nicht geprüft wurde oder geprüft werden konnte." Kritisch dazu Widmer, recht 1986, 51.

14 Mit der expliziten Anwendung des Gefahrensatzes auch bei der Geschäftsherrenhaftung wurde der Sorgfaltsbeweis faktisch verunmöglicht[31]. Im Ergebnis läuft dies auf eine reine Erfolgshaftung für mangelhafte Produkte hinaus[32]. Somit griff das Bundesgericht im „Schachtrahmen-Entscheid" der politischen Entwicklung vor und führte in der Schweiz über die Rechtsprechung eine Produktehaftung ein, die der EG-Produktehaftung in ihrer Strenge in nichts nachsteht[33].

15 Diese Tendenz setzt sich im bisher neusten Entscheid des Bundesgerichts[34] fort. Es statuierte darin eine kausale Produktehaftung des Importeurs und lehnte sich damit noch enger an die EG-Produkthaftungsrichtlinie an[35].

VI. Entwicklungen im Rahmen des IPRG und des LugÜ

16 Einen weiteren Impuls erhielt die Entwicklung im schweizerischen Produktehaftungsrecht durch den auf den 1. Januar 1989 in Kraft gesetzten Art. 135 IPRG. Auch die Inkraftsetzung des Lugano-Übereinkommens am 1. Januar 1992[36] und der damit möglich gewordenen Anwendung des EG-Produktehaftungsrechts auf Schweizer Unternehmen[37] erhöhten den Regelungsbedarf für ein eigenes schweizerisches Produktehaftungsrecht.

17 Einer weiteren parlamentarischen Initiative von Neukomm zur Produktehaftpflicht[38] wurde vom Nationalrat im März 1991 Folge geleistet und eine Kommission mit der Ausarbeitung eines Entwurfes zu einem Produktehaftpflichtgesetz beauftragt.

---

[31] Widmer, recht 1986, 51, 54; ders., organisation, 355 ff.
[32] Kästli, 94.
[33] Widmer, Schweiz, 111 f.; ders., recht 1986, 56 f., bezeichnete den Entscheid des Bundesgerichtes im „Schachtrahmen-Fall" als im Ergebnis richtig, wohl aber de lege lata nicht begründbar.
[34] „Klappstuhl-Fall", BGE vom 14.5.1985, unveröffentlicht; vgl. Widmer, recht 1986, 50 ff.
[35] Nater, SJZ 1989, 392.
[36] LugÜ vom 16. September 1988, SR 0.211.11. Für die Schweiz in Kraft getreten am 1. Januar 1992.
[37] Vgl. Egli/Hartmann, EG-Produktehaftpflicht, Folgen des Lugano-Übereinkommens, NZZ Nr. 147 vom 28. Juni 1989, 69.
[38] „Produktehaftpflicht", Nr. 89.247, Amtl.Bull. NR 1991, 367 ff.

Zudem legte im August 1991 die Studienkommission für die Gesamtre-   **18**
vision des Haftpflichtrechts ihren Bericht[39] vor, in dem sie vorschlägt, aufgrund der europapolitischen Notwendigkeit, einen Gesetzesentwurf ausar-
beiten zu lassen. Dies geschah dann auch im Rahmen des Eurolexpaketes
in Form eines Bundesbeschlusses über die Produktehaftpflicht, der sich
weitgehend auf die Vorarbeiten im Zusammenhang mit der Parlamentarischen Initiative Neukomm abstützte[40].

B. Vertragliche Grundlagen der Produktehaftung

I. Einleitung

Obwohl sich Fragen im Zusammenhang mit der Produktehaftung insbeson-   **19**
dere im ausservertraglichen Haftpflichtrecht stellen, gilt es zu beachten,
dass der Terminus der Produktehaftung in der Schweiz auch im Vertragsrecht Einzug gefunden hat[41].

Entscheidet man sich, den Begriff der Produktehaftung im Vertragsrecht   **20**
anzuwenden, so muss man in Kauf nehmen, dass das Anwendungsgebiet
der Produktehaftung fast unüberblickbar wird. Nicht nur Kaufverträge oder
Gebrauchsüberlassungsverträge, auch Werkvertrag, Auftrag und Innomi-
natskontrakte, wie Leasing-, Lizenz-, Franchise- oder Factoringvertrag sind
davon betroffen.

II. Vertragliche Beziehungen zwischen Hersteller und Geschädigtem

1. Die Produktehaftung nach Kaufvertragsrecht

Für die Produktehaftung beim Kaufvertrag steht die Haftung aus Gewähr-   **21**
leistung im Zentrum. Ausgangspunkt der meisten Produktehaftungstatbestände ist der Kauf eines fehlerhaften Produktes.

---

39   Bundesamt für Justiz (Hrsg.), Bericht der Studienkommission für die Gesamt-
      revision des Haftpflichtrechts, August 1991, EDMZ Nr. 407.010 d/f.
40   Zusatzbotschaft I, 419 f.
41   Widmer, in: Schweiz - Europa - USA, 23; Fellmann, ZSR 1988, 286; Keller,
      Atag-Praxis 1991, 11; Schweighauser, 90; Nater, SJZ 1976, 39.

a) Gewährleistungsrecht (insbesondere Art. 208 OR)

22 Unabhängig davon, ob der Verkäufer gleichzeitig auch Hersteller[42] ist oder nicht, haftet er dem Käufer dafür, dass die Sache nicht körperliche oder rechtliche Mängel aufweist, die ihren Wert oder ihre Tauglichkeit zum vorausgesetzten Gebrauch aufheben oder zumindest erheblich vermindern[43].

23 Kennt der Käufer zur Zeit des Kaufes die Mängel oder müsste er sie bei Anwendung der gewöhnlichen Aufmerksamkeit beim Kauf entdeckt haben, haftet der Verkäufer nicht, sofern er nicht deren Nichtvorhandensein zugesichert hat. Der Verkäufer haftet trotzdem, wenn er selbst die Mängel nicht gekannt hatte[44]. Der Schadenersatzanspruch besteht unabhängig davon, ob zugesicherte Eigenschaften fehlen oder nicht, respektive ob der Verkäufer einen Fehler arglistig verschwiegen hat[45].

24 Die Haftung des Verkäufers tritt aber erst ein, wenn kumulativ die zweite und wichtigere Voraussetzung erfüllt ist: Die Untersuchung durch den Käufer und die rechtzeitige Mängelrüge zuhanden des Verkäufers. Wenn Mängel nicht unmittelbar beim Kauf entdeckt werden, so hat die Mängelrüge sofort nach deren Entdeckung zu erfolgen[46].

25 Sind diese Voraussetzungen gegeben, steht dem Käufer die Wahlmöglichkeit zwischen der Wandelung und der Minderung offen (Art. 205 OR). Nur wenn der geschädigte Käufer die Wandelung verlangt, kann er nach Art. 208 Abs. 2 und 3 OR Schadenersatz verlangen[47]. Dann haftet der Ver-

---

[42] Heini, 175. Interessant ist die in diesem Zusammenhang von Heini aufgestellte These, wonach es sich bei der Gewährleistungshaftung des Obligationenrechts nicht um eine Vertragshaftung, sondern um eine an den Kaufvertrag anknüpfende Vertrauenshaftung handle. Dies begründet er zum einen rechtshistorisch und zum anderen mit dem Umstand, dass der Käufer nicht dem Verkäufer gegenüber Vertrauen entgegenbringt, sondern sich mit dem Produkt (besonders bei Markenartikeln) indentifiziert. Heini kreiert den Begriff des „Warenvertrauens". Das Verhältnis zwischen Produzent und Endabnehmer sei dadurch intensiver als dasjenige zwischen dem Verkäufer und dem Endabnehmer. Die von Heini vertretene Ansicht widerspricht allerdings der in der Schweiz geltenden „privity of contract", wonach eine Vertragshaftung nur zwischen den Vertragsparteien entstehen kann.

[43] Art. 197 OR.
[44] Guhl/Merz/Koller, 356.
[45] Honsell, in: Privatrechtskommentar, N 2 zu Art. 197.
[46] Art. 201 OR.
[47] BGE 107 II 165.

käufer für den unmittelbaren Schaden kausal[48]. Für mittelbaren Schaden[49] haftet er hingegen nur, wenn er nicht nachweisen kann, dass ihn keinerlei Verschulden trifft. Es handelt sich in diesem Fall um eine Verschuldenshaftung mit umgekehrter Beweislast[50].

Mit der Kausalhaftung aus Art. 208 Abs. 2 OR scheint der geschädigte **26** Käufer einer mangelhaften Sache ein wirksames Instrument in den Händen zu haben. Im Rahmen der Produktehaftung steht nun aber nicht der in Art. 208 Abs. 2 OR genannte unmittelbare Schaden am Produkt selber im Vordergrund[51], sondern der Mangelfolgeschaden. Die Schwierigkeit liegt nun in der Beantwortung der Frage, inwieweit Mangelfolgeschäden auch unmittelbare Schäden sind. Die dogmatische Unterscheidung zwischen mittelbarem und unmittelbarem Schaden bereitet grosse Probleme[52]. Die Differenzierung des Bundesgerichts, wonach lucrum cessans immer mittelbarer, damnum emergens immer unmittelbarer Schaden sei[53], ist unbefriedigend[54].

Nach heute verbreiteter Auffassung kommt die Kausalhaftung aus Art. 208 **27** Abs. 2 OR nur bei Mangelfolgeschäden im Bereich der Körper- oder Sachschäden zum Tragen[55]. Dieser Lösung ist unter dem rechtspolitischen Aspekt zuzustimmen[56].

Verlangt der geschädigte Käufer nun aber nicht die Wandelung sondern die **28** Minderung, so ist der Verkäufer im Rahmen von Art. 97 OR schadenersatzpflichtig[57].

---

[48]   Art. 208 Abs. 2 OR.

[49]   Das OR verwendet in Art. 208 Abs. 3 den Ausdruck „weiteren Schaden".

[50]   Posch, in: Produkthaftungshandbuch, § 129 N 14 ff.; Keller, Haftpflicht I, 327.

[51]   Nater, Schweiz, 9 II 100.

[52]   Einzelne Ansätze gehen davon aus, dass sich die Begriffe über den Kausalzusammenhang abgrenzen lassen, Fellmann, ZSR 1988, 289. Keller, Haftpflicht I, 330, nennt als mittelbaren Schaden das positive Vertragsinteresse, das Erfüllungsinteresse, den entgangenen Gewinn. Als unmittelbaren Schaden bezeichnet er das negative Vertragsinteresse, den Vertrauensschaden und den positiven Schaden.

[53]   BGE 47 II 85, 79 II 381.

[54]   Fellmann, ZSR 1988, 289.

[55]   Fellmann, ZSR 1988, 290; Nater, Schweiz, 9 II 100; vgl. auch Honsell, in: Privatrechtskommentar, N 9 zu Art. 208 m.w.N.

[56]   A.A. Honsell, in: Privatrechtskommentar, N 10 zu Art. 208; Kästli, 86.

[57]   Natürlich unter der Voraussetzung, dass der Verkäufer seine vertragliche Pflicht nicht erfüllt hat und sich nicht exkulpieren kann, BGE 95 II 125.

b) *Einschränkungen der kaufvertraglichen Produktehaftung*

29 Die kaufvertragliche Anspruchsgrundlage ist für den geschädigten Käufer aus mehreren Gründen nicht vorteilhaft[58].

  i. Aufgrund der kurzen Verjährungsfrist von einem Jahr[59] dürfte in Produktehaftungssachverhalten die kaufvertragliche Anspruchsgrundlage meist gar nicht zur Anwendung kommen.

 ii. Der Käufer muss die Mängelrüge rechtzeitig und korrekt erhoben haben[60].

iii. Der Verkäufer kann sich grösstenteils von seiner persönlichen und der Haftung seiner Hilfspersonen freizeichnen[61].

 iv. Die restriktive Handhabung der Drittschadensliquidation[62] im schweizerischen Recht verunmöglicht eine Anwendung von Art. 208 OR über das Verhältnis von Gläubiger und Schuldner hinaus.

c) *Verjährung*

30 Art. 210 OR statuiert eine kurze Verjährungsfrist von einem Jahr. Dieser kurzen Frist für Klagen auf Gewährleistung wegen Sachmängel sind auch die übrigen Schadenersatzansprüche (inkl. Ansprüche bei Mangelfolgeschäden) unterstellt.

d) *Das UN-Kaufrecht*

31 Das UN-Kaufrecht[63] beinhaltet das Sachrecht über den internationalen Warenkauf. Es gilt nur für Kaufverträge beweglicher Waren. Das UN-Kaufrecht findet generell keine Anwendung auf Verbraucherverträge[64] und im Rahmen von Personenschäden, die aus Kaufverträgen resultieren[65].

---

[58] Schweighauser, 90; Fellmann, ZSR 1988, 290 f.

[59] Art. 210 OR.

[60] Fellmann, ZSR 1988, 291.

[61] Art. 100 und 101 OR.

[62] Gauch/Schluep, N 2688 ff.

[63] Übereinkommen der Vereinten Nationen über Verträge über den internationalen Warenkauf vom 11. April 1980, SR. 0.221.211.1; für die Schweiz in Kraft getreten am 1. März 1991.

[64] Art. 2 lit. a WKR.

[65] Art. 5 WKR: „Dieses Übereinkommen findet keine Anwendung auf die Haftung des Verkäufers für den durch die Ware verursachten Tod oder die Körperverletzung einer Person." Vgl. auch Enderlein, N 1 zu Art. 5.

Für Verbraucherverträge und Ansprüche aus Personenschäden sind weiter- 32
hin die aufgrund der Kollisionsnormen anwendbaren Rechtsordnungen
beachtlich[66].

Auch im Bereich der Sachschäden können die ausservertraglichen An- 33
spruchsgrundlagen des nationalen Rechts konkurrierend zu den Ansprüchen aus UN-Kaufrecht geltend gemacht werden[67]. Das UN-Kaufrecht unterscheidet zudem nicht zwischen Mangelschaden und Mangelfolgeschaden und behandelt beide gleich[68].

Für die Produktehaftung interessiert das UN-Kaufrecht nur insoweit, als es 34
um die Frage des Ersatzes von Mangelfolgeschäden auf seiten des Käufers
geht.

aa) Rechtsbehelfe des geschädigten Käufers nach UN-Kaufrecht

Dem Käufer stehen bei Vertragsverletzung[69] durch den Verkäufer nach 35
UN-Kaufrecht folgende Rechtsbehelfe zu: (1) Der Käufer kann vom Verkäufer Realersatz verlangen[70]; (2) Der Käufer erklärt die Aufhebung des
Vertrages[71]; (3) Der Käufer kann Minderung verlangen[72]; (4) Der Käufer
macht Schadenersatz geltend[73].

Der Anspruch auf Schadenersatz besteht selbständig oder in Kombination 36
mit den anderen Rechtsbehelfen[74]. Im zweiten Fall ist der Schadenersatzanspruch aber nur subsidiärer Natur[75]. Schadenersatz ist auch zu leisten,
wenn der Vertrag aufgehoben wird.

---

66 Das schweizerische Recht wird also angewendet, wenn die entsprechende Kolli-
    sionsnorm in casu auf das schweizerische Recht verweist. Für Schadenersatzan-
    sprüche kommen dann nebst den üblichen vertraglichen Anspruchsgrundlagen
    auch Art. 41, 55 OR und das PrHG in Frage.
67 Rolland, N 73 zu § 15. Es gibt aber dennoch Abgrenzungsprobleme, die einer Klä-
    rung bedürfen. Zu denken ist etwa an die „Weiterfresser-Schäden".
68 Ryffel, 65.
69 Als Vertragsverletzung gilt jegliche Verletzung von vertraglichen Pflichten. Ob es
    sich dabei um Haupt- oder Nebenpflichten handelt ist irrelevant, Enderlein, N 1 zu
    Art. 45.
70 Art. 46 Abs. 1 i.V.m. Art. 45 Abs. 1 lit. a WKR. Enderlein, N 1 ff. zu Art. 46.
71 Art. 49 Abs. 1 i.V.m. Art. 45 Abs. 1 lit. a WKR.
72 Art. 50 i.V.m. Art. 45 Abs. 1 lit. a WKR.
73 Art. 74 i.V.m. Art. 45 Abs. 1 lit. b WKR.
74 Herber/Czerwenka, N 3 zu Art. 74; Ryffel, 30.
75 Killias, in: Handbuch, 6/6.3.1.

37 Mangelfolgeschäden, die aufgrund eines fehlerhaften Produktes entstanden sind, können nur durch Schadenersatz ausgeglichen werden. Deshalb soll in der Folge auf die Voraussetzungen für das Entstehen eines Schadenersatzanspruchs nach UN-Kaufrecht eingegangen werden.

bb) Voraussetzungen des Schadenersatzes nach UN-Kaufrecht

38 Anspruchsgrundlage für den Schadenersatzanspruch ist Art. 45 Abs. 1 lit. b WKR[76]. Art. 74 ff. WKR regeln bloss den Umfang der Ersatzpflicht. Schadenersatz wird bei allen Vertragsverletzungen geschuldet. Der Schaden ist mit Geld zu ersetzen[77]. Der Schadensbegriff ist weit zu fassen: sowohl Verlust als auch entgangener Gewinn und Mangelfolgeschäden sind zu ersetzen[78].

39 Der Schadenersatzanspruch besteht, wenn folgende Voraussetzungen erfüllt sind: (1) Der Verkäufer handelt vertragswidrig, weil die von ihm gelieferte Ware nicht vertragsgemäss beschaffen oder mit Mängeln behaftet ist[79]; (2) Der Käufer hat die Untersuchung der Kaufsache und die Mängelrüge gehörig und rechtzeitig vorgenommen[80].

---

[76] Enderlein, N 5 zu Art. 46.

[77] Art. 74 Satz 1 WKR.

[78] Herber/Czerwenka, N 5 zu Art. 74.

[79] Der Verkäufer hat Ware zu liefern, die in Menge, Qualität, Art und i.b. auf die Verpackung den Abmachungen der Vertragsparteien entspricht, Art. 35 WKR. Für die Beurteilung, ob der Verkäufer pflichtwidrig gehandelt hat, ist nicht ein objektiver Massstab zu unterstellen. Diese Frage muss unter Berücksichtigung der Parteivereinbarungen beurteilt werden. Bei fehlender Vereinbarung wird gefragt, ob sich die gelieferte Ware für den Zweck eignet, für den sie üblicherweise gebraucht wird. Ist die Frage zu verneinen, so liegt eine Vertragsverletzung auf seiten des Verkäufers vor. Unter Umständen sind auch nach Art. 9 WKR anzuerkennende Gebräuche zu beachten, Herber/Czerwenka, N 3 ff. zu Art. 35. Die vertragsgemässe Beschaffenheit der Ware muss zum Zeitpunkt des Gefahrenüberganges gegeben sein, Art. 36 Abs. 1 WKR.

[80] Der Käufer muss die Kaufsache innert nützlicher Frist prüfen und Mängel i.S. von Art. 39 Abs. 1 WKR innert angemessener Frist nach Entdeckung beim Verkäufer rügen. Ansonsten verliert er die Möglichkeit, eine Vertragswidrigkeit des Verkäufers geltend machen zu können, Art. 38 Abs. 1 WKR. Nach Art. 39 Abs. 2 WKR verliert er den Anspruch aber in den meisten Fällen spätestens zwei Jahre nach Übergabe der Ware durch den Verkäufer.

Ein Verschulden des Verkäufers ist nicht Haftungsvoraussetzung[81]. Aber **40** auch wenn obige Voraussetzungen erfüllt sind, muss es nicht unbedingt zu einer Haftung des Verkäufers für Mangelfolgeschäden kommen. Art. 79 WKR befreit den Verkäufer dann von der Schadenersatzpflicht, wenn er bestimmte Schadensursachen nicht selber zu vertreten hat[82].

Den Käufer trifft in jedem Fall eine Schadenminderungspflicht. Bei Nicht- **41** beachtung kann dies zur Herabsetzung des Schadenersatzes führen[83].

cc) Die Bedeutung des UN-Kaufrechts für die Produktehaftung
Das UN-Kaufrecht wird für Produktehaftungssachverhalte nicht von gros- **42** ser Bedeutung sein. Dies aus zwei Gründen: Zum Ersten kann die Anwendung des UN-Kaufrechts von den Parteien ausgeschlossen oder deren Bestimmungen abgeändert werden[84] und zum Zweiten regelt das UN-Kaufrecht weder Verbraucherverträge noch Ansprüche aus Personenschäden.

Zu beachten ist jedoch die Tatsache, dass der Verkäufer für alle Produkt- **43** risiken verschuldensunabhängig haftet. Er muss demnach nicht nur für den Mangelschaden einstehen, sondern auch für den Mangelfolgeschaden[85].

2. Die Haftung des Produzenten nach Art. 97 Abs. 1 OR

Eine Schadenersatzpflicht aus Art. 97 OR ist in drei Fällen denkbar: Bei **44** Unmöglichkeit der Leistung, Säumnis des Schuldners und bei Schlechterfüllung. Im Zentrum für das Produkthaftpflichtrecht steht die positive Vertragsverletzung als Schlechterfüllungstatbestand. Schlecht erfüllt ist der Vertrag über den Verkauf einer Sache, wenn sie einen Mangel aufweist: Der Hersteller, der ein mangelhaftes Produkt verkauft, begeht nach Art. 97

---

81 Herber/Czerwenka, N 3 zu Art. 74; Ryffel, 37, bezeichnet die Rechtsnatur der Haftung des Verkäufers für Vertragsverletzungen als objektive Einstandspflicht des Verkäufers. Nach Art. 79 Abs. 2 WKR haftet der Verkäufer auch für das Verhalten seiner Erfüllungsgehilfen.

82 Z.B. Höhere Gewalt. Dagegen können Herstellungs- oder Konstruktionsfehler und Ausreisser keine Entlastungsgründe i.S. von Art. 79 WKR darstellen, Killias, in: Handbuch, 6/6.3.2.2.

83 Art. 77 WKR. Nach Enderlein, N 2 zu Art. 77, handelt es sich dabei um eine aktive Schadenminderungspflicht.

84 Art. 6 WKR.

85 Schlechtriem, 350. Es wird jedoch versucht, diese Garantiehaftung des Verkäufers für Mangelfolgeschäden über das Argument der notwendigen Voraussehbarkeit eines Schadens in Art. 72 WKR zu entschärfen, vgl. Ryffel, 54.

Abs. 1 OR eine positive Vertragsverletzung[86]. Der Schaden kann sowohl das Erfüllungs- als auch das Integritätsinteresse tangieren.

45 Nach ständiger Rechtsprechung des BGer kommt neben dem Schadenersatzanspruch nach Art. 97 OR konkurrierend die kaufrechtliche Sachgewährleistung (Art. 197 ff. OR) zur Anwendung. Dabei werden aber vom BGer die Besonderheiten des Sachmängelrechts, wie Rügeobliegenheit, Verjährung oder Haftungsfreizeichnung, auf den Anspruch aus Art. 97 ff. übertragen[87].

46 Der Geschädigte kann aufgrund von Art. 97 OR Schadenersatz[88] geltend machen.

47 Zum Verhältnis der Haftung aus Art. 97 OR zu den Bestimmungen des kaufrechtlichen Gewährleistungsrechts[89] ist anzufügen, dass beide Rechtsbehelfe nebeneinander bestehen. Jedoch ist eine Haftung aus Art. 97 OR in diesem Zusammenhang nur unter Beachtung der Einhaltung der kaufrechtlichen Verwirkungstatbestände möglich[90].

48 Die Besonderheit der Norm liegt in ihrer Rechtsnatur als Verschuldenshaftung mit umgekehrter Beweislast[91]. Durch die Erbringung des Exkulpationsbeweises kann sich der Schädiger aufgrund von Art. 97 OR sowohl der Verantwortung für den unmittelbaren als auch für den mittelbaren Schaden entziehen.

49 Besteht die Haftung aus Art. 97 OR im Zusammenhang mit Mängeln der Kaufsache, so wird die kurze Verjährungsfrist von Art. 210 OR angewendet[92].

50 Art. 97 OR ist dispositives Recht. Die Haftung kann in den Grenzen von Art. 100 OR wegbedingt werden.

---

[86] Zum Begriff: Koller, 1485; Gauch/Schluep, N 2603 ff.; Wiegand, in: Privatrechtskommentar, N 32 zu Art. 97.

[87] BGE 108 II 104, 107 II 418, 107 II 161, 96 II 117, 95 II 125; vgl. dazu Honsell, in: Privatrechtskommentar, Vorbemerkungen zu Art. 197 - 210 N 6.

[88] Insb. auch den Ersatz für Mangelfolgeschäden.

[89] Art. 197 ff. OR.

[90] Dagegen kann ein Anspruch aus Art. 97 OR nicht neben werkvertraglichen Ansprüchen existieren, Wiegand, in: Privatrechtskommentar, N 28 ff. zu Art. 97; Posch, in: Produkthaftungshandbuch, § 129 N 7.

[91] In Analogie zu Art. 208 Abs. 3 OR.

[92] Fellmann, ZSR 1988, 293.

3. Die Produktehaftung nach Auftragsrecht

Auftragsrecht im Rahmen der Produktehaftung ist immer dann relevant, **51** wenn eine Beratungstätigkeit zu Mangelfolgeschäden führt. Der Auftraggeber haftet dem Beauftragten für den aus dem Auftrag entstandenen Schaden, sofern er nicht beweisen kann, dass ihn kein Verschulden trifft. Für unverschuldete Schäden kann der Beauftragte jedoch keinerlei Schadenersatz geltend machen[93].

Klassisches Beispiel ist die fehlerhafte Instruktion des Arztes über die Ein- **52** nahme oder Nebenwirkungen von an Patienten abgegebenen Medikamenten.

4. Die Produktehaftung nach Werkvertragsrecht

Der Unternehmer haftet dem Besteller für allfällige Mangelfolgeschäden, **53** die durch die Lieferung eines fehlerhaften Werkes verursacht wurden, wenn ein Verschulden seinerseits vorliegt[94]. Ein Verschulden stellt bereits jeder Verstoss gegen die fachtechnisch gebotene Vorsicht dar[95]. Für das Bestehen eines solchen Anspruchs ist die Ausübung eines der drei Mängelrechte von Art. 368 OR[96] nicht Bedingung[97].

In Art. 368 Abs. 1 und 2 OR wird nicht zwischen unmittelbarem und mit- **54** telbarem Schaden unterschieden. Auch die analoge Anwendung von Art. 208 Abs. 2 und 3 OR ist nicht zulässig[98]. Dennoch ist die Verwandtschaft zur Gewährleistungshaftung aus Kaufvertrag unverkennbar[99].

Mangelfolgeschäden im Werkvertragsrecht sind z.B. Erwerbs- oder Miet- **55** zinsausfälle, Beeinträchtigungen von Werkstoff oder Reparaturgegenständen des Bestellers oder auch Unfallfolgekosten nach mangelhaften Reparaturen und Schadenersatzpflichten des Bestellers gegenüber Dritten[100].

---

93 Nater, Schweiz, 9 II 122.
94 Art. 368 OR; vgl. Guhl/Merz/Koller, 485.
95 BGE 70 II 219.
96 Das sind die Minderung, die Wandelung und die Nachbesserung.
97 Zindel/Pulver, in: Privatrechtskommentar, N 68 zu Art. 368.
98 BGE 64 II 256 ff.; Gauch, N 1330.
99 Zindel/Pulver, in: Privatrechtskommentar, N 6 zu Art. 368.
100 Zindel/Pulver, in: Privatrechtskommentar, N 69 f. zu Art. 368.

56 Die Verjährungsfrist beim Werkvertrag beträgt für bewegliche Sachen ein Jahr[101] und für Bauwerke fünf Jahre[102]. Diese Verjährung gilt für alle Ansprüche, einschliesslich des Schadenersatzanspruchs aufgrund von Mangelfolgeschäden[103]. Die Fristen sind dispositiver Natur[104]. Bei arglistigem Verschweigen ist in Analogie zum Kaufrecht die zehnjährige Verjährungsfrist anzuwenden[105].

57 Ansprüche aus Art. 368 und 97 OR können nicht nebeneinander bestehen[106].

58 Die Produktehaftpflicht aus Werkvertrag lässt sich anhand des „Steiggurt-Falles"[107] gut nachvollziehen.

C. Ausservertragliche Grundlagen der Produktehaftung

I. Haftung aus Art. 41 OR: Verschuldenshaftung

1. Rechtsnatur und Haftungsprinzip von Art. 41 OR

59 Art. 41 Abs. 1 OR statuiert die allgemeine Deliktshaftung für das ausservertragliche Produkthaftungsrecht. Wer einem anderen schuldhaft (Fahrlässigkeit oder Absicht) und widerrechtlich Schaden zufügt, ist diesem zu Schadenersatz verpflichtet.

60 Diese Haftung ist eine Verschuldenshaftung, wobei das menschliche Handeln, sei es als Tun, sei es als Unterlassen[108], Anknüpfungstatbestand ist. Zurechnungskriterium ist die subjektiv vorwerfbare Verletzung einer Sorgfaltspflicht, d.h. ein Verschulden.

61 Art. 41 OR hat generalklauselhaften Charakter. Dies ergibt sich aus der Tatsache, das der Artikel die Güter, die deliktisch geschützt sind, nicht im einzelnen aufzählt, wie dies etwa § 823 Abs. 1 BGB tut. Das OR stimmt in

---

[101] Art. 371 Abs. 1 OR.
[102] Art. 371 Abs. 2 OR.
[103] Gauch, N 1588.
[104] Es ist sowohl eine Verlängerung als auch eine Verkürzung der Frist möglich. Die Verkürzung darf nicht zur unbilligen Einschränkung der Rechte des Bestellers führen, BGE 108 II 194.
[105] BGE 89 II 409, 100 II 34.
[106] BGE 100 II 30; Wiegand, in: Privatrechtskommentar, N 29 zu Art. 97; a.A. Posch, in: Produkthaftungshandbuch, § 129 N 19.
[107] BGE 64 II 254 ff.; zum Sachverhalt vgl. oben FN 4.
[108] BGE 35 II 440, 80 II 39.

seiner Technik mit dem Art. 1382 französischer CC und § 1295 ABGB überein.

2. Die Anwendung von Art. 41 OR

Art. 41 OR findet Anwendung, wenn keine lex specialis[109] vorgeht und die Identität der schadenersatzpflichtigen Person vorliegt. Personen, die nach einer lex specialis nicht haftpflichtig sind, unterliegen der Verschuldenshaftung von Art. 41 OR[110]. Im Zusammenhang mit Art. 41 OR wird daher auch oft von der Universalität der Verschuldenshaftung[111] gesprochen.   **62**

Der Hersteller haftet nach Art. 41 OR, wenn ihm Verletzungen seiner Sorgfalts- oder Organisationspflichten aufgrund des Gefahrensatzes persönlich vorgehalten werden können[112]. Diese Haftung bezieht sich auf sämtliche Fehlerkategorien des Produktehaftungsrechts. Insbesondere beim Konstruktions- und Instruktionsfehler ergibt sich die Haftung direkt aus dem Gefahrensatz[113]: der Hersteller unterlässt es in beiden Fällen, genügend für die Sicherheit des Produktes zu unternehmen.   **63**

a) Das Verhältnis zur Geschäftsherrenhaftung (Art. 55 OR)

Die Geschäftsherrenhaftung nach Art. 55 OR geht der allgemeinen Verschuldenshaftung nach Art. 41 OR als lex specialis vor[114].   **64**

Für das Produktehaftungsrecht gilt es, zusätzlich folgende Regeln zu beachten: Der Hersteller kann in seiner Eigenschaft als Geschäftsherr aus Art. 41 OR belangt werden, wenn ihm nebst der Haftung aus Art. 55 OR eine zusätzliche schuldhafte Handlung nachgewiesen werden kann, die zur Schadensentstehung beigetragen hat[115]. Ebenso kann das Erteilen von widerrechtlichen Weisungen an ihre Hilfspersonen eine Haftung aus Art. 41 OR begründen[116].   **65**

---

[109] Zur Abgrenzung von Art. 41 OR zu den gewöhnlichen Kausalhaftungen: BGE 115 II 242.
[110] Schnyder, in: Privatrechtskommentar, N 1 zu Art. 41.
[111] Oftinger, 15; kritisch Oftinger/Stark, § 16 N 6.
[112] Nater, Schweiz, 9 II 103.
[113] BGE 49 I 465 ff.; BJM 1961, 197 f.
[114] BGE 115 II 242; Oftinger, 481.
[115] BGE 64 II 262.
[116] Brehm, N 37 und N 97 zu Art. 55.

b) Das Verhältnis zur Vertragsverletzung

66 Die Verschuldenshaftung aus Art. 41 OR steht zum Tatbestand der Vertragsverletzung in Anspruchskonkurrenz[117], wenn die Schädigung nicht bloss auf einer Vertragswidrigkeit, sondern auf einer widerrechtlichen Handlung beruht[118]. Für das Produktehaftungsrecht wird das Verhältnis von vertraglicher zur ausservertraglichen Haftung vom Bundesgericht exemplarisch im „Steiggurt-Fall"[119] dargelegt[120].

c) Das Verhältnis zu Spezialgesetzen (PrHG)

67 Spezialgesetze, die die entsprechende Materie abschliessend regeln, erlangen exklusive Geltung. Diese Gesetze finden alleinige Anwendung auf Schädigungen von Personen, unabhängig davon ob diese zum Schädiger in einem Vertragsverhältnis standen[121]. Zu erwähnen sind etwa das Eisenbahnhaftpflichtgesetz[122] oder die Bestimmungen des Immaterialgüterrechts.

68 Art. 41 OR findet jedoch Anwendung, sofern in spezialrechtlichen Bestimmungen darauf verwiesen wird.

69 Das neue PrHG enthält in Art. 11 eine solche Bestimmung, die subsidiär zu den Bestimmungen des PrHG die Artikel des OR anwendbar erklärt. Die Schadenersatzansprüche aufgrund des OR bleiben dem Geschädigten gewahrt[123].

3. Die Voraussetzungen der Haftung nach Art. 41 OR

70 Die Haftungsvoraussetzungen für einen Anspruch aus Art. 41 OR sind das eigentliche Verschulden des Schädigers, d.h. die konkrete Vorwerfbarkeit der schädigenden Handlung, das Vorliegen eines Schadens, die Widerrechtlichkeit des schädigenden Verhaltens und das Bestehen eines adäquaten Kausalzusammenhangs zwischen dem Schaden und der schuldhaften Handlung.

---

[117] Oftinger, 484.
[118] Gauch/Schluep, N 2906; BGE 113 II 247.
[119] BGE 64 II 254.
[120] Vgl. auch „Pflanzenschutzmittel-Fall", BJM 1961, 189 ff.
[121] Oftinger, 483.
[122] EHG vom 28. März 1905, SR 221.112.742.
[123] Vgl. N 1 ff. zu Art. 11.

a) Das Verschulden

Das Verschulden enthält zwei Elemente[124]: Das Abweichen vom Normver- **71**
halten als objektives und die Urteilsfähigkeit des Haftpflichtigen als
subjektives Element[125]. Für das Vorliegen des Verschuldens müssen beide
Voraussetzungen erfüllt sein[126].

aa) Objektives Element: Abweichen vom Normverhalten

Das objektive Element des Verschuldens liegt in der Abweichung von **72**
einem unter den vorliegenden Umständen als angebracht erscheinenden
Durchschnittsverhalten[127]. Dieses Abweichen kann vorsätzlich oder fahrlässig erfolgen, sei es als Tun oder Dulden, sei es als Unterlassung[128].

Vorsatz

Beim Vorsatz will der Schädiger die schädigende Handlung, d.h. den Er- **73**
folg[129]. Eventualvorsatz genügt[130]. Vorwerfbar ist somit das Wollen.

Fahrlässigkeit

Die Fahrlässigkeit steht im Rahmen des Verschuldens bei Produktehaf- **74**
tungssachverhalten im Vordergrund[131]. Das vorsätzliche Inverkehrsetzen
von fehlerhaften Produkten ist zwar denkbar, praktisch aber unwahrscheinlich[132].

Fahrlässig ist die Nichtbeachtung der gehörigen Sorgfalt. Darunter wird die **75**
Ausserachtlassung jener Sorgfalt verstanden, die die Verkehrssitte von den
mit dem Handelnden in gleichen Lebensverhältnissen stehenden Personen
unter den erkennbaren Umständen fordert[133]. Somit kann ein Hersteller

---

[124] Keller/Syz, 55 ff.
[125] Stark, Skriptum, N 443a; Kästli, 87; Schweighauser, 92.
[126] Schnyder, in: Privatrechtskommentar, N 22 zu Art. 41.
[127] Oftinger, 141.
[128] Oftinger, 142; Guhl/Merz/Koller, 181 f.
[129] Oftinger/Stark, § 16 zu N 21 ff.
[130] BGE 91 II 42.
[131] Kästli, 87.
[132] Hingegen ist die vorsätzliche Unterlassung des Ergreifens von Schutzmassnahmen
durchaus denkbar.
[133] Keller/Syz, 59.

auch dann fahrlässig handeln, wenn er zwar die tatsächlich mögliche Sorgfalt aufgewendet hat, diese aber unter dem geforderten Standard liegt[134].

76 Der Zweck der Objektivierung des Fahrlässigkeitsbegriffs liegt in der Erleichterung des Beweises durch den Geschädigten, was im Produktehaftungsrecht von zentraler Bedeutung ist, im Vertrauensschutz[135] und im wirtschaftlichen Schutz des Geschädigten[136].

77 Die Objektivierung der Fahrlässigkeit führt zur Vernachlässigung fast sämtlicher subjektiver Aspekte[137]. Der Schädiger kann sich nicht exkulpieren, indem er sich auf bei ihm liegende subjektive Faktoren oder Verhältnisse beruft[138]. Insbesondere sind nicht zu beachten: Angst, persönliche Überforderung, persönliche Unkenntnis, Übermüdung[139]. Daraus darf aber nicht abgeleitet werden, dass der Hersteller von der Tatsache, dass subjektive Elemente bei der Fahrlässigkeit nicht berücksichtigt werden, profitieren könnte. Liegt nach allgemeinem Standard kein Verschulden vor, so kann im Hinblick auf die subjektiven Momente, namentlich die Erfahrung oder den Beruf des Haftpflichtigen, ein Verschulden angenommen werden[140]. Dies ist bei Produktehaftungssachverhalten von grosser Bedeutung. Denn wer eine Tätigkeit ausübt, die spezielle Kenntnis oder Fähigkeiten voraussetzt, darf sich nicht darauf berufen können, er habe die vom Durchschnittsmenschen zu erwartende Sorgfalt angewendet. Wenn ein rein betriebswirtschaftlich ausgebildeter Hersteller die Gebrauchsanleitung für die von seiner Fabrik hergestellten Produkte selber anfertigt und dabei gegen Instruktionspflichten verstösst, darf er sich nicht mit dem Hinweis entlasten können, er sei eben kein ausgebildeter Jurist[141]. Dennoch handelt es sich bei diesem objektiven Massstab der Fahrlässigkeit respektive der Sorgfalt nicht um einen starren und für jede Situation gleichen. Vielmehr sind auch diverse konkrete Umstände zu berücksichtigen[142]. Dabei ist die

---

134 BGE 90 II 229. In Analogie kann dies auch aus dem „Schachtrahmen-Fall", BGE 110 II 456 ff., hergeleitet werden. Zum Massstab bezüglich der Sorgfalt vgl. unten N 82 ff.
135 Oftinger, 143.
136 Oftinger, 145; Keller/Gabi, 55 ff.
137 Eingehend dazu: Widmer, ZBJV 1974, 297 ff.
138 Oftinger, 146.
139 BGE 58 II 33, 138, 69 II 332.
140 Stark, Skriptum, N 490; BGE 72 II 317.
141 Zur Instruktionspflicht: Hess, Betriebsanleitung, 40 ff.
142 Oftinger, 146.

Wertreihenfolge der Rechtsgüter zu beachten[143]. So ist an die Produktion von Gütern, die Leben und körperliche Integrität beeinträchtigen oder gefährden, ein überaus strenger Massstab an die Sorgfalt zu legen. Es gilt ausserdem die Regel, dass gefährliche[144] und schwierige[145] Tätigkeiten den Sorgfaltsmassstab erhöhen. Der Hersteller von Psychopharmaka unterliegt bei der Produktion einem anderen Sorgfaltsmassstab, als der Hersteller von Hundefutter. Das Bundesgericht geht im „Carbura-Entscheid"[146] noch weiter und behält sich ausdrücklich die Möglichkeit offen, auch das Einhalten von Empfehlungen und Vorschlägen, die von Fachverbänden aufgestellt werden, als Indiz für das Erfüllen der notwendigen Sorgfaltspflicht zu werten.

Die Objektivierung führt dazu, dass ein Verschulden auch vorliegen kann, **78** wenn ein Verhalten subjektiv entschuldbar wäre.

Weiter kann es für die Annahme von Verschulden genügen, wenn der **79** Schaden als solcher voraussehbar war[147]. Dabei wird nicht gefordert, dass der Haftpflichtige den Schaden im konkreten Fall hatte voraussehen können; es genügt eine gewisse Wahrscheinlichkeit[148]. Der Hersteller von Produkten muss sich immer unter Beachtung folgender, exemplarisch aufgeführter Fragen verhalten: Mit welchen Unbekannten muss ich bei der Konstruktion, Produktion und Lancierung rechnen? Welche Gefahren schaffe ich mit meinem Produkt? Welche Gefahren können vom Anwender ausgehen? Damit wird deutlich, dass auch bereits das Unterlassen von Schutzmassnahmen als Fahrlässigkeit zu deuten ist[149].

Im Unterschied zum Vorsatz ist bei der Fahrlässigkeit nicht das Wollen **80** einer Schädigung vorwerfbar, sondern ein Mangel an Sorgfalt oder das Nichtvermeiden von Unsorgfalt.

Fahrlässigkeit wird unterschieden in grobe und leichte Fahrlässigkeit. Diese **81** se Differenzierung ist wichtig für die richterliche Festsetzung des Scha-

---

143 Oftinger, 147.
144 BGE 64 I 465, 70 II 210, 93 II 350; Sem.jud. 1981, 433 ff.
145 BGE 56 II 373.
146 BGE 107 Ib 125 ff.
147 Oftinger, 149; Oftinger/Stark, § 16 N 38.
148 Oftinger, 149.
149 Oftinger, 150.

65

dens[150] und die Ermässigung der Schadenersatzpflicht bei einer Notlage des Pflichtigen[151].

Der Gefahrensatz[152]

82 Der Gefahrensatz ist für das schweizerische Haftpflichtrecht im allgemeinen und das Produktehaftungsrecht im besonderen ein zentrales Element[153]. Er wird mitunter sogar als ein Fundamentalsatz der Rechtsordnung bezeichnet[154]. Von der Konstruktion her ist er vergleichbar mit den deutschen Verkehrssicherungspflichten[155]. Der Gefahrensatz ist nirgends positivrechtlich statuiert[156]. Er besagt, dass wer einen gefährlichen Zustand schafft oder unterhält, verpflichtet ist, die notwendigen Schutzmassnahmen zu ergreifen, um Schädigungen Dritter zu verhüten. Dabei beinhaltet der Gefahrensatz die Rechtspflicht für den Hersteller, aktiv Schadenverhütungs- oder -verminderungsmassnahmen zu ergreifen[157]. Es besteht immer da eine Pflicht zum Ergreifen von Schutzmassnahmen, wo ein gefährlicher Zustand unterhalten oder geschaffen wird. Wer einen Fön herstellt, muss dafür sorgen, dass der Konsument vor den Gefahren gewarnt wird[158]. Im einzelnen sind beim Gefahrensatz zwei Elemente voneinander zu unterscheiden[159]: (1) Wer schuldhaft eine Gefahr für andere schafft, muss für den Schaden haften, den diese dadurch widerrechtlich erleiden; (2) Wer für andere schuldhaft eine Gefahr schafft, kann sich der Haftung entziehen, wenn er die erforderlichen Schutzmassnahmen getroffen hat und der Schaden trotzdem eintritt. Die Schaffung von Gefahren kann jedoch nur dann zu einer Haftung nach Art. 41 OR führen, wenn sie eine Unsorgfalt oder ein Verschulden darstellt.

---

[150] Art. 43 OR.

[151] Art. 44 Abs. 2 OR.

[152] Vgl. Widmer, recht 1986, 50 ff.; ders., ZBJV 1970, 305 ff.

[153] Schweighauser, 92 f.; Nater, Schweiz, 9 II 103; Posch, in: Produkthaftungshandbuch, § 129 N 26; Merz, ZBJV 1986, 159.

[154] Oftinger, 88 f.

[155] Schweighauser, 64 f. und 93. Neuerdings wird dieser Begriff auch im Rahmen des schweizerischen Haftpflichtrechtes verwendet: Guhl/Merz/Koller, 177; vgl. auch Borer, Haftpflichtrecht, 498, 519.

[156] Es handelt sich um Richterrecht; BGE 82 II 28, 90 II 89, 93 II 92, 95 II 96, 96 II 112, 98 II 48, 110 II 460 ff., 112 II 141 E.1, 3a.

[157] Guhl/Merz/Koller, 176.

[158] Bsp. Kontakt mit Wasser, Kriechstrom usw.

[159] Oftinger/Stark, § 16 N 29 f.

Ein gefährlicher Zustand besteht dann, wenn die Wahrscheinlichkeit eines 83
Unfalles einen gewissen Grad erreicht hat. Dies zu beurteilen, liegt im Er-
messen des Richters[160]. Es gibt jedoch keine allgemeingültige richterliche
Definition des gefährlichen Zustandes.

Solange das Verschulden eine rein subjektive oder besser nicht-objektivier- 84
te Haftungsvoraussetzung von Art. 41 OR war, spielte das Fehlen einer gerichtlichen Definition keine Rolle. Die Objektivierung des Verschuldens
führte aber dazu, dass sich die Schaffung eines gefährlichen Zustandes zu
einem beinahe objektiven Anknüpfungstatbestand verselbständigt hatte
und in der Folge vom Bundesgericht auch auf Kausalhaftungen übertragen
wurde[161]. Die Verletzung des Gefahrensatzes wurde nun nicht mehr beim
Verschulden geprüft, sondern bei der Widerrechtlichkeit, die ja sowohl
Haftungsvoraussetzung bei der Verschuldenshaftung nach Art. 41 OR als
auch bei den diversen Kausalhaftungen ist[162].

In Produktehaftungssachverhalten leitete das Bundesgericht die Wider- 85
rechtlichkeit eines Verhaltens im Sinne des „neminem laedere" grundsätzlich aus dem Gefahrensatz ab[163]. Die Konsequenz dieser Entwicklung
zeigte sich nach dem „Steiggurt-Entscheid" des Bundesgerichts[164] in einer
bis heute aktuellen Verschärfung der Produktehaftung in dem Sinne, dass
der Gefahrensatz zu einer Art Generalklausel einer beinahe unbegrenzten
Erfolgshaftung ausartete[165]. Unter dem Eindruck des später gefällten
„Schachtrahmen-Urteils"[166] kann gesagt werden, dass das Produktehaftungsrecht nach Art. 41 und 55 OR den übrigen europäischen Modellen in
seiner Strenge in Nichts nachsteht[167].

---

[160] Oftinger/Stark, § 16 N 28 ff.
[161] „Schachtrahmen-Fall", BGE 110 II 464.
[162] Vgl. Widmer, recht 1986, 55; a.A. Keller/Syz, 48.
[163] Z.B. „Steiggurt-Fall", BGE 64 II 260 ff.
[164] BGE 64 II 260 f.
[165] Widmer, ZBJV 1974, 320.
[166] BGE 110 II 456 ff.
[167] Widmer, Schweiz, 111 f.; Oftinger/Stark, § 16 N 34; vgl. auch Weber, SJZ 1992,
       39.

bb) Subjektives Element: Die Urteilsfähigkeit

86 Für die Beurteilung der Urteilsfähigkeit sind die konkreten Umstände und die subjektiven Eigenschaften[168] des Schädigers zur Zeit der schädigenden Handlung zu berücksichtigen[169]. Mit Hilfe der subjektiven Seite des Verschuldens können allenfalls auch durch die Objektivierung des Fahrlässigkeitsbegriffs vernachlässigte subjektive Aspekte der Sorgfalt kompensiert respektive relativiert werden[170].

cc) Das Verschulden juristischer Personen

87 Für die Beurteilung des Verschuldens einer juristischen Person ist auf das Verschulden der Organe nach Art. 55 Abs. 2 ZGB abzustellen. Handeln die Organe nach Art. 41 OR schuldhaft, so muss sich die juristische Person dieses Verhalten der Organe anrechnen lassen[171]. Kann den Organen nichts vorgeworfen werden, so entsteht keine Haftung der juristischen Person nach Art. 41 OR[172].

dd) Das Missachten polizeirechtlicher und technischer Vorschriften

88 Polizeirechtliche Vorschriften schreiben ein vom Gesetz vorgesehenes Durchschnittsverhalten vor. Wird gegen solche Vorschriften verstossen, so ist das bei der Beurteilung der zivilrechtlichen Fahrlässigkeit als ein Indiz für fahrlässiges Verhalten zu werten, handelt es sich doch dabei um kodifizierte Sorgfaltspflichten[173]. Dies befreit den Richter aber nicht davon, auch alle anderen konkreten Umstände mitzuberücksichtigen[174]. Daraus darf allerdings nicht abgeleitet werden, dass die Einhaltung solcher Vorschriften für die Erfüllung des geforderten Sorgfaltsmassstabes genügen würden[175].

---

[168] Z.B. Alter, Reife, intellektuelle Fähigkeiten usw.
[169] Oftinger, 154; BGE 102 II 367.
[170] Keller/Syz, 63. Für Besonderheiten beim Beweis der Urteilsfähigkeit vgl. BGE 105 II 212.
[171] Oftinger/Stark, § 20 N 16.
[172] Oftinger, 141 f.; BGE 81 II 225.
[173] Oftinger, 149.
[174] Keller/Syz, 62.
[175] BGE 87 II 313.

Dasselbe gilt auch für die Nichtbeachtung technischer Vorschriften, wie sie **89** z.B. die Lärmschutzverordnung[176] oder das Giftgesetz[177] enthalten[178].

ee) Die Berücksichtigung technischer Normen
In einem weiteren Sinn gilt das oben Gesagte auch für die Berücksich- **90** tigung technischer Normen bei der Konstruktion, Herstellung oder dem Vertrieb eines Produktes. Die Beachtung solcher technischer Normen kann, aber muss nicht als Indiz für die Einhaltung der nötigen Sorgfalt gewertet werden. Dabei ist es zudem irrelevant, ob es sich um Normen von privaten Organisationen oder um hoheitlich festgelegte Normen handelt[179].

b) Die Widerrechtlichkeit

Ein Verhalten ist generell widerrechtlich, wenn es gegen geschriebene oder **91** ungeschriebene Ver- und Gebote der Rechtsordnung verstösst, die den Schutz eines Rechtsgutes bezwecken[180]. Das Gesetz definiert die Widerrechtlichkeit nirgends: Sie ergibt sich entweder aus einer Rechtsgutverletzung oder einer Normverletzung oder aus beidem[181].

Das Bundesgericht wendet die objektive Widerrechtlichkeitstheorie[182] an. **92** Danach ist ein Verhalten widerrechtlich, wenn dadurch ein Schaden entsteht und es gegen eine allgemeine gesetzliche Pflicht, sei dies in Form einer Verletzung von absoluten Rechten, sei dies als Verstoss gegen einschlägige Schutznormen, verstösst[183].

In der modernen, arbeitsteiligen Produktionswelt ist es schwierig, den ein- **93** zelnen Unternehmer, der ja nur noch mittelbar am Produktionsprozess

---

[176]   LSV vom 15. Dezember 1986, SR 814.41.
[177]   GG vom 21. März 1969, SR 814.80.
[178]   Vgl. Übersicht bei Hess, Betriebsanleitungen, 63 f.
[179]   BGE 107 Ib 125 ff. („Carbura-Fall"); anders allerdings nunmehr Art. 5 Abs. 1 lit. d PrHG, vgl. N 42 ff. zu Art. 5.
[180]   BGE 30 II 571 ff.
[181]   Stark, Skriptum, N 264; Guhl/Merz/Koller, 174.
[182]   BGE 115 II 18, 108 II 311.
[183]   Es sind zu beachten: Leben, physische und psychische Integrität, Persönlichkeit, Besitz und Eigentum, Treu und Glauben (Art. 2 ZGB), Verhaltens- und Schutznormen des kantonalen und eidgenössischen Rechts sowie ungeschriebene Sorgfaltspflichten. Geschützt sind nur absolute subjektive Rechte, nicht aber relative Rechte (und da besonders nicht das Vermögen), Fellmann, ZSR 1988, 300; vgl. auch Schnyder, in: Privatrechtskommentar, N 16 zu Art. 41.

beteiligt ist, aus Art. 41 OR belangen zu können. Ihm ein widerrechtliches Verhalten nachzuweisen, ist praktisch unmöglich.

94 Diese Schwierigkeit wird in der Schweiz insofern umgangen, als dass die Widerrechtlichkeit vom Bundesgericht bei Produktehaftungssachverhalten aus dem Gefahrensatz abgeleitet wird[184]. Dieses Vorgehen ist in der Lehre umstritten[185].

c) Der Schaden

95 Der Schaden bereitet im allgemeinen keine Probleme. Für Produktehaftungstatbestände kommen dabei nur Mangelfolgeschäden in Frage[186]. Es werden alle Schäden abgegolten, die durch die Fehlerhaftigkeit des Produktes an anderen, ausserhalb der Sache stehenden Rechtsgütern entstanden sind. Der Schaden an der Sache selber ist nicht Gegenstand des Produktehaftungsrechtes, sondern des Gewährleistungsrechts oder allenfalls der übrigen Verschuldens- oder Kausalhaftungstatbestände[187]. Es sind Personenschäden, Sachschäden oder ein sonstiger Schaden möglich[188]. Art. 41 OR unterscheidet nicht zwischen mittelbarem und unmittelbarem Schaden und behandelt beide gleich.

---

[184] Dazu Oftinger, 88f.; Widmer, ZBJV 1970, 289; für Produkthaftpflichtsachverhalte vgl. „Steiggurt-Fall", BGE 64 II 260 ff.

[185] Schnyder, in: Privatrechtskommentar, N 18 zu Art. 41; Keller/Syz 48; Brehm, N 57 zu Art. 41; kritisch auch Widmer, ZBJV 1970, 289.

[186] So bei BGE 49 I 465, 64 II 254, 90 II 86, 96 II 108, 110 II 456, BGE vom 14.5.1985 („Klappstuhl-Fall", unveröffentlicht; vgl. Besprechung von Widmer, recht 1986, 50 ff.), BJM 1961, 189, Sem.jud. 1981, 433, ZR 1985, Nr. 4.

[187] Dazu ist zu sagen, dass die Produkthaftung als spezielles Gebiet des Haftpflichtrechtes sich gerade durch die Abgeltung des Mangelfolgeschadens definiert, Borer, Haftpflichtrecht, 497. Bestehen jedoch, wie bisher in der Schweiz, keine eigentlichen materiellen Produkthaftungsnormen und wird die Haftung respektive der Schadenersatz mit Hilfe des herkömmlichen ausservertraglichen Haftpflichtrechtes bestimmt, so kann die Unterscheidung zwischen Schaden und dem Mangelfolgeschaden nicht sauber vorgenommen werden. Für den Schadensbegriff im neuen PrHG vgl. N 29 ff. zu Art. 1.

[188] Oftinger, 61.

Personenschaden

Zu ersetzen sind insbesondere die wirtschaftlichen Nachteile, die sich aus **96** der körperlichen Schädigung ergeben[189]. Mögliche Elemente sind daher sowohl der damnum emergens (Heilungs-[190], Transport-[191], Hilfsmittelkosten[192] u.a.m.) als auch der lucrum cessans (Bsp. Lohnausfall[193]). Ein Beispiel von Personenschaden im Produktehaftungsrecht enthält der „Garagisten-Fall"[194].

Sachschaden

Es müssen die Reparaturkosten ersetzt oder allenfalls die Anschaffungs- **97** kosten für einen gleichwertigen Ersatz erstattet werden[195]. Dabei ist vom Verkehrswert der Sache auszugehen. In aller Regel wird Geldersatz geleistet. Realersatz ist aber grundsätzlich möglich[196]. Ein Beispiel von Sachschaden im Produktehaftungsrecht enthält der „Pflanzenwuchsmittel-Fall"[197].

Sonstiger Schaden

Jede Schadensart, die weder der Kategorie des Personen- noch der Kate- **98** gorie des Sachschadens zugeordnet werden kann, ist „sonstiger Schaden"[198].

---

[189] BGE 95 II 263 ff.; zum Begriff: Schnyder, in: Privatrechtskommentar, N 6 zu Art. 41.
[190] BGE 97 II 266.
[191] Brehm, N 31 f. zu Art. 46
[192] BGE 89 II 23 f.
[193] BGE 99 II 216; Brehm, N 34 ff. zu Art. 46.
[194] Ein Autolenker und seine Beifahrerin erlitten bei einem Unfall schwere Verletzungen, weil sich das Gaspedal des Fahrzeugs verklemmte, Sem.jud. 1981, 433 f.
[195] Zum Begriff: Oftinger, 61, 250 ff.; Stark, Skriptum, N 137; Schnyder, in: Privatrechtskommentar, N 6 zu Art. 41 OR.
[196] BGE 107 II 139 f.
[197] BJM 1961, 189 ff. Vgl. FN 7.
[198] Zum Begriff: Gauch/Schluep, N 2701; Stark, Skriptum, N 153 ff.; Schnyder, in: Privatrechtskommentar, N 6 zu Art. 41. Ausführlich zur Problematik des reinen Vermögensschadens: Gauch/Sweet, 117 ff.; Lorandi, 19 ff.

d) *Der Kausalzusammenhang*

99 Weitere Haftungsvoraussetzung ist das Vorliegen eines adäquaten Kausal-zusammenhangs[199] zwischen der schädigenden Ursache und dem eingetre-tenen Schaden[200].

100 Es ist zu beachten, dass auch eine Unterlassung den adäquaten Kausalzu-sammenhang begründen kann. Das ist aber nur möglich, wenn den Haft-pflichtigen eine Handlungspflicht trifft, er diese aber nicht wahrnimmt. Diese Rechtspflicht zum Handeln ergibt sich zum Teil explizit aus Gesetzesartikeln[201] oder aber aus dem Gefahrensatz[202].

II. Haftung aus Art. 55 OR

1. Rechtsnatur und Haftungsprinzip von Art. 55 OR

101 Die Geschäftsherrenhaftung nach Art. 55 OR ist aus zwei Gründen die wohl massgebliche Anspruchsgrundlage für Produktehaftpflichtsachver-halte geworden. Zum einen ist es kaum möglich, bei der weit voran-getriebenen Arbeitsteilung und der Verlagerung der Produktion von der Hand- zur Massenfertigung den für Mangelfolgeschäden Verantwortlichen zu bestimmen und ihn nach der allgemeinen Deliktsnorm schadenersatz-pflichtig zu machen[203]. Zum anderen entsprach die Geschäftsherrenhaftung als Anspruchsgrundlage einfach den rechtstatsächlichen Verhältnissen: Das Bundesgericht hat in seinen Urteilen den Anspruch aus Produktehaftung primär aus Art. 55 OR abgeleitet[204].

102 Der Rechtsnatur nach handelt es sich bei der Geschäftsherrenhaftung um eine generelle ausservertragliche Haftpflicht für fremdes Verhalten[205]. Die Anspruchsgrundlage beruht auf der Idee, dass der Geschäftsherr, der für

---

[199] Kästli, 87; Fellmann, ZSR 1988, 300.

[200] Zum Begriff: Schnyder, in: Privatrechtskommentar, N 8 zu Art. 41; Oftinger, 72 f.; BGE 107 II 243 f.

[201] Es handelt sich dabei um sog. kodifizierte Sorgfaltspflichten; vgl. für Instruktions-pflichten: Hess, Betriebsanleitung, 63.

[202] BGE 95 II 96 E.2; weiterführend Giger 141; Kramer, ZBJV 1987, 289 ff.; Oftinger/Stark, § 16 N 36; Oftinger, 70.

[203] Borer, Haftpflichtrecht, 519.

[204] BGE 64 II 254 („Steiggurt-Fall"), 90 II 86 („Friteusen-Fall"), 110 II 456 („Schachtrahmen-Fall").

[205] Stark, Skriptum, N 528; Kästli, 89; Posch, in: Produkthaftungshandbuch, § 129 N 28.

eigenen Nutzen eine Arbeit von einem anderen besorgen lässt, auch die Verantwortung dafür zu übernehmen habe. Deshalb ist die Haftung kausal. Es gibt keinerlei moralischen Vorwurf an den Haftpflichtigen[206].

Die Geschäftsherrenhaftung ist eine milde Kausalhaftung, weil sie eine **103** vermutete Sorgfaltsverletzung sanktioniert, bei der sich der Geschäftsherr mit dem Exzeptionsbeweis befreien kann.

2. Die Anwendungsfälle von Art. 55 OR

Die Geschäftsherrenhaftung ist als Haftungsgrundlage in Betracht zu zie- **104** hen, wenn ein Produkt in einer arbeitsteiligen Organisation hergestellt worden ist[207]. Der Beweis wird für den Geschädigten einfacher als bei Art. 41 OR. Er muss kein Verschulden des Geschäftsherrn oder der Hilfsperson nachweisen. Seit dem Schachtrahmenfall deckt die Haftung aus Art. 55 OR nebst dem klassischen Konstruktions-, Fabrikations- und Instruktionsfehler auch den Ausreisser ab, sofern dieser bei der Fabrikation durch Hilfspersonen entsteht[208].

Die Haftung greift unabhängig von der Grösse des Betriebes, selbst wenn **105** es dem Geschäftsherrn unmöglich sein dürfte, ständig alle Mitarbeiter und deren Arbeit zu kontrollieren[209].

Das Bundesgericht hat die Haftung für fehlerhafte Produkte im „Steiggurt- **106** Fall"[210], im „Friteusen-Fall"[211] und im „Schachtrahmen-Fall"[212] aus Art. 55 OR abgeleitet.

Verursachte die Hilfsperson durch eigenes Verschulden den Schaden, so **107** hat der Geschädigte ihr gegenüber einen selbständigen Anspruch aus Art. 41 OR. Die Haftung des Geschäftsherrn bleibt jedoch bestehen[213].

---

[206]   Oftinger/Stark, § 18 N 2.
[207]   Borer, Haftpflichtrecht, 520.
[208]   Brehm, N 85 zu Art. 55; Nater, SJZ 1989, 391; Schweighauser, 97; vgl. dazu auch N 39 f. zu Art. 4.
[209]   Schweighauser, 95.
[210]   BGE 64 II 254.
[211]   BGE 90 II 86.
[212]   BGE 110 II 456.
[213]   Brehm, N 37 ff. zu Art. 55.

3. Die Haftungsvoraussetzungen von Art. 55 OR

108 Der Geschäftsherr haftet nach Art. 55 OR für denjenigen Schaden, den seine Arbeitnehmer oder anderen Hilfspersonen in Ausübung ihrer dienstlichen und geschäftlichen Verrichtungen verursacht haben. Dies jedoch nur, wenn er nicht nachzuweisen vermag, dass er die gebotene Sorgfalt erbracht hat, den Schaden zu verhüten oder dass der Schaden auch bei Anwendung dieser Sorgfalt eingetreten wäre[214].

109 Die einzelnen Haftungsvoraussetzungen bieten allerdings kaum Probleme und sollen deshalb nur kurz dargestellt werden.

a) Der Schaden

110 Art. 55 OR deckt jede Art des Schadens ab[215].

b) Die Hilfsperson

111 Die Hilfsperson steht in einem Subordinationsverhältnis zum Geschäftsherrn. Dies ermöglicht ihm, sich der Hilfsperson für die beruflichen Verrichtungen zu bedienen[216]. Im Falle der Beteiligung der Hilfsperson bei der Herstellung eines Produktes ist dieses Subordinationsverhältnis durch das Arbeitsverhältnis genügend bestimmt.

c) Schädigung in Ausübung dienstlicher oder geschäftlicher Verrichtungen

112 Der Geschäftsherr haftet nur für den Schaden seiner Hilfsperson, der in Ausübung dienstlicher oder geschäftlicher Verrichtungen und nicht bloss bei Gelegenheit, entstanden ist. Dabei ist der funktionelle Zusammenhang zu berücksichtigen[217].

d) Widerrechtlichkeit

113 Wie bei der allgemeinen Verschuldenshaftung aus Art. 41 OR gibt auch bei der Geschäftsherrenhaftung die Widerrechtlichkeit Anlass zur Diskussion. Mit Hilfe der Widerrechtlichkeit übertrug nämlich das Bundesgericht

---

[214]   Fellmann, ZSR 1988, 302.
[215]   Oftinger/Stark, § 20 N 84; vgl. dazu auch N 95 ff.
[216]   Nater, SJZ 1989, 391; BGE 91 II 292 („Bagger-Fall").
[217]   Oftinger/Stark, § 20 N 89.

im „Schachtrahmen-Fall" den ausschliesslich im Rahmen des Verschuldens entwickelten Gefahrensatz auch auf die Geschäftsherrenhaftung[218].

e)   Adäquater Kausalzusammenhang

Hier sei auf die Ausführungen bei der Haftung aus Art. 41 OR verwiesen[219].   **114**

f)   Negative Haftungsvoraussetzung: Kein Exzeptionsbeweis

Soll der Geschäftsherr aus Art. 55 OR haften, darf er sich nicht durch den   **115** Sorgfaltsbeweis oder den hypothetischen Sorgfaltsbeweis entlasten können[220].

aa)   Der Sorgfaltsbeweis

Der Sorgfaltsbeweis ist die erste Möglichkeit des Geschäftsherrn, sich von   **116** der Haftung nach Art. 55 OR zu befreien. Er muss nachweisen, dass er alle nach den Umständen gebotene Sorgfalt aufgewendet hat, um einen Schaden der vorliegenden Art zu verhindern[221]. Im Rahmen der Produktehaftung ist die nötige Sorgfalt erbracht, wenn folgende Sorgfaltspflichten kumulativ beachtet wurden[222]:

(1) Cura in eligendo, in instruendo vel custodiendo[223]; (2) Sorgfalt in Aus-   **117** rüstung von Werkzeugen und Material[224]; (3) Sorgfalt im Rahmen des Arbeitnehmerschutzes[225]; (4) Sorgfalt in der Organisation von Arbeit und Unternehmen[226].

---

218   BGE 110 II 464. Zum Gefahrensatz vgl. oben N 82 ff.
219   Vgl. oben N 99 ff.
220   Fellmann, ZSR 1988, 303.
221   Oftinger/Stark, § 20 N 113
222   Nach Schweighauser, 93, sind die schweizerischen und deutschen Sorgfaltspflichtsbereiche weitgehend deckungsgleich.
223   Darunter versteht das BGer die Pflicht des Geschäftsherrn, seine Arbeitnehmer sorgfältig auszuwählen, auszubilden und bei der Arbeit im notwendigen Mass zu überwachen, BGE 110 II 458 ff. .
224   Die Arbeitnehmer müssen vom Geschäftsherrn der Aufgabe entsprechend ausgerüstet werden, BGE 30 II 436, 57 II 65.
225   Der Geschäftsherr hat sämtliche Arbeitsschutzbestimmungen zu beachten und muss insb. den Bestand der Arbeitnehmer der zu bewältigenden Arbeitsmenge anpassen, BGE 58 II 34 f.
226   BGE 110 II 463 f., 90 II 90. Nach Schweighauser, 93, erstrecken sich die Sorgfaltspflichten auf Planung, Konstruktion, Entwicklung, Auswahl und Kontrolle

118 Die Sorgfaltspflichten sind von Fall zu Fall neu zu beurteilen, denn das Gesetz verlangt in Art. 55 OR eine den Umständen angepasste Sorgfaltspflicht des Herstellers. Die Sorgfaltspflichten des Geschäftsherrn werden jedoch dahingehend eingeschränkt, als nach dem Gefahrensatz nur die erforderlichen Schutzmassnahmen zu ergreifen sind[227]. Dabei sind an den Sorgfaltsbeweis umso strengere Anforderungen zu stellen, je grösser, wichtiger oder gefährlicher die Arbeit der Hilfsperson ist[228]. Bei dieser Wertung ist auch auf die potentiell oder tatsächlich verletzten Rechtsgüter abzustellen[229].

119 Die Pflicht der zweckmässigen Organisation des Betriebes umfasst sämtliche Bereiche[230]. Ziel dieser Organisationspflicht ist eine faktische Verunmöglichung der Gefährdung Dritter durch Hilfspersonen[231]. Im Einzelnen umfasst sie klare Kompetenzabgrenzungen im Betrieb[232], das Einstellen genügender Arbeitskräfte, um das Arbeitsvolumen zu bewältigen[233], Endkontrollen des Produktes[234] und das Einleiten von Schutzmassnahmen im Sinne des Gefahrensatzes, wenn im Betrieb gefährliche Situationen entstehen[235].

120 Delegiert der Geschäftsherr seine Sorgfaltspflichten an Kadermitarbeiter, trägt er weiterhin die Verantwortung für das Verhalten derjenigen, die unter Umständen seine Sorgfaltspflichten verletzen. Es geht letztlich also nicht um die konkrete Ausübung der Sorgfaltspflicht, sondern darum, ob der Geschäftsherr die nötige Sorgfalt überhaupt aufgewendet oder angeordnet hat. Somit gelingt der Sorgfaltsbeweis auch dann, wenn der Geschäftsherr nachweisen kann, dass seine Kadermitarbeiter die nötige Sorgfalt angewendet haben. Umgekehrt misslingt aber der Beweis, wenn der Ge-

---

der fremdproduzierten und zugelieferten Teile, Fertigung (Kontrollpflichten), Instruktion (Warn- und Aufklärungspflichten), Lagerung, Verpackung, Versand sowie Produktbeobachtung; vgl. auch Fellmann, ZSR 1988, 303.

[227] Schweighauser, 93.
[228] BGE 110 II 460.
[229] BGE 64 II 261 f.
[230] Oftinger/Stark, § 20 N 114.
[231] Brehm, N 78 zu Art. 55.
[232] BGE 43 II 188.
[233] BGE 50 II 489.
[234] BGE 96 II 360 E.2 und 110 II 464.
[235] Oftinger/Stark, § 20 N 114.

schäftsherr zwar die Sorgfaltspflicht delegiert hat, der beauftragte Mitarbeiter diese aber nur ungenügend wahrgenommen hat[236].

Die durch den „Schachtrahmen-Entscheid" des Bundesgerichts verschärf- **121** ten Anforderungen an den Sorgfaltsbeweis des Geschäftsherrn lassen Zweifel offen, ob er überhaupt noch zu erbringen sei[237].

bb) Der hypothetische Befreiungsbeweis
Die zweite Möglichkeit für den Geschäftsherrn, sich von der Haftung von **122** Art. 55 OR zu befreien, besteht darin, nachzuweisen, dass der Schaden auch bei Anwendung der gehörigen Sorgfalt eingetreten wäre. Aufgrund der Verschärfung der Geschäftsherrenhaftung in die Richtung einer absoluten Garantieverpflichtung mit Erfolgshaftung des Herstellers, dürfte auch der hypothetische Befreiungsbeweis kaum mehr zu erbringen sein.

III. Gemeinsamkeiten der Haftung aus Art. 41 und 55 OR

1. Entlastungsmöglichkeiten

Dem Beklagten stehen verschiedene Möglichkeiten offen, sich von der **123** Haftpflicht zu befreien. Dazu gehören die Entlastungs-, die Rechtfertigungs- und die Reduktionsgründe.

a) Entlastungsgründe
Entlastungsgründe sind „aussenstehende, betriebsfremde Ursachen, für die **124** man nicht zu haften braucht, die vielmehr die Unterbrechung des Kausalzusammenhanges bewirken"[238]. Sie unterbrechen den adäquaten Kausalzusammenhang zwischen der schädigenden Ursache und dem Schaden[239]. Dabei ist nicht etwa die Fehlerhaftigkeit des Produktes, sondern vielmehr

---

[236] Oftinger/Stark, § 20 N 122 ff.
[237] Widmer, recht 1986, 55; Fellmann, ZSR 1988, 304.
[238] Oftinger, 116; Stark, Skriptum, N 216.
[239] Der Ausdruck „Unterbrechung des Kausalzusammenhanges" ist insofern ungenau, als dass die Adäquanz des Kausalzusammenhanges entweder fehlt oder trotz anderer Mitursachen vorhanden ist und somit nicht unterbrechbar ist. Sie wird höchstens vom intensiveren Kausalzusammenhang zwischen einer zweiten Ursache und dem Schaden verdrängt, Stark, Skriptum, N 218.

das Verhalten, das ein Produkt fehlerhaft oder gefährlich macht, als schädigende Ursache nach Art. 41 OR zu werten[240].

125 Die klassischen Entlastungsgründe sind höhere Gewalt, grobes Selbstverschulden und grobes Drittverschulden[241].

126 Selbstverschulden ist ein schuldhaftes Verhalten des direkt betroffenen Geschädigten. Damit grobes Selbstverschulden vorliegt, muss die Intensität des Selbstverschuldens so gross sein, dass das Verhalten vorrangige, adäquate Ursache des eingetretenen Schadens wird[242]. Das grobe Selbstverschulden kann als Entlastungsgrund nur bestehen, wenn folgende zwei Voraussetzungen erfüllt sind[243]: (1) die Urteilsfähigkeit des Geschädigten (subjektives Element[244]) und (2) die Abweichung vom Normverhalten (objektives Element). Fehlt eines der beiden Elemente, so liegt ein schuldloses Verhalten des Geschädigten vor. Dieses kann nicht zur Entlastung des Schädigers führen. In der Regel vermag jedoch das Verhalten des Geschädigten den adäquaten Kausalzusammenhang zwischen dem Schaden und dem Verhalten des Schädigers nicht zu beseitigen, selbst wenn das Verschulden des Geschädigten dasjenige des Schädigers übersteigen sollte[245]. Das grobe Selbstverschulden als Entlastungsmöglichkeit des Herstellers dürfte in der Produktehaftung der vorherrschende Entlastungsgrund sein[246].

127 Drittverschulden ist ein schuldhaftes Verhalten eines Dritten. Damit grobes Drittverschulden vorliegt, muss die Intensität des Drittverschuldens so gross sein, dass das Verhalten des Dritten zur vorrangigen, adäquaten Ursache des eingetretenen Schadens wird[247]. Das Verschulden von Personen,

---

240 Zur Konkurrenz zweier Ursachen: Pra 1970, 97 E.4; BGE 85 II 521; Stark, Skriptum, N 218 ff.
241 Oftinger, 118.
242 Keller/Syz, 43; Pra 1987, 90.
243 Vgl. oben N 71 ff.
244 BGE 102 II 367, 105 II 212.
245 BGE 116 II 524.
246 Veranlasst das Verschulden resp. die Unsorgfalt des Herstellers direkt ein schuldhaftes Benutzerverhalten, wird der adäquate Kausalzusammenhang durch das Verhalten des Geschädigten nicht unterbrochen, wenn dieser vom Fehlverhalten des Herstellers wusste oder wissen musste, Pra 1978, 68. Verursacht hingegen das Herstellerverhalten zwingend ein Fehlverhalten des Benutzers kann der adäquate Kausalzusammenhang nicht unterbrochen werden, BGE 55 II 87.
247 Keller/Syz, 44.

für die der Schädiger verantwortlich ist, oder von Hilfspersonen, kann nie Drittverschulden darstellen[248]. Kann der Hersteller das Vorliegen von grobem Drittverschulden nachweisen, so wird er von der Haftung befreit.

Höhere Gewalt ist ein unvorhersehbares, aussergewöhnliches Ereignis, das **128** mit dem Betrieb des Haftpflichtigen nicht zusammenhängt, sondern mit unabwendbarer Gewalt von aussen hereinbricht[249]. Die Höhere Gewalt ist insofern ein relativer Begriff, weil sie umso intensiver sein muss, je strenger die Haftung ist, um als Entlastungsgrund in Frage kommen zu können[250]. Der Schädiger kann sich entlasten, wenn er die Höhere Gewalt nachweist. Zum Beweis gehört auch die Kenntnis der Ursachen des Schadens[251].

Ein zusätzlicher Entlastungsgrund kann die Betriebsgefahr darstellen, die **129** vom Geschädigten oder von Dritten ausgeht und von ihnen unabhängig von jeglichem Verschulden vertreten werden muss[252].

aa) Die Entlastungsgründe bei Art. 41 OR

Ein Entlastungsgrund im Rahmen von Art. 41 OR muss den Kausalzusam- **130** menhang zwischen dem schuldhaften Verhalten und dem Schaden unterbrechen können. Dies ist in aller Regel nicht möglich[253].

bb) Die Entlastungsgründe bei Art. 55 OR

Mit dem faktischen Wegfall der Sorgfaltsbeweise im Produktehaftungs- **131** recht nach Art. 55 OR kommt den Entlastungsgründen eine umso wichtigere Funktion zu, da sie nebst den Rechtfertigungsgründen die einzige Möglichkeit darstellen dürften, den Hersteller von seiner Haftung befreien zu können.

---

248 Oftinger, 123.
249 BGE 102 Ib 262, 111 II 433.
250 Keller/Syz, 43.
251 Oftinger, 119 f.
252 Keller/Syz, 107, die die Betriebsgefahr bloss als Reduktionsgrund behandeln.
253 Brehm, N 134 zu Art. 41.

b) Rechtfertigungsgründe; insbesondere die Einwilligung des Verletzten

132 Rechtfertigungsgründe schliessen die Widerrechtlichkeit eines Verhaltens aus[254]. Für das Produktehaftungsrecht kommt eigentlich nur die Einwilligung des Geschädigten als Rechtfertigungsgrund in Frage. Dabei beinhaltet die Einwilligung des Verletzten im Produktehaftungsrecht nicht den Verzicht auf ein Rechtsgut, sondern die Risikoübernahme. Sie wird auch als Handeln auf eigene Gefahr bezeichnet[255] und liegt vor, wenn sich ein Konsument der Gefährlichkeit eines Produktes und der daraus potentiell resultierenden Verletzung seiner Rechtsgüter sehr wohl bewusst ist und er es trotzdem verwendet. Dies dürfte dahingehend interpretiert werden, dass er stillschweigend oder konkludent auf den Schutz der Rechtsordnung verzichtet.

c) Reduktionsgründe

133 Das Vorliegen von Reduktionsgründen vermindert die Quote der Schadenersatzpflicht des Schädigers[256]. Für das Produktehaftungsrecht sind das leichte Selbstverschulden des Geschädigten, der Zufall und die konstitutionelle Prädisposition[257] zu beachten. Das leichte Verschulden des Schädigers kann nur bei Art. 41 OR als Reduktionsgrund in Frage kommen.

2. Beweislast

134 Für produktehaftungsrechtliche Sachverhalte nach Art. 41 und 55 OR ist die allgemeine bundesrechtliche Beweislastregel von Art. 8 ZGB anzuwenden. Danach hat derjenige das Vorhandensein einer behaupteten Tatsache zu beweisen, der aus ihr Rechte ableitet. Es gilt zu differenzieren:

---

[254] Rechtfertigungsgründe sind nur z.T. positivrechtlich festgehalten (Art. 52 OR). Als allgemein anerkannte Rechtfertigungsgründe gelten die Notwehr, der Notstand, die Selbsthilfe, Amtspflichten, Berufspflichten, das erlaubte Risiko, die Einwilligung des Geschädigten und die Wahrung höherer Interessen, vgl. Keller; Haftpflicht I, 70 ff. Keinen Rechtfertigungsgrund kann der nachträgliche Verzicht auf die Geltendmachung von Haftpflichtansprüchen darstellen.

[255] Oftinger/Stark, § 16 N 250.

[256] Keller/Syz, 97.

[257] Keller/Syz, 106: „Konstitutionelle Prädisposition des Geschädigten ist die seinem menschlichen Organismus eigene besondere Anfälligkeit für Schädigungen oder seine Neigung zu anormal schweren Reaktionen auf schädigende Eingriffe".

a) Rechtserzeugende Tatsachen

Die Schädigung durch ein fehlerhaftes Produkt ist eine rechtserzeugende **135** Tatsache. Sie ist von derjenigen Partei zu beweisen, die im Prozess das Recht geltend macht, in concreto also von der klagenden Partei. Diese muss sämtliche Haftungsvoraussetzungen beweisen, will sie Schadenersatz zugesprochen erhalten[258].

b) Rechtshindernde oder -aufhebende Tatsachen

Rechtshindernde oder -aufhebende Tatsachen sind von derjenigen Partei zu **136** beweisen, die sie behauptet. Macht z.b. die beklagte Partei die Unterbrechung des Kausalzusammenhanges durch grobes Selbstverschulden des Klägers geltend, so trägt sie die Beweislast.

c) Folgen des Nichtbeweises

Die Folgen der Beweislosigkeit trägt die beweispflichtige Partei[259]. **137**

d) Besonderheiten beim Beweis aufgrund von Art. 41 OR

Im Unterschied zum deutschen deliktischen Produktehaftungsrecht[260] gibt **138** es in der Schweiz im Rahmen von Art. 41 OR keine Umkehr der Beweislast für das Verschulden.

Dem Nachweis des Verschuldens ist unter dem Aspekt der Objektivierung **139** Genüge getan, wenn der Geschädigte zu beweisen vermag, dass der potentiell Haftpflichtige diejenigen Sorgfaltspflichten verletzt hat, deren Berücksichtigung dem Durchschnittsverhalten in der betreffenden Situation entsprochen hätte, oder dass der Schaden auch aufgrund fachspezifischer Kenntnisse hätte vermieden werden können[261].

3. Verjährung

Ansprüche aus Art. 41 ff. OR auf Schadenersatz oder Genugtuung ver- **140** jähren relativ ein Jahr nach dem Tag, an dem der Geschädigte Kenntnis

---

[258] BGE 86 II 53.
[259] BGE 107 II 275.
[260] „Hühnerpest-Fall", BGHZ 51, 91; „Gaststätten-Fall", BGH, Urteil vom 19.11.1991 - AZ: VI ZR 171/91.
[261] Für Besonderheiten beim Nachweis der Urteilsfähigkeit: BGE 105 II 212.

vom Schaden und von der Person des Ersatzpflichtigen hat und absolut zehn Jahre nach dem Tag der schädigenden Handlung[262].

D. Internationales Privatrecht

I. Einleitung

1. Die Problematik des internationalen Produktehaftpflichtrechts

141 Das internationale Produktehaftpflichtrecht befasst sich mit der Frage der Zuständigkeit schweizerischer und ausländischer Gerichte bei internationalen Sachverhalten, in denen durch fehlerhafte Produkte Schadenersatz- und/oder Genugtuungsansprüche entstehen und sorgt dafür, dass diese Sachverhalte einer ihnen adäquaten Rechtsfolge zugeführt werden[263]. Es regelt die Fragen des zuständigen Gerichts und des anwendbaren Rechts für grenzüberschreitende Produktehaftpflichtssachverhalte.

2. Kollisionsregeln: IPRG und Lugano-Übereinkommen

142 Das internationale Produktehaftpflichtrecht der Schweiz wird durch zwei kollisionsrechtliche Normenkomplexe bestimmt. Einerseits durch das Bundesgesetz über das Internationale Privatrecht[264] und andererseits durch das Lugano-Übereinkommen (LugÜ) vom 16. September 1988 über die gerichtliche Zuständigkeit und die Vollstreckung gerichtlicher Entscheidungen in Zivil- und Handelssachen[265].

143 Das LugÜ ist ein multilateraler Staatsvertrag, der die Vereinheitlichung des internationalen Zivilprozessrechts[266], insbesondere die Zuständigkeit von Gerichten und die Anerkennung und Vollstreckung gerichtlicher Urteile in Zivil- und Handelssachen, zum Ziel hat[267]. Das LugÜ ist eine „convention double", d.h. es regelt auch die direkte Zuständigkeit[268]. Es ist aufgrund

---

[262] Art. 60 OR; vgl. Guhl/Merz/Koller, 185 f.
[263] Schwander, IPRG, N 57.
[264] IPRG vom 18. Dezember 1987, SR 291.
[265] SR O.275.11.
[266] Volken, LugÜ, 47 ff.
[267] Dem Übereinkommen sind bislang Frankreich, die Niederlande, Luxemburg, Grossbritannien, Portugal, Italien, Schweden, Norwegen, Finnland und die Schweiz beigetreten.
[268] Die direkte Zuständigkeit ist die Zuständigkeit der inländischen Gerichte zum Entscheid bei internationalen Sachverhalten (Entscheidungszuständigkeit), Vogel, § 40 N 72.

von Art. 1 Abs. 1 respektive Abs. 2 LugÜ auf vertragliche und ausservertragliche Produktehaftpflichtsachverhalte anwendbar.

Die Gerichtsstände des LugÜ gehen denjenigen des IPRG vor[269]. **144**

Im Rahmen der Zuständigkeit verbleibt dem IPRG somit nur die Aufgabe, **145** bei gegebener internationaler Zuständigkeit der Schweiz, die örtliche Zuständigkeit innerhalb der Schweiz zu bestimmen. Zu beachten ist, dass das LugÜ zwar meistens nur die internationale Zuständigkeit festlegt, es aber durchaus vorkommen kann, dass es auch die örtliche Zuständigkeit regelt[270]. Das IPRG ist dann nicht einmal auf die Bestimmung der örtlichen Zuständigkeit innerhalb der Schweiz anwendbar[271].

Natürlich ist die gesamte Zuständigkeitsordnung des IPRG anzuwenden, **146** wenn das LugÜ nicht beachtlich ist[272].

Geht es hingegen um das anwendbare Recht, kommt dem IPRG uneinge- **147** schränkte Geltung zu. Das anwendbare Recht bei der vertraglichen Produktehaftung regeln Art. 116, 118 und 120; bei der ausservertraglichen Produktehaftung sind Art. 132 ff. und besonders Art. 135 IPRG zu beachten.

3. Das Verhältnis des LugÜ zum EuGVÜ

Das Lugano-Übereinkommen und das Brüsseler Europäische Gerichts- **148** stands- und Vollstreckungsübereinkommen (EuGVÜ[273]) werden oftmals als Parallelübereinkommen bezeichnet[274]. Sie stimmen inhaltlich und vom materiellen Gehalt her weitgehend überein. Für die Unterzeichnerstaaten des LugÜ, die nicht Mitglieder der EG sind, bleibt das EuGVÜ aber unbeachtlich[275].

Das Verhältnis dieser Konventionen ist aber insofern nicht unproblema- **149** tisch, als dass im Rahmen des EuGVÜ dem EuGH ausdrücklich die Auslegungsbefugnis zugestanden wird[276]. Dass sich diese Auslegungsbefugnis nicht auf das LugÜ erstrecken kann, versteht sich von selbst, würden sich

---

269 Art. 1 Abs. 2 IPRG; vgl. Schnyder, IPRG, 7.
270 Z.B. Erfüllungsort nach Art. 5 Ziff. 1 LugÜ.
271 Vogel, § 4 N 44n und o
272 Der Beklagte hat keinen Wohnsitz im Hoheitsgebiet eines Vertragsstaates, Art. 4 Abs. 1 LugÜ.
273 ABl. 1990 Nr. C 189, 2 ff.
274 Jayme/Kohler, 346; zur Geschichte vgl. Volken, LugÜ, 37 ff. und 40 ff.
275 Art. 54 b LugÜ; vgl. Kropholler, Einl. N 51.
276 Kropholler, Einl. N 54.

doch die EFTA-Staaten nicht einer EuGH-Rechtssprechung unterordnen[277].

150 Obwohl das LugÜ grundsätzlich vertragsautonom auszulegen ist[278], werden den Entscheidungen des EuGH in bezug auf das EuGVÜ dennoch präjudiziellen Charakter auch in bezug auf das LugÜ zuerkannt[279].

II. Direkte internationale Zuständigkeit der schweizerischen Gerichte

151 Von direkter internationaler Zuständigkeit spricht man, wenn den schweizerischen Gerichten in internationalen Produktehaftpflichtssachverhalten die Entscheidungszuständigkeit zukommt[280].

1. Zuständigkeiten bei der internationalen vertraglichen Produktehaftpflicht

152 Für internationale Produktehaftpflichtsachverhalte vertraglicher Natur sind in erster Linie die Gerichte am Wohnsitz oder Sitz des Beklagten zuständig. Es sind jedoch auch Sonderzuständigkeiten zu beachten.

a) Wohnsitz/Sitz des Beklagten

153 Das IPRG geht grundsätzlich von der Zuständigkeit der Gerichte und Behörden am Wohnsitz oder Sitz des Beklagten aus. In Zusammenhang mit

---

[277] Kohler, 17.

[278] Vogel, § 1 N 82. Vgl. das Protokoll Nr. 2 zum LugÜ; danach müssen die Gerichte bei der Anwendung und Auslegung der Bestimmungen des Übereinkommens den Grundsätzen des LugÜ gebührend Rechnung tragen.

[279] Heerstrassen, 180 ff.; Vogel, § 1 N 82; Kohler, 17 ff.; Volken, LugÜ, 55 und 57 ff.; Kropholler, Einl. zu Protokoll Nr. 2 zum LugÜ N 56, „Methodisch verpflichtet Art. 1 die Gerichte der Vertragsstaaten, bei der Auslegung des Übereinkommens den Grundsätzen gebührend Rechnung zu tragen, die in ‚massgeblichen Entscheidungen' aus den anderen Vertragsstaaten entwickelt worden sind. ‚Massgebliche Entscheidungen' sind die in Art. 2 genannten, also letztinstanzliche und andere besonders wichtige, rechtskräftig gewordene Entscheide (...). Ergänzend ist die von den Vertretern der Regierungen der EFTA-Staaten abgegebene Erklärung zu beachten, nach der ihre Gerichte bei der Auslegung des Lugano-Übereinkommens den Grundsätzen gebührend Rechnung tragen sollen, die sich aus der Rechtsprechung sowohl des EuGH als auch der Gerichte der EG-Staaten zu den parallelen Bestimmungen des EuGVÜ ergeben. Insgesamt können die für die Auslegung des EuGVÜ dargestellten methodischen Grundsätze (...) auch für die Auslegung des Lugano-Übereinkommens herangezogen werden."

[280] Posch, in: Produkthaftungshandbuch, § 129 N 68; Schwander, IPRG, N 641.

dem LugÜ gelten aufgrund der starken Stellung des Art. 59 BV im schweizerischen internationalen Zivilprozessrecht besondere Regeln.

aa) IPRG (Art. 112 IPRG)
Für produktehaftpflichtrechtliche Ansprüche aus Vertrag sieht das IPRG in **154**
Art. 112 als anzuwendende Gerichtstände den Wohnsitz oder den Sitz der Beklagten vor und subsidiär den gewöhnlichen Aufenthalt oder den Ort der Niederlassung in der Schweiz, sofern der Beklagte über keinen Sitz in der Schweiz verfügt.

Die Gerichte am Ort der Niederlassung sind nur zuständig, wenn sich die **155** Klage im Zusammenhang mit der Tätigkeit der Niederlassung ergibt[281]. Zu beachten ist, dass es diese Einschränkung im Rahmen der deliktsrechtlichen Zuständigkeit[282] nicht gibt. Unklar ist in diesem Zusammenhang, ob Art. 112 Abs. 2 IPRG auch für die Zweigniederlassung gilt[283]. Sinnvoll erscheint die Angleichung an die Auslegung der Niederlassung i.S. von Art. 5 Ziff. 5 LugÜ.

Fragen des Wohnsitzes und des Sitzes sind nach Art. 20 f. IPRG zu **156** prüfen[284].

bb) LugÜ: Jede andere Zuständigkeit ausser dem Erfüllungsort
Gerichtsstand für Ansprüche aus Verträgen[285] im LugÜ ist der Erfül- **157** lungsort[286]. Diese Zuständigkeit ist aber unvereinbar mit Art. 59 BV. Deshalb hat sich die Schweiz in Art. Ia von Protokoll Nr. 1 zum LugÜ vorbehalten, auf dem Gerichtsstand des Erfüllungsortes basierende ausländische Urteile in Übereinstimmung mit Art. 149 IPRG nicht anzuerkennen und nicht zu vollstrecken, wenn der Beklagte zur Zeit der Einleitung des Verfahrens Wohnsitz in der Schweiz hatte und gegen die Anerkennung und Vollstreckung der Entscheidung Einspruch erhebt[287].

---

[281] Die besondere Niederlassungszuständigkeit ist auch gegenüber Art. 59 BV gedeckt, Walder, § 5 N 63.

[282] Art. 129 IPRG.

[283] Vgl. BGE 103 II 201. Zur Zweigniederlassung als Problem des IPRG: Brandenberg Brandl, 229.

[284] Acocella, internationale Zuständigkeit, 71.

[285] Brandenberg Brandl, 219 f.

[286] Art. 5 Ziff. 1 LugÜ.

[287] Davon ausgenommen sind jedoch Zuständigkeiten am ausländischen Deliktsort, die weiterhin anerkennungsfähig bleiben, auch wenn der Beklagte Wohnsitz oder

158 In der Folge kann für Ansprüche aus Verträgen der Wohnsitz des Beklagten als allgemeiner Gerichtsstand des LugÜ angewendet werden (Art. 2)[288]. Für Auslegungsfragen sind die Regeln der lex fori anzuwenden[289].

159 Es können aber auch alle anderen Zuständigkeiten ausser dem Erfüllungsort in Frage kommen, sofern dies durch das anzuwendende Kollisionsrecht ermöglicht wird: Z.B. Niederlassung des ausländischen Herstellers.

160 Für die Zweigniederlassung, Agentur und sonstige Niederlassung ist Art. 5 Ziff. 5 LugÜ zu beachten[290].

b) Der Sondergerichtsstand des Erfüllungsortes

161 Beim Sondergerichtsstand des Erfüllungsortes handelt es sich im Rahmen des IPRG um einen subsidiären Gerichtsstand. Für das LugÜ dürfte jedoch der Erfüllungsort als Gerichtsstand künftig von grosser Bedeutung sein.

aa) IPRG: Erfüllungsort (Art. 113 IPRG)

162 Hat der Beklagte weder Wohnsitz/Sitz noch gewöhnlichen Aufenthalt oder eine Niederlassung in der Schweiz, so ist nach Art. 113 IPRG die Klage beim schweizerischen Gericht des Erfüllungsortes möglich. Es handelt sich dabei um einen subsidiären Gerichtsstand[291].

163 Dem Gerichtsstand des Erfüllungsortes kommt im Verhältnis zu Art. 5 IPRG selbständige Bedeutung zu. Daraus folgt, dass wenn zwei ausländische Vertragsparteien einen schweizerischen Erfüllungsort vereinbaren, die schweizerischen Gerichte ihre Zuständigkeit nicht ablehnen dürfen[292].

164 Ist der Gerichtsstand des Erfüllungsortes oder eine entsprechende Vereinbarung aus dem Vertragstext heraus nicht unmittelbar ersichtlich, so ist

---

Sitz in der Schweiz hatte, Schnyder, Auswirkungen, 291. Der Vorbehalt kann durch Parteivereinbarung ausser Kraft gesetzt werden. Er fällt spätestens per 31.12.1999 weg. Vgl. Schwander, IZPR, 595; Brandenberg Brandl, 213; eingehend Broggini, 122, 128 und 130 f.

[288] Art. 2 LugÜ regelt bloss die internationale Zuständigkeit. Er beinhaltet keinen zwingenden Gerichtsstand. Die Bestimmungen des IPRG sind für die örtliche Zuständigkeit beachtlich.

[289] Art. 20, 21 IPRG i.V.m. Art. 52 sowie Art. 53 Abs. 1 LugÜ.

[290] Vgl. EuGH 9.12.1987 Rs. 218/86 (Schotte vs. Rothschild), EuGH 22.11.1978 Rs. 33/78 (Somafer vs. Saar-Gas).

[291] Acocella, internationale Zuständigkeit, 96.

[292] Schnyder, IPRG, 104.

eine Lösung im Rahmen von Art. 113 IPRG mit Hilfe der (schweizerischen) lex fori zu suchen[293].

Art. 113 IPRG ist bisher von untergeordneter Bedeutung, weil er nur ge- **165** genüber dem Beklagten ohne Wohnsitz, gewöhnlichem Aufenthalt oder Niederlassung gilt. Diese Konstruktion entspricht Art. 59 BV.

Im schweizerischen IPRG wird der Begriff des Erfüllungsortes wohl ana- **166** log zu Art. 5 Ziff. 1 LugÜ ausgelegt.

bb) LugÜ: Erfüllungsort (Art. 5 Ziff. 1 LugÜ)

Der Gerichtsstand des Erfüllungsortes[294] wird für Produktehaftpflichtsach- **167** verhalte vertraglicher Natur nach Wegfall des schweizerischen Vorbehaltes respektive nach einer allfälligen Revision des Art. 59 BV der wichtigste Gerichtsstand sein[295]. Die daraus entstehenden Vorteile[296] für den Schweizer Hersteller fallen aber mit dem Vorbehalt der Schweiz oder der dringend durchzuführenden Revision des Art. 59 BV weg[297].

Art. 5 Ziff. 1 LugÜ bestimmt nicht nur die internationale, sondern auch die **168** örtliche Zuständigkeit[298].

Ob ein Vertragsverhältnis respektive ein Anspruch aus Vertrag vorliegt ist **169** autonom auszulegen[299].

Erfüllungsort i.S. von Art. 5 Ziff. 1 LugÜ ist der Erfüllungsort der einge- **170** klagten Leistung[300]. Dies kann mitunter bei synallagmatischen Verträgen zu zwei Erfüllungsortgerichtsständen führen. Der Erfüllungsort ist allerdings nicht zwingender Natur[301]. Die Parteien können eine Wahl des Fo-

---

293 Im LugÜ gelangt bei gleichgelagerten Fällen eine autonome (also eine weder von lex fori noch von lex causae dominierte) Auslegung zur Anwendung, Kropholler, N 45 zu Art. 5.
294 Mercier/Dutoit, 41; Poudret, 67.
295 Dazu N 157; vgl. auch Broggini, 111.
296 Z.B. eigener Anwalt, bekannte Prozesstraditionen, eigene Sprache, keine Kostenpflicht bei Gewinnen des Prozesses.
297 Schwander, IZPR, 597.
298 Art. 113 IPRG würde dann seine eigenständige Bedeutung in diesem Zusammenhang verlieren.
299 Dazu N 148 ff.
300 Vogel, § 4 N 45l; Brandenberg Brandl, 212.
301 Art. 16 LugÜ.

rums vornehmen[302]. Die Formvorschriften für Gerichtsstandsvereinbarungen[303] sind auf eine solche Wahl des Forums nicht anwendbar[304].

171 Im übrigen ist der Artikel bei ungenügender vertraglicher Beziehung zwischen dem Hersteller und dem Endbenützer als Zweiterwerber nicht anwendbar[305]. Somit ist auch klargestellt, dass zwischen dem Hersteller und dem Konsumenten als Zweiterwerber keinerlei vertragliche Beziehungen entstehen können[306]. In diesen Fällen gelangt immer Art. 5 Ziff. 3 LugÜ zur Anwendung.

c) Die Sondergerichtsstände aufgrund von Gerichtsstandsvereinbarungen

172 In der Regel haben die Parteien - mit wenigen Ausnahmen - die Möglichkeit, durch Gerichtsstandsklauseln besondere Zuständigkeiten zu vereinbaren.

aa) Gerichtsstandsvereinbarungen nach IPRG (Art. 5 IPRG)

173 Eine zwischen den Parteien abgeschlossene Gerichtsstandsvereinbarung im Rahmen von Art. 5 IPRG geht den in Art. 112 und 129 IPRG statuierten Zuständigkeiten vor[307]. Inhalt der Vereinbarung muss jedoch sein, dass ein bestimmtes schweizerisches Gericht für zuständig erklärt wird. Es gilt zu beachten, dass dann die Vereinbarung auch auf ausservertragliche Haftpflichtfälle anwendbar sein dürfte[308]. Eine Gerichtsstandsvereinbarung ist vor allem für den Hersteller von Vorteil, da er dadurch die Möglichkeit erhält, die Gerichte seines Sitzes für zuständig erklären zu können. Dies ist natürlich nur dann der Fall, wenn der Hersteller in direktem vertraglichen Verhältnis zum Konsumenten steht[309].

---

[302]   Fehlt eine solche Vereinbarung, so wird der Erfüllungsort nach der lex causae bestimmt. Dies ändert aber insofern nichts, als der Erfüllungsort nach LugÜ und nach IPRG in gleicher Weise ausgelegt wird, Vogel, § 4 N 45n.

[303]   Art. 17 LugÜ.

[304]   Vogel, § 4 N 45m.

[305]   EuGH Rs. C-26/91 (Handte vs. TMCS).

[306]   A.A. Heini, 175 ff.

[307]   Acocella, internationale Zuständigkeit, 82.

[308]   Reiser, 85.

[309]   Zur möglichen Ablehnung der vereinbarten Zuständigkeit durch das Gericht: Art. 5 Abs. 3 IPRG.

Voraussetzungen für eine gültige Gerichtsstandsvereinbarung sind die Verfügungsbefugnis der Parteien über den Prozessgegenstand und das Nichtvorliegen eines zwingenden oder teilzwingenden Gerichtstandes. Nicht zwingend ist z.b. der Gerichtsstand des Erfüllungsortes[310]. Zu beachten sind die im Verhältnis zu Binnensachverhalten milderen Formvorschriften in Art. 5 IPRG.

174

bb) Gerichtsstandsvereinbarungen nach LugÜ (Art. 17 LugÜ)

Eine für den Schweizer Hersteller günstige Gerichtsstandsvereinbarung ist die einzige Möglichkeit, sich vor den unübersichtlichen Zuständigkeitsregeln des LugÜ und des IPRG einigermassen zu schützen. Eine Vereinbarung über den Gerichtsstand durch die Parteien wird grundsätzlich vor dem Entstehen der Rechtsstreitigkeit geschlossen. In Einzelfällen ist dies aber auch erst nach dem Schadenseintritt möglich.

175

Art. 17 LugÜ verlangt für die Wirksamkeit einer Gerichtsstandsklausel die vertragliche Einigung der Parteien. Das LugÜ ist auf die Vereinbarung nur anwendbar, wenn die Zuständigkeit des Gerichtes eines Vertragsstaates vereinbart worden ist[311]. Mindestens eine Partei der Vereinbarung muss ihren Wohnsitz/Sitz in einem Vertragsstaat des LugÜ haben. Und ausserdem sind die Formvorschriften von Art. 17 LugÜ zu beachten.

176

Die Prorogationsmöglichkeiten sind bei Verbraucherverträgen eingeschränkt. Der Verbraucher kann auch bei vorgängiger Vereinbarung des Gerichtsstandes am Wohnsitz des Herstellers die Klage am eigenen Wohnsitzrichter einleiten, denn er hat zwar das Recht aber nicht die Pflicht, den vereinbarten Gerichtsstand anzurufen[312].

177

d) Sondergerichtsstände beim Konsumentenvertrag

Der Konsumentenvertrag folgt nicht den üblichen Zuständigkeiten des IPRG im Rahmen des Vertragsrechts.

178

aa) Zuständigkeiten beim Konsumentenvertrag (Art. 114 IPRG)

Art. 114 statuiert für den Konsumentenvertrag die teilzwingenden Gerichtsstände des Wohnsitzes oder gewöhnlichen Aufenthaltes des Konsu-

179

---

[310] Art. 113 IPRG.
[311] Ein sachlicher Bezug des Gerichtes zum Sachverhalt ist nicht Bedingung.
[312] Art. 15 Ziff. 2 i.V.m. Art. 14 Abs. 1 LugÜ.

menten[313] oder die nicht zwingenden Gerichtsstände des Wohnsitzes des Anbieters oder subsidiär des Aufenthaltsortes. Daher sind Gerichtsstandsvereinbarungen im Rahmen von Art. 114 IPRG nur beschränkt möglich, und zwar in bezug auf Art. 114 Abs. 1 lit. b. Zweck dieser Einschränkung ist der Schutz des Konsumenten als schwächere Vertragspartei im Rahmen des Konsumentenschutzes.

180 Die Wahl des Gerichtsstandes obliegt dem Konsumenten.

bb) Die Zuständigkeit beim Verbrauchervertrag (Art. 14 LugÜ)

181 Der Begriff des Verbrauchervertrages ist in Art. 13 LugÜ umschrieben[314]. Die Klage des Verbrauchers kann im Wohnsitzstaat des Verbrauchers oder des Vertragspartners angehoben werden[315]. Bei Klagen des Vertragspartners gegen den Verbraucher muss dieser in seinem Wohnsitzstaat belangt werden[316]. Die Gerichtsstände sind teilzwingender Natur[317]. Es wird bloss die internationale Zuständigkeit festgelegt. Im Falle der Zuständigkeit von schweizerischen Gerichten ist Art. 114 IPRG für die Bestimmung der örtlichen Zuständigkeit anzuwenden.

e) Der Konsumentenvertrag

182 Der Begriff des Konsumentenvertrages nach Art. 120 IPRG umfasst Verträge über Leistungen, die ausschliesslich für den privaten, persönlichen oder familiären Ver- oder Gebrauch bestimmt sind.

183 Auch Dienstleistungen, die für obige Zwecke in Anspruch genommen werden, dürften unter Art. 120 IPRG fallen[318].

aa) Zuständigkeiten beim Konsumentenvertrag (Art. 114 IPRG)

184 In der Praxis wichtig ist Art. 114 Abs. 2 IPRG, nach dem der Konsument mittels Gerichtsstandsklauseln nicht von vornherein auf den Gerichtsstand an seinem Wohnsitz respektive an seinem gewöhnlichen Aufenthaltsort

---

313 Art. 114 Abs. 2 i.V.m. Abs. 1 lit. a IPRG.
314 Brandenberg Brandl, 236, definiert den Verbraucher als privaten Endabnehmer, der einen Vertrag abgeschlossen hat, der nicht mit seiner beruflichen oder gewerblichen Tätigkeit in Verbindung steht.
315 Art. 14 Abs. 1 LugÜ.
316 Art. 14 Abs. 2 LugÜ; vgl. Poudret, 80; Brandenberg Brandl, 237.
317 Es ist keine Prorogation möglich.
318 ZR 1989, Nr. 27; Schnyder, SVZ 1990, 9.

verzichten kann. Diese Konstellation ist für Produktehaftpflichtsachverhalte dann von Interesse, wenn der Konsument im Ausland wohnt oder das Produkt ins Ausland exportiert wurde.

Eine entsprechende Derogation des Gerichtsstandes von Konsumenten **185** durch eine Gerichtsstandsvereinbarung ist somit nicht wirksam[319].

bb) Das anwendbare Recht beim Konsumentenvertrag (Art. 120 IPRG)

Das Vorliegen eines Konsumentenvertrages schliesst die vertraglichen An- **186** knüpfungsregeln im allgemeinen aus[320]. Eine Rechtswahl beim Konsumentenvertrag ist ungültig.

Anknüpfungsbegriff beim Konsumentenvertrag ist der Aufenthaltsort des **187** Konsumenten, wenn der Anbieter die Bestellung in diesem Staat entgegengenommen hat, respektive in diesem Staat dem Vertragsabschluss ein Angebot oder eine Werbung vorausgegangen ist. Dies gilt auch, wenn der Konsument in diesem Staat die zum Vertragsabschluss erforderlichen Rechtshandlungen vorgenommen hat oder wenn der Anbieter den Konsumenten veranlasst hat, sich ins Ausland zu begeben und seine Bestellung dort abzugeben[321].

2. Zuständigkeiten bei der internationalen ausservertraglichen Produktehaftpflicht

Bei ausservertraglichen Ansprüchen in internationalen Produktehaftpflicht- **188** sachverhalten spielt der Wohnsitz des Beklagten die zentrale Rolle. Zu beachten ist aber auch der Deliktsort.

a) IPRG: Wohnsitz/Sitz des Beklagten als Grundsatz (Art. 129 Abs. 1 IPRG)

Im Bereich der Produktehaftpflicht stehen die Regeln über die unerlaubte **189** Handlung im Zentrum[322]. Bei internationalen Produktehaftpflichtssachverhalten ausservertraglicher Natur sind die Gerichte am Wohnsitz/Sitz des Herstellers, oder (subsidiär) an seinem gewöhnlichen Aufenthaltsort respektive am Ort der entsprechenden Niederlassung zuständig. Diese Re-

---

319 Schnyder, IPRG, 105.
320 Art. 120 Abs. 2 i.V.m. Art. 116 IPRG.
321 Art. 120 Abs. 1 lit. a - c IPRG.
322 Art. 129 f. IPRG.

gelung unterscheidet sich von den Zuständigkeiten bei vertraglichen Ansprüchen nur im uneingeschränkten Gerichtsstand am Ort der Niederlassung.

b) Deliktsort

aa) IPRG: Subsidiäre Zuständigkeit (Art. 129 Abs. 2 IPRG)

190 Art. 129 Abs. 2 IPRG enthält das forum delicti commissi, also die Zuständigkeit des Gerichtes am Begehungsort. Der Begehungsort enthält begrifflich den Handlungs- und den Erfolgsort.

191 Subsidiär zum Gerichtsstand von Wohnsitz/Sitz, Aufenthaltsort respektive dem Niederlassungsort ist somit die Zuständigkeit der schweizerischen Gerichte auch am Handlungs- oder Erfolgsort möglich[323]. Sie ist gegeben, wenn der ausländische Hersteller fehlerhafte Produkte in die Schweiz liefert und über keine CH-Niederlassung verfügt.

192 Für Produktehaftpflichtsachverhalte nicht unproblematisch ist die im Gesetz enthaltene Alternative von Erfolgs- und Handlungsort[324].

193 Die Definition der unerlaubten Handlung bemisst sich im Rahmen von Art. 129 Abs. 2 IPRG nach schweizerischen Recht[325].

Handlungsort

194 Im zeitlichen Ablauf bei Produktehaftpflichtssachverhalten steht zu Beginn die eigentliche Herstellung des Produktes. Handlungsort ist somit der Ort der Herstellung.

195 Bei zusammengesetzten Produkten sind sowohl die jeweiligen Herstellungsorte von Teilprodukten als auch der Ort des Assembling als Handlungsort zu qualifizieren. Folgerichtig müssen zudem der Revisions- und der Reparaturort als Handlungsort[326] beurteilt werden[327].

---

323 Art. 129 Abs. 2 IPRG. Vgl. auch Art. 5 Ziff. 3 LugÜ.
324 Begründbar ist diese Alternative der Gerichtsstände mit dem Argument des favor laesi oder dem Ubiquitätsprinzip. Aber auch verfahrensrechtliche Argumente sprechen dafür.
325 Vogel, § 4 N 45u.
326 BGE 64 II 265 („Steiggurt-Fall").
327 Zur Fage, wann nach einer Reparatur von einem neuen Produkt auszugehen ist, vgl. N 9 zu Art. 3.

Bei Missachtung oder Nichtbeachtung von Sorgfaltspflichten[328] und der **196** daraus folgenden Unterlassung des Ergreifens von Schutzmassnahmen, gilt derjenige Ort als Handlungsort, an dem die unterlassene Handlung hypothetischerweise hätte ausgeführt werden müssen[329].

Es kann jedoch nicht angehen, dass der Handlungsort bei einer komplexen **197** Herstellung eines Produktes zu stark aufgesplittert wird. Aus Praktikabilitätsgründen ist daher derjenige Ort als Handlungsort zu qualifizieren, zu dem die Schädigung schwerpunktmässig in engster Beziehung steht. Ist dieser Handlungsort gefunden, so soll dort über das anwendbare Recht für den gesamten Schaden befunden werden[330].

Erfolgsort
Schwieriger ist die Beurteilung des Erfolgsortes i.S. von Art. 129 Abs. 2 **198** IPRG. Der Erfolgsort ist identisch mit dem Ort der Rechtsgutverletzung respektiv dem Ort des schädigenden Ereignisses[331]. Handlungs- und Erfolgsort müssen nicht identisch sein. Führt der Kurzschluss in der Elektronik einer installierten Waschmaschine zu Körperschaden mit Kostenfolge, so ist Erfolgsort der Ort der Installation respektiv des Eintritts des unmittelbaren Körperschadens.

Für das IPR sind zwei Sachverhalte von Belang: (1) Das Produkt wird aus **199** dem Herstellungsland exportiert und bewirkt im Ausland einen Schaden[332]. (2) Das Produkt wird nicht exportiert, bewirkt aber einen Schaden, der sich zwar im Inland ereignet, sich aber dennoch (auch) auf das Ausland auswirkt und dort einen Schaden verursacht[333].

Ob neben dem Ort der Schadensauswirkung auch der Ort des Schadenseintrittes als Erfolgsort zu qualifizieren ist, bleibt umstritten[334]. Zweckmässig **200** erscheint eine einschränkende Auslegung des Begriffs des Erfolgsortes des

---

[328] Sowohl kodifizierte Sorgfaltspflichten als auch Sorgfaltspflichten, die sich aus dem Gefahrensatz ergeben.

[329] BGE 113 II 479.

[330] Kropholler, N 45 zu Art. 5.

[331] Acocella, internationale Zuständigkeit, 97.

[332] Land des Handlungsortes und Land des Erfolgsortes sind nicht identisch.

[333] Land des Handlungsortes und Land des Erfolgsortes sind u.U. identisch, dazu tritt aber ein (zusätzlicher) Erfolgsort im Ausland.

[334] Vischer/von Planta, 199; vgl. auch Vischer, IPRG, 129 f.; Nater, SJZ 1989, 392 f.

Art. 129 Abs. 2 IPRG, was einer Abstimmung mit Art. 5 Ziff. 3 LugÜ[335] gleichkommt[336].

bb) LugÜ: Ort des schädigenden Ereignisses (Art. 5 Ziff. 3 LugÜ)

201 Die unerlaubte Handlung i.S. von Art. 5 Ziff. 3 LugÜ umfasst sämtliche Klagen, mit denen Schadenersatz geltend gemacht wird, der nicht an einen Vertrag angeknüpft werden kann[337].

202 Gerichtsstand ist der Ort des schädigenden Ereignisses[338]. Der Begriff ist autonom auszulegen. In diesem Zusammenhang kann der Erfolgsort nur derjenige Ort sein, „wo das haftungsauslösende Ereignis den unmittelbar Betroffenen geschädigt hat"[339]. Das bedeutet mitunter, dass z.B. der Vater eines durch überzuckerten Kindertee geschädigten Kindes, seinen daraus resultierenden Vermögensschaden nur am Unfallort oder am Wohnsitz des Herstellers des Tees einklagen kann, nicht aber am Ort der Entstehung seines Schadens[340].

203 Auch hier wird bereits durch das LugÜ die örtliche Zuständigkeit festgelegt. Der Gerichtsstand ist nicht zwingend.

c) Sondergerichtsstände aufgrund von Gerichtsstandsvereinbarungen

204 Gerichtsstandsvereinbarungen sind grundsätzlich auch im ausservertraglichen Bereich möglich und zulässig. Sie richten sich nach den allgemeinen Regeln der Gerichtsstandsvereinbarungen[341].

3. Einlassung

205 Für Zuständigkeiten im Zusammenhang mit vermögensrechtlichen Ansprüchen[342] ist weiter zu beachten, dass die vorbehaltlose Einlassung des Be-

---

[335] Ort des schädigenden Ereignisses.

[336] A.A Bühler, ST 1990, 131: Art. 5 Ziff. 3 LugÜ sei weit auszulegen und umfasse sowohl den „Ort des den Schaden verursachenden Geschehens, den Handlungsort, als auch den Ort des Schadenseintritts, den Erfolgsort." Das Gegenteil dürfte der Fall sein, vgl. Vogel, § 1 N 81 und § 4 N 44r.

[337] Art. 5 Ziff. 1 LugÜ; vgl. Vogel, § 4 N 45v; EuGH Urteil v. 29.7.1988 - Rs 189/87. Schwander, IZPR, 597 f.

[338] Poudret, 71 f.; Mercier/Dutoit, 56 f.

[339] Kropholler, N 46 zu Art. 5 .

[340] Kropholler, a.a.O. (FN 16).

[341] Schnyder, IPRG, 22.

[342] Also aus Vertrag, unerlaubter Handlung und/oder ungerechtfertigter Bereicherung.

klagten die Zuständigkeit des vom Kläger angerufenen Schweizer Richters bewirkt[343].

4. Die Konkurrenz der vertraglichen zur ausservertraglichen Produktehaftpflicht im Kollisionsrecht

Die unterschiedlichen Gerichtsstände bei vertraglichen und ausservertrag- **206** lichen Ansprüchen im Rahmen der Produktehaftpflicht können bei fehlenden Gerichtsstandsvereinbarungen dazu führen, dass bei Anwendung des LugÜ für die Ansprüche aus vertraglicher und ausservertraglicher Schädigung an verschiedenen Orten geklagt werden muss, sofern der Erfüllungsort nicht mit dem Ort des schädigenden Ereignisses identisch ist[344].

Die Praxis des EuGH hierzu ist unvollständig und nicht gefestigt. Es steht **207** einzig fest, dass der für die Klage aus Delikt zuständige Richter nicht über andere Ansprüche urteilen darf[345].

Zu empfehlen ist daher eine Vereinheitlichung der Gerichtsstände durch **208** Parteivereinbarung[346] oder eine Anpassung der Vertragsbedingungen in einer Weise, dass Erfüllungs- und Deliktsort möglichst im gleichen Staat liegen.

III. Anwendbares Recht

1. Vertragsstatut

a) Allgemeines

Art. 116 f. IPRG enthält die Grundsatzanknüpfung für das Vertragsrecht: **209** Das von den Parteien gewählte anwendbare Recht. Unterblieb die Rechtswahl, so ist subsidiär das Recht, mit dem der Vertrag am engsten zusammenhängt, anwendbar (Art. 117 Abs. 1 IPRG), wenn nicht besondere Anknüpfungsbestimmungen nach Art. 118 ff. IPRG zur Anwendung gelangen.

---

343 Art. 6 IPRG; vgl. Acocella, internationale Zuständigkeit, 88; Killias, in: Handbuch, 6/4.2, 1.
344 Art. 5 Ziff. 1 und 3.
345 Kropholler, N 39 zu Art. 5.
346 Art. 16 und 17 LugÜ.

210 Das Recht mit dem engsten Zusammenhang zum Vertrag kommt ebenfalls zum Zug, wenn das anwendbare Recht durch die besonderen Anknüpfungsbestimmungen nicht festgestellt werden kann[347].

211 Die Rechtswahl ist bei Konsumentenverträgen nicht möglich[348].

b) Kauf beweglicher körperlicher Sachen (Art. 118 IPRG)

212 Liegt ein Kauf beweglicher körperlicher Sachen vor, so sind das Haager Übereinkommen und unter Umständen auch das UN-Kaufrecht zu beachten.

aa) Das Haager Übereinkommen

213 Art. 118 Abs. 1 IPRG verweist für Kaufverträge über bewegliche Sachen auf das Haager Übereinkommen betreffend das auf internationale Kaufverträge über bewegliche Sachen anzuwendende Recht[349]. Dem Übereinkommen kommt erga-omnes-Charakter zu[350]. Besondere Bestimmungen über Konsumentenverträge sind vorbehalten[351].

214 Auch im Haager Ü steht in erster Linie die Verweisung auf das durch Parteivereinbarung anzuwendende Recht[352]. Fehlt eine solche Rechtswahl, so gelangt das Recht desjenigen Landes zur Anwendung, in dem der Verkäufer zum Zeitpunkt des Bestellungsempfangs seinen gewöhnlichen Aufenthalt hatte. Für eine Geschäftsniederlassung gilt das Recht des Landes, in dem sie sich befindet. Das Recht des Landes, in dem der Käufer seinen gewöhnlichen Aufenthalt hat, gelangt zur Anwendung, wenn die Bestellung in diesem Lande vom Verkäufer oder seinem Vertreter, Agenten oder Handelsreisenden entgegengenommen wurde[353].

215 Die Mängelrüge unterliegt bei fehlender Rechtswahl dem Recht des Landes, in dem die gelieferten Sachen zu prüfen sind[354].

---

[347] Schnyder, IPRG, 108.
[348] Art. 120 Abs. 2 IPRG.
[349] Haager Ü vom 15. Juni 1955, SR 0.221.211.4. Für die Schweiz in Kraft getreten am 27. Oktober 1972.
[350] Schnyder, IPRG, 7.
[351] Art. 120 i.V.m. 118 Abs. 2 IPRG.
[352] Art. 2 Haager Ü.
[353] Art. 3 Haager Ü.
[354] Art. 4 Haager Ü.

bb) Das UN-Kaufrecht

Das Übereinkommen der Vereinten Nationen über den internationalen 216
Warenkauf[355] beinhaltet eigentlich primär materielles internationales Kaufrecht und nicht Kollisionsrecht. Deshalb führt das UN-Kaufrecht nicht zur
direkten Änderung des Art. 118 IPRG, sondern ist anzuwenden, wenn (1)
das IPR des Forums auf das Recht eines Vertragsstaates verweist[356] oder
(2) die Parteien in verschiedenen Vertragsstaaten niedergelassen sind[357].
Verweist das IPRG der Schweiz auf das Recht eines Vertragstaates, so
gelangt das UN-Kaufrecht zur Anwendung[358]. Das UN-Kaufrecht kann
durch Willensäusserung der Vertragsparteien ausgeschlossen werden[359].

Die Bedeutung des UN-Kaufrechts für Produktehaftpflichtsachverhalte ist 217
aber insofern untergeordnet, als es auf Mangelfolgeschäden bei Tod oder
Körperverletzung[360] und auf Verbraucherverträge[361] nicht anwendbar ist.
Für diese Bereiche erlangt das jeweilige nationale Recht Geltung[362].

cc) Der Konsumentenvertrag (Art. 120 IPRG)

Die Frage des anwendbaren Rechts beim Konsumentenvertrag wurde be- 218
reits weiter vorne eingehend besprochen[363].

2. Deliktsstatut

Im Rahmen des Deliktsstatuts steht die Sonderanknüpfung bei Produkte- 219
mängeln in Art. 135 IPRG im Vordergrund. Besondere Probleme stellen
hier der Ordre public und das Verhältnis von Art. 135 IPRG zu den allgemeinen, deliktsrechtlichen Kollisionsnormen.

---

[355] UN-Kaufrecht vom 11. April 1980, SR 0.221.211.1. Für die Schweiz in Kraft
getreten am 1. März 1991. Es wird auch Wiener Kaufrecht (WKR) genannt. Vgl.
allgemein Addor, 91 ff.; Schwenzer, recht 1991, 114.

[356] Art. 1 Abs. 1 lit. b WKR.

[357] Art. 1 Abs. 1 lit. a WKR. Killias, in: Handbuch, 6/6.1. Zum Verhältnis des WKR
zum Haager Ü vgl. Vogel, § 4 N 45o.

[358] Es besteht also die Möglichkeit, dass UN-Kaufrecht angewendet wird, auch wenn
keine der Vertragsparteien in einem Vertragsstaat des UN-Kaufrechts niedergelassen ist.

[359] Art. 6 WKR.

[360] Art. 5 WKR.

[361] Art. 2 lit. a WKR

[362] Killias, in: Handbuch, 6/6.2, 3.

[363] Vgl. dazu N 186 ff.

a) Die Sonderanknüpfung in Art. 135 IPRG

220 Art. 135 IPRG bestimmt das anwendbare Recht bei Ansprüchen auf Grund von Produktemängeln.

aa) Der Verweisungsbegriff

221 Die Verweisung in Art. 135 IPRG „Ansprüche aus Mängeln oder mangelhafter Beschreibung eines Produktes" umfasst alle bekannten Ansprüche im Rahmen der Produktehaftpflicht inkl. derjenigen aus Warn-, Produktbeobachtungs- und Rückrufpflichten[364]. Damit ist der Anwendungsbereich des Art. 135 IPRG ausschliesslich auf deliktische ausservertragliche Ansprüche beschränkt. Es können allerdings nur Ansprüche aus Mangelfolgeschäden geltend gemacht werden[365]. Speziell zu beachten ist dabei die Tatsache, dass die Anwendbarkeit von ausländischem Produktehaftpflichtrecht im Rahmen von Art. 135 IPRG nicht ausgeschlossen ist, wenn dieses Ansprüche aus Produktehaftpflicht anders qualifiziert als das schweizerische Recht[366]. Lösungsansatz für diese Unsicherheit muss sein, dass Art. 135 IPRG immer dann anwendbar ist, wenn es sich um funktional der (schweizerischen) ausservertraglichen Produktehaftpflicht äquivalente Ansprüche handelt[367]. Mit der EG- und EFTA-weiten Rechtsangleichung bei der Produktehaftpflicht (und dem weitgehend eurokompatiblen PrHG) wird diese Problematik überwiegend entschärft.

bb) Der Anknüpfungsbegriff

222 Art. 135 IPRG knüpft an die Niederlassung des Haftpflichtigen[368] oder an den Erwerbsort an. Die konkrete Wahl obliegt dem Geschädigten, der sich durch eine für ihn günstige Entscheidung wesentliche Vorteile verschaffen kann[369].

---

[364] Lörtscher, 255.

[365] In diesem Zusammenhang aber auch Ersatz von Personen-, Sach- und Vermögensschäden sowie Leistung von Genugtuung, Killias, in: Handbuch, 6/4.4.2, 2. Vgl. aber Art. 135 Abs. 2 IPRG.

[366] Z.B. bei der französischen Action directe als vertraglichem Anspruch, bei Ansprüchen aus Drittschadensliquidation oder beim Vertrag mit Schutzwirkung für Dritte. Vischer, IPRG, 134.

[367] Lörtscher, 255.

[368] Subsidiär: Aufenthalt.

[369] Z.B. eigene Amtssprache, anzuwendendes Prozessrecht, eigene Anwälte, allfällige Kostenfolgen.

Einer Klärung bedürfen nebst dem Begriff des Anspruchs, auch der Pro- **223** duktbegriff, der Erwerbsort, die geschützten Personen und die Person des Pflichtigen im Rahmen von Art. 135 IPRG. Zwar bemisst sich die Auslegung von Anknüpfungsbegriffen i.d.R. nach der lex fori. Es gilt aber auch, auf Besonderheiten der lex causae Rücksicht zu nehmen[370].

Produkt

Der Begriff des Produktes i.S.v. Art. 135 IPRG umfasst alle Sachen[371]. **224** Selbst Grundstücke, Häuser und Zubehör können theoretisch unter diesen Produktbegriff fallen[372].

Person des Schädigers

Als Schädiger bei Art. 135 IPRG kommt der Hersteller im Sinne des PrHG **225** in Frage[373]. Natürlich umfasst der Begriff des Schädigers auch den Importeur und allenfalls den Händler, wenn Kontroll- oder Sorgfaltspflichten verletzt wurden[374].

Erwerbsort

Der Erwerbsort ist i.d.R. identisch mit dem Wohnsitz des Geschädigten. **226** Ein Teil der Lehre lokalisiert den Erwerbsort präziser an der Stelle, an welcher der Geschädigte die für den Erwerb des Produktes massgebliche Willenserklärung abgegeben hat[375].

Die Anknüpfung an den Erwerbsort ist insofern nachvollziehbar, als dass **227** die Bestimmung dieses Ortes durch den Hersteller aktiv beeinflusst werden kann[376]. Er vermag sich sodann beim von ihm nicht sanktionierten indirekten Export vom Nachteil der Anwendung eines ihm fremden Rechts zu entledigen[377]. Stillschweigendes Dulden des Exportes ist als Einverständnis des Herstellers zu werten[378].

---

[370] Schwander, IPRG, N 179 ff.
[371] Dazu zählen auch die unbeweglichen sowie die unverarbeiteten Sachen und die Teilprodukte, vgl. Killias, in: Handbuch, 6/4.4.2, 2.
[372] Vischer, IPRG, 136.
[373] Vgl. zum Begriff N 4 ff. zu Art. 4.
[374] Vischer, IPRG, 138 f.
[375] Vischer, IPRG, 139.
[376] Z.B. durch Nichtexport in bestimmte Länder.
[377] Art. 135 Abs. 1 lit. b IPRG.
[378] Killias, in: Handbuch, 6/4.4.2, 4.

228 Diese Konstruktion ermöglicht dem Hersteller, den entsprechenden nationalen Vorschriften[379] gezielt nachkommen zu können. Er kann nur dann mit fremdem Produktehaftpflichtsrecht konfrontiert werden, wenn er den Export in das entsprechende Land gewollt und sich deshalb auch mit den rechtlichen Gegebenheiten vor Ort auseinandergesetzt hatte.

229 Bei Distanzkäufen ist auf den Ort der Abgabe der für den Vertragsschluss wesentlichen Erklärung und nicht auf den Ort des Empfangs der Erklärung abzustellen[380].

230 Die Wahl des Erwerbsortes als Anknüpfung führt beim Leasingnehmer, Mieter und beim sog. „innocent bystander"[381] zu Problemen, denn auch sie sind als Geschädigte i.s. von Art. 135 Abs. 1 IPRG zu qualifizieren[382]. Ein Teil der Lehre will auf sie die subsidiäre Deliktsregel[383] anwenden, wenn zwischen dem Erwerbsort des fehlerhaften Produktes und der Schädigung des Dritten kein funktionaler Zusammenhang besteht[384]. Diese Frage stellt sich jedoch nur dann, wenn für den Drittgeschädigten das anwendbare Recht des Deliktsortes günstiger ist als die beiden Rechte, auf die in Art. 135 IPRG verwiesen wird[385]. Demgegenüber kann festgehalten werden, dass diese Lösung nicht befriedigen kann, wenn der funktionale Bezug zwischen dem Hersteller und dem Erfolgsort fehlt. Sodann müsste Art. 135 Abs. 1 IPRG auch für Drittgeschädigte gelten[386]. Die endgültige Antwort darauf hängt nur davon ab, ob man mehr die Interessen des

---

[379] Z.B. Vorschriften zur Produktsicherheit, technische Normen.

[380] Vischer, IPRG, 139.

[381] Der innocent bystander ist Drittgeschädigter.

[382] Schwander, in: Schweiz - Europa - USA, 218.

[383] Art. 133 Abs. 2 IPRG.

[384] Vischer, IPRG, 140.

[385] Bsp.: A kauft in Deutschland ein in der Schweiz hergestelltes Fondue-Rechaud. In der Folge zieht A in die USA. An seinem neuen Wohnsitz explodiert nun das Rechaud und verletzt den bei A weilenden Gast C. Der Geschädigte C könnte nach der Ausweichanknüpfung von Art. 133 i.V.m. 15 IPRG wählen zwischen dem deutschen Recht (Recht des Erwerbsortes), dem schweizerischen Recht (Recht des Herstellungsortes respektive Recht des Landes, in dem der Schädiger Sitz hat) oder dem US-amerikanischen Recht (Recht des Erfolgsortes). Beispiel aus: Killias, in: Handbuch, 6/4.4.2, 4.

[386] Lörtscher, 256. Im oben aufgeführten Beispiel bedeutet das, dass das Recht des Erfolgsortes für die Ansprüche des C nicht angewendet werden dürfte.

geschädigten Dritten oder die des Herstellers und der für sie wesentlichen Vorausseh-barkeit schützen will[387].

cc) Das anwendbare Recht (Rechtsfolge)
Je nach Wahl durch den Geschädigten ist dementsprechend entweder das **231** Recht des Staates, in dem der Schädiger seine Niederlassung hat[388], oder das Recht des Staates, in dem der Erwerbsort liegt, anwendbar.

b) Der Vorbehalt des Ordre public
In der Regel wird die Art und die Höhe der Entschädigung nach der lex **232** causae bestimmt. Art. 135 Abs. 2 IPRG greift hier im Sinne einer Korrektur ein und begrenzt die durch den schweizerischen Richter bei Anwendung ausländischen Rechts maximal zusprechbare Schadenersatz- respektive Genugtuungssumme. Es gilt das Verbot der Bereicherung des Geschädigten. Es ist nur der effektiv erlittene Schaden zu ersetzen. Übermässige oder andersartige Ansprüche, als sie das schweizerische materielle Recht kennt, sind ausgeschlossen. Überhöhte Ansprüche sind zurückzustufen, andersartige Ansprüche sind durch die im Schweizer Recht enthaltenen Ansprüche zu substituieren[389]. Zivilrechtlicher Strafschadenersatz wie z.B. punitive damages dürfen vom Schweizer Richter nicht ausgesprochen werden[390].

Somit kann festgestellt werden, dass Art. 135 Abs. 2 IPRG eigentlich **233** materiellrechtlicher Charakter zukommt.

Im Unterschied zum Ordre public des Art. 135 Abs. 2 IPRG ist der all- **234** gemeine Ordre public (Art. 17 IPRG) anzurufen, wenn es nicht um das Schadensquantum, sondern um Haftungsvoraussetzungen geht, die dem schweizerischen Recht in massiver Weise entgegenstehen. So z.B. wenn eine Haftung ohne adäquaten Kausalnachweis nach rein wirtschaftlichen Kriterien oder trotz vorliegendem groben Drittverschulden bejaht wird[391].

---

387 Killias, in: Handbuch, 6/4.4.2, 5.
388 Subsidiär: Recht des Landes am gewöhnlichen Aufenthalt.
389 Schwander, in: Schweiz - Europa - USA, 220.
390 BBl 1983 I 427.
391 Lörtscher, 258.

c) Sicherheitsvorschriften (Art. 142 Abs. 2 IPRG)

235 Die in Art. 142 Abs. 2 IPRG geforderte Berücksichtigung von sog. local data[392] kann u.U. zu einer Sonderanknüpfung führen. Diese Abtrennung von der Hauptfrage ist dann in Erwägung zu ziehen, wenn der Hersteller in einem Land produziert, das weder mit seinem Sitzstaat[393] noch mit dem Erwerbsstaat identisch ist. Allerdings werden die Unterschiede hinsichtlich öffentlich-rechtlicher Sicherheitsvorschriften und Normen durch Importbestimmungen und Bestimmungen über das Inverkehrsetzen von Produkten ausgeglichen[394]. Eine Sonderanknüpfung im Rahmen von Art. 142 Abs. 2 IPRG kann aber bei der Ermittlung des Verschuldens und einer Sorgfaltswidrigkeit eine Rolle spielen.

d) Das Verhältnis von Art. 135 IPRG zu den allgemeinen, deliktsrechtlichen Kollisionsnormen

aa) Rechtswahlmöglichkeiten (Art. 132 IPRG)

236 Eine Möglichkeit zur vorgängigen Rechtswahl besteht nicht[395]. Es stellt sich aber mitunter die Frage, ob eine nachträgliche Rechtswahl i.S. von Art. 132 IPRG auch für die Sonderbestimmung des Art. 135 IPRG anwendbar sei. Darf ein Versicherer gegenüber dem Geschädigten eine Rechtswahl beim Vorliegen von Produktmängeln vorschlagen? Die Frage ist für das gesamte deliktische Kollisionsrecht ungeklärt[396].

bb) Die akzessorische Anknüpfung (Art 133 Abs. 3 IPRG)

237 Im Entwurf zum IPRG sah der Art. 131 Abs. 3 auch für Produktehaftpflichtsachverhalte eine akzessorische Anknüpfung vor: Wird durch eine unerlaubte Handlung zugleich ein zwischen Schädiger und Geschädigtem bestehendes Vertragsverhältnis verletzt, so würden die Ansprüche aus unerlaubter Handlung gemäss der damaligen Fassung des Art. 131 Abs. 3 IPRG dem Recht unterstehen, das auf das vorbestehende Rechtsverhältnis (Vertragsstatut) anzuwenden ist[397]. Diese Möglichkeit der akzessorischen

---

[392] Lörtscher, 258.
[393] Resp. dem Staat des Aufenthaltes.
[394] Bsp. EG-Baumusterprüfung, CE-Zeichen für Spielzeuge oder persönliche Schutzausrüstungen.
[395] Art. 132 IPRG.
[396] Bejahend jedoch Schnyder, IPRG, 118. Vgl. auch BGH IPrax 82, 13.
[397] Schwander, in: Schweiz - Europa - USA, 215 f.

Anknüpfung wurde vom Parlament gestrichen. Sie hätte den Geschädigten benachteiligt, ihn insbesondere der Wahlmöglichkeit des anwendbaren Rechts beraubt[398]. Somit dürfte auch eine Anwendung von Art. 133 Abs. 3 IPRG auf Produktemängel entfallen[399].

Eine mögliche akzessorische Anknüpfung liesse sich jedoch über den Um- **238** weg von Art. 15 IPRG konstruieren. Relevant ist diese Konstruktion bei Fällen, in denen das schadenverursachende Element gerade im Vertragszweck selber liegt[400]. Art. 15. Abs. 2 IPRG stünde dieser Umgehung von Art. 133 Abs. 3 IPRG nicht entgegen, geht es darin doch nicht um eine einseitige Rechtswahlmöglichkeit, sondern bloss um die gegenseitige Vereinbarung über das anzuwendende Recht.

IV. Fragen der Anerkennung und Vollstreckung ausländischer Entscheidungen

1. Anerkennung und Vollstreckung ausländischer Entscheidungen in der Schweiz nach IPRG

Für die Anerkennung einer ausländischen Entscheidung in der Schweiz **239** müssen folgende Bedingungen erfüllt sein, Art. 25 IPRG[401]: (1) Zuständigkeit des Gerichtes des Entscheidungsstaates; (2) Rechtskraft der Entscheidung; (3) Fehlen von Verweigerungsgründen.

Sind diese Voraussetzungen nicht erfüllt, so bedeutet das jedoch nicht, dass **240** schweizerische Gerichte oder Behörden den Entscheid nicht berücksichtigen dürfen[402].

---

[398] Lörtscher, 256.

[399] Die Nichtanwendbarkeit von Art. 133 Abs. 3 IPRG lässt sich auch systematisch begründen.

[400] Bsp.: Mit einem Kaufvertrag wird ein Lizenzvertrag für das verkaufte Objekt verbunden, und in das Vertragswerk werden Produktspezifikationen, Konstruktionsanweisungen oder Verwendungsmöglichkeiten, welche sich als fehlerfrei herausstellen, aufgenommen; Vischer, IPRG, 141.

[401] Vgl. Acocella, internationale Zuständigkeit, 199 f.

[402] Zum Unterschied zwischen Anerkennung respektive Vollstreckung und Berücksichtigung einer ausländischen Entscheidung: Schwander, IPRG, N 685.

a) Internationale Zuständigkeit der ausländischen Gerichte

241 Alternative Voraussetzungen für das Vorliegen der nötigen Anerkennungszuständigkeit sind in Art. 26 IPRG aufgeführt[403]. Danach ist die internationale Zuständigkeit der ausländischen Gerichte gegeben, wenn sie eine Norm des Besonderen Teils des IPRG vorsieht[404] oder subsidiär der Beklagte seinen Wohnsitz im Urteilsstaat hatte. Weitere Gründe: Prorogation (lit. b), vorbehaltslose Einlassung (lit. c) oder der Gerichtsstand am Ort der Widerklage (lit. c). Für die Produktehaftpflicht ist die Anerkennungszuständigkeit eines ausländischen Gerichtes v.a. aufgrund von Gerichtsstandsvereinbarungen[405] oder der Einlassung[406] zu beachten.

242 Von den besonderen Bestimmungen des IPRG ist bei produktehaftpflichtrechtlichen Sachverhalten Art. 149 IPRG anzuwenden. Danach wird die Anerkennung und die Vollstreckung einer ausländischen Entscheidung grundsätzlich verweigert, wenn der Beklagte zur Zeit der Klageeinleitung seinen Wohnsitz in der Schweiz hatte[407].

243 Ein ausländisches Produktehaftpflichtsurteil kann in der Schweiz Anerkennung finden, wenn einer der folgenden Tatbestände vorliegt:

aa) Art. 149 Abs. 2 lit. a IPRG: Vertragliche Leistungen

244 Das Urteil ist im Staat der Erfüllung der vertraglichen Leistung ergangen und der Beklagte hatte den Wohnsitz z.Zt. der Klageeinleitung nicht in der Schweiz.

bb) Art. 149 Abs. 2 lit b IPRG: Konsumentenverträge

245 Das Urteil erfolgt am Wohnsitz oder am gewöhnlichen Aufenthaltsort des Konsumenten und die Voraussetzungen für das Vorliegen eines Konsumentenvertrages i.S. von Art. 120 IPRG sind gegeben. Hier verzichtet der Gesetzgeber auf den Schutz des Beklagten nach Art. 59 BV.

---

[403] Acocella, internationale Zuständigkeit, 204 f.

[404] Für das Obligationenrecht: Art. 149 IPRG.

[405] Art. 26 lit. b i.V.m. Art. 5 IPRG.

[406] Art. 26 lit. c i.V.m. Art. 6 IPRG.

[407] Der Inhalt von Art. 149 IPRG ist somit Art. 59 BV angepasst; vgl. Schnyder, IPRG 129.

cc) Art. 149 Abs. 2 lit. d IPRG: Niederlassung

Das Urteil i.b. auf Ansprüche aus dem Betrieb einer Niederlassung erfolgt **246** am Sitz der Niederlassung. Auch hier gibt es keinen Beklagtenschutz nach Art. 59 BV.

dd) Art. 149 Abs. 2 lit. e IPRG: Unerlaubte Handlung

Das Urteil i.b. auf Ansprüche aus unerlaubter Handlung ist am Handlungs- **247** oder Erfolgsort ergangen und der Beklagte hat z.Zt. der Klageeinleitung keinen Wohnsitz in der Schweiz.

ee) Art. 149 Abs. 1 IPRG: Subsidiäre Anerkennungsmöglichkeit

Subsidiär zu den Bestimmungen in Art. 26 und 149 Abs. 2 IPRG kann eine **248** ausländische Entscheidung nur anerkannt werden, wenn das Urteil in dem Staat ergangen ist, in dem der Beklagte Wohnsitz oder seinen gewöhnlichen Aufenthalt hatte. Im letzteren Fall wird zusätzlich die Voraussetzung des funktionalen Zusammenhangs zwischen dem Anspruch und der Tätigkeit am Aufenthaltsort verlangt[408].

b) Die Beachtung von Art. 135 Abs. 2 IPRG im Vollstreckungsverfahren.

Eine im Ausland ergangene Entscheidung muss von der Schweiz nicht **249** anerkannt werden, wenn sie gegen den materiellen oder verfahrensrechtlichen ordre public der Schweiz verstösst[409]. Eine révision au fond der Entscheidung durch ein schweizerisches Gericht ist jedoch nicht erlaubt, Art. 27 IPRG[410].

Art. 135 Abs. 2 IPRG hat die Aufgabe, den ordre public des Art. 27 IPRG **250** zu konkretisieren, wenn ein im Ausland aufgrund von ausländischem Recht ergangenes Urteil in der Schweiz vollstreckt werden soll[411].

---

[408] Art. 149 Abs. 1; vgl. Schnyder, IPRG, 130.
[409] Art. 27 IPRG; vgl. Schnyder, IPRG, 40.
[410] Vgl. Art. 29 LugÜ.
[411] Vischer, IPRG, 142. Diese Auffassung ist umstritten, vgl. auch Drolshammer/ Schärer, 309 ff.; Lenz, 130 f. und 176 f.; vgl. auch Schwander, IZPR, 598 f.

2. Anerkennung und Vollstreckung ausländischer Entscheidungen in der Schweiz nach LugÜ: Ausgewählte Probleme

251 Das LugÜ führt zu einer Erweiterung der zu anerkennenden Gerichtsstände. Dies wird insbesondere dadurch erreicht, dass die Verweigerungsmöglichkeiten der Anerkennung ausländischer Urteile stark eingeschränkt werden, Art. 26 ff. LugÜ. Zu beachten ist aber immer auch der schweizerische Vorbehalt zu Art. 5 Ziff. 1 LugÜ[412].

252 Von zentraler Bedeutung ist die Bestimmung in Art. 28 Abs. 3 LugÜ, wonach die Zuständigkeit des erkennenden Richters im Anerkennungsverfahren nicht überprüft werden darf. Und zwar nicht einmal dann, wenn sich die Zuständigkeit des erkennenden Richters auf nationale Zuständigkeitsvorschriften abstützt[413]. Daraus folgt, dass Entscheidungen in Produktehaftpflichtssachverhalten, die am ausländischen Erfüllungs- oder Deliktsort ergehen, im Inland anzuerkennen sind. Im Zusammenhang mit vertraglichen Produktehaftpflichtansprüchen ist festzuhalten, dass zwar ein ausländisches Urteil, das am Erfüllungsort ergangen ist[414], aufgrund des schweizerischen Vorbehaltes nicht anerkennt wird. Kann sich der erkennende Richter jedoch auf eine andere Zuständigkeit als die des Erfüllungsortes berufen[415], so ist das Urteil in der Schweiz anzuerkennen Entscheidungen, die in Verbraucherstaaten ergehen und Zuständigkeitsregeln nach Art. 14 LugÜ verletzen, ist die Anerkennung zu verweigern, Art. 28 Abs. 1 LugÜ[416].

---

412 Vgl. N 157.
413 Ergeht z. B. ein Urteil am Ort der Niederlassung des Herstellers im Ausland, so muss dieses Urteil von der Schweiz auch anerkannt werden, wenn die Zuständigkeit durch das nationale Recht festgelegt wird. Dies ist besonders wichtig für Zuständigkeiten bei vertraglichen Ansprüchen, mit denen der schweizerische Vorbehalt zu Art. 5 Ziff. 1 LugÜ ausser Kraft gesetzt wird, Killias, in: Handbuch, 6/5.1.2, 2.
414 Art. 5 Ziff. 1 LugÜ.
415 Bsp.: Niederlassung eines ausländischen Herstellers.
416 Vgl. Brandenberg Brandl, 243.

Teil 2
Bundesgesetz über die Produktehaftpflicht

Kapitel 1
Allgemeine Haftungsvoraussetzungen

Art. 1   Grundsatz

[1] Die herstellende Person (Herstellerin)[417] haftet für den Schaden, wenn ein fehlerhaftes Produkt dazu führt, dass:

a. eine Person getötet oder verletzt wird;

b. eine Sache beschädigt oder zerstört wird, die nach ihrer Art gewöhnlich zum privaten Gebrauch oder Verbrauch bestimmt und vom Geschädigten hauptsächlich privat verwendet worden ist.

[2] Die Herstellerin haftet nicht für den Schaden am fehlerhaften Produkt.

Art. 1   Principe

[1] Le producteur répond du dommage lorsqu'un produit défectueux cause:

a. la mort d'une personne ou provoque chez elle des lésions corporelles;

b. un dommage à une chose ou la destruction d'une chose d'un type qui la destine habituellement à l'usage ou à la consommation privé et qui a été principalement utilisée à des fins privées par la victime.

[2] Il ne répond pas du dommage causé au produit défectueux.

Art. 1   Principio

[1] Il produttore è responsabile del danno quando un prodotto difettoso cagiona:

a. la morte o lesioni corporali a una persona;

b. un danno o la distruzione di una cosa che, per sua natura, sia normalmente destinata all'uso o consumo privato e che sia stata utilizzata dal danneggiato principalmente per fini privati.

[2] Egli non è responsabile per il danno cagionato al prodotto difettoso.

---

[417]   Die Personenbezeichnung ist weiblich, weil sie sich nach dem grammatischen Geschlecht des voranstehenden Substantivs richtet.

A. Aufbau und Haftungsgrundsatz nach dem Produktehaftpflichtgesetz

I. Einleitung

1. Entstehungsgeschichte

1   Die Bestimmungen des Produktehaftpflichtgesetzes entsprechen weitgehend der EG-Richtlinie Nr. 85/374 vom 25. Juli 1985 zur Angleichung der Rechts- und Verwaltungsvorschriften der Mitgliedstaaten über die Haftung für fehlerhafte Produkte[418] (in der Folge: RL) - auch Produkthaftungsrichtlinie genannt.

a) Die EG-Produkthaftungsrichtlinie

2   Die RL ist das Ergebnis einer ca. 20-jährigen Diskussion der EG-Mitgliedstaaten[419] und sollte aus Gründen notwendiger Wettbewerbs- und Chancengleichheit im Interesse eines freien Warenverkehrs innerhalb der EG sowie eines verstärkten Konsumentenschutzes die Harmonisierung der einzelstaatlichen Produktehaftpflichtvorschriften erreichen. Art. 19 Abs. 1 RL sah die Umsetzung der Vorschriften in nationales Recht der einzelnen EG-Mitgliedstaaten bis spätestens zum 30.7.1988 vor[420].

aa) Grundlagen

3   Bis zu diesem Zeitpunkt war die Produkthaftung, insbesondere der Haftungsgrundsatz in den EG-Mitgliedstaaten sehr unterschiedlich geregelt[421].

---

[418]   Abl. Nr. L 210 vom 7.8.1985, 29 ff.

[419]   Allgemein zur Vorgeschichte: Taschner/Frietsch, N 171 ff.;

[420]   Zum Stand der Umsetzung vgl. PrH Europa N 1 ff.

[421]   Zur Wahl des Begriffs „Produkthaftung" anstelle des immer noch - vor allem in Deutschland und der Schweiz - unpräzis verwendeten Ausdrucks „Produzentenhaftung", vgl. z.B. Fellmann, ZSR 1988, 278, der dem Terminus „Produktehaftung" den Vorzug gibt; Lorenz, ZHR 1987, 1; Taschner, NJW 1986, 611. Wie die h.L. zeigt, umfasst der Problemkreis, Schutz des Endverbrauchers vor gefährlicher, schadensverursachender Ware - also die „Produkthaftung", nicht nur die Haftung des Warenherstellers selbst (also die „Produzentenhaftung"), sondern auch derjenigen Personen, die - ohne am Herstellungsprozess unmittelbar beteiligt zu sein - für das schadensverursachende Produkt gegenüber dem Geschädigten eine besondere Verantwortung tragen und daher auch die Haftung für das gefährliche Produkt auf sich zu nehmen haben, vgl. Fellmann, ZSR 1988, 379; Schlechtriem, VersR 1986, 1039; Schmidt-Salzer, BB 1972, 1432. In der Schweiz fehlt derzeit noch eine einheitliche Terminologie, vgl. Fellmann, ZSR 1988, 378 -

Die Rechtsordnungen reichen hier von der traditionellen Verschuldens-haftung mit klassischer Verteilung der Beweislast (Italien, Portugal und Griechenland) über die Verschuldenshaftung mit Umkehr der Beweislast bei sich verschärfenden Anforderungen an den Entlastungsbeweis (Deutschland, Grossbritannien, Irland, Niederlande und Dänemark) bis hin zur summenmässig und zeitlich unbeschränkten faktischen Gefährdungs-haftung, wie sie die Rechtsprechung in einigen Staaten (Frankreich, Belgien und Luxemburg) durch die Annahme eines unwiderlegbar vermuteten Verschuldens in bestimmten Bereichen entwickelt hat[422].

Schon vor der RL wurde auf europäischer Ebene versucht, die Weichen hin   4
zu einer Gefährdungshaftung zu stellen. Eine solche Haftungsart für Produkthaftungsfälle sah schon das „Europäische Übereinkommen über die Produkthaftung bei Körperverletzung und Tötung" vom 27.1.1977[423] vor. Der Europarat, dem damals 23 westeuropäische Staaten angehörten, wollte eine auf zehn Jahre befristete, verschuldensunabhängige Haftung des Herstellers eines fehlerhaften Produktes, das einen Körperschaden verursacht, einführen. Die Konvention wies sehr grosse Ähnlichkeiten mit der RL auf (allerdings wurden Sachschäden nicht erfasst), trat allerdings nicht in Kraft, da die EG bereits seit 1974 mit den Vorarbeiten zur RL begonnen hatte und die EG-Mitgliedstaaten vor Abschluss dieser Arbeiten nicht bereit waren, sich durch die Ratifizierung an das Übereinkommen zu binden. Dies hätte dann möglicherweise nach Erlass der RL erneute Änderungen des nationalen Rechts verursacht. Zwischenzeitlich ist infolge eines Urteils

---

es ist allerdings davon auszugehen, dass der Begriff „Produktehaftpflicht" wohl dem PrHG und „Produkthaftpflicht/Produktehaftung" der üblichen deliktischen Haftung vorbehalten bleiben wird, eine jedoch wenig einsichtige Unterscheidung; vgl. zu den verschiedentlich verwendeten Terminologien Honsell, in: Privatrechtskommentar, Vorbemerkungen zu Art. 197-210, N 8; Rehbinder, 131.

422 Vgl. dazu den „Bericht über den Vorschlag der Kommission der Europäischen Gemeinschaften an den Rat für eine Richtlinie zur Angleichung der Rechts- und Verwaltungsvorschriften der Mitgliedstaaten über die Haftung für fehlerhafte Produkte" vom 17. April 1979 (Dokument 71/79); Berichterstatter: Willy G.J. Calewaert. Vgl. auch die Übersicht über die Rechtslage in Europa und den USA von Borer/Kramer/ Posch/Schwander/Widmer, 15 ff.; Hess, in: Handbuch, 7 ff. mit Darstellungen des Produkthaftungsrechts in Australien, China, Japan und Osteuropa.

423 Text abgedruckt im Anhang; zum Übereinkommen und seiner Geschichte Lorenz, ZHR 1987, 1 ff.

des EuGH[424] die Zuständigkeit zum Abschluss internationaler Übereinkommen auf dem Gebiet der Produkthaftung durch den Erlass der Richtlinie auf die Europäische Gemeinschaft übergegangen. Nunmehr kann nur die Europäische Gemeinschaft als solche dem Übereinkommen des Europarats beitreten, sofern dieses mit der Richtlinie vereinbar gemacht wird.

bb) Inhalt der EG-Produkthaftungsrichtlinie[425]

5   Als wesentliche Schwerpunkte der RL sind folgende Regelungen anzusehen:

- Es wird für Schäden, die durch einen Fehler des Produkts verursacht worden sind, eine vom Verschulden unabhängige Haftung eingeführt. Produkt ist dabei jede bewegliche Sache, auch wenn sie in eine unbewegliche Sache eingebaut wird. Für landwirtschaftliche Naturprodukte und Jagderzeugnisse werden allerdings Ausnahmen zugelassen (Art. 1, 2 und 15 Abs. 1 lit. a RL).

- Haftungsadressat ist der Hersteller eines Endprodukts, eines Teilprodukts oder eines Grundstoffs, sowie jede Person, die sich als Hersteller ausgibt (Quasi-Hersteller). Gleichgestellt ist der Importeur, soweit er Produkte aus Drittstaaten in den Bereich des Gemeinsamen Marktes der EG einführt. Können Hersteller oder Importeur nicht festgestellt werden, haftet der Händler (Art. 3 RL).

- Gehaftet wird für Fehler aller Art, jedoch besteht eine Ausnahme für Entwicklungsfehler, d.h. Fehler, die nach dem Stand von Wissenschaft und Technik nicht erkannt werden konnten, als das Produkt in den Verkehr gebracht wurde. Für Entwicklungsfehler können die Mitgliedstaaten die Haftung einführen (Art. 1, 6, 7, 15 RL).

- Die Ersatzpflicht besteht für den durch Tötung oder Körperverletzung entstandenen Schaden sowie für Sachschäden im Verbraucherbereich (Art. 9 RL).

- Der Hersteller haftet grundsätzlich unbegrenzt. Allerdings kann auf nationaler Ebene im Personenschadensbereich für alle Schäden durch gleiche Produkte mit dem selben Fehler eine Haftungshöchstgrenze vorgesehen werden. Im Sachschadenbereich ist eine Selbstbeteiligung

---

[424]   Rechtssache 22/70 vom 31. März 1971 in „AETR"; Rechtsprechungssammlung 1971, 275.

[425]   Text als Synopse „EG-Produkthaftungsrichtlinie/Schweizer Produktehaftpflichtgesetz" im Anhang 1 abgedruckt.

des Geschädigten von ECU 500.-- vorgesehen (Art. 9 Satz 1 lit. b, Art. 16 RL).

- Der Ersatz für immaterielle Schäden wird nicht erfasst; nationale Rechtsvorschriften, die den immateriellen Schadensersatz betreffen, bleiben jedoch unberührt (Art. 9 Satz 2 RL).

- Die Ansprüche verjähren innerhalb von drei Jahren ab Kenntnis oder vorwerfbarer Unkenntnis von dem Schaden, dem Fehler und dem verantwortlichen Hersteller (Art. 10 RL); sie erlöschen nach Ablauf von zehn Jahren seit dem Zeitpunkt, in welchem der Hersteller das schadensverursachende Produkt in Verkehr gebracht hat (Art. 11 RL).

- Ansprüche nach der RL sind durch Vereinbarungen oder Klauseln unabdingbar (Artikel 12 RL). Ansprüche eines Geschädigten aufgrund sonstigen vertraglichen oder ausservertraglichen Rechts bleiben unberührt (Art. 13 RL).

cc) Rechtsharmonisierung

Über den Harmonisierungszweck der RL und die damit einhergehenden Wirkungen auf den Binnenmarkt sind die Literatur und die Mitgliedstaaten nach wie vor in ihrem Urteil schwankend. Einerseits wird zwar behauptet, dass die RL neben einem modernen Haftungsrecht einen hohen Gewinn an Rechtsvereinheitlichung bringt[426], andererseits werden der RL beträchtliche Harmonisierungsdefizite bescheinigt[427], einige sprechen gar von einer Nationalisierung der verschuldensunabhängigen Haftung[428].   **6**

Es ist allgemein davon auszugehen, dass die RL nur der Anfang eines mit weiteren legislatorischen Massnahmen[429] durchzogenen, umfassenden   **7**

---

[426] So z.B. die Begründung zum deutschen Entwurf eines Produkthaftungsgesetzes, BT-Drucks. 11/2447, 9.

[427] Lorenz, ZHR 1987, 36.

[428] Schmidt-Salzer, BB 1986, 1104.

[429] Vgl. dazu die Richtlinie über die allgemeine Produktsicherheit; ABl Nr. L 228 v. 11.8.1992, 24 ff., nach der ab Juni 1994 alle in der Gemeinschaft hergestellten Erzeugnisse einheitlichen Sicherheitsbestimmungen genügen müssen. Erfüllt ein Produkt nicht den von dieser Richtlinie vorgegebenen Sicherheitsstandard, muss es von dem Mitgliedstaat, in dem es hergestellt wurde, oder von der EG-Kommission aus dem Verkehr gezogen werden. Damit stellt diese Richtlinie eine materielle Ergänzung zur RL dar. Sie gilt im übrigen auch für die Einfuhr von Produkten aus Nicht-EG-Staaten (wie der Schweiz), vgl. VO (EWG) Nr. 339/93. Vgl.

Sicherheitsnetzes für den europäischen Konsumenten werden wird. Dabei geht es primär um die Neuverteilung der Haftungsrisiken in einer hochentwickelten Industriegesellschaft. Die Berichte der EG-Kommission über die Anwendung der RL, die alle fünf Jahre zu erstatten sind (Art. 21 RL), werden die Diskussion um die Produkthaftung nicht zur Ruhe kommen lassen[430].

dd) Auslegung

8   Im Zusammenhang mit der weiteren Harmonisierung darf jedoch nicht unerwähnt bleiben, dass es sich bei Richtlinienrecht nicht um nationales Einheitsrecht handelt, sondern um eine Angleichung durch Ergänzung nationaler Rechte. Die aufgrund der Richtlinie zur Angleichung zu erlassenden Rechtsvorschriften bleiben trotz ihrer Herkunft nationales Recht. Das bedeutet, dass unter Umständen in ihrer Auslegung und Anwendung Konflikte zwischen der Zielsetzung „Rechtsangleichung" einerseits und einer systemkonformen Abstimmung auf die nationalen Rechte andererseits entstehen können. Auch sind Regelungslücken aus dem Kontext des jeweiligen nationalen Rechts zu schliessen und nicht etwa durch Rückgriff auf die der Richtlinienregelung zugrunde liegenden Prinzipien und Zielsetzungen[431]. Vor allem aber bedeutet die Qualifikation des Richtlinienrechts

---

auch den Vorschlag für eine Richtlinie des Rates über die Haftung bei Dienstleistungen KOM (90) endg., ABl. Nr. C v. 18.1.1991, 8 ff.

430   Kretschmer, in: Unternehmenspraxis, N 9 f.

431   Obwohl aus der Formulierung der Präambel Abs. 13 RL geschlossen werden könnte, dass die Richtlinie für ihren Anwendungsbereich ausschliessliche Geltung beansprucht, wird aus einer Vielzahl anderer Vorschriften deutlich, dass die RL nationales Recht ergänzt, nicht aber verdrängt (vgl. Art. 4, 6, 8, 9 Satz 2, 10 Abs. 2, 13). Im übrigen werden wichtige Aspekte der Produkthaftung dem nationalen Gesetzgeber überlassen. Dies gilt einmal für die drei Optionen: Streichung der sog. state of the art-defense - der haftungsbefreienden Einwendung des Herstellers, dass der Fehler nach dem Stand der Wissenschaft und Technik im Zeitpunkt des Inverkehrbringens nicht erkannt werden konnte (Art. 15 RL), Ausklammerung der landwirtschaftlichen Naturprodukte (Art. 15 RL) und Haftungsbegrenzung bei Serienschäden auf 70 Mio. ECU. Weiterhin bleiben dem nationalen Gesetzgeber u.a. vorbehalten: Die Regelung des Kausalitätsbegriffs, das Mitverschulden, die Haftung für Sachschäden unter 500 ECU, die Haftung für Produktbeobachtungsfehler und der Rückgriff der Sozialversicherungsträger auf den Haftpflichtigen, vgl. dazu Nater, SJZ 1989, 389. Bis jetzt haben nur Finnland, Luxemburg, Norwegen und Schweden die Haftung auf Entwicklungsrisiken ausgedehnt. Die landwirtschaftlichen Naturprodukte sind in Finnland, Luxemburg, Norwegen,

als nationales Recht, dass anders als bei echtem internationalen Einheitsrecht die IPR-rechtliche Vorfrage nicht vermieden wird, bei einem Pro-
duktschadensfall also zunächst stets geprüft werden muss, welches nationale Recht zu Anwendung kommt.

Für die Auslegung auch der Schweizer Bestimmungen sollte allgemein die   **9**
den Einzelregeln der RL vorangestellten Erwägungsgründe herangezogen
werden, die Ziele und Grundzüge der Haftungsregelung verdeutlichen. Es
kann daher zusammenfassend gesagt werden dass nebeneinander gelten[432]:
-   das bisherige nationale Recht
    -   im vertraglichen Bereich:
        Gewährleistungsrecht, d.h. wenn der Fehler nur die Gebrauchs-
        fähigkeit der Sache mindert;
    -   im ausservertraglichen Bereich:
        Deliktsrecht - Produkthaftungsgrundsätze, in den Fällen, die von
        der RL nicht erfasst werden;
-   das „harmonisierte" nationale Recht (Swisslex entsprechend der RL);
-   die RL als Auslegungsmassstab;
-   die Fortentwicklung durch die jeweilige Rechtsprechung in Ausle-
    gungsfragen.

b)   Revision des Haftpflichtrechts[433]

Die Regelung der schweizerischen Produkthaftung wurde schon in den   **10**
60ger Jahren als völlig unzureichend angesehen. Aus diesem Grund hatte
bereits 1967 der Schweizerische Juristenverein auf seiner Jahrestagung
eine Revision des Haftpflichtrechts gefordert[434]. Schliesslich reichte Nationalrat Neukomm 1979 eine in die gleiche Richtung gehende Motion ein[435].
Der Bundesrat anerkannte zwar in seinen Stellungnahmen die Existenz
eines möglichen Regelungsbedarfs, verwies aber zunächst auf die ohnehin

---

Island und Schweden sowie in den Entwürfen Frankreichs und Spaniens erfasst.
Die summenmässige Begrenzung ist nur in Deutschland, Griechenland, Island,
Portugal und im spanischen Entwurf vorgesehen; zur Übersicht aller EG- und
EFTA-Staaten PrH Europa N 1 ff.

[432]   Fellmann/von Büren-von Moos, N 25 ff.; Hess, in: Handbuch, 9/2, 2 ff.
[433]   Vgl. ausführlich zur Entwicklung des schweizerischen Produktehaftpflichtrechts
        Syst. Teil N 1 ff.
[434]   Vgl. Syst. Teil N 7.
[435]   Vgl. Syst. Teil N 9 ff.

anstehende Gesamtüberprüfung des schweizerischen Haftpflichtrechts[436]. Im übrigen stiessen die Vorstösse verschiedener Konsumentenvertreter auf starke Widerstände in Politik und Wirtschaft[437]. Zudem beteiligte sich die Schweiz aktiv an der Ausarbeitung der Konvention des Europarates[438], doch wurde das Resultat insbesondere auch unter dem Gesichtspunkt einer an sich erwünschten Rechtsvereinheitlichung als unbefriedigend betrachtet und eine Ratifikation deshalb nicht in Betracht gezogen[439].

c) Der Europäische Wirtschaftsraum (EWR) - Eurolex

11   Ursprünglich war beabsichtigt, die RL gemäss dem EWR-Abkommen mit wenigen notwendigen Korrekturen zu übernehmen[440]. Der dazu vorbereitete Entwurf der Eurolex[441] lehnte sich daher weitgehend an die RL an. Es war vorgesehen, dass Fragen, die der Gesetzgeber in Abweichung von der Richtlinie regeln durfte[442], einem späteren ordentlichen Gesetzgebungsverfahren vorbehalten werden sollten. Durch die Ablehnung des Volkes und der Stände zu einem EWR-Beitritt der Schweiz vom 6.12.1992 hat der Bundesrat mit seiner Botschaft über das „Folgeprogramm nach der Ablehnung des EWR-Abkommens"[443] an den Bundesbeschluss vom 27. Mai 1992[444] angeknüpft und einige unwesentliche Änderungen vorgenommen.

---

[436]   Widmer/Jäggi, Anstehende Revision des Haftpflichtrechts, NZZ Nr. 147 vom 28.6.1989, 67.

[437]   Beispielhaft dafür ist die Stellungnahme des Schweizerischen Gewerbeverbandes zu einer Produktehaftpflichtregelung vom 29.9.1989, in der die Einführung einer „EG-kompatiblen" Produktehaftung strikt abgelehnt wird; vgl. die vom Gewerbeverband herausgegebene Broschüre „Produktehaftpflicht".

[438]   Dazu N 4 zu Art. 1.

[439]   So Widmer/Jäggi, a.a.O.

[440]   Vgl. zur Entstehungsgeschichte des Produktehaftpflichtgesetzes vorne Syst. Teil N 1 ff.; auch Fellmann/von Büren-von Moss, N 12.

[441]   Darunter sind die notwendigen Gesetzesänderungen, die im Rahmen des Beitritts der Schweiz zum EWR hätten genehmigt werden müssen, zu verstehen; diese sind als Zusatzbotschaften I und II zur Botschaft über die Genehmigung des Abkommens über den Europäischen Wirtschaftsraum veröffentlicht worden: Zusatzbotschaft I zur EWR-Botschaft, BBl 1992 V 1 ff.; Zusatzbotschaft II zur EWR-Botschaft, BBl 1992 V 520 ff.

[442]   Gemeint sind damit die in der RL vorgesehenen Optionen bzw. die Ausdehnung der Haftung auf alle Arten von Sachschäden.

[443]   Auch Swisslex-Botschaft genannt; BBl 1993 I 805 ff.

[444]   SR 92.057.25; Zusatzbotschaft I, 419 ff.

Daher kann grösstenteils auf die Erwägungen der Zusatzbotschaft Bezug genommen werden.

II. Aufbau des Gesetzes

So wurden einige materielle Bestimmungen der RL (vgl. Art. 4 RL „Kau-   **12**
salität"; Art. 5 RL „Solidarhaftung" und Art. 8 RL „Mitverschulden") nicht übernommen, weil sie bereits mit der obligationsrechtlichen Regelung übereinstimmten. Andere Bestimmungen der Richtlinie (Art. 9 Abs. 2 „immaterieller Schaden", Art. 10 Abs. 2 RL „Verjährung und Verwirkung" und Art. 13 RL „weitergehende Ansprüche") behielten das Recht der EG-Mitgliedstaaten vor, so dass sich die Frage der Umsetzung ins nationale Recht nicht stellte.

Redaktionelle Änderungen wurden dennoch vorgenommen, um eine Über-   **13**
einstimmung mit der Sprache der Schweizer Gesetzesterminologie, namentlich im Obligationenrecht, herbeizuführen.

Hinsichtlich der Systematik des neuen Gesetzes wurde absichtlich von   **14**
derjenigen der RL abgewichen, da kein Anlass bestand, bei der Umsetzung des materiellen EG-Rechts auf die übliche Gestaltungsform in der Schweiz zu verzichten[445].

Der Gesetzgeber hat im Produktehaftpflichtgesetz entsprechend seinem   **15**
rechtssystematischen Denken die Rechtsgüter, bei deren Verletzung gehaftet wird (Leben, Gesundheit, Sachen des privaten Ge- oder Verbrauchs), in den Grundtatbestand eingearbeitet (Art. 1 Abs. 1 PrHG).

Die übrigen Artikel des PrHG befassen sich im wesentlichen mit Begriffs-   **16**
bestimmungen (Art. 2 - 4 PrHG), Haftungsbeschränkungen und -ausnahmen (Art. 5 PrHG), Selbstbehalt (Art. 6 PrHG), der Solidarhaftung (Art. 7 PrHG), der Wegbedingung der Haftung (Art. 8 PrHG), der Verjährung (Art. 9 PrHG) und dem Erlöschen von Ansprüchen (Art. 10 PrHG), der Konkurrenz zu anderen Anspruchsgrundlagen (Art. 11 PrHG) sowie ergänzenden verfahrensrechtlichen und gesetzestechnischen Vorschriften (Art. 12 - 14 PrHG).

---

[445]   So die Zusatzbotschaft I, 421.

B. Grundvoraussetzungen der Haftung
nach Art. 1 Abs. 1 PrHG

17 Folgende Haftungsvoraussetzungen müssen nach Art. 1 Abs. 1[446] erfüllt sein, damit der Hersteller auf Schadenersatz in Anspruch genommen werden kann:

- Der Schaden muss durch ein Produkt entstanden sein. Bei Schäden durch Dienstleistungen[447] oder Tätlichkeiten greift das PrHG nicht. Was Produkte im Sinne des Gesetzes sind, wird in Art. 3 näher bestimmt[448].

- Das Produkt muss fehlerhaft sein (Art. 4). Für Schäden durch gefährliche, aber fehlerfreie Produkte (Messer, chemische Lösungen, Werkzeuge) wird nach dem Gesetz nicht gehaftet[449].

- Es muss ein Mensch getötet oder verletzt worden sein oder die Beschädigung einer privat genutzten Sache vorliegen.

- Der Produktfehler muss den Schaden verursacht haben.

Was die dogmatische Einordnung dieses Haftungsregimes anbelangt, spricht man[450] im Zusammenhang mit der Produkthaftung von verschuldensunabhängiger Haftung[451], reiner Kausal- oder Verursachungshaftung[452], objektiver Haftung[453] oder auch Gefährdungshaftung[454].

---

[446] Die nachfolgend genannten Artikel ohne Gesetzesbezeichnung sind diejenigen des PrHG.

[447] Vgl. hier aber den EG-Richtlinienvorschlag über die Haftung für Dienstleistungen FN 418.

[448] Vgl. die Erläuterungen unter N 1 ff. zu Art. 3.

[449] Vgl. N 7 zu Art. 4.

[450] Verdeutlicht am Beispiel der deutschen Lehre.

[451] Vgl. Buchner, 32 f.; Deutsch, VersR 1988, 1197; Schmidt-Salzer/Hollmann, N 22 zu Art. 1; Taschner/Frietsch, N 19 ff. zu § 1

[452] Lukes, 92; Deutsch, JZ 1989, 470.

[453] Deutsch, VersR 1988, 1197.

[454] Brüggemeier/Reich, 154; Diederichsen, NJW 1978, 1289; Kötz, Produkthaftung, 112; Kästli, 89; Thomas, in: Palandt, N 1 zu § 1 ProdHaftG; Reinelt, 80; Rolland N 7 zu § 1 ; Taschner, NJW 1986, 612; vgl. dazu auch die kritischen Ausführungen von Kummer, WuR 1983, 35 f., der die dogmatische Einordnung allerdings offenlässt.

C. Gefährdungshaftung - Kausalhaftung

In der Schweiz besteht spätestens seit dem grundlegenden „Schachtrah- **18** men-Urteil" des Bundesgerichtes[455] zumindest eine strenge Rechtsprechung zur Haftung des Geschäftsherrn nach Art. 55 OR. Der Gesetzgeber sieht allerdings trotz dieser verschärften Haftung keinen Anlass, das neue PrHG einer strengen Kausalhaftung zu unterstellen. Für eine reine Gefährdungshaftung sieht er kein Raum und will die typischen rechtsdogmatischen Kriterien[456] dieses Haftungsregime nicht anwenden. Dies wird vor allem damit begründet, dass „die Haftung eine Ordnungswidrigkeit, nämlich einen Fehler des Produkts voraussetzt. Deshalb sei sie als sog. ‚gewöhnliche' oder ‚milde' Kausalhaftung einzustufen, im Unterschied zu den sog. ‚scharfen' Kausalhaftungen, wo die blosse Verursachung des Schadens durch eine Anlage oder Tätigkeit (z.b. Betrieb eines Motorfahrzeugs) die Haftung begründet"[457].

I. Auswirkungen auf den Hersteller, Importeur, Zulieferer und Händler

Im Folgenden soll nicht in extenso auf den in der EG entbrannten Streit **19** hinsichtlich der rechtsdogmatischen Einordnung des neuen Gesetzes eingegangen werden[458], dieser wird sich in der Schweiz wohl erst in den nächsten Jahren im Zusammenhang mit der Anwendung der neuen Normen durch die Gerichte fortsetzen. Für die Auslegung der Bestimmungen und die Einordnung des Gesetzes in das Schweizer Haftungsregime ist allenfalls von Bedeutung, dass das neue Recht in mehrfacher Hinsicht zur bis-

---

455 BGE 110 II 456; vgl. Syst. Teil N 12 ff.
456 Die Gefährdungshaftung richtet sich auf Schadensabnahme durch Risikoüberwälzung, vgl. Deutsch, VersR 1988, 1199. Nicht eine bestimmte persönliche Handlung oder Unterlassung wird zum Gegenstand der Haftung gemacht, sondern das Betriebsrisiko, welches sich durch den Betrieb von bestimmten Geräten oder Anlagen in der Weise realisiert, dass hierdurch ein Personen- oder Sachschaden eintritt. Zu denken ist beispielsweise an Motor- und Luftfahrzeuge, Eisenbahnen; dazu auch Kästli, 89 m.w.N., der die Auffassung vertritt, dass „erst aufgrund der richterlichen Anforderungen an die ‚state-of-art-defense' beurteilt werden kann, ob mit der RL eine strenge, verschuldensunabgängige Haftung eingeführt worden ist, die den Namen ‚Gefährdungshaftung' tatsächlich verdient".
457 So Zusatzbotschaft I, 422. Vgl. ferner Fellmann/von Büren-von Moos, N 24.
458 Vgl. dazu Taschner/Frietsch, N 17 ff. zu § 1 m.w.N.; Schmidt-Salzer/Hollmann, N 5 ff. zu Art. 1; von Westphalen, in Produkthaftungshandbuch, § 59 N 7 ff. m.w.N.

herigen Produkte- Verschuldenshaftung wesentliche Konsequenzen für Wirtschaft und Handel haben wird. Dafür erscheint eine kurze Darstellung der vertretenen Auffassungen im Schrifttum allerdings notwendig.

1. Auswirkungen auf den Hersteller

20   Wegen ihrer praktischen Auswirkungen belasten die neuen Regelungen der Produktehaftpflicht primär den Hersteller. Zunächst einmal wird die Verantwortung innerhalb des eigenen Produktionsbereichs erweitert. Allerdings bringt der Verzicht auf das Verschuldenselement nur eine unwesentliche Verschärfung im Schweizer Haftpflichtrecht. Bereits nach dem „Schachtrahmen-Urteil" des Bundesgerichtes[459] hat der Hersteller sein Nichtverschulden zu beweisen. Angesichts der hohen Anforderungen, die das Bundesgericht an den Entlastungsbeweis stellt, ist das Schweizer Produktehaftpflichtrecht schon recht nahe an eine Gefährdungshaftung gerückt[460]. Der Gesetzgeber lässt zwar keinen Zweifel daran, dass das Gesetz nicht auf eine pure Gefährdungshaftung hinauslaufen soll; die Übernahme allerdings der RL mit ihren materiell ausgehöhlten Entlastungsmöglichkeiten zugunsten des Herstellers, die deutliche Ausweitung des Fehlerbegriffs auf alle nur denkbaren auf den Herstellungsvorgang bezogenen typischen Gefahrsituationen (inkl. diejenigen des Vertriebs, der Handhabung und der in der Praxis nicht vermeidbaren Ausreisser)[461], bedeutet doch letztlich, dass das Risiko für die Folgen eines rechtmässig, aber als nicht unriskant eingeschätzten Verhaltens vollends vom Hersteller getragen werden muss[462].

---

[459]   Das Bundesgericht spricht hier von einer „Pflicht des Geschäftsherrn zur zweckmässigen Betriebsorganisation", die faktisch auf eine absolute Garantieverpflichtung mit Erfolgshaftung hinausläuft (vgl. dazu auch Widmer/Jäggi, a.a.O.).

[460]   Vgl. zur dogmatischen Eingrenzung „Kausalhaftung-Gefährdungshaftung" Oftinger/Stark, § 17 N 1 ff, wonach i.E. das PrHG als „milde" Kausalhaftung einzuordnen wäre.

[461]   So auch Kretschmer, in: Unternehmenspraxis, N 16.

[462]   Vgl. dazu Schmidt-Salzer/Hollmann, N 8 ff. zu Art. 1, die fordern, dass schon bei Risiken aus einer Wagnisübernahme, bei denen bereits aufgrund der Wagnisübernahme, also unabhängig von der Rechtmässigkeit oder Rechtswidrigkeit der einzelnen Handlung bzw. der Ordnungsmässigkeit oder Fehlerhaftigkeit des konkret schadensverursachenden Verhaltens, eine Ausgleichspflicht (Schadensersatzpflicht) bestehen soll. Diese Meinung stösst im deutschen Schrifttum auf heftige Kritik mit der Begründung, das Inverkehrbringen eines Produkts sei keine Wagnisübernahme, die eine Gefährdung Dritter zwingend auslöse. Zudem sei

Daher erscheint die etwas einsilbige Begründung des Gesetzgebers zur   **21**
„milden Kausalhaftung" als unzureichend, ist es doch eher so, dass dem
Hersteller die Risiken einer legalen Wagnisübernahme zugerechnet werden
sollen. Denn er beherrscht das Risiko, und kann sich nicht zuletzt durch
eine ausreichende Versicherung vor der Haftung schützen. Daher kommt
es in der Tat nicht mehr darauf an, ob in einem konkreten Haftungsfall
bestimmte umschriebene Pflichten verletzt worden sind; entscheidend ist
allein, ob der eingetretene Schaden aus der übernommenen Gefahr resul-
tiert[463]. Hätte der EG-Gesetzgeber gewollt, dass der Hersteller gewisse
Sorgfaltspflichten speziell beachtet, hätte er diese genauer definieren müssen. Die Besonderheit gegenüber der deliktischen Haftung besteht bei der
Gefährdungshaftung darin, dass sie dem Urheber einer bestimmten Gefahr
eine Haftung auch dort auferlegt, wo der Unfall nicht auf die Vernachlässigung einer Sorgfaltspflicht zurückzuführen ist und der Unfallschaden
sich mithin nicht als „Unrecht" sondern als „Unglück" darstellt[464]. Derjenige, der zur Erreichung eigener (dazu noch wirtschaftlicher) Zwecke eine
besondere Gefahr schaffe, muss hierfür einstehen, wenn jene besondere
Gefahr zu einem Schaden führt. Wer aus dem Betreiben einer Gefahrenquelle einen Nutzen zieht, hat für die daraus entstandenen Gefahren auch

---

zusätzlich der Fehler, also ein nicht normgerechtes Verhalten gefordert. Von
Westphalen, in: Produkthaftungshandbuch, § 59 N 9, bringt diesen Grundsatz - für
das fast gleichlautende deutsche Produkthaftungsgesetz - auf einen Nenner, indem
er die Auffassung vertritt, dass die dem Hersteller gemäss Art. 1 Abs. 1 PrHG auf-
erlegten Pflichten - zeitlich bewertet - dem Inverkehrbringen vorgeschaltet sind
und in der Verletzung dieser Pflichten daher das „Verdikt" der Rechtswidrigkeit
liege; das - zeitlich nachfolgende - Inverkehrbringen des fehlerhaften Produkts
begründet deshalb keinen eigenständigen Gefährdungstatbestand; a.A. Rolland,
N 7 zu § 1, der meint, dass der haftungsbegründende Umstand des Inverkehrbringens eines fehlerhaften Produkts des Herstellers nicht bedeutet, dass damit auf ein
auf die Person des Herstellers bezogenes Verhalten abgestellt wird, sondern es
sich vielmehr um eine Umschreibung der gefahrträchtigen Ursache der Haftung
handelt, die dem Hersteller zugeordnet wird. Wie es auch die typischen Gefährdungshaftungen in der Schweiz, beispielsweise beim „Betrieb eines Kraftfahr-
zeuges" (Art. 58 SVG) und bei der „Herstellung von Sprengmitteln oder pyro-
technischen Gegenständen" (Art. 27 SSG), auch vorsehen.

[463]   Schmidt-Salzer/Hollmann, N 9 zu Art. 1.
[464]   Esser, 69 ff.; Kötz, Deliktsrecht, 29; vgl. zur dogmatischen Einordnung „Kausal-
        haftung-Gefährdungshaftung" Oftinger/Stark, § 17 N 1 ff, wonach i.E. das PrHG
        als „milde" Kausalhaftung einzuordnen wäre.

zu haften[465]. Das Produktehaftpflichtgesetz entspricht jedoch nur in seinen Grundzügen den Merkmalen der Gefährdungshaftung. Die Haftung ist von einem verschuldeten Verhalten unabhängig; der haftende Hersteller hat jedenfalls bis zum Inverkehrbringen die Einwirkungsmöglichkeiten auf den Gegenstand; der Schaden ist Folge der im Fehler verkörperten Betriebsgefahr; das Mitverschulden ist mitberücksichtigt.

22   Problematisch ist allerdings, ob ein sozialer Zwang zur Gefahrenhinnahme im Sinne einer unvermeidbaren Betriebsgefahr besteht, so dass sich beim Produktschaden eine typischerweise bestehende Gefahr verwirklicht, die unvermeidbar ist, aber aufgrund des durch die Handlung gegebenen gesellschaftlichen Nutzens hingenommen werden muss[466]. Gerade mit der normalen Warenproduktion ist eine besondere Gefahrensituation eigentlich nicht verbunden[467]. Auch ist die Gefahr in den seltensten Fällen unvermeidbar im Sinne eines „Unglücks", sondern in der Regel durchaus Ergebnis einer vermeidbaren Nachlässigkeit des Herstellers[468]. Allenfalls eine Haftung für Ausreisser bedeutet eine Einstandspflicht für unvermeidbare Gefährdung. Die Gefährdungshaftung ist aber keine Haftung bloss für rechtmässiges Verhalten, sie stellt lediglich die Fragen nach Rechtswidrigkeit und Verschulden nicht[469].

23   Da der Gesetzgeber den Tatbestand der „Pflichtwidrigkeit" (absichtlich) nur sehr vage umschreibt und zudem noch entscheidend auf das Element „Sicherheitserwartung des Produktbenutzers" abstellt, bleiben die Möglichkeiten einer klar konturierten Haftungszuweisung unscharf und weisen inskünftig dem richterlichen Ermessen einen für den Hersteller nur schwer

---

[465]   Adams, 4; Esser, 97; Rolland, N 7 zu § 1.

[466]   Borer, Fehlerbegriff, 299; Deutsch, VersR 1988, 1200; Diederichsen, VersR 1984, 798 ff.

[467]   Diederichsen, a.a.O.; Taschner/Frietsch, N 19 zu § 1.

[468]   Diederichsen, a.a.O.; Schubert, 80; wobei m.E. vergessen wird, dass sich auch die typische Betriebsgefahr - bei der angeordneten Gefährdungshaftung - zumeist nur dann realisiert, wenn der Halter eines Fahrzeuges oder der Betreiber einer Anlage nachlässig verfährt; d.h. der Schadenseintritt mit einem rechtswidrigen, vermeidbaren Fehlverhalten des Inanspruchgenommenen verbunden ist. Hier fliessen eindeutig Kennzeichen der Gefährdungshaftung mit in den Bereich der Kausalhaftung, die eine saubere Trennung fast verunmöglichen. Eine Korrektur des Gesetzgebers wäre in diesem Fall wünschenswert gewesen.

[469]   Schmidt-Salzer/Hollmann, N 10 zu Art. 1.

abschätzbaren Spielraum zu[470]. Im Ergebnis läuft daher das neue Produktehaftpflichtrecht in der Schweiz auf eine Gefährdungshaftung hinaus.

Eine weitere Haftungsverschärfung ergibt sich beim Hersteller zudem aus   **24** dem Umstand, dass auch diejenigen Produktionsvorgänge mit einbezogen werden, die sich in bezug auf das schadensverursachende Produkt bei einem vorgeschalteten Hersteller, also ausserhalb des eigenen Produktionsbereichs, ereignet haben. Er haftet daher in Zukunft auch für zugelieferte (Teil-)Produkte. Entlastungsmöglichkeiten, wie sie noch im Rahmen der ursprünglichen Geschäftsherrenhaftung nach Art. 55 OR angewandt werden und auch noch überwiegend durch die Rechtsprechung anerkannt sind, stehen dem Hersteller nur noch in dem sehr engen Rahmen des Art. 5 zur Seite[471].

Durch die verschuldensunabhängige Haftung ist es dem Hersteller nun-   **25** mehr verwehrt, sich auf die bekannten Entlastungsmöglichkeiten, der Zulieferer sei erfahren, zuverlässig und ordnungsgemäss überwacht und ausgewählt worden, zu berufen, und der Fehler sei im Rahmen des Möglichen und Zumutbaren für ihn nicht zu entdecken gewesen, so dass ihm als Endhersteller und Weiterverarbeiter fremdproduzierter Teile selbst kein Vorwurf gemacht werden könne[472]. Da auf eine solche Vorwerfbarkeit inskünftig verzichtet wird, muss der Hersteller sich nunmehr so behandeln

---

[470] Der EG-Gesetzgeber spricht in ErwG 7 zur RL zwar von einer „gerechten Verteilung der Risiken zwischen dem Geschädigten und dem Hersteller", lässt aber weitergehende Entlastungsmomente - als die in Art. 7 RL (vgl. Art. 5 PrHG) umschriebenen - nicht zu. Somit ist nicht die Abweichung vom Pflichtenmassstab - ein handlungsbezogenes Unwerturteil also - massgebend für die Haftung, sondern allein das Inverkehrbringen eines fehlerhaften Produkts. Davor soll der Konsument geschützt, und darum soll das Risiko auf den Hersteller abgeschoben werden.

[471] Vgl. dazu N 1 zu Art. 5.

[472] Das Bundesgericht verlangte im „Schachtrahmen-Fall", BGE 110 II 456, vgl. Syst. Teil N 12 ff., nicht nur, dass der Geschäftsherr gegenüber den von ihm beschäftigten Personen den klassischen Sorgfaltspflichten „in eligendo" (Auswahl), „in instruendo" (Anweisung) „vel custodiendo" (Überwachung) nachlebt, sondern dass er dafür zu sorgen habe, dass ein Produktmangel „mit an Sicherheit grenzender Wahrscheinlichkeit auszuschliessen (ist)". Eine derartige Haftung geht einem grossen Teil des Schrifttums zu weit, das befürchtet, das Bundesgericht würde hier den Befreiungsbeweis zu einer reinen Fiktion verkommen lassen und somit letztlich eine strenge Kausalhaftung für Produktschäden einführen; so Kästli, 95 m.w.N.

lassen, als sei er sein eigener Zulieferer[473]. Insofern hat der Endhersteller dafür Sorge zu tragen, dass beispielsweise durch Kennzeichnung der eingebauten Fremdprodukte die Möglichkeit besteht, den vorgeschalteten Hersteller für sein fehlerhaftes Erzeugnis weiter und zusätzlich mithaften zu lassen.

2. Auswirkungen auf den Zulieferer

26 Ein Zulieferer haftet immer dann, wenn das zugelieferte Teil im Endprodukt versagt und dadurch der Konsument einen Körper- oder Sachschaden erleidet. Anders ist es allerdings, wenn das Produkt beim Endhersteller selbst, z.b. in der Montagehalle, Schäden anrichtet. In diesem Fall haftet der Zulieferer nur für Körperschäden (etwa eines angestellten Arbeiters des Endherstellers), nicht aber für Schäden an gewerblich genutzten Sachen (z.b. Maschinen, Anlagen etc. des Endherstellers). Der Gesetzgeber wollte hiermit absichtlich den Schadensbereich auf den Konsumenten und dessen Privatsphäre eingrenzen. Damit unterstreicht er sein Ziel, dass der Hersteller eines Produktes nicht nur seinem unmittelbaren Vertragspartner Sorgfalts- und Gefahrenabwendungspflichten schuldet, sondern es auch zum haftungsrechtlichen Kernbereich moderner Produkthaftung gehört, dass das schadensersatzrechtliche Schuldverhältnis ebenso gegenüber Dritten zu gestalten ist[474].

3. Auswirkungen auf den Importeur

27 Für den Importeur bringt das PrHG eine wesentliche Verschärfung, muss er doch nunmehr damit rechnen, so behandelt zu werden, als sei er der ursprüngliche Hersteller des fehlerhaften Produkts. Bestanden seine Pflichten bisher in der (zumeist stichprobenartigen) Untersuchung und ordnungsgemässen Handhabung (Lagerung) der Ware, werden sie jetzt hinsichtlich Produkten aus Drittstaaten den ausländischen Herstellern haftungsrechtlich gleichgestellt, obwohl Importeure keinen Einfluss auf die Konstruktion und die Fertigung des Erzeugnisses haben. Will der Importeur das Haftungsrisiko vermeiden, bleibt ihm nichts anderes übrig, als mit seinen Han-

---

[473] Taschner/Frietsch, N 20 zu § 1.

[474] Vgl. ErwG 2 zur RL, in dem eindeutig auf die „gerechte Zuweisung der mit der modernen technischen Produktion verbundenen Risiken" abgestellt wird. Vgl. auch zur Entstehungsgeschichte des PrHG, vorne Syst. Teil N 1 ff.; dazu auch Ficker, 35 f.

delspartnern bestehende Verträge (z.B. hinsichtlich Haftungsausschluss-
und Haftungsbegrenzungsklausel, Risikoübernahme) der neuen Rechtslage
anzupassen, so dass die Importeurhaftung letztlich wieder auf den Hersteller verlagert wird[475].

4. Auswirkungen auf den Händler

Für den Händler innerhalb der Schweiz bringt das Gesetz nur dann ein er- **28**
höhtes Haftungsrisiko, wenn er nicht diejenige Person angibt, von der er
das fehlerhafte Produkt bezogen hat. Dies ist vor allem bei Erzeugnissen
der Fall, wo der Hersteller nicht erkennbar ist (z.B. bei Zulieferteilen, no-
name Artikeln), bei denen der Händler aber grundsätzlich in der Lage ist,
die Bezugsquelle preiszugeben. In der Praxis kann dies Probleme aufwerfen, wo Produkte miteinander vermischt werden (Chemikalien, Heizöl).
Hier wird der Händler die Entnahme und Aufbewahrung von Proben erwä-
gen müssen.

D. Geschützte Rechtsgüter

I. Einführung

Die durch das PrHG statuierte Haftpflicht erfasst nur Schäden infolge Be- **29**
einträchtigungen absoluter Rechtsgüter. Geschützt werden einerseits die
persönliche Integrität und andererseits das Eigentum resp. der Besitz[476] an
Sachen.

Im Gegensatz zu vertraglichen Haftungen wird der Hersteller aufgrund des **30**
PrHG nicht nur gegenüber seinen Vertragspartnern oder den Benutzern seines Produktes, sondern gegenüber allen Personen, d.h. auch gegenüber den
sogenannten „Bystanders", ersatzpflichtig[477]. Die Haftung für Sachschäden
wird allerdings eingeschränkt, indem Schäden an überwiegend gewerblich
benutzten Sachen von der Haftung aufgrund des PrHG ausgeschlossen
wurden.

---

[475]   Zu den einzelnen Erwägungen des EG-Gesetzgebers betreffend die Importeur-
         haftung ausführlich Rolland, N 38 f. zu § 4 ; Taschner/Frietsch, N 52 zu § 4 ;
         Zoller, 135 f.
[476]   Meier-Hayoz, Syst. Teil N.253; Tuor/Schnyder, 567 f; Keller/Gabi, 37.
[477]   Vgl. N 3 ff. zu Art. 4.

II. Personenschaden

31   Durch das PrHG wird die körperliche Integrität aller Personen, welche durch ein fehlerhaftes Produkt verletzt werden können, geschützt. Es sind dies sowohl die Benutzer des Produktes, ungeachtet dessen, ob es sich dabei um eine gewerblich-industrielle oder private Nutzung handelt, als auch unbeteiligte Dritte, die sogenannten „Bystanders".

32   Das PrHG enthält weder Angaben zur Art der Beeinträchtigungen, welche Schadenersatzansprüche aus Produktehaftung begründen, noch Regeln betreffend die Bestimmung des Schadenersatzumfanges. Aufgrund des ausdrücklichen Verweises auf das Obligationenrecht (Art. 11 Abs. 1), sind zur Konkretisierung der Personenschäden die Art. 45 ff. OR anwendbar.

1.   Tötung eines Menschen

a)   Direkter Schaden

33   Der direkte Schaden[478] infolge Tötung eines Menschen umfasst einerseits die Kosten vergeblicher Heilungsversuche und der Bestattung[479], als auch Einkommenseinbussen während der Zeit der Arbeitsunfähigkeit[480].

b)   Versorgungsschaden

34   Verlieren andere Personen durch die Tötung ihren Versorger, so stellt der Ausfall ihrer Versorgung einen Reflexschaden der Tötung dar, für welche grundsätzlich kein Schadenersatz zu leisten ist. Art. 45 Abs. 3 OR, der den Versorgten ausdrücklich einen Schadenersatzanspruch einräumt, stellt eine Ausnahmeregelung dar[481], aufgrund welcher die Hinterbliebenen einen Anspruch aus eigenem Recht erhalten, unabhängig ihrer erbrechtlichen Beziehungen zum Verstorbenen[482].

---

[478]   Vgl. die Ausführungen zur Körperverletzung unter N 40 f. zu Art. 1, aktivlegitimiert sind die Erben, sofern sie die Erbschaft nicht ausschlagen.

[479]   BGE 113 II 338; Ob Aufwendungen für die Grabpflege als Pietätsangelegenheiten nicht ersatzpflichtig sein sollen, ist umstritten, vgl. Brehm, N 18 zu Art. 45; Fellmann/von Büren-von Moss, N 109 f.; Keller/Gabi, 87.

[480]   Fellmann/von Büren-von Moss, N 111.Keller/Gabi, a.a.O.

[481]   BGE 112 II 124, Keller/Gabi, 88; Brehm, N 32 zu Art. 45.

[482]   Für die daraus folgende potentielle Gefahr, aufgrund einer mit dem Verstorbenen noch vereinbarten Kapitalabfindung für Erwerbsunfähigkeit durch eine versorgte Person ihrerseits in Anspruch genommen zu werden, vgl. Brehm, N 33 zu Art. 45.

aa) Voraussetzungen

Erste Voraussetzung für einen Versorgungsschaden ist eine gesetzliche 35
oder vertragliche Unterstützungspflicht des Versorgers, wobei regelmässige, freiwillige Unterstützungen genügen, welche erfolgt sind und in Zukunft mit grosser Wahrscheinlichkeit erfolgt wären[483]. Dementsprechend
können nicht nur nahe Angehörige, sondern auch Verlobte und wahrscheinlich bald auch Konkubinatspartner einen Versorgungsschaden geltend machen[484]. Ausschlaggebend ist dabei nicht der eheähnliche und
dauerhafte Charakter des Konkubinatsverhältnisses, sondern die Wahrscheinlichkeit, dass die Unterstützung auch in Zukunft erfolgt wäre[485].

Ausserdem muss der Geschädigte unterstützungsbedürftig sein. Die Beur- 36
teilung der Bedürftigkeit erfolgt jedoch nicht aufgrund des Existenzmini-
mums. Den Hinterbliebenen soll vielmehr eine Beeinträchtigung ihrer bisherigen Lebensweise erspart werden, ohne sie zu einer Änderung oder
Aufnahme der Erwerbstätigkeit zu zwingen[486]. Andererseits werden infolge des Todesfalles eintretende Vermögensverbesserungen in Rechnung
gestellt. So werden Einkünfte aus dem Erbe und einem allfälligen, aufgrund güterrechtlicher Auseinandersetzung anfallenden Vermögen sowie
Erträge privater Personenversicherungen als Vorteile angerechnet[487].

Kinder werden nur mit äusserster Zurückhaltung als zukünftige Versorger 37
ihrer Eltern angesehen, da die Aufwendungen für deren Erziehung und
Ausbildung i.a. deren Beiträge an die Lebenshaltung ihrer Eltern übersteigen dürften[488].

bb) Umfang des Versorgungsschadens

Bei der Bestimmung des Versorgungsschadens muss einerseits der Pro- 38
zentsatz des Einkommens des Verstorbenen bestimmt werden, welches zur
Versorgung aufgewendet werden musste. Dabei ist zu berücksichtigen,

---

[483] BGE 114 II 146, 111 II 299.
[484] Keller/Gabi, 88; Schnyder, in: Privatrechtskommentar, N 8 zu Art. 45.
[485] BGE 114 II 147. Infolge Berufstätigkeit dürfte die Bedürftigkeit des überlebenden
Konkubinatspartners allerdings oft entfallen, Brehm, N 150 ff. zu Art. 45.
[486] Brehm, N 44 ff. zu Art. 45.
[487] Keller/Gabi, 89; Brehm, N 65 ff. zu Art. 45. Kein Versorgerschaden, sondern ein
nicht ersetzbarer Reflexschaden der Erben ist die Unterbrechung des Anwachsens
der Erbschaft infolge des verfrühten Tode des Erblassers, Brehm, N 55 zu Art. 45;
Schaer, N 193.
[488] Schaer, N 195; BGE 112 II 122.

dass gewisse Fixkosten trotz des Todes weiterlaufen und die überlebenden Familienmitglieder daher in Zukunft einen höheren Anteil am Einkommen zur Beibehaltung der Lebenshaltung benötigen werden als bisher. Bei Kindern muss auf ihre wahrscheinliche Berufsausbildung abgestellt werden, welche die Dauer der Versorgungsleistungen bestimmt. Bei Witwen muss neben einem allfälligen bisherigen Erwerbseinkommen, sowohl ihre Möglichkeiten und die Zumutbarkeit einer Berufstätigkeit[489] infolge der freiwerdenden Arbeitskapazität, als auch eine Wiederverheiratung berücksichtigt werden[490].

2. Körperverletzung

39 Unter Körperverletzung ist die Beeinträchtigung der physischen oder psychischen Integrität zu verstehen, welche gesundheitliche Störungen bewirkt[491]. Der zu ersetzende Schaden umfasst gemäss Art. 46 Abs. 1 OR sowohl die entstehenden Kosten als auch die Nachteile infolge voller oder teilweiser Arbeitsunfähigkeit.

a)   Bestandteile des zu ersetzenden Schadens
aa) Kosten

40 Die Kosten umfassen neben den mit der medizinischen Behandlung verbundenen Auslagen, inkl. Prothesen, Kuren, kosmetische Operationen, Transporte und Betreuung[492], auch Aufwendungen im Zusammenhang mit der Anpassung der Umgebung, wie zusätzliche Hilfsmittel[493], Umbauten oder auch Wohnungswechsel[494].

41 Besuchskosten von Angehörigen können über eine Konstruktion der Geschäftsführung ohne Auftrag als Schaden des Geschädigten ersatzfähig sein, sofern sie für die Heilung erforderlich sind[495].

---

[489]   Wobei diese allerdings zurückhaltender als bei geschiedenen Frauen beurteilt werden muss, Brehm, N 130 f. zu Art. 45.

[490]   Brehm, N 136 zu Art. 45; Fellmann/von Büren-von Moos, N 113.

[491]   Keller/Gabi, 78; Brehm, N 6 zu Art. 46.

[492]   Sofern die Pflege zu Hause durch Familienangehörige erfolgt, kann diese über die Annahme ihrer Inrechnungstellung für den Geschädigten als dessen direkter Schaden ersetzt werden, Brehm, N 14 zu Art. 46.

[493]   Zur differenzierten Betrachtung betreffend Motorfahrzeugen, vgl. Brehm, N 24 zu Art. 46.

[494]   Brehm, N 23 ff. zu Art. 46.

[495]   Schaer, N 220 f.; BGE 97 II 266 f.

bb) Nachteile infolge Arbeitsunfähigkeit (Erwerbsausfälle)

Bei der Berechnung des Schadens muss das hypothetische Einkommen des **42** Geschädigten, wie es sich in Zukunft entwickeln wird, dem Einkommen wie es sich ohne das schädigende Ereignis entwickelt hätte, gegenüber gestellt werden. Dabei sind sowohl zu erwartende Reallohnsteigerungen[496] als auch allfällige Berufswechsel[497] bzw. Berufswahl bei Kindern[498] zu berücksichtigen. Ansprüche auf Lohnfortzahlungen gegenüber dem Arbeitgeber sowie auch Beiträge der Sozialversicherungen sind anzurechnen[499], nicht aber freiwillige Leistungen des Arbeitgebers oder einer privaten Summenversicherung[500]. Inwieweit der Arbeitgeber seinerseits einen Regressanspruch geltend machen kann, bestimmt sich aufgrund von Art. 51 OR[501], weshalb die Einstufung der Lohnfortzahlungspflicht von Bedeutung wird. Zumindest die, über das gesetzliche Minimum hinausgehenden, vertraglich vereinbarten Leistungen müssten aber als vertragliche Schadenstragung gesehen werden, weshalb diesbezüglich ein Verschulden des Herstellers entscheidend wird.

Lohnausfälle sind auch bei Schülern möglich, welche aufgrund des Un- **43** falles ein Schuljahr verlieren. Ihr Erwerbsausfall ergibt sich aus ihrer um ein Jahr späteren Erwerbsaufnahme, welcher für den aufgrund der Fähigkeiten und Neigungen des Kindes in Frage kommenden Beruf erwartet werden kann[502].

Zur Abschätzung der Einkommenseinbusse wurde in der neueren Bundes- **44** gerichtspraxis stets vom Bruttolohn inkl. der rentenbildenden Arbeitgeberbeiträge ausgegangen[503].

---

[496]   BGE 116 II 297.
[497]   Schnyder, in: Privatrechtskommentar, N 4 zu Art. 46.
[498]   Hütte, SVZ 1991, 161/290.
[499]   Brehm, N 36 zu Art. 46.
[500]   Brehm, N 44 f. und N 73 zu Art. 46.
[501]   Schaer, N 858 ff., Regressansprüche gegenüber dem Hersteller als Kausalhaftpflichtigen sind äusserst schwierig zu begründen, muss ihm doch aufgrund der Regressrangfolge von Art. 51 Abs. 2 OR ein Verschulden oder zumindest eine vertragliche Pflicht nachgewiesen werden. Dies gilt oft auch für private Pensionskassenleistungen, obwohl diese eine Subrogation vorsehen könnten. Vgl. Honegger, 135 ff.
[502]   Keller/Gabi, 82.
[503]   BGE 116 II 298, 113 II 350; Brusa, 134 f.; kritisch u. a. Weber, SJZ 1992, 229; vgl. dazu Schaetzle, 136.

45   Im weiteren entspricht der Invaliditätsgrad und die daraus resultierende theoretisch verbleibende Erwerbsfähigkeit nicht automatisch der haftrechtlichen Erwerbsausfallentschädigung. Massgebend ist vielmehr die noch wirtschaftlich nutzbare Erwerbsfähigkeit, welche z.b. trotz einer 20%igen Arbeitsfähigkeit unter Umständen nicht mehr existiert[504].

cc) Erschwerung des wirtschaftlichen Fortkommens

46   Einen zu ersetzenden Vermögensschaden kann auch die Erschwerung des wirtschaftlichen Fortkommens bewirken[505]. Darunter sind über die eigentliche Erwerbsfähigkeit hinausgehende Hindernisse für die wirtschaftlich relevante Entwicklung zu sehen. Verstümmelungen oder Entstellungen beeinträchtigen meist die eigene Situation auf dem Arbeitsmarkt, welche sich auch in Lohneinbussen oder Übergehung bei Beförderungen zeigt[506].

dd) Missglückte Familienplanung

47   Aufgrund des PrHG wird ein Hersteller für Schäden, welche durch ein fehlerhaftes Produkt verursacht wurden, haftpflichtig.
Zur Frage, ob und inwieweit durch die Geburt eines unerwünschten Kindes ein Schaden entsteht, musste sich das Bundesgericht noch nicht äussern. Ein Urteil des Bezirksgerichtes Arbon vom 16. 10 1985[507] lehnte die Qualifizierung der Kinderunterhaltsbeiträge als Schaden ab.

48   Die Argumentation, ein Kind stelle auch in monetärer Hinsicht keinen Nachteil dar, da es später als potentielle unterstützungspflichtige Person seinerseits Unterhaltsbeiträge an die Eltern leisten kann, ist nicht stichhaltig. Sonst müsste bei tödlich verunfallten Kindern den Eltern ein Versorgerschaden zustehen, welcher aber meist verneint wurde[508]. Dass Kinder eine emotional erfassbare Ausstrahlung haben, dürfte von niemandem bestritten werden, dass dies aber nicht nur eitel Sonnenschein bedeutet, sondern auch viele Sorgen und Ärger verursacht, dürfte ebenfalls unbestritten sein. Da der Entscheid für ein Kind von vielen potentiellen Eltern sehr

---

[504]   BGE 117 II 625.

[505]   BGE 99 II 219, 81 II 517.

[506]   Gauch/Aeppli/Casanova, AT, 120.

[507]   Teilweise publiziert in SJZ 1986, 19.

[508]   Brehm, N 193 ff. zu Art. 45; BGE 112 II 122, wo selbst bei zehn- und siebzehnjährigen Kindern in einem Landwirtschaftsbetrieb der künftige Erziehungsaufwand gleich gross geschätzt wurde, wie ihre möglichen Beiträge an die Familie.

sorgfältig überlegt wird, um sicherzugehen, die einmal eingegangene Aufgabe auch richtig erfüllen zu können, und damit auch heute zumindest Kinder nicht einfach als Konsumgut zu sehen, zeigt, wie Kinder je nach den Umständen, per Saldo aller Auswirkungen auch eine Belastung darstellen können. Der Umstand, dass eine Familienplanung verfolgt wurde, stellt ein starkes Indiz dafür dar, dass im konkreten Fall der Preis für das neuerworbene Elternrecht nicht angemessen ist[509].

Die vom deutschen Bundesgerichtshof vertretene Auffassung, wonach unerwünschte Kinder durchaus einen Schaden verursachen[510], dürfte sich in nächster Zeit kaum der Schweiz durchsetzen[511]. Dabei sollte allerdings nicht ausschlaggebend sein, dass das Kind später einmal entdecken könnte, dass es unerwünscht gewesen war[512]. Die ethischen Bedenken, die unerwünschte Geburt eines Kindes als schadenbegründendes Ereignis anzusehen, überzeugen daher nicht. Ob Kinder nur im Falle einer unmöglichen Adoption eine unfreiwillige Schädigung darstellen, ist meines Erachtens mit der Frage verbunden, ob eine Adoption als Schadenminderungspflicht noch im Bereich des Zumutbaren liegt. Wollte man trotzdem soweit gehen, müsste dies ein Faktor für eine grosszügige Genugtuung gesehen werden, stellt eine solche Trennung doch eine schwere Verletzung der Persönlichkeit dar[513]. **49**

Als Schaden anerkannt darf wohl, nach dem heutigen Stand von Lehre und Praxis, der Erwerbsausfall der Mutter (resp. Vaters) gesehen werden, sofern ihr der Nachweis gelingt, dass sie ohne das neugeborene Kind weiterhin gearbeitet hätte, oder aber in absehbarer Zukunft wieder eine Erwerbstätigkeit aufgenommen hätte[514]. **50**

---

509   A.A. Weimar, 647.
510   Franzki, 1180 ff.; Engelhardt, 540.
511   Weimar, Urteilsanmerkung, SJZ 1986, 49.
512   Vgl. Bezirksgericht Arbon. Aber dieses Trauma wird meist auch adoptierten Kindern nicht erspart, welche sich oft bemühen, die Identität ihrer leiblichen Eltern und damit ihre eigenen Wurzeln festzustellen.
513   Hegnauer, 36.
514   Bezirksgericht Arbon, in SJZ 1986, 48, wo der Mutter zweier knapp schulpflichtiger Kinder, welche sich bereits ernsthaft um eine Teilzeitstelle gekümmert hatte, einen Erwerbsausfallersatz infolge des dritten, unerwünschten Kindes zugesprochen wurde.

51 Dass der Mutter ein Genugtuungsanspruch zusteht, ist unbestritten. M.E. sollte dies je nach den Umständen sowohl aufgrund von Art. 47 als auch Art. 49 OR möglich sein, je nach Verlauf und allfälligen Nachwirkungen der Schwangerschaft und den Lebensumständen.

52 Führt das fehlerhafte Produkt zu Schäden am ungeborenen Kind, so ist dieser Fall m.E. gleich zu behandeln, als wäre die Schädigung erst nach der Geburt erfolgt. Es sind daher Ersatz für Mehraufwendungen und zusätzliche Betreuung, Erwerbsausfallentschädigungen und Genugtuungen aufgrund von Art. 47 und 49 OR zu leisten.

b) Vorbehalt der Nachklage

53 Da die Schadensentwicklung in Folge von Körperverletzungen oft schwierig abzuschätzen ist, enthält Art. 46 Abs. 2 OR die Möglichkeit, eine Abänderung für zwei Jahre ab Urteilsfällung vorzubehalten. Dieser Abänderungsvorbehalt kann sowohl zugunsten des Geschädigten als auch des Haftpflichtigen erfolgen. Mit einem solchen Vorbehalt im Urteil wird die Einrede der res iudicata für maximal zwei Jahre ausgeschlossen[515]. Es handelt sich dabei um eine Verwirkungsfrist die weder gehemmt noch unterbrochen werden kann[516].

54 Da die Möglichkeit einer Abweisung zur Zeit bei Illiquidität umstritten ist[517], und insbesondere durch das Bundesgericht verworfen wurde[518], muss der Zeitpunkt der Klage mit Vorsicht gewählt werden. Einerseits sind die Verjährungsfristen zu beachten, andererseits muss der Schaden schon möglichst genau bestimmt werden können. Insbesondere wenn der Schaden erst einige Jahre nach der Inverkehrsetzung des Produktes zutage tritt, muss jedoch wegen der zehnjährigen Verwirkungsfrist u.U. trotz Illiquidität bereits geklagt werden. Der Vorbehalt der Nachklage dürfte daher gerade im PrHG eine relativ wichtige Funktion haben.

55 Dem Abänderungsvorbehalt steht die Verwirkungsfrist von Art. 10 Abs. 2 nicht entgegen. Die Verwirkungsfrist wird bereits mit der Klageeinleitung gewahrt und das darauffolgende Verfahren führt auch nicht zu einer Ab-

---

[515] Schnyder, in: Privatrechtskommentar, N 8 zu Art. 46; Keller/Gabi, 89; Brehm, N 154 ff. zu Art. 46 .

[516] Gauch/Aeppli/Casanova, AT, 121.

[517] Schnyder, Privatrechtskommentar, N 8 zu Art. 46.

[518] BGE 95 II 262.

weisung der Klage, sondern lediglich zu einer, der besonderen Situation der Körperverletzung entsprechenden, Ausnahmeregelung, welche die Einrede der res iudicata während zwei Jahren ausschliesst[519]. Die Regelung von Art. 46 Abs. 2 OR widerspricht damit nicht dem PrHG, weshalb sie auch im Bereich der Produkthaftung anwendbar ist.

3. Genugtuung

Zweck der Genugtuung ist eine Abgeltung für erlittene immaterielle Unbill, indem das Wohlbefinden anderweitig gesteigert oder dessen Beeinträchtigung erträglicher gemacht werden soll[520]. Der Genugtuungsanspruch besteht unabhängig eines Schadens und des allenfalls daraus resultierenden Ersatzanspruches[521].   56

a) Genugtuungsanspruch aufgrund des PrHG

Das PrHG enthält keine ausdrückliche Regelung betreffend die Genugtuung. Art. 1 Abs. 1 verpflichtet die Herstellerin zu Schadenersatzleistungen, wenn ein fehlerhaftes Produkt dazu führt, dass eine Person getötet oder verletzt wird. Es stellt sich nun die Frage, ob Art. 1 Abs. 1 bewusst nur den Schadenersatz, nicht aber eine allfällige Genugtuung vorsehen wollte, oder ob nur eine generelle Schadenersatzpflicht des Herstellers statuiert werden sollte, deren Ausmasse über den Verweis von Art. 11 Abs. 1 aufgrund des OR bestimmt werden sollten.   57

Erwähnt ein Gesetz nur die Pflicht, Schäden zu ersetzen, bedeutet dies grundsätzlich nicht, dass damit keine Genugtuung geschuldet wäre[522].   58

Art. 9 Abs. 2 RL behält die Regelung betreffend immaterieller Schäden ausdrücklich den nationalen Rechtsordnungen vor, weshalb Genugtuungsansprüche aufgrund des PrHG auch nicht dem Ziel der europäischen Harmonisierung der Produkthaftpflicht zuwiderlaufen würden. Dementsprechend sprach sich die Zusatzbotschaft vom 27 Mai 1992, welche noch von der Annahme des EWR-Vertrages ausging, ausdrücklich für Genugtuungsansprüche aufgrund des PrHG aus[523].   59

---

519   Brehm, N 156 zu Art. 46.
520   BGE 118 II 408.
521   Hütte, SJZ 1988, 170.
522   BGE 112 Ib 331, Schnyder, in: Privatrechtskommentar, N 1 zu Art. 47.
523   Zusatzbotschaft I, 429

60   Dies gilt nicht nur für Genugtuungsansprüche eines Verletzten oder Angehörigen eines Getöteten aufgrund von Art. 47 OR, sondern auch für Art. 49 OR, welcher bei einer schweren Verletzung der Persönlichkeit einen Anspruch auf Genugtuung einräumt. Im Bereich des PrHG spielt Art. 49 OR vor allem als Grundlage der Genugtuung naher Angehöriger von Schwerverletzten eine Rolle[524].

b) Aktivlegitimation:

aa) Bei Tötung

61   Art. 47 OR spricht von der Genugtuung Angehöriger des Getöteten. Es handelt sich dabei um Personen, welche aufgrund ihrer engen Beziehungen zum Getöteten bei dessen Verlust schwer getroffen wurden und daher als Reflexgeschädigte ausnahmsweise einen selbständigen Anspruch auf Ausgleich der immateriellen Unbill erhalten. Der Kreis der möglichen Anspruchsberechtigten umfasst somit Verwandte wie Ehegatten, Kinder[525], Eltern[526] und Geschwister[527]. Aber auch Verlobte[528] und Schwiegereltern und in baldiger Zukunft wohl auch Konkubinatspartner[529] können je nach Einzelfall einen Anspruch auf Genugtuung haben.

62   Stirbt ein Verletzter nach einiger Zeit, so haben seine Angehörigen ihrerseits ungeachtet dessen, ob sie seine Genugtuung aus Art. 47 OR ererbten, einen selbständigen Anspruch auf Genugtuung aufgrund Art. 47 OR[530].

bb) Bei Körperverletzung

63   Ein Anspruch auf Genugtuung infolge einer Körperverletzung aufgrund von Art. 47 OR steht nur dem Verletzten selber zu.

---

[524]   BGE 117 II 56, 116 II 520.

[525]   Auch Kleinkindern, denen die Veränderungen noch nicht bewusst sind, ist im Hinblick auf zukünftig zu erleidende immaterielle Unbill eine Genugtuung zuzusprechen, BGE 117 II 57 f.

[526]   BGE 103 V 186 (Pra 1978, 598); Genugtuungsansprüche von Eltern untereinander, wenn ein Elternteil den Tod des Kindes verursacht hatte, werden äusserst zurückhaltend beurteilt, aber nicht grundsätzlich ausgeschlossen (BGE 115 II 159).

[527]   BGE 118 II 409, 114 II 149.

[528]   BGE 114 II 149 m.w.N.

[529]   Diese Frage wurde in BGE 114 II 149 offengelassen.

[530]   BGE 118 II 407; vorausgesetzt, der adäquate Kausalzusammenhang besteht und die absolute Verjährungsfrist (bzw. Verwirkungsfrist) ist noch nicht abgelaufen.

Nahe Angehörige können aber unter Umständen eine schwere Verletzung **64** in ihrer Persönlichkeit erleiden, wodurch ein eigener Anspruch auf Genugtuung gestützt auf Art. 49 Abs. 1 OR begründet wird[531].

c) Umfang

Die Genugtuung bezweckt eine Abgeltung für erlittene Unbill, indem das **65** Wohlbefinden anderweitig gesteigert oder dessen Beeinträchtigung erträglicher gemacht wird. Obwohl aufgrund des PrHG der Hersteller eines fehlerhaften Produktes auch zur Leistung von Genugtuung verpflichtet werden kann, bedeutet dies trotzdem nicht, dass hier mit dem Einzug amerikanischer Verhältnisse gerechnet werden müsste. Dies nicht nur weil das Institut der „punitive damages"[532] in Kontinentaleuropa unbekannt ist und keine Erfolgshonorare der Anwälte existieren[533], sondern auch, weil die bisherige Praxis vergleichsweise bescheidene Summen zugesprochen hat[534].

III. Sachschaden

1. Begriff des Sachschadens

Es handelt sich dabei um eine Vermögenseinbusse, welche durch Zerstö- **66** rung, Beschädigung oder Verlust einer Sache entstanden ist[535]. Dies im Gegensatz zum reinen Vermögensschaden, welcher eine Vermögenseinbusse erfasst, die weder durch den Tod oder die Verletzung einer Person noch durch die Beschädigung, die Zerstörung oder den Verlust einer Sache entstanden ist. Vom PrHG werden reine Vermögensschäden überhaupt nicht und die Sachschäden nur zum Teil erfasst.

2. Anwendungsbereich des PrHG

a) Kreis der Anspruchsberechtigten

Durch das PrHG sind nicht nur Schäden an Sachen eines Vertragspartners **67** oder eines Benutzers, sondern auch an denjenigen eines unbeteiligten „Bystanders" erfasst.

---

531 BGE 116 II 521; Brehm, N 75 zu Art 49.
532 Dabei handelt es sich um Schadenersatzansprüche mit Strafcharakter, welche direkt dem Geschädigten zugesprochen werden.
533 Borer, Fehlerbegriff, 295.
534 Hütte, SJZ 1988, 175;
535 BGE 118 II 179, 115 II 481.

b) Keine Schäden am Produkt selbst

68 Die Beschädigung oder Zerstörung des Produktes selbst, für welche nach wie vor auf vertraglicher Grundlage (insb. kaufrechtlicher Sachgewährleistung) und allenfalls aufgrund der Verschuldenshaftung (Art. 41 ff. OR)[536] gehaftet wird[537], wird durch Art. 1 Abs. 2 ausdrücklich vom Anwendungsbereich des PrHG ausgenommen. Gegenstand des neuen Gesetzes bildet vielmehr der Mangelfolgeschaden, welcher vom Vertragsrecht nicht erfasst wird[538].

69 Schäden am Produkt selbst werden, wie soeben ausgeführt wurde, nicht durch das PrHG erfasst. Dies gilt grundsätzlich auch für Fehler eines Teilproduktes, welche zu einer Schädigung des Endproduktes führten[539], denn die Unterscheidung zwischen Teil- und Endprodukt wäre äusserst willkürlich von den jeweiligen Produktionsabläufen abhängig.

70 Allerdings besteht eine Ausnahme für den Fall, dass ein Teilprodukt erst später mit dem Produkt verbunden wurde, sei es als Ersatz eines defekten Teils oder als neuer Zusatz. Die Beschädigung des Endproduktes durch dieses nachträglich eingebaute Teilprodukt führt dann zu einem Sachschaden im Sinne des PrHG[540].

c) Privater Ge- und Verbrauch

71 Nach dem PrHG ist der Schadensersatz bei Sachbeschädigung auf Sachen beschränkt, die „privat" genutzt werden. Die Fassung des Art. 1 Abs. 1 lit. b entspricht in den massgebenden Teilen wörtlich der Regelung in Art. 9 Abs. 1 lit. b, i, ii RL[541]. Unter dem Begriff „privater" Gebrauch ist der persönliche oder familiäre Gebrauch zu verstehen, der im Gegensatz zum beruflichen oder gewerblichen Gebrauch steht[542]. Daher liegt ein pri-

---

[536] BGE 113 II 247.

[537] BGE 117 II 269.

[538] Betreffend die Abgrenzung des Produkt von anderen Sachen vgl. unten N 5, 23 ff. zu Art. 3.

[539] Taschner/Frietsch, N 39 zu § 1; Scheller, in: Unternehmenspraxis, N 346 f.; Rolland, N 78 zu § 1; a.A. Schmidt-Salzer/Hollmann, N 28 zu Art. 9.

[540] Taschner/Frietsch, N 40 zu § 1; Scheller, in: Unternehmenspraxis, N 348.

[541] Zusatzbotschaft I, 422.

[542] Zusatzbotschaft I, 422; Insoweit tritt der (End-)Verbraucherschutzaspekt in den Vordergrund, vgl. Taschner/Frietsch, N 32 zu § 1; Nach dem Willen des EG-Gesetzgebers (ErwG 9) sollten nämlich nur Gegenstände des privaten Ge- bzw. Verbrauchs in den Schutzbereich der Norm einbezogen werden. Dabei muss die

vater Ge- oder Verbrauch nur vor, wenn sich die Verwendung der Sache allein in der Befriedigung persönlicher Interessen erschöpft und nicht darüber hinausgehenden Zwecken dient, zum Beispiel denen des Gewerbes[543]. Dazu gehören z.b.: Wohnungsmöbel, Spielsachen, Heimwerkgeräte, Kleider, Fahrräder, Fernseher. Zum gewerblichen oder beruflichen Ge- oder Verbrauch bestimmt sind u.a. Lastkraftwagen, schwere Baumaschinen, Registrierkassen, Geschäfts- und Praxiseinrichtungen, Schutzanzüge.

aa) Berücksichtigung der Verkehrsanschauung
Ob eine Sache tatsächlich dem privaten Verwendungszweck dient, ergibt   72
sich üblicherweise aus der Art der Sache. Der objektiven Zielrichtung des Art. 1 Abs. 1 lit. b wird man daher wohl am ehesten gerecht, wenn nach der objektivierten Zweckbestimmung unter Berücksichtigung der Verkehrsanschauung von einem privaten Ge- oder Verbrauch der beschädigten oder zerstörten Sache gesprochen werden kann. Auf den „gewöhnlichen" Status des Benutzers kommt es dabei nicht an[544]. Die Begriffe „nach ihrer Art" und „gewöhnlich" sind objektive Kriterien, die sich einer subjektiven Bewertung durch den Hersteller entziehen; im übrigen wäre der Hersteller dazu auch nicht in der Lage[545]. Ausschliesslich die objektive Zweckbestimmung - geprägt von der Verkehrsanschauung - entscheidet darüber, ob es sich bei dem Produkt um eine Sache handelt, die für den privaten Gebrauch bestimmt ist. Weder der Hersteller selbst noch der Anwender kann die Zuordnung beeinflussen[546], z.B. durch einfache Umänderung im Rahmen des Gebrauchs oder durch einen Aufkleber des Herstellers: „XY-Gerät nur im gewerblichen Bereich nutzen"[547]. Auch quantitative Gesichts-

---

objektive, allgemeine Zweckbestimmung („ihrer Art nach gewöhnlich für den privaten Ge- oder Verbrauch bestimmt") und die subjektive, auf den Geschädigten bezogene Verwendung („hierzu vom Geschädigten hauptsächlich privat verwendet worden") kumulativ erfüllt sein; vgl. Rolland, N 80 zu § 1, so i.E. auch die Zusatzbotschaft I, 422.

543   So von Westphalen, in: Produkthaftungshandbuch, § 60 N 23 m.w.N.
544   Westphalen, in: Produkthaftungshandbuch, § 60 N 27, denn auch das Verwaltungsratsmitglied einer AG kann einen PKW, ein Fahrrad oder ein Diktiergerät „privat" nutzen; es ist nach Westphalen irrelevant, ob der „Freiberufler" bei seiner privaten oder beruflichen Tätigkeit einen Sachschaden erleidet, a.A. Schmidt-Salzer/Hollmann, N 49 ff. zu Art. 9.
545   Rolland, N 81 zu § 1; kritisch Fellmann/von Büren-von Moos, N 121.
546   Rolland, N 82 zu § 1.
547   Taschner/Frietsch, N 34 zu § 1 .

punkte bleiben ausser Betracht. So ist es irrelevant, ob eine für beide Bereiche bestimmte Sache in dem einen oder anderen Bereich häufiger anzutreffen ist[548]. Produkte, die vom Geschädigten nur vorrätig gehalten werden, aber noch nicht benutzt wurden, sind im Falle ihrer Beschädigung nicht ausserhalb der Haftung zu belassen. Der Geschädigte muss allerdings auch für ein solches Produkt nachweisen können, dass er es nach seinem Sinn und Zweck und nach der üblichen Verwendung vor dem Hintergrund seines persönlichen Lebensumfeldes tatsächlich privat ge- oder verbraucht hätte[549].

bb) „gewöhnlich"

73 Im Schrifttum[550] umstritten ist, ob Sachen, die sowohl für den privaten als auch für den nicht privaten Ge- oder Verbrauch geeignet und bestimmt sind, unter den Schutz des Gesetzes fallen. Dazu gehören beispielsweise Sessel, Lampen, Personalcomputer, Werkzeuge, Gartengeräte. Wie bereits ausgeführt[551], besagt die Interpretation des Wortes „gewöhnlich", dass die beschädigte oder zerstörte Sache in der überwältigenden Mehrzahl der Fälle für den privaten Ge- oder Verbrauch bestimmt ist[552]. Abgrenzungsschwierigkeiten ergeben sich vor allem dort, wo z.B. das bei einem Sonntagsausflug beschädigte Auto eines Handelsvertreters, der den Wagen wochentags beruflich benutzt, privat verwendet wurde oder nicht? Oder wo jemand für private Zwecke z.B. ein Mikroskop, eine Hobelbank oder einen Betonmischer kauft. Eine Haftung, die nur dann eingreift, wenn die Sache primär für den privaten Gebrauch bestimmt ist[553], ist ebenso abzulehnen, wie der Kauf „gewöhnlich" gewerblich genutzter Produkte, die aber privat verwendet werden[554]. Es reicht wohl aus, dass die Sache auch für den pri-

---

[548]   Rolland, N 82 zu § 1.
[549]   So Taschner/Frietsch, N 36 zu § 1; zustimmend von Westphalen, in: Produkthaftungshandbuch, § 60 N 30.
[550]   Hiermit ist vor allem die deutsche Lehre gemeint, die sich bereits mit der Problematik im Rahmen der Einführung des deutschen ProdHaftG hat auseinandersetzen müssen; vgl. Kullmann, Produkthaftungsgesetz, 30.
[551]   Vgl. oben N 71 zu Art. 1.
[552]   Das Wort „gewöhnlich" ist nach h.L. nicht gleichbedeutend mit „grundsätzlich" oder „in der Regel", vgl. Taschner/Frietsch, N 11 zu Art. 9; von Westphalen, in: Produkthaftungshandbuch, § 60 N 28; ablehnend Kullmann, a.a.O.
[553]   Lorenz, ZHR 1987, 16.
[554]   Ulbrich, 252.

vaten Gebrauch bestimmt ist[555]; lediglich die Sachen haben auszuscheiden, die nur für den nicht privaten Gebrauch verwendet werden. Entscheidend kommt es daher auf die Qualifikation des einzelnen Geschädigten und dessen hauptsächlichen Gebrauch im zweiten Tatbestandsmerkmal des Art. 1 Abs. 1 lit. b an.

cc) „ihrer Art nach"
Die beschädigte Sache muss ihrer Art nach für den privaten Ge- oder Verbrauch bestimmt sein. Ob die Voraussetzungen vorliegen, ist nach objektiven Massstäben zu beurteilen[556]. Entscheidend ist weder ihre tatsächliche Nutzung im konkreten Fall noch die subjektive „Widmung" der Sache durch den Benutzer[557]. Das kann in Einzelfällen haftungsentscheidend sein. Das z.B. von einem Hobby-Handwerker von Anfang an zu privaten Zwecken erworbene und privatgenutzte Industrieschweissgerät ist, wenn es produkthaftungsrechtlich relevant durch eine andere Sache beschädigt worden ist, zwar vom Geschädigten mit einer privaten Bestimmung belegt worden. Es ist aber weder gewöhnlich, noch insbesondere nicht seiner Art nach für den privaten Ge- oder Verbrauch bestimmt, so dass seine Beschädigung durch ein anderes fehlerhaftes Produkt keinen Ersatzanspruch auslösen kann[558].

74

Dem Gesichtspunkt des Entgelts kommt keine entscheidende Rolle zu, weil es insgesamt nicht auf die konkrete Nutzung der Sache, sondern auf ihre Eigenart ankommt[559]. Sie kann aber die spätere Nutzungsart nicht abschliessend bestimmen.

75

---

[555] Schmidt-Salzer/Hollmann, N 55 zu Art. 9; Rolland, N 84 f. zu § 1.
[556] Rolland, N 80 zu § 1.
[557] Rolland, a.a.O.; a.A. Alleweldt, in: Unternehmenspraxis, N 74, der die Möglichkeit der Zweckbestimmung bei Immobilien in Frage stellt: Der Erwerber eines Grundstücks bestimme nämlich selbst - gegebenenfalls im Rahmen der öffentlichen Vorschriften - die Nutzungsart und sei dabei nicht durch die Vorbenutzung festgelegt, z.B. ob er einen ihm gehörenden Wald zur Veräusserung des Holzes und Erzielung von Gewinn gewerbsmässig bewirtschaftet, Erholungszwecken zugänglich macht oder sonst privat nutzt. Dabei verkennt er allerdings, dass es dem Gesetzgeber darum ging, Sachen aus dem Anwendungsbereich auszunehmen, die schon von vornherein für eine private Nutzung nicht bestimmt sind, die private Nutzung also eine nicht angemessene Verwendung wäre.
[558] Beispiel aus Taschner/Frietsch, N 35 zu § 1.
[559] Vgl. von Westphalen, in: Produkthaftungshandbuch, § 60 N 32.

dd) „hauptsächlich"

76 Die Haftung hängt des weiteren davon ab, ob die zerstörte oder beschädigte Sache von dem Geschädigten hauptsächlich für den privaten Ge- oder Verbrauch verwendet worden ist. Dieses subjektive Moment stellt nicht auf das konkrete Schadensereignis ab, sondern auf die hauptsächliche Verwendung durch den jeweiligen Benutzer oder Konsumenten ganz allgemein. Dabei ist „hauptsächlich" im Sinne von ganz „überwiegend oder mit dem Schwerpunkt" zu verstehen[560]. Abzustellen ist auf den Umstand, wie sich die tatsächliche Nutzung der Sache in der Person des Geschädigten vollzog[561]. Es ist darüber hinaus bedeutungslos, ob die beschädigte oder zerstörte Sache einer anderen Person gehörte, die als Gewerbetreibender oder als Privater einzustufen ist[562]. Abgrenzungsschwierigkeiten stellen sich aber z.B. bei der Frage, ob es dem Arzt oder Rechtsanwalt, wenn sie ihr Auto sowohl beruflich als auch privat verwenden, bei der Feststellung des hauptsächlichen Gebrauchs des Fahrzeuges auf die Kilometerleistung oder auf die zeitliche Nutzung des Wagens ankommt[563].

3. Umfang des Schadens

a) Reparatur- und Wiederbeschaffungskosten

77 Ersatz wird für die Vermögenseinbusse infolge der Sachbeschädigung geschuldet. Dabei handelt es sich beim Verlust der Sache infolge völliger Zerstörung um die Kosten, welche zur Beschaffung eines gleichwertigen Ersatzgegenstandes aufgewendet werden müssten[564]. Bei der Sachbeschädigung müssen die Reparaturkosten ersetzt werden, sofern diese diejenigen der Ersatzanschaffung nicht übersteigen.

---

[560] Rolland, N 84 zu § 1.

[561] Taschner/Frietsch, N 37 zu § 1.

[562] A.A. Schmidt-Salzer/Hollmann, N 52f. zu Art. 9.

[563] Nach Taschner/Frietsch, N 37 zu § 1, bleibt ein überwiegend privatgenutztes Fahrzeug des freiberuflich Tätigen demgegenüber auch dann hauptsächlich privat verwendet, wenn sich das schädigende Ereignis auf einer Fahrt ereignet hat, die er im Rahmen seiner freiberuflichen Tätigkeit (ausnahmsweise) mit diesem Fahrzeug ausgeführt hat. Oder im umgekehrten Fall, wenn die beschädigte Sache ihrer Art nach gewöhnlich für den gewerblichen oder beruflichen Ge- oder Verbrauch bestimmt ist, entfällt ein Anspruch auch dann, wenn im konkreten Fall die Sache privat genutzt wird, z.B. bei der Verwendung eines Camions für eine Privatfahrt. Vgl. auch von Westphalen, in: Produkthaftungshandbuch, § 60 N 32.

[564] Brehm, N 77 zu Art. 41; Keller/Gabi, 99.

b) Kosten für vorübergehende Ersatzbenutzung

Da das PrHG nur Schäden an Sachen, welche hauptsächlich privat verwen- **78**
det worden sind, erfasst, dürften durch den vorübergehenden Ausfall der
Sache relativ selten Vermögenseinbussen entstehen, da dem Geschädigten
i.a. zuzumuten ist, einige Zeit auf eine privat genutzte Sache zu verzichten.
So wird zum Beispiel die Miete für ein Ersatzfahrzeug nur dann als Schaden ersatzpflichtig, sofern der Geschädigte auf sein Auto angewiesen ist,
und dieses nicht nur der Bequemlichkeit halber für seinen Arbeitsweg oder
in der Freizeit benützt[565]. Auch ein Ersatz für entgangenen Feriengenuss
wird abgelehnt, da keine Vermögenseinbusse daraus resultiere[566]. Anders
müsste ein Ersatzfahrzeug für eine unaufschiebbare Reise beurteilt werden, da durch die Miete eine Vermögenseinbusse entsteht, welche nicht
vermieden werden kann[567].

c) Entgangener Gewinn

Da das PrHG Schadenersatz auf Sachen beschränkt, welche hauptsächlich **79**
aber nicht ausschliesslich privat gebraucht werden, ist es möglich, dass der
Ausfall dieser Sache die Erzielung einer Vermögensvermehrung verhindert.

Bei überwiegend privat genutzten Sachen dürfte es jedoch meist möglich **80**
sein, einen kurzfristigen Ersatz zu organisieren[568], dessen Kosten ersetzt
werden müssten. Die Möglichkeit eines Schadenersatzes für entgangenen
Gewinn ist jedoch nicht auszuschliessen. Dies insbesondere dann, wenn
die Aufwendungen für einen vorübergehenden Ersatz der ansonsten privat
gebrauchten Sache den erzielbaren Gewinn übersteigen würden und der
Verzicht auf die private Benutzung zumutbar ist.

d) Nutzlose Aufwendungen

Ob und inwieweit Aufwendungen, welche infolge des Ausfalles einer Sa- **81**
che nutzlos wurden, ersetzt werden müssen, ist umstritten.[569]

---

565 Brehm, N 80 zu Art. 41; Keller/Gabi, 100.
566 BGE 115 II 481.
567 Brehm, a.a.O.
568 Im Gegensatz zu spezialisierten Produktionsanlagen.
569 Brehm, N 82 f. zu Art. 41 m.w.N.

e) Anwaltskosten

82 Vorprozessuale Anwaltskosten bilden einen Bestandteil des Schadens, sofern sie aufgrund des kantonalen Prozessrechtes in die Parteientschädigung integriert werden könnten, sind diese Normen alternativ zum OR anwendbar[570]. Dasselbe gilt für Anwaltskosten in einem Strafverfahren, welche dem Geschädigten als Zivilpartei im Strafverfahren gegen den Schadensverursacher entstehen, oder welche in einem Strafverfahren gegen den später freigesprochenen Geschädigten entstanden sind[571].

E. Kausalität

I. Adäquater Kausalzusammenhang

1. Natürlicher Kausalzusammenhang

83 Der natürliche Kausalzusammenhang als Voraussetzung der Haftung des Herstellers ist gegeben, sofern die Fehlerhaftigkeit des Produktes eine „conditio sine qua non" des Schadens darstellt. Diese Kausalität beurteilt sich nach rein tatsächlichen, naturwissenschaftlichen Kriterien[572] und ist als Tatfrage der Überprüfung durch das Bundesgericht entzogen[573].

84 Für die Begründung der Haftpflicht genügt jedoch nicht jede kausale Verknüpfung, sondern nur eine rechtserhebliche Kausalität[574].

2. Adäquater Kausalzusammenhang

85 Nur jene Ursache soll eine Haftung auslösen, welche nach dem gewöhnlichen Lauf der Dinge und der allgemeinen Erfahrung des Lebens geeignet ist, den eingetretenen Erfolg zu bewirken[575]. Der entstandene Schaden muss demnach durch die Fehlerhaftigkeit des Produktes als wesentlich begünstigt erscheinen. Die Wahrscheinlichkeit der Verursachung durch den Fehler und deren objektive Vorsehbarkeit wird mittels der retrospektiven Prognose bestimmt, indem sie von den tatsächlichen Auswirkungen

---

[570] Brehm, N 87 ff. zu Art. 41; BGE 117 II 396.

[571] BGE 117 II 105, vgl. Urteilsbesprechung von O. Vogel in ZBJV 1993, 452.

[572] Brehm, N 105 ff. zu Art. 41.

[573] BGE 116 II 486; Keller/Gabi, 26.

[574] Schnyder, in: Privatrechtskommentar, N 8 zu Art. 41. Zur Kritik an der Kausalitätstheorie vgl. Brehm, N 150 ff. zu Art. 41.

[575] Brehm, N 121 zu Art. 41; Fellmann/von Büren-von Moos, N 305; Keller/Gabi, 27; BGE 116 II 487.

ausgehend rückwirkend beurteilt wird[576]. Als Rechtsfrage kann der adäquate Kausalzusammenhang vom Bundesgericht überprüft werden[577].

Die Adäquanz ist die einzige Voraussetzung in der Beziehung zwischen **86** Ursache und Schaden, weshalb die Unterscheidung zwischen mittelbarem und unmittelbarem Schaden für die Haftung irrelevant ist[578].

3. Unterbrechung der Adäquanz

Diese liegt vor, wenn eine neue Ursache rechtlich die bisherige abgelöst **87** hat[579]. Solange die Erstursache jedoch im Rahmen des Geschehens noch als erheblich zu betrachten ist, d.h. mit der Zusatzursache nicht zu rechnen war, da sie ausserhalb des normalen Geschehens lag, bleibt sie adäquat kausal[580]. Eine Unterbrechung des Kausalzusammenhanges können schweres Selbstverschulden des Geschädigten[581], grobes Drittverschulden[582] oder höhere Gewalt bewirken.

II. Konkurrierende Kausalität

1. Kumulative Kausalität

Liegt kumulative Kausalität vor, so haben beide Verursacher unabhängig **88** voneinander denselben Schaden verursacht und haften solidarisch für den ganzen Schaden[583].

2. Alternative Kausalität

Bei der alternativen Kausalität kann nur eine der möglichen Ursachen kau- **89** sal sein, der Kausalzusammenhang ist aber weder zur einen noch zur ande-

---

[576] Schnyder, in: Privatrechtskommentar, N 9 zu Art. 41, BGE 116 II 427.
[577] Brehm, N 122 zu Art. 41.
[578] BGE 118 II 180.
[579] Brehm, N 132 zu Art. 41.
[580] BGE 116 II 524.
[581] Sofern das Selbstverschulden nicht die Intensität zur Unterbrechung des Kausalzusammenhanges besitzt, kann es als Reduktionsgrund bei der Schadenersatzbemessung im Rahmen von Art. 44 OR berücksichtigt werden, Schnyder, in: Privatrechtskommentar, N 11 zu Art. 41; Oftinger, 158; BGE 117 II 56, 116 II 694.
[582] Keller/Gabi, 35.
[583] Brehm, N 146 zu Art. 41.

ren Ursache nachweisbar, weshalb der Geschädigte keinen Schadenersatz erhält[584].

3. Überholende Kausalität

90 Hätte eine bereits gesetzte Ursache den Schaden herbeigeführt, welcher vor seiner Verwirklichung durch eine zweite Ursache herbeigeführt wurde, so liegt überholende Kausalität vor[585]. Der natürliche Kausalzusammenhang besteht nur zur tatsächlich verursachenden Handlung/Fehlerhaftigkeit[586].

4. Hypothetische Kausalität

91 Umstritten sind die Folgen der hypothetischen Kausalität, wenn der Schaden zwar von der ersten Ursache bewirkt wurde, dieser sich aber ohnehin aufgrund einer sekundären Ursache verwirklicht hätte. Bisher wurde in solchen Fällen nur eine Schadenersatzpflicht der für die erste Ursache verantwortlichen Person angenommen, doch zeichnet sich eine Tendenz ab, auch die zweite Ursache mit einzubeziehen[587]. Hier wäre insbesondere die konstitutionelle Prädisposition zu berücksichtigen[588], sofern sie auch für sich alleine zum Schaden geführt hätte[589].

5. Teilursachen

92 Im Gegensatz zu den Gesamtursachen als Grundlage konkurrierender Kausalität können hier die einzelnen Ursachen nicht für sich alleine den eingetretenen Schaden bewirken. Jede Teilursache ist jedoch adäquat kausal für den eingetretenen Schaden verantwortlich, den sie mit anderen Ursachen zusammen bewirkte[590]. Das Vorliegen von Teilursachen führt zu einer solidarischen Haftung der verschiedenen Schädigern, resp. zu einer Reduktion der Schadenersatzpflicht sofern Teilursachen durch den Geschädigten oder den Zufall gesetzt wurden[591]. Im Rahmen der Produktehaftpflicht dürfte die Fehlerhaftigkeit des Produktes oft eine Teilursache darstellen.

---

[584] Schnyder, in: Privatrechtskommentar, N 13 zu Art. 41.
[585] Brehm, N 147 zu Art. 41.
[586] Keller/Gabi, 23.
[587] Zusammenstellung der verschiedenen Meinungen in BGE 115 II 444.
[588] Oftinger, 124; Keller, 46.
[589] BGE 115 II 443.
[590] Schnyder, in: Privatrechtskommentar, N 14 zu Art. 41.
[591] Keller/Gabi, 19 f.

F. Schadenersatzbemessung

I. Festsetzung des Schadens

1. Vermögenseinbusse

Diese kann sich sowohl aus einer Vermögensabnahme (damnum emer-   **93**
gens) als auch eines entgangenen Gewinnes (lucrum cessans) zusammensetzen[592]. Der Geschädigte muss den konkreten ihm entstandenen und entstehenden Schaden nachweisen. Massgebender Zeitpunkt ist die Urteilsfällung derjenigen kantonalen Instanz, in welcher noch neue Tatsachen vorgebracht werden können[593].

2. Vorteilsanrechnung

Spart der Geschädigte infolge des schädigenden Ereignisses Auslagen ein,   **94**
sind diese Ersparnisse auf den Schaden anzurechnen[594]. So sind während
eines Krankenhausaufenthaltes die Kosten, welche für die Verpflegung zu
Hause eingespart werden, oder Berufsauslagen, welche infolge von Arbeitsunfähigkeit wegfallen, als vermögenserhöhend zu berücksichtigen[595].

3. Richterliches Ermessen

Kann der Schaden nicht ziffernmässig nachgewiesen werden, so liegt des-   **95**
sen Festsetzung im Ermessen des Richters (Art. 42 Abs. 2 OR). Allerdings
muss der Geschädigte sein möglichstes getan haben, um auch die Höhe des
erlittenen Schadens nachzuweisen[596].

II. Schadenersatz

Da es sich bei der Produkthaftpflicht um eine Kausalhaftung handelt, spielt   **96**
das Verschulden des Herstellers für die Bestimmung des Schadenersatzes
selber keine Rolle.[597]

---

[592]   Schnyder, in: Privatrechtskommentar, N 3 zu Art. 41.
[593]   Brehm, N 7 zu Art. 42. Im Kanton Zürich ist dies bis zum Verfahren vor Ober-
        gericht möglich, Sträuli/Messmer, N 1 zu § 115 ZPO.
[594]   Keller/Gabi, 75.
[595]   Brehm, N 13 zu Art. 46.
[596]   BGE 116 II 230.
[597]   Dieses spielt erst bei der Beurteilung eines allfälligen Selbstverschuldens eine
        Rolle.

III. Reduktion

1. Einwilligung

97 Hat der Geschädigte in die schädigende Handlung eingewilligt, kann der Richter die Ersatzpflicht ermässigen oder sogar ganz von ihr entbinden (Art. 44 Abs. 1 OR)[598]. Im Rahmen des Produktehaftpflichtrechts dürften solche Sachverhalte oft bereits durch die Verneinung der Fehlerhaftigkeit erfasst werden, wenn ein Konsument ein als potentiell schädigend bezeichnetes Produkt trotzdem benutzt[599].

2. Selbstverschulden

98 Das Verschulden des Geschädigten kann im Rahmen von Art. 44 Abs. 1 OR einen Reduktionsgrund darstellen[600]. Im Bereich der Kausalhaftung des PrHG kann aber ein Selbstverschulden durch ein Verschulden des an sich verschuldensunabhängig haftenden Herstellers u.U. ganz oder teilweise[601] kompensiert werden[602]. Das Vorliegen von Selbstverschulden ist auch bezüglich einer Genugtuung nicht mehr haftungsbefreiend, sondern nur noch ein Herabsetzungsgrund[603].

99 Handeln auf eigene Gefahr kann eine Form von Selbstverschulden darstellen[604].

3. Notlage des Ersatzpflichtigen
Die Herabsetzung der Schadenersatzpflicht aufgrund einer Notlage des Ersatzpflichtigen gemäss Art. 44 Abs. 2 OR wird nur ausnahmsweise vorgenommen[605].

4. Keine Reduktion infolge Drittverschuldens

100 Drittverschulden hat auf den Schadenersatzanspruch nur insoweit einen Einfluss, als seine Intensität ausreicht um den adäquaten Kausalzusammen-

---

[598] BGE 117 II 548, dies kann auch im Betreiben einer gefährlichen Sportart liegen, was beim Karting aber verneint wurde.
[599] Vgl. N 77 zu Art. 4.
[600] Brehm, N 20 ff. zu Art. 44; Oftinger, 161; Keller/Gabi, 19.
[601] BGE 116 II 428.
[602] Brehm, N 34 zu Art. 44 .
[603] BGE 116 II 735 f.
[604] Keller/Gabi, 104; Brehm, N 9 ff. zu Art. 44; Oftinger, 160 f.
[605] Schnyder, in: Privatrechtskommentar, N 9 zu Art. 44; Keller/Gabi, 106.

hang zwischen schädigender Handlung (hier die Fehlerhaftigkeit des Produktes) und dem Schadenseintritt zu unterbrechen. Ist der Schaden aber trotz Mitwirken eines Drittverschuldens noch eine adäquate Ursache des schädigenden Verhaltens, so stellt Drittverschulden im Gegensatz zum Selbstverschulden des Geschädigten keinen Reduktionsgrund dar[606]. Dem in Anspruch genommenen Schädiger steht es hingegen frei, vom Dritten auf dem Wege des Regresses einen Teil oder den gesamten geleisteten Schadenersatzanspruch zurück zu verlangen[607].

IV. Beweislast

Der Geschädigte muss die Voraussetzungen seines Schadenersatzanspru- **101** ches beweisen (Art. 8 ZGB)[608]. Dazu zählt einerseits die Herstellereigenschaft des Beklagten, die Fehlerhaftigkeit des Produktes sowie der natürliche Kausalzusammenhang als auch die einzelnen Komponenten des entstandenen Schadens.

Der Hersteller seinerseits trägt die Beweislast für seine allfällige Entla- **102** stung im Rahmen von Art. 5 PrHG[609]. Erhebt der Hersteller die Verjährungseinrede, so hat er auch diese als haftungsaufhebende Tatsache zu beweisen[610]. Die Beweislast für die Einhaltung der Verwirkungsfrist trägt andererseits der Geschädigte, da es sich dabei um eine rechtsbegründende Tatsache handelt[611].

---

[606] Keller/Gabi, 104.
[607] Vgl. N 19 ff. zu Art. 7.
[608] Kummer BK, N 146 ff. zu Art. 8.
[609] Kummer BK, N 164 ff. zu Art. 8.
[610] BGE 118 II 7f.
[611] BGE 118 II 147.

Kapitel 2
Hersteller

Art. 2   Herstellerin

1 Als Herstellerin im Sinne dieses Gesetzes gilt:
  a. die Person, die das Endprodukt, einen Grundstoff oder ein Teilprodukt hergestellt hat;
  b. jede Person, die sich als Herstellerin ausgibt, indem sie ihren Namen, ihr Warenzeichen oder ein anderes Erkennungszeichen auf dem Produkt anbringt;
  c. jede Person, die ein Produkt zum Zweck des Verkaufs, der Vermietung, des Mietkaufs oder einer anderen Form des Vertriebs im Rahmen ihrer geschäftlichen Tätigkeit einführt; dabei bleiben abweichende Bestimmungen in völkerrechtlichen Verträgen vorbehalten.

2 Kann die Herstellerin des Produkts nicht festgestellt werden, so gilt jede Person als Herstellerin, welche das Produkt geliefert hat, sofern sie dem Geschädigten nach einer entsprechenden Aufforderung nicht innerhalb einer angemessenen Frist die Herstellerin oder die Person nennt, die ihr das Produkt geliefert hat.

3 Absatz 2 gilt auch für Produkte, bei denen nicht festgestellt werden kann, wer sie eingeführt hat, selbst wenn der Name der Herstellerin angegeben ist.

Art. 2   Producteur

1 Par producteur, au sens de la présente loi, on entend:
  a. le fabricant d'un produit fini, le producteur d'une matière première ou le fabricant d'une partie composante;
  b. toute personne qui se présente comme producteur en apposant sur le produit son nom, sa marque ou un autre signe distinctif;

Art. 2   Produttore

1 È considerato produttore ai sensi della presente legge:
  a. la persona che produce il prodotto finito, una materia prima o una parte componente;
  b. chiunque si presenta come produttore apponendo il proprio nome, marchio o altro segno distintivo sul prodotto;

c. toute personne qui importe un produit en vue de la vente, de la location, du crédit-bail ou de toute autre forme de distribution dans le cadre de son activité commerciale; les dispositions contraires prévues dans les traités internationaux sont réservées.

² Si le producteur ne peut pas être identifié, chaque fournisseur d'un produit en sera considéré comme le producteur, à moins qu'il n'indique à la victime, dans un délai raisonnable à partir du jour où il en a été invité, l'identité du producteur ou de la personne qui lui a fourni le produit.

³ Le 2ᵉ alinéa s'applique également au cas d'un produit importé, si ce dernier n'indique pas l'identité de l'importateur au sens de la présente loi, même si le nom du producteur est indiqué.

c. chiunque importa un prodotto ai fini della vendita, della locazione, del leasing o di qualsiasi altra forma di distribuzione nell'ambito della sua attività commerciale; al riguardo sono salve le disposizioni contrarie previste nei trattati internazionali.

² Quando non può essere individuato il produttore, si considera tale ogni persona che ha fornito il prodotto, a meno che quest'ultima comunichi al danneggiato, entro un termine ragionevole a contare dal momento della richiesta, l'identità del produttore o della persona che gli ha fornito il prodotto.

³ Il capoverso 2 vale anche per prodotti importati, qualora non si possa stabilire chi sia l'importatore, anche se è indicato il nome del produttore.

A. Allgemeines

I. Vorbemerkungen

Nach Art. 1 Abs. 1 hat der Hersteller[612] für den Schaden einzustehen, der durch einen Fehler seines Produkts verursacht wird. Art. 2 legt den Kreis der nach Art. 1 Haftpflichtigen fest, enthält aber keine eigentliche Definition des Herstellerbegriffs. Damit folgt das Produktehaftpflichtgesetz der RL, die ebenfalls den Herstellerbegriff nicht definiert[613].

1

Es stellt sich damit die Frage, wie der Herstellerbegriff näher zu bestimmen ist. Primär kann festgestellt werden, dass „Hersteller" als rechtlicher Begriff in der Schweiz unbekannt ist[614]. Ein Rückgriff auf Art. 41 und 55 OR, aus denen das Bundesgericht die produkthaftungsrechtlichen Ansprü-

2

---

[612]   Aus praktischen Gründen wird trotz der weiblichen Form im Gesetz der Begriff „Hersteller" verwendet.

[613]   Vgl. anstelle vieler Taschner/Frietsch, N 1 zu Art. 3.

[614]   Schweighauser, 90.

che bislang hauptsächlich ableitete[615], ist zur Konkretisierung des Herstellerbegriffs ebenfalls nicht möglich. Art. 41 OR erfasst nämlich „jedermann" als Haftungssubjekt, und Art. 55 OR stellt auf den „Geschäftsherrn" ab, der sich durch die besondere Beziehung zu einer von ihm eingesetzten Person auszeichnet. Der Begriff des „Herstellers" stellt dagegen auf die besondere Beziehung zu einem Produkt ab. Damit drängt sich eine Auslegung auf, die sich auf Sinn und Zweck des Produktehaftpflichtgesetzes selbst zu stützen vermag. Dieses Vorgehen wird durch die Bindung des Begriffs „Hersteller" an das Gesetz aufgezeigt.[616]

3   Die Auslegung hat somit einerseits unter Beachtung des Produktbegriffs[617] von Art. 3, andererseits in Abgrenzung von den dem eigentlichen Hersteller gleichgestellten Personen (Art. 2 Abs. 1 lit. b und c und Abs. 2) zu erfolgen. Dabei sind auch die Erwägungen der EG zum Herstellerbegriff heranzuziehen. Die Botschaft des Bundesrates nimmt nämlich, indem sie auf den Eurolex-Entwurf[618] verweist[619], indirekt Bezug auf die RL.

II. Der Herstellerbegriff des Gesetzes

4   Ziel des Gesetzes ist es, alle Personen als Hersteller zu erfassen, die am Produktionsprozess beteiligt sind, um dem Konsumenten einen umfassenden Schutz zu gewährleisten[620]. Deshalb bezeichnet Art. 2 Abs. 1 lit. a nicht nur die Person als Hersteller, die das Endprodukt hergestellt hat, sondern auch den Produzenten eines Teilprodukts oder Grundstoffes. Diese üben somit eine eigene herstellende Tätigkeit aus und werden deshalb als tatsächliche Hersteller bezeichnet.

5   In Ergänzung der Umschreibung des tatsächlichen Herstellers in Art. 2 Abs. 1 lit. a, wurden weitere Personen in den Kreis der Haftpflichtigen ein-

---

[615]   Vgl. etwa BGE 49 I 465, 110 II 456 sowie BGE vom 14.5.1985 - „Klappstuhl-Fall" - nicht veröffentlicht; hierzu Widmer, recht 1986, 50 ff.

[616]   Vgl. Art. 2 Abs. 1: „... im Sinne dieses Gesetzes ...".

[617]   Der Herstellerbegriff wird aber entgegen der Ansicht von Schweighauser, 5, durch den Produktbegriff nicht eingeschränkt. Vielmehr ist der Herstellerbegriff durch den Produktbegriff bedingt, d.h. er ist schon ex lege enger oder weiter (z.B. für Grundstoffe), als was man üblicherweise unter einem Hersteller verstehen kann; Taschner/Frietsch, N 1 zu Art. 3.

[618]   Zusatzbotschaft I, 433.

[619]   Swisslex-Botschaft, 884.

[620]   Vgl. ErwG 4 RL.

bezogen. Dazu zählen der Quasi-Hersteller[621] i.S. von Art. 2 Abs. 1 lit. b sowie der Importeur i.S. von Art. 2 Abs. 1 lit. c, d.h. die Person, die das Produkt in das Hoheitsgebiet der Schweiz eingeführt hat, und unter bestimmten Voraussetzungen auch der Lieferant i.S. von Art. 2 Abs. 2[622].

Hersteller können natürliche und juristische Personen sein. Auch öffentlich-rechtliche Körperschaften und Anstalten sind mögliche Haftungssubjekte.   **6**

Die Aufzählung der Hersteller in Art. 2 ist abschliessend. Eine Ausdehnung auf weitere Personen, wie z.b. die Händler im allgemeinen oder Ingenieure[623] ist nicht zulässig.   **7**

III. Konkretisierungen

1. Die Produktehaftpflicht als Unternehmensträgerhaftung

Die Umschreibung des Herstellers als Person, die das Produkt hergestellt hat, könnte nahelegen, auf das persönliche, physische Einwirken bzw. Handeln abzustellen. Dadurch würden Mitarbeiter eines Unternehmens, die in der Produktion tätig sind, von der verschuldensunabhängigen Haftung erfasst. Ihr Arbeitgeber wäre dagegen nur Haftungssubjekt, wenn er selbst persönlich an der Herstellung mitgewirkt hätte.   **8**

Eine solche Konzeption liegt nun aber dem Produktehaftpflichtgesetz nicht zu Grunde. Sie würde den heutigen Produktionsformen, die weitgehend von einer horizontal und vertikal stark gegliederten Organisation ausgehen, nicht gerecht. Als Haftungssubjekt und damit als Hersteller i.S. von Art. 2 kommt daher nur der Unternehmensträger in Frage[624]. Dieser kann letzt-   **9**

---

[621] Auch Scheinhersteller oder von Taschner/Frietsch, N 2 zu Art. 3, „Als-ob"-Hersteller genannt.

[622] Vgl. bez. der Gründe für den Einbezug dieser Personen in den Kreis der Haftpflichtigen N 63, 78, 96 zu Art. 2.

[623] Vgl. zu Dienstleistungstätigkeiten im Rahmen des Herstellungsprozesses N 13 ff. zu Art. 2

[624] Von Westphalen, in: Produkthaftungshandbuch, § 63 N 6; auf die fehlende Eigenverantwortung und auf das Arbeiten unter Anleitung kann es nicht ankommen, da einerseits jeden Mitarbeiter in einem gewissen Ausmass selbst Verantwortung trifft, anderseits der Unternehmensträger haftet, auch wenn es dem Angestellten völlig freigestellt ist, was und wie er produziert - es genügt somit die Einbettung in die Organisation des Unternehmensträgers, damit die Herstellereigenschaft entfällt; vgl. auch Rolland, N 5 zu § 4. In diesem Sinne ist auch die Definition bei Taschner/Frietsch, N 1 zu Art. 3, zu verstehen.

lich die Organisation bestimmen, Produktkontrollen anordnen sowie das Risiko versichern und auf die Preise abwälzen[625].

10 Daraus kann aber für den Begriff des Herstellens nicht abgeleitet werden, dass darunter eine auf Erlöserzielungsabsicht gerichtete wirtschaftliche Tätigkeit zu verstehen wäre[626]. Ist eine solche nämlich im konkreten Fall nicht gegeben, so entfällt nicht die Herstellereigenschaft, sondern der betreffenden Person steht der Entlastungsbeweis von Art. 5 Abs. 1 lit. c offen.

11 Die Haftung nach dem Produktehaftpflichtgesetz stellt sich aufgrund obiger Ausführungen als reine Unternehmensträgerhaftung dar. Daraus folgt, dass der in Art. 55 Abs. 1 OR für die Geschäftsherrenhaftung vorgesehene Entlastungsbeweis im Rahmen des Produktehaftpflichtgesetzes unbeachtlich ist. Der Unternehmensträger hat also immer für die Handlungen seiner Mitarbeiter einzustehen. Zudem verbietet sich eine Übertragung der verschuldensunabhängigen Haftung auf die Ersatzpflicht einzelner Mitarbeiter nach Art. 41 Abs. 1 OR[627].

2. Art und Weise der Herstellung

12 Das Produktehaftpflichtgesetz zielt vor allem darauf ab, die Risiken der Technisierung und der modernen Produktionsweisen in sachgerechter Weise zuzuteilen[628]. Während die Einführung einer verschuldensunabhängigen Haftung des Herstellers für industriell gefertigte Produkte unter diesem Gesichtspunkt zu überzeugen vermag, ist dies bei handwerklich oder kunstgewerblich fabrizierten Erzeugnissen kaum mehr der Fall. Gleichwohl nimmt das Gesetz in dieser Hinsicht keine Differenzierung vor. Die Art und Weise der Herstellung ist damit für den Herstellerbegriff irrelevant[629]. Ebenfalls unbeachtlich ist, ob es sich um einen Gross-, Klein- oder Einmannbetrieb handelt. Zu begründen ist die Kausalhaftung für alle Hersteller einzig damit, dass sie jeweils die Herrschaft über das von ihnen fabrizierte Produkt haben und auf dessen Sicherheit Einfluss nehmen kön-

---

[625] Schmidt-Salzer, Deliktsrecht, N 4.190.
[626] So aber von Westphalen, in: Produkthaftungshandbuch, § 63 N 4.
[627] Vgl. für das deutsche Recht Schlechtriem, VersR 1986, 1039.
[628] Vgl. ErwG 2 RL.
[629] Taschner/Frietsch, N 11 zu § 4; von Westphalen, in: Produkthaftungshandbuch, § 63 N 10.

nen. Entsprechend ist auch der Entlastungsgrund von Art. 5 Abs. 2 zu erklären.

3. Dienstleistungen im Rahmen des Produktionsprozesses

Fraglich ist, ob Personen, die am Produktionsprozess als Dienstleister mit-   **13**
wirken, als Hersteller i.S. von Art. 2 Abs. 1 lit. a qualifiziert werden können. Darunter sind einerseits diejenigen zu verstehen, die in der Vorstufe
des Produktionsprozesses stehen und durch geistige Leistungen, wie z.b.
Planung und Konstruktion, an der Entstehung eines Produktes mitwirken,
andererseits diejenigen, die am Ende der Fabrikation Testfunktionen übernehmen.

Diese Frage stellt sich nur, wenn eine Person ausschliesslich eine solche   **14**
Tätigkeit ausübt. Fabriziert sie das Produkt daneben selbst, gilt sie ohne
weiteres als Hersteller i.S. von Art. 2 Abs. 1 lit. a und es erübrigt sich die
Prüfung, ob ihre Dienstleistungstätigkeiten im Rahmen der Produktion als
Herstellen zu qualifizieren sind[630].

Reine Prüfungstätigkeiten können nicht als Herstellen gelten, da in keiner   **15**
Weise auf das Produkt eingewirkt und auch dessen Beschaffenheit nicht
direkt beeinflusst wird. Dies muss nicht nur für Endprodukte, sondern auch
für Teilerzeugnisse gelten[631]. Das Risiko einer falschen Prüfung trifft im
Rahmen des Produktehaftpflichtgesetzes den Hersteller[632].

---

[630] Vgl. anstelle vieler Rolland, N 12 zu § 4, der darauf hinweist, dass einzelne Arbeitsabläufe im Bereich des Herstellers keine selbständige Bedeutung haben.

[631] So auch von Westphalen, in: Produkthaftungshandbuch, § 63 N 7, zumindest hinsichtlich der Endprodukte.

[632] A.A. Schmidt-Salzer, Deliktsrecht, N 4.453, der das Testinstitut für Instruktionsfehler haften lassen will. Diese Ansicht ist abzulehnen, da schon der Grundgedanke, dass jedes in die Warenherstellung eingeschaltete Unternehmen verschuldensunabhängig für die von ihm übernommenen Aufgaben hafte, sowohl der RL als
auch dem Produktehaftpflichtgesetz nicht zugrundeliegt. Vielmehr wird an das
Inverkehrbringen fehlerhafter Produkte durch den Hersteller angeknüpft und nicht
an Einzeltätigkeiten, die Fehler bewirken können. Vgl. auch Rolland, N 12 zu § 4,
der darauf hinweist, dass einzelne Arbeitsabläufe keine eigenständige Bedeutung
haben. Es ist nicht zulässig, aus allenfalls bestehenden Sorgfaltspflichten auf die
Herstellereigenschaft zu schliessen. Auf die Gefährlichkeit einer Tätigkeit oder
gar eines Produkts stellt das Produktehaftpflichtgesetz keineswegs ab. Zudem
würde eine Vermengung der allgemeinen Verschuldenshaftung mit der Produktehaftpflicht bewirkt, d.h. es würde über den Umweg „Hersteller" eine Sorgfalts-

16 Die Personen, die Planungs- und Konstruktionsaufgaben übernehmen, werden von einem Teil der Literatur[633] als Hersteller i.S. von Art. 2 Abs. 1 lit. a qualifiziert. Als Begründung wird unter anderem angeführt, dass jede Tätigkeit, an deren Ende ein Produkt steht, als Herstellen zu qualifizieren sei, und zwar unabhängig davon, wie umfangreich und intensiv die Tätigkeit ist[634]. Diese Ansicht wird aus dem Umstand abgeleitet, dass der Produktbegriff den Herstellerbegriff bedingt. Die letzte Feststellung ist zwar richtig, zu beachten ist aber, dass der Zusammenhang zwischen den beiden Begriffen über die Tätigkeit des Herstellens i.S. von Art. 2 Abs. 1 lit. a entsteht. Der Begriff „Herstellen" kann aber nicht son weit über seinen Wortsinn ausgedehnt werden, dass darunter ein allgemeines Bewirken zu verstehen wäre. Ansonsten müsste auch derjenige als Hersteller gelten, der eine Einzelanfertigung bestellt[635]. Ob sich die Planungs- und Konstruktionsleistung auf ein Teil- oder ein Endprodukt bezieht, ist irrelevant[636].

B. Der tatsächliche Hersteller

I. Der Begriff des tatsächlichen Herstellers

17 Als tatsächlicher Hersteller kann die Person bezeichnet werden, die als Ergebnis ihrer, in eigener Verantwortung ausgeübten, Tätigkeit[637] ein neues Produkt i.S. von Art. 3 in seiner Individualität erschafft[638], d.h. dem Erzeugnis sein Gepräge gibt. Daraus darf nicht abgeleitet werden, dass die eigene Tätigkeit eine umfassende sein muss, d.h. auch alle konstruktiven

---

pflichtverletzung verlangt, was aber wegen der Natur der Produktehaftpflicht als verschuldensunabhängige Haftung nicht zulässig ist.

[633] Fellmann/von Büren-von Moos, N 53; Schmidt-Salzer, Deliktsrecht, N 4.453; von Westphalen, in: Produkthaftungshandbuch, § 63 N 7.

[634] So von Westphalen, a.a.O. Daneben führt Schmidt-Salzer, Deliktsrecht, N 4.453, aus, dass jede Person, die in die Warenherstellung eingebunden sei, für die von ihr übernommenen Aufgaben verschuldensunabhängig haften solle. Dieser Argumentation liegt, wie oben unter FN 633 gezeigt, eine mit dem Produkthaftpflichtgesetz nicht zu vereinbarende Konzeption zugrunde.

[635] I. E. Rolland, N 20 zu § 4; Taschner/Frietsch, N 12 zu § 4; Schweighauser, 16 (bezüglich Endprodukte), die zur Begründung darauf hinweisen, dass nur dann jemand als Hersteller zu qualifizieren ist, wenn am Ende *seiner* Tätigkeit ein Produkt i.S. von Art. 3 steht.

[636] Vgl. Rolland, N 20 zu § 4; vgl. hierzu auch zum Teilprodukt N 60 zu Art. 2.

[637] Vgl. Taschner/Frietsch, N 1 zu Art. 3.

[638] Vgl. von Westphalen, in: Produkthaftungshandbuch, § 63 N 4.

Aufgaben übernommen werden müssen. Wäre es anders, würde der Entlastungsgrund von Art. 5 Abs. 2 seinen Sinn verlieren.

Der Herstellerbegriff ist damit einerseits wesentlich davon abhängig, was **18** unter einem Produkt i.S. von Art. 3 zu verstehen ist, andererseits nur in Abgrenzung zu Tätigkeiten zu erfassen, die nicht als Herstellen qualifiziert werden können.

Zu beachten ist, dass nicht jede Tätigkeit, aus der ein neues Produkt, d.h. **19** eine andere Sache, als die vorher bestehende, hervorgeht, als Herstellen zu qualifizieren ist. So sind z.b. zusammengesetzte zwar immer andere Sachen als die Einzelteile, diese müssen aber nicht durch ein Herstellen zur zusammengesetzten Sache verbunden werden. Es zeigt sich somit, dass der Begriff des Herstellens im Zusammenhang mit dem Produktbegriff steht, aber als Tätigkeit eine eigenständige Bedeutung hat. Somit kann nur negativ gesagt werden, dass wenn durch eine Tätigkeit keine neue bewegliche Sache entsteht, keine Herstellung erfolgt ist. Deshalb ist v.a. die Art der Tätigkeit relevant, die zur Entstehung eines neuen Produkts führt. Ob diese als Herstellen qualifiziert werden kann, beurteilt sich nach der Verkehrsanschauung. Ist zweifelhaft, ob eine Tätigkeit ein Herstellen ist, können folgende Kriterien beigezogen werden:
- eingesetzter Arbeitsaufwand[639], bzw. Umfang der Einwirkung auf das Produkt[640],
- eigene konstruktive Tätigkeit[641],
- Know-how-Einsatz[642],
- Veränderung der Substanz[643],
- Veränderung oder Erweiterung von Funktionen[644],
- Schaffung zusätzlicher Risiken[645].

Unter den Herstellerbegriff i.S. von Art. 2 Abs. 1 lit. a fallen der tatsächli- **20** che Hersteller eines Endprodukts, Grundstoffs oder Teilprodukts. Der Geschädigte hat somit nicht nur die Möglichkeit denjenigen in Anspruch zu

---

[639]   Von Westphalen, in: Produkthaftungshandbuch, § 63 N 19.
[640]   Rolland, N 12 zu § 4.
[641]   Taschner/Frietsch, N 28 zu § 34.
[642]   Taschner/Frietsch, a.a.O.
[643]   Taschner/Frietsch, N 23 zu § 34.
[644]   Vgl. Rolland, N 13 zu § 4.
[645]   Vgl. Rolland, N 16 zu § 4.

nehmen, der das Produkt in seine endgültige Form, wie sie dem Verbraucher gegenüber erscheint, gebracht hat, sondern auch die Produzenten von Einzelteilen und Grundstoffen. Dem Hersteller einer nachgelagerten Produktionsstufe ist es nämlich verwehrt, sich darauf zu berufen, dass sein Produkt nur deshalb fehlerhaft sei, weil der Grundstoff oder das Teilprodukt, die er zur Herstellung seines Produktes verwendete, einen Fehler aufwiesen. Dadurch minimiert sich das Insolvenzrisiko erheblich[646]. Er hat insbesondere nicht zu befürchten, dass ein Endhersteller mit schmaler Haftungsbasis vorgeschoben wird.

II. Der Endhersteller

21 Für den Geschädigten wird es der Normalfall sein, den Endprodukthersteller in Anspruch zu nehmen. Über diesen ist letztlich am ehesten Kenntnis zu erlangen.

22 Unter dem Endhersteller ist diejenige Person zu verstehen, die das Produkt in der Form herstellt, in der es sich dem Verbraucher letztlich präsentiert[647]. Diese Definition ist zu konkretisieren, da das Produkt auch durch Handlungen (zumindest äusserlich) noch verändert werden kann, die aber nicht als Herstellen qualifiziert werden können. Andererseits kann aber auch ein Produkt weiterverarbeitet werden, so dass derjenige, der es hergestellt hat, lediglich Teilhersteller ist. Der Endhersteller stellt sich als das Bindeglied zwischen dem Teil- oder allenfalls Grundstoffhersteller und dem Händler dar[648].

23 Primär ist damit eine Abgrenzung zu Personen der Vertriebskette erforderlich, deren Haftung nach dem Produktehaftpflichtgesetz gem. Art. 2 Abs. 2 nur ausnahmsweise Platz greift[649]. Zusätzlich hat aber auch eine Abgrenzung gegenüber dem Teilhersteller zu erfolgen, da diesem der Entlastungs-

---

[646] Schweighauser, 6 m.w.N.

[647] Für den Begriff des Endherstellers ist es unbedeutend, ob er das Produkt unter seinem eigenen Waren- oder Firmenzeichen in Verkehr bringt, da das Anbringen solcher Erkennungsmerkmale nicht mehr unter den Begriff des Herstellens fallen; a.A. Lem, 45. Wäre es anders, hätte der Quasihersteller in Art. 2 Abs. 1 lit. b nicht explizit aufgeführt werden müssen.

[648] Antoniazzi, 563.

[649] Vgl. Schweighauser, 7; wobei zu bemerken ist, dass für die Haftung von Personen der Verteilerkette wegen Art. 55 Abs. 1 OR nicht notwendigerweise schuldhaftes Verhalten erforderlich ist.

beweis von Art. 5 Abs. 2 zusteht, nicht aber dem Endhersteller[650]. Diese Unterscheidung ergibt sich aus der Abgrenzung zum Händler, so dass jeder dann Teilhersteller ist, wenn er sein Produkt einer Behandlung unterzieht, die über die Tätigkeiten der Vertriebskette hinausgehen.

Im Einzelfall ist eine Abgrenzung in einem fliessenden Übergang[651] zwi-   **24** schen der Produktions- und der Verteilerstufe vorzunehmen. Da das Gesetz weder den Hersteller noch den Händler definiert, ist aufgrund der Würdigung aller Umstände festzustellen, welche Funktion einer Person nach der Verkehrsanschauung im Herstellungs- und Verteilungsprozess zukommt[652]. Dabei sind die oben dargestellten Kriterien zu beachten[653].

1. Abgrenzung zum Händler

Im folgenden soll an einzelnen Beispielen die Abgrenzung zwischen Her-   **25** steller und Händler konkretisiert werden.

a) *Assembler*

Unter dem Assembler ist derjenige zu verstehen, der aus gelieferten Ein-   **26** zelteilen ein Produkt zusammenbaut und dem die Auswahl der Einzelteile und/oder die Art und Weise des Zusammenbaus freigestellt ist[654]. Er verändert aber die einzelnen Elemente nicht in ihrer Beschaffenheit. Der Assembler arbeitet mit fertigen Produkten. Er schafft jedoch eine aus den Einzelteilen zusammengesetzte Sache und damit ein neues Produkt.

Das Resultat der vom Assembler vorgenommenen Tätigkeit stellt nicht   **27** bloss die Summe von Einzelteilen dar[655], vielmehr wirken die einzelnen Produkte zusammen und ergänzen sich zu einer funktionellen Einheit. Ihr Zusammenwirken lässt erst die eigentliche Funktion des Produkts entstehen, die vorgängig noch nicht festgelegt war. Im Assembling liegt somit das Risiko einer zusätzlichen Funktion, welche die Qualifikation des

---

650   Vgl. für diese Abgrenzung auch N 59 f. zu Art. 2.
651   Schmidt-Salzer/Hollmann, N 16 zu Art. 3.
652   Vgl. Schweighauser, 7.
653   Vgl. N 19 zu Art. 2.
654   Zur Unterscheidung von der Endmontage vgl. N 28 zu Art. 2.
655   Rolland, N 13 zu § 4; Schweighauser, 13;

Assemblers als Hersteller i.S. von Art. 2 Abs. 1 lit. a nach der Verkehrsanschauung rechtfertigt[656].

b) Endmontage

28 Unter der Endmontagetätigkeit wird im folgenden der Zusammenbau von Einzelteilen nach der Anleitung und den Vorgaben des Herstellers der Einzelteile zum fertigen Produkt verstanden. Entsprechend wird hier die Montagetätigkeit von derjenigen des Assemblers unterschieden[657]. Normalerweise wird diese der Hersteller der Einzelteile selbst durchführen. Er kann die Aufgabe aber auch einer in der Produktions- und Vertriebskette nachgelagerten Person übertragen. Fraglich ist dann, ob diese Person Hersteller des zusammengebauten Produkts wird oder nur Händler ist. Primär ist festzustellen, dass durch die Endmontage eine zusammengesetzte und damit neue Sache entsteht.

29 Die Auffassungen in der Literatur hinsichtlich dieser Tätigkeit sind geteilt. So wird vertreten, die Endmontage begründe grundsätzlich keine Herstellereigenschaft, wenn der Hersteller das Produkt, aus irgendwelchen Gründen, z.B. wegen des besseren Transports, nicht gebrauchsfertig in den Verkehr bringt und den Endmonteur nach genauen Spezifikation zu arbeiten anweist[658]. Demgegenüber will der andere Teil der Lehre darauf abstellen, ob durch die Endmontage nach der Verkehrsanschauung ein neues Produkt entsteht[659].

30 Der zweiten Ansicht ist insofern beizupflichten, als dass sie auf die Verkehrsanschauung abstellt. Dagegen kommt es nicht darauf an, ob danach ein neues Produkt entsteht, was immer der Fall ist, sondern ob die Tätigkeit als Herstellen qualifiziert werden kann. Die Endmontage kann im hier

---

[656] I.E. auch die h.L.: Bartl, N 5 zu § 4; Taschner/Frietsch, N 20 zu § 4; Kullmann, Produkthaftungsgesetz, 87; Rolland, N 13 zu § 4; Schweighauser, 13; Wagener, in: Unternehmenspraxis, N 89.

[657] Vgl. auch von Westphalen, in: Produkthaftungshandbuch, § 63 N 17, der nicht zwischen Assembling und Montage unterscheidet.

[658] Taschner/Frietsch, N 26 zu § 4; Schmidt-Salzer/Kullmann, N 19 zu Art. 3; Schweighauser, 14.

[659] Rolland, N 14 zu § 4; von Westphalen, in: Produkthaftungshandbuch, § 63 N 17.

verstandenen Sinne nicht von vornherein als reine Dienstleistung beurteilt werden, so dass die Herstellereigenschaft entfallen würde[660].

Für die Frage, ob nach der Verkehrsanschauung die Endmontage als Herstellen zu qualifizieren ist, muss darauf abgestellt werden, wie intensiv sie ist und ob die Einzelteile in ihrer Beschaffenheit noch verändert werden. Ein Indiz kann der Arbeitsaufwand des Monteurs sein[661], der allerdings zu relativieren, d.h. ins Verhältnis zur Komplexität des entstehenden Produkts zu setzen ist. Wird im Rahmen der Montage in die Substanz der Einzelteile eingegriffen, so ist i.a.R. ein Herstellen gegeben. Des weiteren kann auch auf das Risiko, welches in der Montage selbst liegt, abgestellt werden. Irrelevant dagegen ist, ob genaue Spezifikationen des Herstellers der Einzelteile vorliegen, da ansonsten auch das Herstellen eines Produktes nach genauen Vorgaben aus nicht vorgefertigten Teilen, z.B. im Rahmen der Auftragsfertigung, lediglich als Dienstleistung qualifiziert werden könnte.

31

Eine abschliessende Beurteilung der Frage ist jeweils nur im Einzelfall möglich, die aufgrund obiger Kriterien zu erfolgen hat.

32

Wird in casu die Endmontage nicht als Herstellen beurteilt, bedeutet dies aber nicht, dass für das gesamte Produkt keiner nach dem Produktehaftpflichtgesetz einzustehen hat[662]. Dies ergibt sich einerseits daraus, dass der Hersteller des montierten Produkts eben Hersteller des gesamten Erzeugnisses ist, andererseits aus seiner Haftung für die Einzelteile. Deren Fehlerhaftigkeit besteht nämlich nicht nur dann, wenn sie isoliert betrachtet einen Fehler i.S. von Art. 4 aufweisen, sondern auch, wenn sie nicht fehlerfrei zusammenwirken. Dies wird häufig auch für den Fall zu gelten haben, dass der Fehler allein in einer unsorgfältigen Montage gründet, denn es darf erwartet werden, dass ein Produkt gefahrlos zusammengebaut werden kann[663].

33

---

660   Vgl. auch Schweighauser, 13, der für den Begriff der Endmontage schon voraussetzt, dass dadurch kein neues Produkt entsteht. Damit schliesst er sich i.E. der Meinung Rollands, a.a.O., und von Westphalens, a.a.O. an.
661   Von Westphalen, in: Produkthaftungshandbuch, § 63 N 19.
662   So aber Schmidt-Salzer/Hollmann, N 33 zu Art. 3, und Schweighauser, 12.
663   In diesem Fall bietet das Produkt nicht die Sicherheit, die man zu erwarten berechtigt ist; Art. 4 Abs. 1.

c) *Produktvervollständigung*

34   Unter der Produktvervollständigung ist die Ergänzung eines in einer Grundausstattung gelieferten Produkts, welches noch nicht gebrauchstauglich ist, durch den Händler nach den entsprechenden Kundenwünschen oder aufgrund einer Gesetzesvorschrift zu verstehen[664].

35   Zur Feststellung, ob in diesem Fall ein Herstellen gegeben ist, muss einerseits geprüft werden, ob ein neues Produkt entsteht, andererseits ist darauf abzustellen, ob nach der Verkehrsanschauung ein Herstellen gegeben ist[665]. Dabei sind wiederum die Umstände des konkreten Einzelfalls wesentlich.

36   Als entscheidend wird unter anderem erachtet, ob der Kompletierer durch eigene konstruktive Tätigkeit und mit entsprechendem Know-how das Produkt ergänzt[666]. Zusätzlich wird gefordert, dass weder der Hersteller des Grundmodells noch derjenige der Ergänzungsteile mit der Vervollständigung zu rechnen hatte[667]. Daraus müsste dann aber folgen, dass in den Fällen, in welchen diese zweite Voraussetzung fehlt, die Herstellereigenschaft des Vervollständigers entfalle. Ein solcher Schluss dürfte aber kaum zulässig sein, da es nur auf die konkrete Handlung des Kompletierers ankommt. So wird z.B. der LKW-Händler, dem der Unterbau geliefert wird, welchen er dann durch einen Chassis-Aufbau eines Dritten ergänzt, regelmässig als Endhersteller angeschaut[668], obwohl beide Teilhersteller mit der entsprechenden Verwendung zu rechnen hatten. Dagegen kann ein Indiz für das Fehlen der Herstellereigenschaft des Händlers eine allfällige Vorgabe des Grundmodellherstellers sein. Ebenfalls kann bedeutsam sein, dass der Hersteller sein Produkt in verschiedenen Variationen bewirbt. Dies entbindet aber keinesfalls von der Prüfung, ob der Vervollständiger ein neues Produkt schafft oder nicht[669].

---

[664]   Vgl. von Westphalen, in: Produkthaftungshandbuch, § 63 N 27.

[665]   Vgl. auch Rolland, N 16 zu § 4; Schweighauser, 11; wohl auch von Westphalen, in: Produkthaftungshandbuch, § 63 N 21.

[666]   Schweighauser, 11; Taschner/Frietsch, N 28 zu § 4.

[667]   So Schweighauser, 11.

[668]   Taschner/Frietsch, N 31 zu § 4; von Westphalen, in: Produkthaftungshandbuch, § 63 N 22.

[669]   Zu beachten ist, dass das Ergänzen einer Hauptsache mit Bestandteilen in aller Regel ebenfalls eine neue zusammengesetzte Sache entstehen lässt.

Neben dem konstruktiven Beitrag und dem eingesetzten Know-how wird **37** auch auf den Arbeitsaufwand des Kompletierers abgestellt[670]. Dem kann aber, wie schon für die Endmontage ausgeführt, nur mit der Massgabe zugestimmt werden, dass der Arbeitsaufwand ins Verhältnis zum Umfang des Gesamtprodukts gesetzt wird. Eine weitere Meinung will die Herstellereigenschaft dann bejahen, wenn das Grundmodell „substantiell verändert" wird, so dass „von einem neuen Produkt mit eigenen, zusätzlich hervorgerufenen nicht, unbedeutenden Risiken gesprochen werden kann"[671]. Dem wird entgegengehalten, dass es auf das Risiko, welches geschaffen wird, nicht ankomme[672]. Diesem Einwand ist insofern zuzustimmen, als dass nicht ein zusätzliches Risiko geschaffen werden muss, damit die Herstellereigenschaft gegeben ist. Entsteht aber ein zusätzliches Risiko, spricht viel dafür, den Vervollständiger als Hersteller zu qualifizieren.

Von der Herstellereigenschaft des Kompletierers bleibt diejenige des **38** Grundmodellfabrikanten und des Ergänzungsteileproduzenten natürlich unberührt[673].

d) Ergänzung mit Zubehör

Im Gegensatz zur Produktvervollständigung, handelt es sich bei der Ergän- **39** zung mit Zubehör um eine Tätigkeit, bei der das zu ergänzende Produkt bereits gebrauchsfertig ist[674]. Dies ist v.a. im Automobilhandel üblich. Im allgemeinen geht die Lehre[675] richtigerweise davon aus, dass darin kein Herstellen gesehen werden kann[676]. Unter anderem wird auch darauf verwiesen, dass ein Ausstatten mit Zubehör auch dem Produktbenutzer selbst möglich ist[677].

Damit ist aber nicht gesagt, dass für Fehler, die erst durch das Ausstatten **40** mit Zubehör entstehen, grundsätzlich niemand nach dem Produktehaftpflichtgesetz einzustehen hat. Im Einzelfall kann sowohl der Hersteller des

---

[670]	Von Westphalen, in: Produkthaftungshandbuch, § 63 N 21.
[671]	Rolland, N 16 zu § 4.
[672]	So von Westphalen, in: Produkthaftungshandbuch, § 63 N 21.
[673]	Taschner/Frietsch, N 29 zu § 4; vgl. auch Schweighauser, 10 f.
[674]	Vgl. Taschner/Frietsch, N 32 zu § 4.
[675]	Taschner/Frietsch, N 32 zu § 4; Wagener, in: Unternehmenspraxis, N 90; von Westphalen, in Produkthaftungshandbuch, § 63 N 23.
[676]	Vgl. auch Schweighauser, 12, mit eingehenden Ausführungen zu Sinn und Zweck des Herstellerbegriffs in der RL .
[677]	Von Westphalen, in: Produkthaftungshandbuch, § 63 N 23.

Grundprodukts, aber auch derjenige des Zubehörs von der Haftung betroffen sein. Dies z.b. dann, wenn das Ausstatten des entsprechenden Erzeugnisses als ein Gebrauch qualifiziert werden kann, mit dem vernünftigerweise gerechnet werden muss (Art. 4 Abs. 1 lit. b)[678].

41 Wird das Grundprodukt dagegen nicht bloss mit Zubehör ausgestattet, sondern regelrecht umgebaut, wie dies z.b. beim sogenannten Tuning der Fall sein kann, so ist der Tuner als Hersteller anzusehen[679].

e) Make Ready-service

42 Vielfach wird dem Händler vom Hersteller ein Produkt geliefert, welches noch nicht übergabefertig ist, weil noch untergeordnete Tätigkeiten zur Erstellung der Betriebstauglichkeit erforderlich sind. Diese Leistungen werden als „Make Ready-service" bezeichnet. Darunter kann beispielsweise das Entfernen von Lackschutzvorrichtungen, das Einstellen von Aggregaten oder das Einfüllen von Betriebsflüssigkeiten fallen.

43 Diese Tätigkeiten haben überwiegend Dienstleistungscharakter, weshalb die Lehre die Person, welche diese Arbeiten ausführt, nicht unter den Begriff des Herstellers subsumieren will[680]. Dieser Ansicht ist schon deshalb zuzustimmen, weil durch solche Tätigkeiten kein neues Produkt entsteht.

44 In der Lehre wird darauf hingewiesen, dass diese Dienstleistungen dann anders, und zwar als letzte Tätigkeit in der Herstellungskette, qualifiziert werden können, wenn sie durch den Hersteller selbst oder seine eigene

---

[678] Vgl. Schweighauser, 13, der allerdings nur den Zubehörhersteller haften lassen will. Dabei übersieht er aber m.E., dass auch hinsichtlich des Grundprodukts u.U. mit dem Einbau von Zubehör gerechnet werden muss (so insbesondere wenn das Basisprodukt entsprechende Halterungen aufweist) - ob dies der Hersteller des Basisproduktes voraussehen kann, ist dabei irrelevant, da es nicht auf seine Auffassung ankommt, sondern auf die der Allgemeinheit. Ausserdem kann der Grundprodukthersteller letztlich darauf hinweisen, dass die Ausstattung mit Zubehör nicht zulässig ist; vgl. Art. 4 Abs. 1 lit. a.

[679] Rolland, N 16 zu § 4; Wagener, in: Unternehmenspraxis, N 90; von Westphalen, in: Produkthaftungshandbuch, § 63 N 20.

[680] Bartl, N 6 zu § 4; Taschner/Frietsch, N 24 zu § 4; Kullmann, Produkthaftungsgesetz, 88; Landscheidt, N 51 zu § 4; Rolland, N 14 zu § 4; Schmidt-Salzer/Kullmann, N 21 zu Art. 3; Schweighauser, 8; Wilms, 46; von Westphalen, in: Produkthaftungshandbuch, § 63 N 24.

Verkaufsstelle durchgeführt werden[681]. Dieser Ansicht ist entgegenzuhalten, dass eine Tätigkeit nicht zu einem Herstellungsakt wird, weil sie die herstellende Person ausführt. Vielmehr wird die Person, die eine herstellende Tätigkeit ausübt, zum Hersteller i.S. von Art. 2 und damit zum Haftungssubjekt. Sie hat dann aber für alle Fehler eines Produkts nach dem Produktehaftpflichtgesetz einzustehen, die durch Arbeiten in ihrem Bereich verursacht werden. Das Gesetz knüpft nämlich nicht an die herstellende Tätigkeit als Schadensursache an, sondern an den Fehler eines Produkts, der vor dem Inverkehrbringen (vgl. Art. 5 Abs. 1 lit. b) entstanden ist[682].

Die im Resultat unterschiedliche Behandlung des Herstellers und des   **45**
Händlers bezüglich der hier in Frage stehenden Tätigkeiten, mag unbillig erscheinen[683], ist aber die Konsequenz aus der Tatsache, dass das Produktehaftpflichtgesetz auf das Inverkehrbringen eines fehlerhaften Produkts durch den Hersteller abstellt und nicht auf die herstellende Tätigkeit. In der Praxis wird sich dieses Problem aber kaum auswirken, da die meisten Fehler, wie sie Art. 4 PrHG definiert, entweder aus der Konstruktion oder aber der Produktion hervorgehen. Zudem wird i.a.R. der Fehler, der auf den ersten Blick dem Händler zuzuordnen ist, schon im Produkt selbst angelegt gewesen sein.

f) Erstellen der Gebrauchstauglichkeit

Produkte werden durch den Hersteller teilweise nicht gebrauchsfertig in   **46**
den Verkehr gebracht. Diese müssen dann kurz vor ihrem Einsatz in die vorgesehene Form gebracht werden. Als Beispiele zu erwähnen sind etwa in Pulverform vertriebene Medikamente oder Zweikomponentenkleber. Übernimmt der Händler, welcher z.B. auch ein Arzt oder ein Apotheker sein kann, das Erstellen der Gebrauchstauglichkeit durch Zusammenfügen der vom Hersteller vorgesehenen Einzelkomponenten, so kann nicht von Herstellen gesprochen werden[684]. Zwar entsteht, isoliert betrachtet, ein gegenüber den Basisstoffen neues Produkt, die Eigenschaften des Endpro-

---

681 Taschner/Frietsch, N 25 zu § 4; Schweighauser, 8. Zu präzisieren ist, dass die Verkaufsstelle lediglich eine Betriebsstätte und keine Tochtergesellschaft des Herstellers sein darf, ansonsten sie gleich behandelt wird, wie ein selbständiger Händler.

682 Vgl. hierzu auch von Westphalen, in: Produkthaftungshandbuch, § 63 N 24; zum Begriff vgl. N 2 ff. zu Art. 5.

683 So auch Schweighauser, 8.

684 Taschner/Frietsch, N 5 zu Art. 3; Schweighauser, 10; von Westphalen, in: Produkthaftungshandbuch, § 63 N 13.

dukts sind aber schon in den Einzelkomponenten angelegt, so dass das Zusammenwirken bereits vom Hersteller der Grundprodukte vorbestimmt war. Das gleiche muss für das Verbinden mit Wasser gelten, sofern die Menge der Beifügung die Eigenschaften der vorgesehenen Mischung nicht beeinflusst.

g) Verpackung

47 Die reine Verpackungstätigkeit wird von der wohl h.L. nicht als Herstellen qualifiziert[685], weil i.a.R. kein neues Produkt entsteht. Dabei ist allerdings vorauszusetzen, dass auf das zu verpackende Endprodukt zumindest nicht substanzverändernd eingewirkt wird. Beinhaltet das Verpacken beispielsweise auch das Konservieren der gelieferten Produkte mit Zusatzstoffen, kann nicht mehr von einer reinen Verpackungstätigkeit, sondern muss von Herstellen gesprochen werden. Dies ist z.B. beim Vakuumieren nicht der Fall. Ob durch eine Verpackungstätigkeit ein zusätzliches Risiko entsteht, weil es sich um anfällige Produkte handelt, spielt in diesem Zusammenhang keine Rolle.

48 Stellt die Verpackung ein funktioneller Teil des Produkts dar, d.h. dient diese nicht einfach als Versandmaterial oder Behälter zur Aufbewahrung, sondern erfüllt einen Zweck, der auf den konkreten Einsatz des Produkts gerichtet ist, so kann das verpackte Produkt allenfalls als Endprodukt angeschaut werden[686]. Der Verpacker ist dann Endhersteller. Eine solche Funktion käme etwa einer Spraydose o.ä. zu.

49 Entgegen anderer Meinung[687] haftet der Hersteller des zu verpackenden Produkts nicht für den Fehler des Behältnisses, wenn dieses von einem Dritten geliefert wird und er selbst die reine Verpackungstätigkeit vornimmt. Vielmehr ist der Dritte Endprodukthersteller der Verpackung. Dies folgt aus dem Produktbegriff von Art. 3. Sowohl die Verpackung als auch das Produkt stellen nämlich jeweils für sich bewegliche Sachen dar. Sie werden nicht zu einer zusammengesetzten Sache, sondern bilden eine Sachgesamtheit.

---

[685]   Bartl, N 8 zu § 4; Culemann, 4; Rolland, N 12 zu § 4; Schweighauser, 9; differenzierend Taschner/Frietsch, N 35 zu § 4; a.A. Krämer, Verbraucherrecht, 310.
[686]   Vgl. auch von Westphalen, in: Produkthaftungshandbuch, § 63 N 25; vgl. auch Schweighauser, 9.
[687]   Taschner/Frietsch, N 34 zu § 4; Schweighauser, 9.

h) Abfüllen

Das Abfüllen ist ein Spezialfall des Verpackens. Beinhaltet diese Tätigkeit   **50**
lediglich das Umfüllen in neue Gefässe, so kann sie nicht als Herstellen
qualifiziert werden[688]. In diesem Fall bildet das Gefäss lediglich ein Behälter, der zum zweckmässigen Inverkehrbringen dient, und ist nicht eigentli-
cher Träger einer Funktion der abgefüllten Flüssigkeit.

Wird nun aber so auf die Flüssigkeit eingewirkt, dass daraus ein neues Pro-   **51**
dukt entsteht, wird der Abfüller zum Hersteller[689]. Er hat dann als Endprodukt die Flüssigkeit hergestellt, nicht aber zusammen mit dem Behälter.
Dies ist etwa der Fall, wenn Mineralwasser mit Kohlensäure angereichert
wird oder Grundsubstanzen gemischt werden müssen[690]. Bei diesen Tätigkeiten darf dem erforderlichen Arbeitsaufwand im Gegensatz zur Montage[691] keine grosse Bedeutung beigemessen werden[692], da dieser nur sehr
wenig darüber aussagt, ob die gelieferte Flüssigkeit in ihrer Substanz verändert worden ist oder nicht. Die konstruktiven Anforderungen an die Ab-
fülltätigkeit selbst können höchstens als Indiz für die Entstehung eines
neuen Produkts dienen[693], da die gelieferte Flüssigkeit dadurch nicht notwendigerweise verändert wird. Allenfalls wird lediglich das Behältnis
durch besondere Massnahmen vorbereitet. Dadurch wird der Abfüller aber
nur Hersteller des Endprodukts „Gefäss ohne die Flüssigkeit".

---

[688] So die h.L.: Rolland, N 12 zu § 4; Schweighauser, 9; Schmidt-Salzer/Hollmann,
       N 43 zu Art. 3; Taschner/Frietsch, N 35 zu § 4; von Westphalen, in: Produkthaf-
       tungshandbuch, § 63 N 26.
[689] Kullmann, Produkthaftungsgesetz, 90; Rolland, N 12 zu § 4; Schweighauser, 9;
       a.A. Schmidt-Salzer/Hollmann, N 43 zu Art. 3, der den Abfüller nur dann als Her-
       steller qualifizieren will, wenn er Vertriebstätigkeit auf eigene Rechnung entfaltet.
       Ist dies nicht gegeben, so soll er nur für die Vorgänge innerhalb des eigenen Auf-
       gabenbereichs verschuldensunabhängig haften. Diese Auffassung ist abzulehnen,
       da sowohl das Produktehaftpflichtgesetz als auch die EG-Richtlinie nicht an die
       einzelnen fehlerbegründenden Tätigkeiten anknüpfen, sondern an das Inverkehr-
       bringen eines fehlerhaften Produkts durch eine Person, die als Hersteller i.S. von
       Art. 2 gilt; so auch Rolland, N 12 zu § 4.
[690] Vgl. aber oben N 46.
[691] Vgl. hierzu N 31 zu Art. 2.
[692] So aber von Westphalen, in: Produkthaftungshandbuch, § 63 N 26.
[693] Vgl. auch Taschner/Frietsch, N 35 zu § 4, welche entscheidend auf diesen Punkt
       abstellen wollen. Dagegen misst von Westphalen, in: Produkthaftungshandbuch,
       § 63 N 26, diesem Aspekt überhaupt keine Bedeutung zu.

52 Zu beachten ist, wie auch bei der Verpackungstätigkeit, dass der Hersteller der Flüssigkeit, der selbst in Gefässe abfüllt, die von einem Dritten geliefert werden, nur das Endprodukt Flüssigkeit ohne das Behältnis herstellt. Das gelieferte Gefäss ist ein selbständiges Endprodukt.

2. Abgrenzung zum Lizenz- und Franchisegeber

53 In der Lehre[694] wird die Ansicht vertreten, der Lizenzgeber sei, wie auch der Lizenznehmer, als Hersteller zu qualifizieren. Dieser Ansicht kann nicht gefolgt werden, da der Lizenzgeber lediglich die Idee und die Konstruktion liefert, selbst aber das Produkt nicht herstellt[695]. Dies gilt selbst dann, wenn man Pläne inklusive der darin enthaltenen geistigen Leistung als Produkt bezeichnen möchte, da sie nicht Teile des Endprodukts darstellen.

54 Analoge Überlegungen haben für den Franchisegeber zu gelten, der ebenfalls nicht selbst das schadenstiftende Produkt herstellt.

55 Zu beachten ist, dass sowohl der Lizenz- als auch der Franchisegeber als Quasi-Hersteller haften, wenn sie sich i.S. von Art. 2 Abs. 1 lit. b als Hersteller des Produktes ausgeben[696].

III. Hersteller eines Grundstoffs

56 Das Gesetz unterstellt gem. Art. 2 Abs. 1 lit. a auch denjenigen der Haftung nach Art. 1, welcher einen Grundstoff hergestellt hat; definiert den Begriff des Grundstoffs aber nicht. Darunter werden Basisprodukte, wie z.B. Kies, Kohle, Mineralien, Erdöl usw., die zur Herstellung von Teil- oder Endprodukten dienen, zu verstehen sein[697]. Die ausdrückliche Erwähnung der Grundstoffe wäre zwar nicht unbedingt notwendig gewesen, so-

---

[694] Von Westphalen, in: Produkthaftungshandbuch, § 63 N 8; Schmidt-Salzer/ Hollmann, N 139 zu Art. 3, die diesen aber nur für Konstruktionsfehler haften lassen wollen. Eine derartige Aufteilung sieht das Gesetz nicht vor, weshalb diese Meinung abzulehnen ist; vgl. hierzu FN 633.

[695] Ebenso Rolland, N 32 zu § 4; Schweighauser, 14; Taschner/Frietsch, N 15 zu § 4; Wagener, in: Unternehmenspraxis, N 95.

[696] Vorbehalten bleibt der Entlastungsbeweis i.S. von Art. 5 Abs. 1 lit. a; vgl. N 2 ff. zu Art. 5.

[697] Vgl. Schweighauser, 20; Rolland, N 21 zu § 4; Taschner/Frietsch, N 8 zu Art. 3; Wagener, in: Unternehmenspraxis, N 100; von Westphalen, in: Produkthaftungshandbuch, § 63 N 35.

fern man unter dem Begriff Herstellen i.S. von Art. 2 Abs. 1 lit. a auch das Gewinnen von solchen Basisprodukten verstehen will. Aus dem Zusammenhang mit der Erwähnung der Grundstoffe geht jedoch hervor, dass auch diese Tätigkeit als Herstellen zu qualifizieren ist[698]. Auf eine erste Verarbeitung kommt es bei den Grundstoffen im Gegensatz zu den in Art. 3 Abs. 2 erwähnten Erzeugnissen nicht an.

Damit haftet der Grundstoffhersteller für den Fehler seines Produktes, und zwar auch dann, wenn dieser schon vor der Herstellung, also noch im naturbelassenen Zustand, vorhanden war.   **57**

IV. Hersteller eines Teilprodukts

Art. 2 Abs. 1 lit. a bezieht auch den Hersteller eines Teilprodukts in den Kreis der Haftungssubjekte ein. Damit wird die Haftung nicht auf den Endhersteller kanalisiert, sondern es werden alle am Produktionsprozess Beteiligten der verschuldensunabhängigen Haftung unterworfen. Ziel dieses weiten Kreises von Haftpflichtigen ist es, dem Konsumenten einen umfassenden Schutz zukommen zu lassen[699]. Dabei haftet der Teilhersteller wie auch der Endhersteller für die ihm vorgelagerten Produktionsstufen, nicht aber für Fehler, die nach Inverkehrbringen seines Teilprodukts entstehen (vgl. Art. 5 Abs. 1 lit. b).   **58**

Wie schon dargestellt, ergibt sich die Abgrenzung des Herstellers eines Teilprodukts vom Endhersteller negativ aus der Abgrenzung zwischen diesem und dem Händler[700]. Sie hat zwar weit weniger Bedeutung, als die Abgrenzung der Hersteller- von der Vertriebskette, muss aber im Hinblick auf die Entlastungsmöglichkeit von Art. 5 Abs. 2 gleichwohl beachtet werden. Entscheidend ist damit, ob die weitere Verwendung eines Produkts als Herstellen eines neuen Produkts i.S. von Art. 3 zu qualifizieren ist oder nicht[701]. Ein Erzeugnis kann somit sowohl Teil- als auch Endprodukt sein.   **59**

---

698   Dagegen würde sich die Frage, ob Grundstoffe stets als Teilprodukte anzuschauen sind, auch dann nicht stellen, wenn sie nicht ausdrücklich erwähnt wären, da i.S. von Art. 3 Abs. 1 jede bewegliche Sache ein Produkt ist; so aber Wagener, in: Unternehmenspraxis, N 100.

699   Vgl. ErwG 4 RL.

700   Vgl. auch Schweighauser, 16.

701   Ähnlich Rolland, N 19 zu § 4; Schweighauser, 17.

60 Die Unterscheidung zwischen vertikaler und horizontaler Arbeitsteilung ist bei der Beurteilung, ob jemand Teilhersteller ist, unerheblich[702]. Unter die horizontale Arbeitsteilung sollen dabei Tätigkeiten fallen, die sich lediglich auf eine Fertigungsstufe beziehen, d.h. an der Herstellung eines Teil- oder Endprodukts nur beteiligt sind[703]. Wie schon mehrfach dargestellt, kann nur eine Person Hersteller sein, die gegenüber dem vorbestehenden Produkt ein neues erschafft. Stellt sich somit die isoliert betrachtete Tätigkeit in der horizontalen Arbeitsteilung nicht als die Schaffung eines neuen Produkts, d.h. einer neuen beweglichen Sache, dar, kann sie nicht als Herstellen qualifiziert werden[704]. Testinstitute fallen somit nie unter den Kreis der Haftpflichtigen, da ein geprüftes Produkt nicht eine andere bewegliche Sache ist als das ungeprüfte[705]. Der Auftragsfertiger, der gewisse Arbeiten für die Erzeugung eines Teil- oder Endprodukts übernimmt, wie z.B. bei der Stahlveredelung, ist dagegen regelmässig als Hersteller i.S. von Art. 2 Abs. 1 lit. a zu betrachten, da er aus den gelieferten neue Produkte herstellt. Dass er dabei die zu bearbeitenden Stücke von demjenigen erhält, dem er sie wieder zurückliefert, ist für die Qualifikation als Hersteller unbedeutend. Ebenso irrelevant ist, dass er nach Anleitung gearbeitet hat; in einem solchen Fall greift u.U. der Entlastungsgrund von Art. 5 Abs. 2[706]. Zu beachten ist, dass der Auftragsfertiger auch für die Fehler vorgelagerter Herstellungsstufen haftet, und zwar auch dann, wenn das von ihm hergestellte Produkt wieder zurück an denjenigen geliefert wird, in dessen Bereich die Fehler entstanden sind[707]. Dies folgt aus dem Umstand, dass das Gesetz die Haftung an das Inverkehrbringen fehlerhafter Produkte anknüpft, wodurch jedem die volle Verantwortung für die seinen Bereich verlassenden Produkte übertragen wird[708].

---

[702] So Taschner/Frietsch, N 37 zu § 4; von Westphalen, in: Produkthaftungshandbuch, § 63 N 32; wohl auch Rolland, N 19 zu § 4; aufgrund des Ergebnisses wohl a.A. Schmidt-Salzer, Deliktsrecht, N 4.453; unentschieden Schweighauser, 18.

[703] Vgl. Schweighauser, 17; von Westphalen, in: Produkthaftungshandbuch, § 63 N 31.

[704] Vgl. Rolland, N 19 zu § 4.

[705] Anders Schmidt-Salzer, Deliktsrecht, N 4.453; auch Schweighauser, 17. Vgl. zur Argumentation oben N 15 zu Art. 2.

[706] Vgl. Taschner/Frietsch, N 40 zu § 4; vgl. auch N 72 ff. zu Art. 5.

[707] Taschner/Frietsch, N 40 zu § 4.

[708] Eine Aufteilung, wie sie Schmidt-Salzer/Hollmann, N 106 zu Art. 3, vornehmen, wäre dem Geschädigten nicht zuzumuten, sondern soll einzig im Rahmen der internen Schadenstragung relevant sein.

Es zeigt sich somit, dass nicht nur derjenige als Teilhersteller i.S. von **61** Art. 2 Abs. 1 lit. a zu qualifizieren ist, der im Rahmen der vertikalen Arbeitsteilung ein Produkt liefert, sondern auch derjenige, der im Rahmen einer einzigen Fertigungsstufe eine herstellende Tätigkeit ausübt, die zu einem neuen Produkt führt.

C. Der Quasi-Hersteller

I. Allgemeines

Nach Art. 2 Abs. 1 lit. b gilt auch der Quasi-Hersteller, d.h. derjenige, der **62** sich als Hersteller ausgibt, indem er ein Erkennungszeichen auf dem Produkt anbringt, als Hersteller und wird damit zum Haftungssubjekt. Es findet somit eine Ausdehnung der Haftung auf Personen statt, die nicht ein neues Produkt herstellen, sondern sich lediglich als Hersteller bezeichnen.

Die enge Bindung des Quasi-Herstellers an den tatsächlichen Hersteller **63** und der Anschein, der gegenüber den Konsumenten erweckt wird, rechtfertigen die Unterstellung des Quasi-Herstellers unter die verschuldensunabhängige Haftung[709]. Dass der tatsächliche Hersteller nicht oder nur schwer festgestellt werden kann, genügt dagegen m.E. zur Begründung der verschuldensunabhängigen Haftung des Quasi-Herstellers allein nicht[710]. Ansonsten hätte nämlich eine Regelung, wie sie Art. 2 Abs. 2 für den Händler vorsieht, genügt[711].

Der Quasi-Hersteller als Haftungssubjekt ist im übrigen dem bisherigen **64** Schweizer Produktehaftpflichtrecht keineswegs unbekannt, wie sich dem „Anilin-Fall"[712] entnehmen lässt. Das Produktehaftpflichtgesetz unterstellt ihn - jedoch unbesehen von dessen Sorgfaltspflichten - der verschuldensunabhängigen Haftung.

Durch die Regelung von Art. 2 Abs. 1 lit. b sind vor allem Versandhäuser, **65** Handelsketten und Warenhäuser betroffen, die Fremdprodukte beziehen, um sie unter ihrem Namen im Rahmen ihres Sortiments zu vertreiben[713].

---

[709] Vgl. Hollmann, DB 1985, 2391; Wilms, 94 und 115.
[710] Anders Rolland, N 25 zu § 4.
[711] Vgl. hierzu auch Schweighauser, 21.
[712] BGE 49 I 465; vgl. Syst. Teil N 1 f.
[713] Vgl. Wagener, in: Unternehmenspraxis, N 105; Schweighauser, 20.

66 Zu beachten bleibt, dass die Haftung des Quasi-Herstellers diejenige des tatsächlichen Herstellers nicht beeinträchtigt. Der Geschädigte hat lediglich einen zusätzlichen Haftungsadressaten.

II. Ausgeben als Hersteller

67 Die Person, die das Erkennungszeichen anbringt, muss sich dadurch gemäss Art. 2 Abs. 1 lit. b als Hersteller ausgeben. Dabei stellt sich primär die Frage, ob nur auf den objektiven Schein oder auch auf den subjektiven Willen der Person, die ihr Erkennungszeichen anbringt, abzustellen ist.

68 Der überwiegende Teil der Lehre[714] geht davon aus, dass es nicht darauf ankommt, ob derjenige, der Waren mit einem Erkennungszeichen versieht, sich als Hersteller ausgeben wollte, sondern nur darauf, welcher objektive Schein entsteht. Dem Wortlaut des Gesetzes ist keine Einschränkung dahingehend zu entnehmen, dass auch der Wille desjenigen relevant ist, der sein Erkennungszeichen anbringt. Im Sinne des angestrebten umfassenden Schutzes des Konsumenten[715], darf es deshalb einzig auf den objektiven Schein ankommen, der durch die Kennzeichnung bewirkt wird.

69 Auf spezielle Kenntnisse oder die Naivität des Geschädigten darf keine Rücksicht genommen werden[716], da es nicht um die Haftung für ein gegenüber dem konkreten Konsumenten erwecktes Vertrauen geht[717], sondern einerseits um den Anschein, der im Verkehr erzeugt wird, andererseits um die Nähe zur Herstellerkette[718].

70 Lässt sich dem angebrachten Erkennungszeichen entnehmen, dass der Vertreiber gerade nicht Hersteller ist, sondern lediglich Händler, entfällt das Tatbestandsmerkmal „Ausgeben als Hersteller"[719]. Dies kann etwa durch einen Hinweis auf den tatsächlichen Hersteller oder durch die ausdrückliche Bezeichnung als Händler erfolgen. Der Hinweis auf einen bestimm-

---

[714] Rolland, N 26 zu § 4; Schweighauser, 22; wohl auch Schmidt-Salzer, Deliktsrecht, N 4.457; Taschner/Frietsch, N 47 zu § 4; von Westphalen, in: Produkthaftungshandbuch, § 63 N 45; a.A. wohl Taschner/Frietsch, N 14 zu Art. 3.

[715] Vgl. ErwG 4 RL.

[716] So die h.L.: Bartl, N 16 zu § 4; Rolland, N 26 zu § 4; Taschner/Frietsch, N 14 zu Art. 3; von Westphalen, in: Produkthaftungshandbuch, § 63 N 45.

[717] Rolland, N 26 zu § 4; Taschner/Frietsch, N 14 zu Art. 3.

[718] Wobei letzteres keine Haftungsvoraussetzung darstellt.

[719] Rolland, N 26 zu § 4; Schweighauser, 22; Taschner/Frietsch, N 49 zu § 4; von Westphalen, in: Produkthaftungshandbuch, § 63 N 45.

ten Herstellungsort, wie z.B. „Made in Japan" genügt dagegen nicht, da damit nichts über die Person des Herstellers gesagt ist[720]. Daraus folgt, dass nicht jedes Anbringen eines Erkennungszeichens zur Quasi-Herstellereigenschaft führt[721], und zwar auch dann, wenn der tatsächliche Hersteller unbekannt ist[722].

Des weiteren muss das „Ausgeben als Hersteller" aus dem angebrachten **71** Erkennungszeichen und dem konkreten Produkt selbst hervorgehen. An anderer Stelle, wie z.B. in einem Katalog oder in Verkaufsgeschäften durch den möglichen Quasi-Hersteller angebrachte Hinweise, haben keine Bedeutung[723]. Dies folgt schon daraus, dass der Geschädigte nicht selbst Käufer des Produkts sein muss. Dann tritt er in aller Regel nur in Beziehung zum Produkt selbst und kann nur anhand des Erzeugnisses und dem daran angebrachten Erkennungszeichens auf eine Person schliessen, die sich als Hersteller ausgibt. Ist dagegen eine Händlermarke im Verkehr allgemein und ohne Zweifel nur als solche bekannt und enthält das angebrachte Erkennungszeichen keinen Hinweis darauf, dass die damit benannte Person Hersteller sei, ist das Tatbestandselement des „Ausgebens als Hersteller" nicht erfüllt[724]. Das gleiche gilt, wenn beispielsweise ein Autohändler sein Kennzeichen auf den von ihm vertriebenen Wagen anbringt[725]. In diesem Fall ergibt sich aus dem Zusammenhang mit dem Produkt, dass es sich um ein Fremderzeugnis handelt, zumal die Automarke selbst normalerweise auf dem Produkt angebracht sein wird.

Der Umstand, dass eine Person im allgemeinen nur Handel betreibt, wie **72** dies bei Warenhäusern oder im Versandhandel häufig der Fall ist, bleibt dagegen unberücksichtigt[726].

---

[720] Vgl. das Beispiel bei Rolland, N 28 zu § 4; ebenso von Westphalen, in: Produkthaftungshandbuch, § 63 N 47.

[721] So aber Schmidt-Salzer/Hollmann, N 138 zu Art. 3, der davon ausgeht, dass das Anbringen eines Erkennungszeichens per se ein „Sich-Ausgeben als Hersteller" sei. Vgl. hierzu auch die richtige Ansicht von Schweighauser, 22.

[722] Taschner/Frietsch, N 50 zu § 4.

[723] Vgl. Taschner/Frietsch, N 48 zu § 4.

[724] So zu Recht Kullmann/Pfister, N 3605, 11; von Westphalen, in: Produkthaftungshandbuch, § 63 N 45 und 47; vgl. auch Zusatzbotschaft I, 423.

[725] Beispiel aus Taschner/Frietsch, N 15 zu Art. 3.

[726] Vgl. Taschner/Frietsch, N 48 zu § 4; von Westphalen, in: Produkthaftungshandbuch, § 63 N 47.

73 Bringt eine Person ihr Erkennungszeichen neben demjenigen des Herstellers an, so entfällt die Quasi-Herstellereigenschaft nicht ohne weiteres. Dies darf nur dann der Fall sein, wenn unzweifelhaft der tatsächliche Hersteller aus der Beziehung zwischen den Erkennungszeichen und dem Produkt hervorgeht[727].

III. Das Erkennungszeichen

74 Der Quasi-Hersteller muss gem. Art. 2 Abs. 1 lit. b sein Erkennungszeichen auf dem Produkt anbringen. Beispielhaft werden der Name und das Warenzeichen genannt. In Frage kommen somit auch andere im geschäftlichen Verkehr verwendete unterscheidungskräftige Kennzeichen[728]. Es kann sich auch um eine Ausstattung handeln[729]. Ob das Kennzeichen eingetragen ist oder ob es überhaupt Kennzeichenschutz geniesst, hat keine Bedeutung[730]; im Rahmen des Produktehaftpflichtgesetzes kommt es einzig darauf an, dass der Quasi-Hersteller als solcher durch das Kennzeichen von anderen Personen unterscheidbar ersichtlich wird[731].

IV. Das Anbringen

75 Nach Art. 2 Abs. 1 lit. b muss die Person ihr Erkennungszeichen auf dem Produkt anbringen. Das Anbringen muss aber nicht durch sie selbst erfolgen. Diese Tätigkeit kann auch durch einen Dritten ausgeführt werden, so z.B. durch den tatsächlichen Hersteller, der dem Quasi-Hersteller das Produkt anschliessend liefert, aber auch durch einen Händler, der das Produkt selbst erlaubterweise unter dem Namen des Quasi-Herstellers vertreibt[732].

---

727 Vgl. auch von Westphalen, a.a.O.
728 Bartl, N 14 zu § 4; Kullmann, Produkthaftungsgesetz, 94; Landscheidt, N 60 zu § 4; Rolland, N 29 zu § 4; Schweighauser, 23; Taschner/Frietsch, N 45 zu § 4; Wagener, in: Unternehmenspraxis, N 107; von Westphalen, in: Produkthaftungshandbuch, § 63 N 43.
729 Rolland, N 30 zu § 4; Taschner/Frietsch, N 45 zu § 4.
730 Taschner/Frietsch, N 45 zu § 4.
731 Vgl. zu Problemen von Konzerngesellschaften Bartl, N 14 zu § 4.
732 Kullmann, Produkthaftungsgesetz, 94; Rolland, N 27 zu § 4; Schmidt-Salzer/Hollmann, N 130 zu Art. 3; von Westphalen, in: Produkthaftungshandbuch, § 63 N 45 f.; anscheinend a.A. Taschner/Frietsch, N 15 zu Art. 3, die nur denjenigen als Quasihersteller bezeichnen, der das Produkt selbst vertreibt, was aber dem Gesetz nicht entnommen werden kann, denn einerseits gibt sich auch derjenige als Hersteller aus, der eine Erlaubnis zur Verwendung seines Kennzeichens erteilt,

Gleiches muss für den Lizenzgeber gelten, der das Anbringen seines Erkennungszeichens ohne weitere Zusätze dem Lizenznehmer erlaubt oder gar vorschreibt[733]. Bezüglich der beiden zuletzt genannten Varianten bleibt aber zu beachten, dass demjenigen, der die Erlaubnis zur Verwendung seines Kennzeichens erteilt, regelmässig die Entlastungsbeweise von Art. 5 Abs. 1 lit. c und Art. 5 Abs. 1 lit. a offenstehen[734].

Die Lehre[735] tendiert zu einer weiten Auslegung des Begriffs Anbringen. **76** Ein Erkennungszeichen hat nicht nur dann als „angebracht" zu gelten, wenn es auf dem Produkt selbst erscheint. Es genügt, wenn zwischen dem Erkennungszeichen und dem Produkt ein enger Zusammenhang besteht, so dass dieses dem Erzeugnis als zugeordnet zu gelten hat[736]. Dies ist bei Kennzeichen auf dem Produkt selbst, auf der Verpackung, einer Gebrauchsanweisung o.ä. sicherlich der Fall[737]. Dagegen genügt m.E. das Anbieten eines Produkts unter einem entsprechenden Kennzeichen in der Werbung allein nicht, um die Quasi-Herstellereigenschaft zu begründen[738]. Die gegenteilige Ansicht dehnt den Begriff des „Anbringens" zu weit aus. Wäre dies die Vorstellung des Gesetzgebers gewesen, hätte er das Tatbestandsmerkmal des „Anbringens eines Kennzeichens" überhaupt weglassen müssen, so dass nur noch auf sein objektiv erkennbares Verhalten hätte abgestellt werden können. Es ist somit eine gewisse räumliche Nähe zwischen Produkt und Kennzeichen zu verlangen, und zwar in der Weise, dass

---

andererseits kann unter dem Anbringen auch das Anbringenlassen verstanden werden. Vorbehalten bleibt natürlich das unbefugte Verwenden von fremden Kennzeichen; vgl. hierzu N 77 zu Art. 2.

[733]   Kullmann/Pfister, N 3605, 12; Taschner/Frietsch, N 51 zu § 4; von Westphalen, in: Produkthaftungshandbuch, § 63 N 48, der allerdings zu Recht darauf hinweist, dass beispielsweise die Angabe „unter der Lizenz von ... hergestellt" keine Quasiherstellereigenschaft des Lizenzgebers begründet.

[734]   Vgl. Taschner/Frietsch, N 51 zu § 4; a.A. Fellmann/von Büren-von Moos, N 66. Immerhin trifft aber den Lizenzgeber bzw. denjenigen, der die Verwendung seines Kennzeichens erlaubt, die Beweislast.

[735]   Bartl, N 14 zu § 4; Rolland, N 30 zu § 4; Taschner/Frietsch, N 46 zu § 4; von Westphalen, in: Produkthaftungshandbuch, § 63 N 44.

[736]   So Rolland, N 30 zu § 4.

[737]   Vgl. Kullmann/Pfister, N 3605, 10; Rolland, N 30 zu § 4; Taschner/Frietsch, N 46 zu § 4; von Westphalen, in: Produkthaftungshandbuch, § 63 N 44.

[738]   So zu Recht Hülsen, 86; a.A. Rolland, N 30 zu § 4.

dieses zum Erzeugnis als solches gehört. Ein Erkennungszeichen auf der Rechnung genügt deshalb nicht[739].

V. Unberechtigte Verwendung von Erkennungszeichen

77 Es fragt sich, ob eine Person, deren Erkennungszeichen durch einen Dritten unberechtigt verwendet wird, als Quasi-Hersteller i.S. von Art. 2 Abs. 1 lit. b zu qualifizieren ist. Die Lehre[740] nimmt an, dass auch in diesem Fall der Inhaber des Erkennungszeichens als Hersteller zu gelten habe. Zur Begründung dieser Ansicht wird lediglich auf das Tatbestandsmerkmal „als Hersteller ausgeben" abgestellt, bei welchem es tatsächlich nur auf den objektiven Schein und nicht auf den Willen des Inhabers des Kennzeichens ankommt. Dabei wird m.E. das Tatbestandsmerkmal des „Anbringens" übersehen. Dieses kann nämlich nur erfüllt sein, wenn der Inhaber das Zeichen selbst anbringt oder diese Tätigkeit durch einen Dritten durchführen lässt. Es ist somit zumindest dann, wenn ein Dritter das Kennzeichen anbringt, das Einverständnis des Inhabers erforderlich, so dass von „Anbringen seines Zeichens" gesprochen werden kann.[741]

D. Der Importeur

I. Allgemeines

78 Neben dem tatsächlichen und dem Quasi-Hersteller gilt gem. Art. 2 Abs. 1 lit. c auch derjenige als Hersteller, der Produkte zum Zweck des Vertriebs im Rahmen seiner geschäftlichen Tätigkeit einführt[742]. Sinn und Zweck dieser - Art. 3 Abs. 2 RL entsprechenden - Regelung ist, dem Geschädigten die Durchsetzung und Vollstreckung seines Anspruchs zu vereinfachen. Insbesondere soll er nicht Gefahr laufen, in einem Staat klagen oder um Vollstreckung nachsuchen zu müssen, in welchem kein umfassender Schutz besteht bzw. das Urteil nicht anerkannt wird[743].

---

[739] Vgl. das Beispiel bei Rolland, a.a.O.
[740] Von Westphalen, in: Produkthaftungshandbuch, § 63 N 49.
[741] In jedem Fall verbleiben dem vermeintlichen Hersteller die Entlastungsbeweise von Art. 5 Abs. 1 lit. a und c.
[742] Vgl. zur Haftung des Importeurs und seinen Sorgfaltspflichten im ausservertraglichen Haftpflichtrecht BGE vom 14.5.1985, „Klappstuhl-Fall"; nicht veröffentlicht; dazu die berechtigte Kritik von Widmer, recht 1986, 50 ff.
[743] Vgl. auch die Erläuterungen zu Art. 2 RL-V 1976 und eingehend Schweighauser, 26 ff. m.w.N.

Die Haftung des tatsächlichen und des Quasi-Herstellers bleiben durch die   **79**
Bestimmung von Art. 2 Abs. 1 lit. c unberührt[744]. Es ist dem Geschädigten
demnach nicht verwehrt, eine andere Person, die als Hersteller gilt, zu
verklagen.

Die Haftung des Importeurs gilt nicht nur für die Einfuhr eines Endpro-   **80**
dukts, sondern auch bezüglich Teilprodukten und Grundstoffen[745]. Dies
folgt aus dem Zusammenhang mit dem Produktbegriff von Art. 3 Abs. 1,
wonach jede bewegliche Sache als Produkt gilt; Art. 2 Abs. 1 lit. c sieht in
dieser Hinsicht keine Einschränkung vor.

II. Tatbestandsmerkmale

1. Einfuhr

Unter der Einfuhr ist die Verbringung eines Produktes in das Hoheitsgebiet   **81**
der Schweiz zu verstehen[746]. Die Lieferung von Produkten auf das „Fest-
land" der Schweiz, welche auf einem Hochseeschiff, das unter Schweizer
Flagge fahren darf, hergestellt wurden, erfüllt das Tatbestandsmerkmal der
Einfuhr nicht[747]. Zollfreilager o.ä. gelten als Teil des Landes, in welchem
sie liegen[748]. Deshalb hat derjenige als Importeur zu gelten, der sich ein
Produkt aus dem Ausland in ein Zollfreilager in der Schweiz liefern lässt
und es dort einem Dritten verkauft.

Fraglich ist, wie der Reimport zu behandeln ist. Dabei ist primär zu beur-   **82**
teilen, ob eine Person Importeur i.S.v. Art. 2 Abs. 1 lit. c ist, die ein Produkt einführt, welches ursprünglich in der Schweiz hergestellt, dann aber
exportiert wurde. In diesem Fall ist der Geschädigte aus Gründen der
Durchsetzung seines Anspruchs in aller Regel nicht darauf angewiesen,
einen ausländischen Hersteller zu verklagen. Dadurch entfällt die Recht-
fertigung für den Einbezug des Importeurs in den Kreis der nach dem Pro-

---

[744] Kullmann/Pfister, N 3605, 13; Rolland, N 39 zu § 4; von Westphalen, in:
Produkthaftungshandbuch, § 63 N 50.

[745] Taschner/Frietsch, N 53 zu § 4; von Westphalen, in: Produkthaftungshandbuch,
§ 63 N 62 f.; Rolland, N 57 zu § 4; Schweighauser, 29.

[746] Vgl. Swisslex-Botschaft, 885; im Gegensatz zu den EG- und (in Zukunft) den
EWR-Staaten, für welche nur die EG- bzw. EWR-Aussengrenzen Bedeutung haben; vgl. Rolland, N 41 zu § 4; Schweighauser, 28; Taschner/Frietsch, N 55 zu
§ 4; von Westphalen, in: Produkthaftungshandbuch, § 63 N 51.

[747] Vgl. auch Rolland, N 54 zu § 4.

[748] Rolland, N 42 zu § 4.

duktehaftpflichtgesetz Verantwortlichen. Deshalb will ein Teil der Lehre[749] für diesen Fall die Herstellereigenschaft des Importeurs entfallen lassen. Dagegen wird eingewendet, dass der Schweizer Hersteller allenfalls nicht haftet, weil

- er sein Produkt nach den Sicherheitserwartungen des Ziellandes fabriziert hat, diese aber nicht denen der Schweiz entsprechen und er nicht mit dem Reimport rechnen musste[750] oder

- er sich an zwingende hoheitliche Vorschriften des Exportlandes gehalten hat[751] oder

- der Fehler erst nachträglich entstanden ist[752].

83   In diesen Fällen würde dem Geschädigten, will man die Fälle des Reimports nicht als Einfuhr bezeichnen, kein Haftpflichtiger im Inland gegenüberstehen. Deshalb muss der Reimporteur zumindest dann als Hersteller zu gelten haben, wenn der tatsächliche Hersteller nicht haftet[753]. Diese würde dem Schutzzweck von Art. 2 Abs. 1 lit. c entsprechen.

84   Fraglich ist aber, ob eine solche Differenzierung im Rahmen des Gesetzes zulässig ist. Dem Wortlaut von Art. 2 Abs. 1 lit. c ist eine entsprechende Unterscheidung nicht zu entnehmen; er stellt nur auf die Tatsache der Einfuhr ab und verlangt nicht eine Herstellung im Ausland[754]. Des weiteren spricht auch die Entstehungsgeschichte der RL gegen eine solche Unterscheidung[755]. Im Sinne des Konsumentenschutzes[756] ist es dem Geschädigten aus prozessualen Gründen zudem nicht zuzumuten, sowohl den tatsächlichen Hersteller als auch den Reimporteur einzuklagen. Dies hätte

---

[749]   Bartl, N 19 zu § 4; differenzierend Rolland, N 55 zu § 4.

[750]   Vgl. Rolland, N 56 zu § 4; Zoller, 149; Schmidt-Salzer/Hollmann, N 205 zu Art. 3. In diesem Fall würde ein Fehler des Produktes i.S. von Art. 4 für das Exportland nicht vorliegen, wohl aber für die Schweiz; vgl. dazu N 16 zu Art. 4.

[751]   Schweighauser, 28; vgl. zu diesem Entlastungsgrund N 42 ff., N 53 f. zu Art. 5.

[752]   Bartl, N 19 zu § 4; Schweighauser, 28; Zoller, 149.

[753]   So Rolland, N 56 zu § 4; Zoller, 149.

[754]   Kullmann, Produkthaftungsgesetz, 97 f.; Schmidt-Salzer/Hollmann, N 205 zu Art. 3; Taschner/Frietsch, N 60 zu § 4; von Westphalen, in: Produkthaftungshandbuch, § 63 N 56.

[755]   Die noch in den Begründungserwägungen zu den Vorschlägen von 1976 (ABl. EG Nr. C 241/9) und 1979 (ABl. EG Nr. C 271/5) vorgesehene Beschränkung auf Produkte, die nicht in der EG hergestellt wurden, ist in den verabschiedeten Text der RL nicht aufgenommen worden.

[756]   Vgl. ErwG 4 RL.

nämlich zur Folge, dass der Geschädigte einen der beiden Prozesse notwendigerweise verliert und entsprechend die Prozesskosten des Obsiegenden zu tragen hätte. Eine Differenzierung ist somit abzulehnen und der Reimporteur in jedem Fall nach Art. 2 Abs. 1 lit. c dem Importeur gleichzustellen.

Wird ein im Ausland hergestelltes Produkt zweimal in die Schweiz eingeführt, ist fraglich, ob der erste Importeur i.S. von Art. 2 Abs. 1 lit. c als Hersteller zu gelten habe oder nur der zweite. Nach dem Wortlaut des Gesetzes könnte der erste Importeur ohne weiteres als Hersteller behandelt werden. M.E. kommt es aber im Rahmen von Art. 2 Abs. 1 lit. c darauf an, wer gegenüber dem Geschädigten als Importeur erscheint. Somit ist nur der zweite Importeur Haftungssubjekt i.S.d. Produktehaftpflichtgesetzes.   **85**

Kein Import liegt vor, wenn lediglich eine ausländische Strassenverbindung zum Transport eines Produkts von einem Ort an einen anderen in der Schweiz genutzt wird[757]. Dies erfordert der Schutzzweck der Norm nicht. Eine andere Beurteilung ist jedoch angebracht, wenn an einen ausländischen Händler geliefert wird, der das Produkt anschliessend in die Schweiz versendet[758].   **86**

2.   Geschäftliche Tätigkeit

Der Import muss gem. Art. 2 Abs. 1 lit. c im Rahmen der geschäftlichen Tätigkeit der Person erfolgen, die das Produkt einführt. Damit wird eine Art. 5 Abs. 1 lit. c entsprechende Einschränkung vorgesehen[759]. Die Verwendung des Begriffs „geschäftlich" anstelle von „beruflich" hat für die Auslegung keine Konsequenzen[760]. Mit der Bestimmung soll derjenige, der ein Produkt privat einführt, von der Haftung ausgeschlossen werden, bzw. alle Importe erfasst werden, die nicht rein privater Natur sind. Der Begriff der geschäftlichen Tätigkeit ist im Sinne des Schutzes des Konsu-menten weit auszulegen[761]. Der Rückgriff auf den Begriff des „Gewerbes" i.S. von Art. 52 Abs. 3 HRV ist nicht geboten, vielmehr ist eine autonome   **87**

---

[757]   So Taschner/Frietsch, N 60 zu § 4; a.A. von Westphalen, in: Produkthaftungshandbuch, § 63 N 57.

[758]   Von Westphalen, in: Produkthaftungshandbuch, § 63 N 57.

[759]   Vgl. Rolland, N 58 zu § 4; von Westphalen, in: Produkthaftungshandbuch, § 63 N 58; vgl. auch N 32 ff. zu Art. 5.

[760]   So Rolland, N 58 zu § 4.

[761]   Rolland, N 58 zu § 4; von Westphalen, in: Produkthaftungshandbuch, § 63 N 58.

Auslegung aus Sinn und Zweck des Gesetzes erforderlich. Im Gegensatz zu § 4 ProdHaftG enthält Art. 2 Abs. 1 lit. c den wirtschaftlichen Zweck nicht als zusätzliches Tatbestandsmerkmal. Es ist aber davon auszugehen, dass ein solcher in der geschäftlichen Tätigkeit enthalten ist.

88 Unter einer geschäftlichen Tätigkeit ist jede auf Erwerb gerichtete Aktivität zu verstehen. Eine Einfuhr im Rahmen der geschäftlichen Tätigkeit liegt dann vor, wenn ein kommerzieller Zweck dahinter steht[762]. Dabei kommt es hingegen nicht darauf an, ob die einzelne Tätigkeit direkt oder nur indirekt zum beabsichtigten Einkommen beiträgt[763]. Ebenfalls unbedeutend ist, wem ein allfälliger Gewinn aus der Tätigkeit zufliesst. Nicht in den Bereich der geschäftlichen Tätigkeit fallen aber rein karitative Aufgaben, sofern sie nicht indirekt der Imagepflege dienen und damit die auf direkten Erwerb gerichteten Aktivitäten unterstützen. Importiert demnach beispielsweise ein Beratungsbüro eine Computeranlage und schenkt sie der Flüchtlingshilfe, ohne diese Aktion für die Imagepflege auszunützen, ist dies nicht im Rahmen der geschäftlichen Tätigkeit erfolgt. Verkauft dagegen eine Entwicklungshilfeorganisation Produkte aus Drittweltländern und kommt der Gewinn vollumfänglich den Produzenten zugute, liegt gleichwohl ein Import im Rahmen einer geschäftlichen Tätigkeit vor.

89 Die geschäftliche Tätigkeit muss keine dauernde und auch keine hauptberufliche sein. Eine einmalige Einfuhr, die nicht in andere geschäftliche Tätigkeiten eingebettet ist, wird aber nicht ausreichen, damit das Tatbestandsmerkmal erfüllt ist. Der Umfang der Organisation kann als Indiz für das Vorliegen einer geschäftlichen Tätigkeit dienen.

90 Ob die Einfuhr im Rahmen der geschäftlichen oder privaten Tätigkeit erfolgt, entscheidet sich im Zeitpunkt des Importvorganges[764]. Nicht entscheidend dafür, ob im Rahmen der geschäftlichen Tätigkeit importiert wird, ist somit die tatsächliche Verwendung des Produkts nach erfolgtem Import[765]. Verbringt jemand ein Produkt zum privaten Gebrauch in die Schweiz, entscheidet sich aber nachträglich, dieses durch sein Unterneh-

---

762 Vgl. Rolland, N 59 zu § 4. Der statutarische Zweck einer Gesellschaft ist zur Bestimmung, ob eine geschäftliche Tätigkeit gegeben ist, unbeachtlich.

763 A.A. Taschner/Frietsch, N 19 zu Art. 3.

764 Landscheidt, N 67 zu § 4; Rolland, N 62 zu § 4; Schmidt-Salzer/Hollmann, N 214 zu Art. 3; Schweighauser, 29; Taschner/Frietsch, N 62 zu § 4.

765 Bartl, N 20 f. zu § 4; Kullmann, Produkthaftungsgesetz, 99; Landscheidt, N 67 zu § 4; Rolland, N 58 zu § 4; Schweighauser, 29; Taschner/Frietsch, N 62 zu § 4.

men veräussern zu lassen, ist kein Import im Rahmen der geschäftlichen Tätigkeit erfolgt[766]. Die Einfuhr muss zielgerichtet zum Zweck des wirtschaftlichen Vertriebs erfolgen[767]. Lässt beispielsweise ein Vertreter eines Rohstoffhändlers im Ausland einen Massanzug für einen Bekannten anfertigen und verkauft er diesen abredegemäss, so liegt i.a.r. keine geschäftliche sondern eine rein private Tätigkeit vor[768]. Anders zu entscheiden wäre der Fall, wenn er regelmässig Anzüge herstellen lässt und mit Gewinn (auch an Bekannte) weiterveräussert, obwohl dies nicht seiner sonstigen geschäftlichen Tätigkeit entspricht.

3. Einfuhr zum Zweck des Vertriebs

Die Einfuhr der Produkte muss zum Zwecke des Vertriebs erfolgen. Art. 2 Abs. 1 lit. c zählt beispielhaft den Verkauf, die Vermietung und den Mietkauf auf. Es genügt aber auch jede andere Form des Vertriebs. Ob das Produkt auch tatsächlich vertrieben wird, ist unbedeutend, denn es kommt nur auf die Absicht im Moment der Einfuhr an, und nicht auf deren Realisierung[769]. **91**

Des weiteren spielt es keine Rolle, ob der ins Auge gefasste Vertrieb entgeltlich erfolgen soll oder nicht[770]. Unter Vertrieb ist jede Form der Weitergabe des Produkts, auch wenn es wieder zurückgegeben werden soll, zu verstehen. Dies geht schon aus dem Zusammenhang des Vertriebs mit der geschäftlichen Tätigkeit hervor, welche keinen direkten, wohl aber einen indirekten, wirtschaftlichen Erfolg aus dem Vertrieb verlangt. Das Tatbestandsmerkmal des Vertriebs dient somit lediglich zur Abgrenzung von der Eigennutzung. Werbegeschenke, Verkaufsmuster u.ä. werden demnach ebenfalls vertrieben[771]. **92**

---

766 Im umgekehrten Fall ist in aller Regel der Entlastungsbeweis von Art. 5 Abs. 1 lit. c gegeben.

767 Taschner/Frietsch, N 62 zu § 4.

768 Vgl. auch das Beispiel bei Rolland, N 58 zu § 4. Zu beachten ist der Entlastungsbeweis i.S. von Art. 5 Abs. 1 lit. c.

769 Bartl, N 21 zu § 4; Rolland, N 62 zu § 4; Schmidt-Salzer/Hollmann, N 217 zu Art. 3; Schweighauser, 30.

770 Rolland, N 59 zu § 4; Schweighauser, 30; Taschner/Frietsch, N 61 zu § 4; von Westphalen, in: Produkthaftungshandbuch, § 63 N 59; a.A. Taschner/Frietsch, N 19 zu Art. 3.

771 Vgl. die Beispiele bei Rolland, N 59 zu § 4.

93   Entscheidend für das Vorliegen des Vertriebszwecks ist der Zeitpunkt des Imports[772]. Führt somit ein Unternehmen eine Maschine ein, mit der Absicht diese im eigenen Betrieb zu verwenden, entschliesst sich aber nachträglich gleichwohl für die Veräusserung, ist die Einfuhr nicht zu Vertriebszwecken erfolgt, und das Unternehmen gilt nicht als Hersteller i.S. von Art. 2 Abs. 1 lit. c.

III. Vorbehalt abweichender völkerrechtlicher Verträge

94   Im Gegensatz zum Entwurf zum Bundesbeschluss über die Produktehaftpflicht[773], gilt die Haftung des Importeurs für alle Einfuhren in die Schweiz. Vorbehalten sind gem. Art. 2 Abs. 1 lit. c aber völkerrechtliche Verträge, mit welchen die Haftung des Importeurs im Handel mit einzelnen Staaten aufgehoben werden kann. Der Vorbehalt ist im Warenverkehr mit Liechtenstein aufgrund des Vertrages über den Anschluss des Fürstentums Liechtenstein an das schweizerische Zollgebiet vom 29. März 1923[774] schon heute zu beachten[775].

95   Durch die Einführung der Haftung des Importeurs in der EG und im EWR entsteht für Schweizer Hersteller ein erhebliches Diskriminierungspotential[776]. Um diesem Nachteil abzuhelfen, strebt die Schweiz ein Abkommen an, welches die Importeureigenschaft im Verhältnis zu den EG/EWR-Staaten aufheben soll. Voraussetzung für das Funktionieren eines solchen Abkommens ist aber zusätzlich die Ratifizierung des LugÜ durch die einzelnen Staaten, denn nur so ist die Vollstreckung der in einem anderen Land gefällten Urteile gesichert[777].

---

[772] Landscheidt, N 67 zu § 4; Rolland, N 62 zu § 4; Schmidt-Salzer/Hollmann, N 214 zu Art. 3; Schweighauser, 29; Taschner/Frietsch, N 62 zu § 4.

[773] Zusatzbotschaft I, 419 ff.

[774] SR 0.631.112.514.

[775] Vgl. auch Swisslex-Botschaft, 885. Inwiefern Änderungen dieses Vertrages aufgrund der EWR-Mitgliedschaft Liechtensteins Einfluss auf die momentane Rechtslage haben werden, ist bislang unklar. Jedenfalls wird eine Umgehung der Haftung des Importeurs durch die Einfuhr über Liechtenstein nicht möglich sein.

[776] Vgl. hierzu Schweighauser, 31.

[777] Vgl. hierzu Zusatzbotschaft I, 423 f. und zum LugÜ Syst. Teil N 141 ff.

E. Lieferant

I. Allgemeines

Neben dem tatsächlichen, dem Quasi-Hersteller und dem Importeur ist **96**
nach Art. 2 Abs. 2 und 3 auch der Lieferant unter besonderen Voraussetzungen Haftungssubjekt. Nach Sinn und Zweck des Produktehaftpflichtgesetzes soll die Person, die ein Produkt nur liefert, gerade nicht haften
müssen[778]. Vielmehr soll der Lieferant dazu gezwungen werden, dem
Geschädigten den Zugriff auf einen der Hersteller i.S. von Art. 2 Abs. 1 zu
ermöglichen[779]. Den Lieferanten trifft die verschuldensunabhängige Haftung nur subsidiär. Ihm das Risiko der Nichtfeststellbarkeit des Herstellers
zu übertragen, folgt aus dem Schutzgedanken des Gesetzes[780]. Dagegen
besteht keine allgemeine subsidiäre Haftung des Lieferanten[781]. Dieser hat
beispielsweise die Gefahr der Zahlungsunfähigkeit des Herstellers nicht zu
tragen.

II. Die Person des Lieferanten

Unter den Voraussetzungen des Art. 2 Abs. 2 gilt auch der Lieferant als **97**
Hersteller. Zur Konkretisierung des Begriffs „Liefern" kann man sich an
Art. 2 Abs. 1 lit. c orientieren[782]. Zu beachten ist aber, dass nach dem
Wortlaut von Art. 2 Abs. 2, im Gegensatz zur Einfuhr i.S. von Art. 2
Abs. 1 lit. c, ein Liefern nicht im Rahmen einer geschäftlichen Tätigkeit er-
folgen muss. Vielmehr wird nur auf den Lieferungsakt als solchen ab-

---

[778] Taschner/Frietsch, N 63 zu § 4.
[779] Schlechtriem, VersR 1986, 1040; Taschner/Frietsch, N 63 zu § 4; vgl. auch
       Schmidt-Salzer/Hollmann, N 283 zu Art. 3, die zu Recht darauf hinweisen, dass
       die dem Händler drohende verschuldensunabhängige Haftung eine atypische
       Sanktion für die Verletzung einer zeitlich begrenzten Auskunftspflicht ist.
[780] Vgl. Rolland, N 66 zu § 4; Taschner/Frietsch, N 64 zu § 4; von Westphalen, in:
       Produkthaftungshandbuch, § 63 N 70.
[781] Vgl. Schmidt-Salzer, Deliktsrecht, N 4.458.
[782] Rolland, N 67 zu § 4; Schweighauser, 37; von Westphalen, in: Produkthaftungs-
       handbuch, § 63 N 73. Dagegen ist nicht jeder, der das Produkt in den Verkehr
       bringt (vgl. Art. 5 Abs. 1 lit. a und N 41 zu Art. 5), als Lieferant anzusehen, da
       auch das Ausstellen auf einer Messe den Tatbestand des Inverkehrbringens aber
       nicht des Lieferns erfüllt; bez. des Inverkehrbringens vgl. Rolland, N 91 zu § 1,
       der aber inkonsequent jeden, der ein Produkt in Verkehr bringt als Lieferant be-
       zeichnet; Rolland, a.a.O; ebenso von Westphalen, a.a.O.

gestellt[783]. Fraglich ist somit, ob Art. 2 Abs. 2 nur das Liefern im Rahmen einer beruflichen Tätigkeit oder allgemein die Weitergabe eines Produkts erfasst. Die Lehre verlangt überwiegend, dass die Lieferung eine wirtschaftliche Ziel- und Zweckrichtung hat[784]. Dieser Auffassung ist für das schweizerische Produktehaftpflichtgesetz nicht zu folgen, denn aus Art. 5 Abs. 1 lit. c geht hervor, dass die Beweislast für das Vorhandensein einer beruflichen Tätigkeit nicht dem Geschädigten auferlegt werden soll. Zudem kann auch daraus, dass die Einfuhr gemäss Art. 2 Abs. 1 lit. c im Rahmen einer geschäftlichen Tätigkeit erfolgen muss, nicht geschlossen werden, dass das Liefern in einem beruflichen Zusammenhang zu stehen hat. Die geschäftliche Tätigkeit i.S.v. Art. 2 Abs. 1 lit. c betrifft nämlich nur den Bezugsakt, nicht hingegen den Vertrieb. Um dem Geschädigten einen möglichst umfassenden Schutz zukommen zu lassen, hat somit auch derjenige, der ein Produkt privat weitergibt als Lieferant zu gelten. Er wird sich jedoch regelmässig nach Art. 5 Abs. 1 lit. c entlasten können. Keine Auskunftsobliegenheit gegenüber dem Geschädigten hat jedoch derjenige, der das Produkt zum Zeitpunkt der Schädigung benutzt, da er dieses nicht an einen Dritten geliefert hat[785]. Es kommt damit lediglich auf das Liefern als tatsächlicher Akt an.

98   Somit gilt nicht nur der Verkauf als Liefern, sondern auch das Vermieten, das Leasing, aber auch das Verschenken und die Gebrauchsleihe; auf die Entgeltlichkeit kommt es nicht an[786]. Ebenfalls wird das Tatbestandsmerkmal regelmässig im Rahmen von Werklieferverträgen erfüllt, weshalb derjenige, der Ersatzteile einbaut, Lieferant ist[787]. Ob der Empfänger des Produkts über dieses in seiner ursprünglichen Form, wie es der Lieferant bezogen hat, verfügen kann oder nicht, hat keine Bedeutung. Deshalb lie-

---

[783] Dieser Unterschied hat angesichts Art. 5 Abs. 1 lit. c Bedeutung für die Beweislastverteilung. Die Verwendung des Begriffs „beruflich" anstelle von „geschäftlich" macht dabei keinen Unterschied.

[784] Rolland, N 67 zu § 4; Taschner/Frietsch, N 72 zu § 4; Wagener, in: Unternehmenspraxis, N 129; von Westphalen, in: Produkthaftungshandbuch, § 63 N 73.

[785] Schmidt-Salzer/Hollmann, N 289 f. zu Art. 3; Wagener, in: Unternehmenspraxis, N 130.

[786] Vgl. oben N 87 ff.; Schweighauser, 37 f.; wohl auch Rolland, N 59 und 67 zu § 4, der auf den Zusammenhang mit der Tätigkeit des Importeurs verweist und bei diesem ebenfalls keine Entgeltlichkeit verlangt.

[787] Taschner/Frietsch, N 72 zu § 4; von Westphalen, in: Produkthaftungshandbuch, § 63 N 73.

fern sowohl der Arzt[788], der ein Medikament spritzt, als auch der Bauunternehmer, der eine Mauer aus Backsteinen erstellt, ein Produkt.

Entscheidend ist, wer gegenüber dem Empfänger des Produkts wirtschaftlich betrachtet als Lieferant erscheint. Deshalb wird i.a.R. der Agent i.S. von Art. 418 a OR, sei er nun Vermittlungs- oder Abschlussagent, nicht als Lieferant zu gelten haben, es sei denn, er übernehme als zusätzliche Aufgabe die Auslieferung des Produkts[789]. Ebenfalls erfüllt der Frachtführer i.S.v. Art. 440 Abs. 1 OR das Tatbestandsmerkmal des „Lieferns" nicht, denn er ist lediglich derjenige, der das Produkt transportiert[790]. Er erscheint nämlich gegenüber dem Empfänger nicht als Lieferant, sondern sein Auftraggeber. Das gleiche hat für den Postboten zu gelten[791]. Dagegen ist der Verkaufskommissionär i.S. von Art. 425 Abs. 1 OR Lieferant, da er gegenüber dem Bezüger als solcher auftritt. **99**

Gegenüber dem Geschädigten hat auch der Gebrauchtwarenhändler als Lieferant zu gelten. Zu seiner Entlastung muss es aber genügen, wenn er einen Privaten, der ihm das Produkt geliefert hat, benennt, obwohl sich dieser auf Art. 5 Abs. 1 lit. c berufen kann. **100**

Lieferant i.S.v. Art. 2 Abs. 2 ist nicht nur derjenige, der das Produkt dem Geschädigten, bzw. dem letzten Abnehmer geliefert hat, sondern jeder, der Teil der Vertriebskette ist[792]. Es obliegt demnach jedem, der Produkte vertreibt, seinen Vorlieferanten zu kennen. Dem Geschädigten bleibt es unbenommen, einen Vorlieferanten als ersten um Auskunft nachzusuchen. **101**

III. Nichtfeststellbarkeit des Herstellers

1. Nichtfeststellbarkeit

Damit der Lieferant als Hersteller gilt, setzt Art. 2 Abs. 2 voraus, dass der Hersteller nicht festgestellt werden kann. Das Gesetz lässt dabei die Grün- **102**

---

788 Vgl. Schweighauser, 38.
789 Vgl. zur entsprechenden Figur des Handelsvertreters i.S. von § 84 des deutschen HGB Rolland, N 67 zu § 4; Taschner/Frietsch, N 73 zu § 4; von Westphalen, in: Produkthaftungshandbuch, § 63 N 73.
790 Ebenso Kullmann/Pfister, N 3605, 18 für den Spediteur; a.A. von Westphalen, a.a.O., der isoliert auf die Tathandlung abstellt und nicht auf den wirtschaftlichen Zusammenhang.
791 Kullmann/Pfister, a.a.O.; von Westphalen, a.a.O.
792 Rolland, N 67 zu § 4; Schweighauser, 38; Taschner/Frietsch, N 74 zu § 4; Wagener, in: Unternehmenspraxis, N 128.

de offen, die die Nichtfeststellbarkeit begründen. Zudem ist dem Gesetz nicht zu entnehmen, ob es auf die subjektive Wahrnehmungskraft des Geschädigten ankommt oder auf einen durchschnittlichen Konsumenten. Des weiteren gibt es nicht an, zu welchem Zeitpunkt die Nichtfeststellbarkeit bestehen muss[793].

103 Es wird vertreten, dass das Tatbestandselement nur dann erfüllt sei, wenn das Produkt anonym in den Verkehr gebracht wurde, d.h. zu diesem Zeitpunkt keine Hinweise auf den Hersteller enthält, sei dies auf dem Erzeugnis selbst, der Verpackung oder den Begleitpapieren[794]. Dagegen wird die Nichtfeststellbarkeit als gegeben angesehen, wenn der Geschädigte, obwohl er die ihm zumutbaren Bemühungen angestellt hat, den Hersteller, im Zeitpunkt seiner Aufforderung, nicht identifizieren kann[795].

104 Es besteht somit zumindest dahingehend Übereinstimmung, dass das anonym in den Verkehr gebrachte Produkt das Tatbestandselement der Nichtfeststellbarkeit des Herstellers erfüllt[796]. Es stellt sich damit lediglich die Frage, wie der Fall zu beurteilen ist, wenn ein Produkt nach dessen Inverkehrbringen anonym wird. Dies kann die Folge des schädigenden Ereignisses selbst sein oder aber des Verlusts der identifizierenden Kennzeichnung während des Gebrauchs, so z.B. wenn der Benutzer die entsprechende Verpackung wegwirft oder das Kennzeichen selbst entfernt.

105 Ziel von Art. 2 Abs. 2 ist es, den Lieferanten dazu zu zwingen, den Hersteller des Produkts bzw. seinen Vorlieferanten bekanntzugeben[797], um dem Geschädigten die Durchsetzung seiner Ansprüche zu ermöglichen. Dem Geschädigten soll somit ein möglichst umfassender Schutz zukommen. Dagegen ist es nicht primäres Ziel der Bestimmung, den Geschädig-

---

[793] Vgl. auch Taschner/Frietsch, N 69 zu § 4 und Schmidt-Salzer/Hollmann, N 294 zu Art. 3, die davon ausgehen, dass der Wortlaut auf den Zeitpunkt und die Art und Weise des Inverkehrbringens abstellen will. Dies geht zumindest im Hinblick auf den Zeitpunkt nicht aus dem Text hervor.

[794] Taschner/Frietsch, N 67 zu § 4; von Westphalen, in: Produkthaftungshandbuch, § 63 N 76.

[795] Rolland, N 69 zu § 4.

[796] Rolland, N 70 zu § 4; Schmidt-Salzer/Hollmann, N 294 zu Art. 3; Schweighauser, 34; Taschner/Frietsch, N 67 zu § 4; Wagener, in: Unternehmenspraxis, N 132; von Westphalen, in: Produkthaftungshandbuch, § 63 N 76. Der Fall, dass der Hersteller eines anonym in den Verkehr gebrachten Produkts nachträglich dem Konsumenten bekannt wird, ist dabei zu vernachlässigen.

[797] Taschner/Frietsch, N 64 zu § 4.

ten vor nachteiligem Verhalten der Lieferanten, wie es z.B. das Inverkehrbringen anonymer Produkte darstellt, zu schützen; ansonsten hätte das Gesetz daran anknüpfen müssen[798].

Zur Begründung, dass sich die Nichtfeststellbarkeit nur auf anonym in den **106** Verkehr gebrachte Produkte beziehe, wird im übrigen angeführt, Art. 2 Abs. 2 auferlege dem Lieferanten eine Sorgfaltspflicht, die er durch die Kennzeichnung des Produkts erfülle[799]. Dem ist entgegenzuhalten, dass das Gesetz, da es eine verschuldensunabhängige Haftung statuiert, nicht auf die Verletzung von Sorgfaltspflichten abstellt. Eine solche Lösung kann zudem einem Drittgeschädigten nicht zugemutet werden. Im übrigen könnte, wollte man dieser Meinung folgen, jeder Vorlieferant einwenden, er habe das Produkt mit der entsprechenden Kennzeichnung in den Verkehr gebracht. Dem Geschädigten würde dies aber nichts nützen, wenn er von seinem Lieferanten ein anonymes Produkt erhält und dieser seinen Vorlieferanten bekanntgeben kann[800].

Es ist deshalb vom Grundsatz auszugehen, dass die Nichtfeststellbarkeit **107** dann gegeben ist, wenn der Geschädigte selbst nach redlichen Bemühungen den Hersteller nicht ausfindig machen kann[801]. Es handelt sich somit nicht um eine Nichtfeststellbarkeit im objektiven naturwissenschaftlichen Sinne[802]; ansonsten wäre auch der Lieferant nie in der Lage, den Hersteller zu benennen. Ist nun aber auf den Geschädigten und dessen Bemühungen abzustellen, kann das Tatbestandselement auch erfüllt sein, wenn ein Produkt nachträglich anonym wird[803].

Fraglich ist, ob den Lieferanten in allen Fällen, wo der Geschädigte den **108** Hersteller nach redlichen Bemühungen nicht feststellen kann, die Benennungsobliegenheit treffen soll. Allenfalls ist eine Differenzierung i.S. einer gerechten Risikoverteilung zwischen Geschädigtem und Lieferanten ange-

---

[798] So aber Schweighauser, 33.
[799] So Schweighauser, 34; Pfeifer, 244; vgl. auch von Westphalen, in: Produkthaftungshandbuch, § 63 N 76.
[800] Vgl. zum ganzen auch Rolland, N 73 zu § 4.
[801] Rolland, N 69 zu § 4.
[802] Rolland, a.a.O.; vgl. dagegen auch Schmidt-Salzer/Hollmann, N 292 f. zu Art. 3; Schweighauser, 33 f.
[803] So Rolland, N 69 zu § 4; a.A. Schmidt-Salzer/Hollmann, N 294 zu Art. 3; Schweighauser, 34; Taschner/Frietsch, N 69 zu § 4; von Westphalen, in: Produkthaftungshandbuch, § 63 N 76.

zeigt[804]. Dabei soll dann, wenn der Informationsverlust dem Geschädigten zuzurechnen ist, der Lieferant von seiner Benennungsobliegenheit entbunden sein[805]. Unklar ist dagegen, wann die Nichtfeststellbarkeit dem Geschädigten anzulasten ist. M.E. darf dies nur dann der Fall sein, wenn er den Hinweis auf den Hersteller selbst mutwillig entfernt hat[806]. Dagegen ginge es nicht an, ihm das Risiko des unfreiwilligen Verlustes der Kennzeichnung anzulasten[807], denn der Lieferant hat dafür zu sorgen, dass entweder die Hinweise auf den Hersteller so am Produkt angebracht sind, dass sie nicht verloren gehen oder seine Dokumentation ausreicht, um den Hersteller oder den Vorlieferanten ausfindig zu machen.[808] Demnach muss auch der Untergang der Dokumentation des Lieferanten zu seinen Lasten gehen[809].

109 Zusammenfassend kann festgestellt werden:

- Auf die Gründe, weshalb der Hersteller nicht festgestellt werden kann, kommt es nur dann an, wenn der Geschädigte selbst die Hinweise auf den Hersteller entfernt hat;

- Ob der Hersteller nicht festgestellt werden kann, beurteilt sich aufgrund der dem Geschädigten zumutbaren redlichen Bemühungen;

- Für die Nichtfeststellbarkeit ist der Zeitpunkt der Aufforderung an den Lieferanten relevant[810].

2. Hersteller

110 Nach Art. 2 Abs. 2 besteht die Benennungsobliegenheit des Lieferanten, wenn der Hersteller nicht festgestellt werden kann. Gemeint ist damit nicht

---

[804] So Rolland, N 71 zu § 4; vgl. auch Taschner/Frietsch, N 69 zu § 4, die jedoch das Risiko der nachträglichen Nichtfeststellbarkeit vollständig auf den Geschädigten überwälzen möchten.

[805] Vgl. die Fallgruppen bei Rolland, N 72 ff. zu § 4.

[806] Hinsichtlich dieses Falles gl.A. Rolland, N 74 f. zu § 4.

[807] So aber Rolland, N 75 zu § 4.

[808] Vgl. auch Fellmann/von Büren-von Moos, N 98.

[809] Fellmann/von Büren-von Moos, N 88; Rolland, N 77 zu § 4; a.A. Schlechtriem, VersR 1986, 1040, der in diesem Fall von einer „wirtschaftlichen Unmöglichkeit" spricht und die Informationsobliegenheit des Lieferanten entfallen lassen will. Dabei verkennt er aber, dass es um die Zuweisung von Risiko geht, welches auch die „Unmöglichkeit" erfasst.

[810] Rolland, N 69 zu § 4, wobei der Lieferant nicht zu vertreten hat, dass aufgrund der verspäteten Anfrage Hinweise auf den Hersteller untergegangen sind.

nur der tatsächliche Hersteller i.S. von Art. 2 Abs. 1 lit. a, sondern auch der Quasi-Hersteller[811]. Die Ansicht, wonach dieser immer feststellbar sei, ist abzulehnen; es kann nämlich sein, dass die Hinweise auf den Quasi-Hersteller, nachdem er selbst das Produkt in den Verkehr gebracht hat, verloren gegangen sind[812].

Problematisch ist der Fall, wo der Teilhersteller, nicht aber der Endhersteller bekannt ist. Es ist davon auszugehen, dass wenn der Hersteller eines Teilprodukts, welches nicht ursächlich für den Schaden war, bekannt ist, der Hersteller - und zwar der Endhersteller - nach wie vor nicht feststellbar ist. Der Begriff Produkt, wie ihn Art. 2 Abs. 2 verwendet, kann sich nämlich nur auf das schadenstiftende Produkt beziehen. Ist demnach der Hersteller des schadenstiftenden Teilprodukts bekannt, so ist m.E. der Lieferant von seiner Benennungsobliegenheit entbunden, es sei denn der Teilhersteller könne sich nach Art. 5 Abs. 2 entlasten[813]. Zu bedenken ist, dass durch die Erbringung des Entlastungsbeweises i.S. von Art. 5 Abs. 2 in aller Regel auch der Name eines weiteren für das schadenstiftende Produkt verantwortlichen Teilherstellers oder gar des Endherstellers bekannt wird, wodurch die Benennungsobliegenheit des Lieferanten entfällt. **111**

Das Bekanntsein des Importeurs genügt in aller Regel, wobei hier die gleichen Einschränkungen hinsichtlich von Teilprodukten zu beachten sind, wie beim Teilhersteller. Führt der Importeur demnach ein nicht schadenstiftendes Teilprodukt ein, hat der Hersteller nach wie vor als unbekannt zu gelten[814]. **112**

---

[811] Bartl, N 23 f. zu § 4; Schweighauser, 35.

[812] So auch Rolland, N 79 zu § 4; Schweighauser, 36; Bartl, N 23 zu § 4; a.A. Taschner/Frietsch, N 25 zu Art. 3, die aber m.E. verkennen, dass z.B. der Lieferant die Kennzeichnung des Quasiherstellers entfernen kann, ohne dass dessen Eigenschaft als Hersteller entfällt. Dann bringt aber der Lieferant ein anonymes Produkt in Verkehr, weshalb ihn in aller Regel die Benennungsobliegenheit trifft.

[813] Schweighauser, 36; a.A. Taschner/Frietsch, N 70 zu § 4. Die Ansicht von Bartl, N 24 zu § 4, wonach dem Teilhersteller die Entlastungsmöglichkeit von Art. 5 Abs. 2 zu nehmen sei, ist abzulehnen, da die Nichtfeststellbarkeit des Herstellers nicht in seinen Risikobereich fällt; so auch Schweighauser, 36.

[814] Für die spezifische Regelung von Art. 2 Abs. 3 vgl. N 125 zu Art. 2.

IV. Benennung des Herstellers oder des Vorlieferanten durch den Lieferanten nach entsprechender Aufforderung

1. Aufforderung durch den Geschädigten

113 Der Geschädigte muss, damit die Obliegenheit des Lieferanten besteht, diesen gem. Art. 2 Abs. 2 zur Benennung des Herstellers bzw. des Vorlieferanten auffordern.

114 Dabei stellt sich primär die Frage, welche inhaltlichen Anforderungen an die Aufforderung durch den Geschädigten zu stellen sind. Es ist davon auszugehen, dass diese so konkret sein muss, damit ein Lieferant mit ordentlicher Lagerhaltung und Buchhaltung in der Lage ist, den Hersteller oder zumindest den Vorlieferanten zu benennen[815]. Dies erfordert insbesondere eine genauere Bezeichnung des Produkts[816] und des Zeitraums der Lieferung. Insofern trifft den Geschädigten eine Mitwirkungsobliegenheit. Der Umfang der Informationen, die er dem Lieferanten zukommen lässt, wirkt sich auf den Umfang seiner Auskunftspflicht aus[817]. Wie weit die Angaben in der Aufforderung zu spezifizieren sind, kann nur im Einzelfall aufgrund der Umstände bestimmt werden.

115 Eine Frist zur Aufforderung an den Lieferanten besteht nicht. Zu beachten ist aber, dass bei Ablauf der Verwirkungsfrist von Art. 10 Abs. 1 auch die Auskunftsobliegenheit des Lieferanten entfällt. Derjenige, der durch ein Produkt geschädigt wird, bei welchem der Hersteller nicht festgestellt werden kann, soll nämlich nicht besser gestellt werden, als wie wenn er direkt gegen den Hersteller vorgegangen wäre[818].

116 Eine bestimmte Form der Aufforderung ist nicht vorgeschrieben[819].

---

[815] Vgl. auch Kullmann/Pfister, N 3605, 19; Rolland, N 85 zu § 4; Taschner/Frietsch, N 78 zu § 4; Wagener, in: Unternehmenspraxis, N 139; von Westphalen, in: Produkthaftungshandbuch, § 63 N 86.

[816] Dies geht auch daraus hervor, dass Art. 2 Abs. 2 eine entsprechende, d.h. auf das konkrete, die Schädigung verursachende Produkt bezogene Aufforderung verlangt.

[817] Kullmann, Produkthaftungsgesetz, 103; Rolland, N 85 zu § 4; Schmidt-Salzer/Hollmann, N 329 zu Art. 3; Schweighauser, 41; Taschner/Frietsch, N 78 zu § 4; von Westphalen, in: Produkthaftungshandbuch, § 63 N 86; vgl. hierzu N 121 ff. zu Art. 2.

[818] Rolland, N 86 zu § 4.

[819] Rolland, N 87 zu § 4; von Westphalen, in: Produkthaftungshandbuch, § 63 N 86.

2. Benennung des Herstellers oder des Vorlieferanten

a) Umfang

Der Lieferant hat den Hersteller oder den Vorlieferanten bekanntzugeben. **117**
Fraglich ist, wie detailliert die Auskunft sein muss. Dies hängt insbesondere vom Umfang der Angaben in der Aufforderung des Geschädigten
ab[820]. Dabei ist insbesondere unklar, ob es genügt, wenn der Lieferant aufgrund der Angaben des Geschädigten nur mehrere mögliche Hersteller
bzw. Vorlieferanten benennen kann. Die eine Meinung geht davon aus,
dass in einem solchen Fall der Geschädigte seine Aufforderung zu wenig
spezifiziert habe, weshalb die Benennungsobliegenheit des Lieferanten bezüglich der an ihn gerichteten konkreten Aufforderung entfalle[821]. Dagegen
wird auch die Auffassung vertreten, der Lieferant erfülle durch die Bekanntgabe aller möglichen Hersteller oder Vorlieferanten seine Obliegenheit[822]. M.E. ist der ersten Meinung zuzustimmen, da dem Geschädigten
dadurch die Möglichkeit eröffnet wird, in einer zweiten Aufforderung genauere Spezifikationen anzugeben; die zweite Ansicht hätte nämlich zur
Folge, dass der Lieferant seine Obliegenheit mit der ersten ungenauen Auskunft erfüllt, wodurch der Geschädigte unangemessen benachteiligt würde.

Kann der Lieferant den Hersteller oder den Vorlieferanten aufgrund der **118**
Angaben des Geschädigten bezüglich des Produkts identifizieren, so hat
seine Auskunft so genau zu sein, „dass der Geschädigte dadurch in die Lage versetzt wird, sich unmittelbar an die benannte Person zu wenden"[823].
Es muss somit zumindest die Firma und die Adresse bekanntgegeben werden[824]; kleinere Fehler, wie z.b. eine falsche Strassennummer o.ä., schaden
dabei nicht[825]. Der Zweck von Art. 2 Abs. 2 verlangt, dass bei der Benennung eines Vorlieferanten auch der Lieferungszeitpunkt und die Umstände

---

[820] Kullmann, Produkthaftungsgesetz, 103; Rolland, N 85 zu § 4; Schmidt-Salzer/
       Hollmann, N 329 zu Art. 3; Schweighauser, 41; vgl. auch von Westphalen, in:
       Produkthaftungshandbuch, § 63 N 86 ff.
[821] Rolland, N 85 zu § 4; so wohl auch von Westphalen, in: Produkthaftungs-
       handbuch, § 63 N 87 f.
[822] Schweighauser, 41
[823] Landgericht Lübeck, Urteil vom 3.9.1991, AZ: 5 0197/91, „Kerzen-Fall".
[824] Kullmann, Produkthaftungsgesetz, 102; Landscheidt, N 69 zu § 4; Rolland, N 89
       zu § 4; Schmidt-Salzer/Hollmann, N 330 f. zu Art. 3; Schweighauser, 41; von
       Westphalen, in: Produkthaftungshandbuch, § 63 N 89.
[825] Rolland, N 89 zu § 4.

bekanntgegeben werden[826], es sei denn, aufgrund der Angaben des Geschädigten sei dies nicht möglich. Weitere Unterstützungspflichten des
Lieferanten im Rahmen von Art. 2 Abs. 2 bestehen nicht[827].

119 Fraglich ist, ob der Lieferant den Hersteller angeben muss, wenn er ihn
kennt oder ob er durch die Benennung eines Vorlieferanten bereits von seiner Obliegenheit entbunden ist. Das Ziel von Art. 2 Abs. 2 ist, dem Geschädigten das Vorgehen gegen den Hersteller i.S.v. Art. 2 Abs. 1 zu ermöglichen. Deshalb muss m.E. der Lieferant den Hersteller benennen,
wenn er ihn kennt[828]. Dagegen besteht keine Obliegenheit des Lieferanten,
anstelle des Endherstellers einen Teilhersteller bekanntzugeben. Dies gilt
auch dann, wenn für den Schaden einzig dessen Produkt ursächlich war[829].
Gibt der Lieferant den Teilhersteller bekannt, dessen Produkt den Schaden
allein bewirkte, so erfüllt er seine Auskunftsobliegenheit[830].

120 Auch die Bekanntgabe eines insolventen oder nicht mehr existierenden
Vorlieferanten oder Herstellers befreit den Lieferanten, da er dieses Risiko
nicht zu tragen hat[831].

121 Eine falsche Benennung des Vorlieferanten oder des Herstellers führt zur
Haftung des Lieferanten i.S. von Art. 1 Abs. 1[832], es sei denn, es erfolge
nicht noch eine Korrektur innerhalb der „angemessenen" Frist.

---

[826] Bartl, N 24 zu § 4; Rolland, N 89 zu § 4; Schmidt-Salzer/Hollmann, N 330 zu
Art. 3; Schweighauser, 41; Wagener, in: Unternehmenspraxis, N 141; von
Westphalen, in: Produkthaftungshandbuch, § 4 N 89.

[827] Rolland, N 89 zu § 4; Schmidt-Salzer/Hollmann, N 331 zu Art. 3; Schweighauser,
41. A.A. Fellmann/von Büren-von Moos, N 92; Pott/Frieling, N 89 zu § 4, die
aber m.e. verkennen, dass die Auslieferung von Beweismitteln Sache des kantonalen Prozessrechts und nicht des Produktehaftpflichtgesetzes ist.

[828] So auch Schweighauser, 42; a.A. Rolland, N 88 zu § 4; Schmidt-Salzer/Hollmann,
N 332 zu Art. 3.

[829] A.A. Schweighauser, 42; i.E. Rolland, N 78 zu § 4.

[830] Vgl. hierzu oben N 111 zu Art. 2, wonach, im Falle des Bekanntseins des Herstellers des schadenverursachenden Teilprodukts, der Hersteller als bekannt i.S.
von Art. 2 Abs. 2 zu gelten hat. Eine Ausnahme besteht, wenn sich der Teilhersteller aufgrund Art. 5 Abs. 2 entlasten kann.

[831] Kullmann/Pfister, N 3605, 19; Schmidt-Salzer/Hollmann, N 335 zu Art. 3;
Taschner/Frietsch, N 76 zu § 4; von Westphalen, in: Produkthaftungshandbuch,
§ 63 N 93.

[832] Bartl, N 24 zu § 4; Schmidt-Salzer/Hollmann, N 334 zu Art. 3; Schweighauser,
42; Wagener, in: Unternehmenspraxis, N 142.

b) Frist

Der Lieferant muss dem Geschädigten die Auskunft innerhalb „angemes- **122**
sener" Frist erteilen. Diese beginnt gem. Art. 2 Abs. 2 nach dem Zugang
der entsprechenden, ordnungsgemässen[833], Aufforderung zu laufen[834]. Im
Gegensatz zu § 4 Abs. 3 ProdHaftG legt Art. 2 Abs. 2 keine genauen Zeit-
rahmen fest, sondern spricht nur von einer angemessenen Frist[835]. Diese
muss aufgrund der Interessen des Geschädigten und des Lieferanten sowie
anhand der konkreten Umstände bestimmt werden[836].

Dabei ist einerseits das Interesse des Geschädigten zu beachten, möglichst **123**
schnell gegen den Hersteller vorgehen zu können[837] sowie die Gefahr von
Beweisproblemen, je länger die Frist bemessen wird[838]. Ebenfalls zu berücksichtigen ist die Gefahr der Verwirkung der Ansprüche des Geschädigten[839]. Andererseits ist das Interesse des Lieferanten zu berücksichtigen,
allenfalls zusätzliche Abklärungen zu treffen oder das Produkt zu unter-
suchen[840].

Eine absichtliche oder aufgrund der schlechten Organisation des Lieferan- **124**
ten zurückzuführende Verzögerung darf sich nicht zu Lasten des Geschädigten auswirken. Bei unangemessen langer Frist haftet der Lieferant[841].
Eine nachträgliche Benennung des Herstellers hilft dem Lieferanten dagegen nicht[842].

---

[833] Vgl. hierzu oben N 113 ff. zu Art. 2.

[834] Taschner/Frietsch, N 78 zu § 4; von Westphalen, in: Produkthaftungshandbuch,
       § 63 N 85; a.A. Schweighauser, 40, der die Frist schon dann laufen lassen will,
       wenn der Lieferant Anhaltspunkte hat, dass der Geschädigte um Auskunft nach-
       suchen will. Diese Meinung ist aufgrund des klaren Wortlauts und wegen der
       Rechtssicherheit abzulehnen.

[835] Deutschland, Finnland und Schweden sehen eine einmonatige Frist vor, Italien,
       Portugal und Spanien eine dreimonatige; vgl. hierzu PrH Europa N 1 ff.

[836] Schmidt-Salzer/Hollmann, N 312 ff. zu Art. 3; Schweighauser, 39; Taschner/
       Frietsch, N 28 zu Art. 3; von Westphalen, Produkthaftungshandbuch, § 63 N 83.

[837] Vgl. auch Schmidt-Salzer/Hollmann, N 314 zu Art. 3; Schweighauser, a.a.O.

[838] So Schweighauser, a.a.O.

[839] Zusatzbotschaft I, 424.

[840] Vgl. Schmidt-Salzer/Hollmann, N 317 zu Art. 3; Schweighauser, 39.

[841] Schweighauser, a.a.O.; Taschner/Frietsch, N 28 zu Art. 3.

[842] Vgl. die Begründung bei von Westphalen, in: Produkthaftungshandbuch, § 63
       N 94; a.A. Rolland, N 95 zu § 4. Dabei ist zu bemerken, dass diese Autoren von
       der Monatsfrist von § 4 Abs. 3 des deutschen Produkthaftungsgesetzes ausgehen.
       Letzterer versucht dabei m.E. zu Recht die Problematik, die durch den Entscheid

V. Nichtfeststellbarkeit des Importeurs

125 Gem. Art. 2 Abs. 3 besteht die Benennungsobliegenheit des Lieferanten bei eingeführten Produkten auch hinsichtlich des Importeurs i.S. von Art. 2 Abs. 1 lit. c[843]. Dies gilt selbst dann, wenn der Hersteller bekannt ist.

VI. Beweislastverteilung

126 Das Produktehaftpflichtgesetz regelt die Beweislast hinsichtlich der Haftung des Lieferanten nicht. Es ist deshalb auf die Regelung von Art. 8 ZGB zurückzugreifen[844].

127 Der Geschädigte trägt die Beweislast bezüglich der Nichtfeststellbarkeit des Herstellers bzw. des Importeurs.[845] Dasselbe gilt hinsichtlich des Zeitpunkts und der Tatsache des Zugangs der Aufforderung. Des weiteren muss er beweisen, dass das betreffende Produkt vom fraglichen Lieferanten stammt, ein Fehler vorliegt und dieser für den Schaden kausal war. Ebenso hat er darzutun, dass seine Aufforderung gehörig war.

128 Demgegenüber liegt die Beweislast bezüglich der richtigen Erfüllung der Auskunftsobliegenheit beim Lieferant[846]. Der Geschädigte hat aber zu beweisen, dass die vom Lieferanten benannte Person weder Hersteller noch Lieferant ist. Es handelt sich dabei zwar um eine negative Tatsache, diese ist aber nicht unbestimmt, weshalb es sich nicht aufdrängt, dem Lieferanten den Beweis zu auferlegen[847].

---

des deutschen Gesetzgebers entstanden ist, zu korrigieren. Eine ähnliche Situation ist aber für die Schweiz nicht denkbar, weshalb die nachträgliche Benennung dem Lieferanten nicht hilft.

[843] Bezüglich der Person des Importeurs vgl. N 78 ff. zu Art. 2; dazu gehört auch der Reimporteur, weshalb die Benennung eines inländischen Herstellers den Lieferanten im Falle des Reimports nicht befreit.

[844] Vgl. hierzu auch N 102 zu Art. 1.

[845] Zu beachten ist, dass es sich um eine negative Tatsache handelt, weshalb eine Differenzierung angezeigt sein kann; vgl. Fellmann/von Büren-von Moos, N 101.

[846] Es handelt sich hierbei zwar um eine rechtserzeugende Tatsache, da der Anspruch des Geschädigten gegen den Lieferanten erst entsteht, wenn alle Tatbestandselemente erfüllt sind, so dass die Beweislast beim Geschädigten liegen müsste, es ist aber eine negative Tatsache, die der Geschädigte nicht beweisen kann; vgl. zur Rechtsnatur von Art. 2 Abs. 2 ausführlich Rolland, N 82 zu § 4, a.A. Schmidt-Salzer/Hollmann, N 311 zu Art. 3.

[847] Vgl. zur negativen Tatsache Kummer, BK, N 194 ff. zu Art. 8. Anscheinend a.A. Rolland, N 98 zu § 4.

Kapitel 3
Schadensursache

Abschnitt 1
Produkt

Art. 3   Produkt

¹ Als Produkte im Sinne dieses Gesetzes gelten:
   a. jede bewegliche Sache, auch wenn sie einen Teil einer anderen beweglichen Sache oder einer unbeweglichen Sache bildet, und
   b. Elektrizität.

² Landwirtschaftliche Bodenerzeugnisse sowie Tierzucht-, Fischerei- und Jagderzeugnisse gelten erst dann als Produkte, wenn sie einer ersten Verarbeitung unterzogen worden sind.

Art. 3   Produit

¹ Par produits, on entend:
   a. toute chose mobilière, même si elle est incorporée dans une autre chose mobilière ou immobilière ainsi que
   b. l'électricité.

² Les produits du sol, de l'élevage, de la pêche et de la chasse ne sont considérés comme produits que s'ils ont subi une première transformation.

Art. 3   Prodotto

¹ Sono considerati prodotti ai fini della presente legge:
   a. ogni bene mobile, anche se incorporato in un altro bene mobile o immobile, e
   b. l'elettricità.

² I prodotti del suolo, dell'allevamento, della pesca e della caccia sono considerati prodotti soltanto se hanno subito una prima trasformazione.

A. Grundsatz

Das Produktehaftpflichtgesetz setzt voraus, dass der Schaden auf ein fehlerhaftes Produkt zurückzuführen ist. Damit stellt sich die Frage, welche Erzeugnisse unter den gesetzlichen Begriff des Produktes fallen[848]. Die Legaldefinition in Art. 3 Abs. 1 lit. a geht grundsätzlich von beweglichen Sachen aus und entspricht damit dem Art. 2 der RL[849].

1

---

[848]   Die Praxis zu Art. 55 OR hat nicht auf das Erzeugnis, sondern auf das Verhalten des Herstellers abgestellt, Kästli, 91.
[849]   Sowie dem § 2 des deutschen ProdHaftG.

I. Die Massgeblichkeit von Art. 713 ZGB

2   Die RL enthält keine eigene Definition der beweglichen Sache[850]. Diese
bleibt den nationalen Rechtsordnungen überlassen[851]. Entsprechend ist für
das PrHG das schweizerische Sachenrecht massgebend. Das Produkt muss
nach Art. 713 ZGB unpersönlich, körperlich, abgegrenzt und rechtlich
beherrschbar sein. Allerdings erfährt der Begriff des Produktes in Art. 3
Abs. 1 lit. a einerseits eine Ausdehnung gegenüber der beweglichen Sache
nach ZGB, andererseits werden in Abs. 2 bestimmte bewegliche Sachen
vom Produktbegriff ausgenommen. Das Sachenrecht liefert somit nur
einen ersten Anhaltspunkt für die Qualifikation eines Erzeugnisses als Produkt.

3   Bewegliche Sachen und Produkte sind zum Beispiel Konsumgüter, technische Anlagen, Maschinen und Geräte, Fahrzeuge, chemische Stoffe,
Nahrungsmittel und Verpackungsmaterialien[852].

4   Auch Grundstoffe, wie zum Beispiel Kohle, Edelmetalle, Erdöl, Sand, Kies
und Wasser, können Produkte sein. Das Gesetz enthält deutliche Hinweise
auf die Einbeziehung dieser Stoffe: Art. 2 Abs. 1 lit. a bezeichnet als Hersteller auch denjenigen, der einen Grundstoff hergestellt hat. Nur landwirtschaftliche Bodenerzeugnisse sowie Erzeugnisse aus Tierzucht, Jagd und
Fischerei sind laut Art. 3 Abs. 2 vor ihrer ersten Verarbeitung keine Produkte. E contrario folgt, dass es sich bei den anderen Grundstoffen um Produkte handeln kann[853].

5   Unbewegliche Sachen, wie Grundstücke, Strassen, Brücken, Tunnels und
Häuser, kommen als Produkte nicht in Betracht. Weiter scheiden nach dem
oben gesagten Dienstleistungen, zum Beispiel die Unternehmensberatung,
die ärztliche Behandlung oder die Berechnungen eines Ingenieurs, aus dem
Anwendungsbereich des PrHG aus[854]. Sie stellen unkörperliche Güter dar.

---

[850]   Rolland, N 5 zu § 2; Taschner/Frietsch, N 17 zu § 2; Kullmann/Pfister, N 3603,
17; von Westphalen, in: Produkthaftungshandbuch, § 61 N 4.

[851]   Nur die Elektrizität soll unabhängig von ihrer Qualifikation durch das nationale
Recht Produkt sein, Taschner/Frietsch, N 3 zu Art. 2.

[852]   Die Beispiele in diesem Kapitel stammen - vorbehältlich anderer Angaben - aus
Hess, in: Handbuch, 7/3.1.1 ff.

[853]   Rolland, N 15 zu § 2.

[854]   Von Interesse ist in diesem Zusammenhang, dass die EG-Kommission eine Richtlinie zur Angleichung der Rechtsvorschriften für Dienstleistungen vorgeschlagen
hat; der Vorschlag ist veröffentlicht im ABl. Nr. C 12 vom 18. Januar 1991, 8 ff.

Auch Rechte können nicht Produkte sein. Unter den Sachbegriff fällt ausserdem nur, was nicht zur menschlichen Person gehört. Keine Sachen sind also der menschliche Körper und seine Teile[855].

II. Weitere Merkmale?

Teilweise wird davon ausgegangen, dass nur Erzeugnisse, die „zur Benutzung als Produkt" bestimmt sind, Produkte sein können[856]. Ob die Annahme eines solchen ungeschriebenen Merkmals notwendig ist, kann bezweifelt werden, muss doch ein Inverkehrbringen verneint werden, wenn ein Produkt nicht für den Konsumenten bestimmt ist. Ausserdem fällt ein solches Erzeugnis aus dem Schutzbereich des PrHG.

6

Die Herstellungsart eines Produktes spielt keine Rolle. Ob das Produkt handwerklich, industriell, künstlerisch, in Serienfertigung oder in Einzelfertigung hergestellt worden ist, ist nicht entscheidend[857]. Die RL spricht zwar in den Begründungserwägungen von industriell hergestellten Produkten[858]. Eine entsprechende Einschränkung war in einem Richtlinien-Entwurf von 1979 vorgesehen, wurde aber nicht in die endgültige Fassung übernommen[859].

7

Eine gebrauchte Sache, die weiterveräussert wird, bleibt ein Produkt[860]. Eine Beschränkung auf neue Sachen würde dem Schutzgedanken des Gesetzes zuwiderlaufen. Von gebrauchten Sachen können nach wie vor Gefahren ausgehen. Zudem steht das PrHG der vertraglichen Haftung ergänzend gegenüber, wobei die Begrenzung der Haftung durch Verjährungs- und Verwirkungsvorschriften erreicht wird, Art. 9 und 10. Ferner steht dem Hersteller nach Art. 5 Abs. 1 lit. b der Einwand zu, dass der Fehler noch nicht vorlag, als das Produkt in Verkehr gebracht wurde. Der

8

---

855   Meier-Hayoz, Syst. Teil N 130.
856   Christen, 37 f.; Taschner/Frietsch, N 8 zu § 2; Schmidt-Salzer/Hollmann, N 31 zu Art. 2.
857   Schmidt-Salzer/Hollmann, N 64 f. zu Art. 2; Taschner/Frietsch, N 15 zu Art. 2; Brüggemeier/Reich, 150; a.A. Hollmann, 2390.
858   ErwG 3.
859   Rolland, N 3 zu § 2.
860   Christen, 45; Taschner/Frietsch, N 35 zu § 2; Rolland, N 26 zu § 2; a.A. Schmidt-Salzer/ Hollmann, N 27 zu Art. 2

Umstand, dass es sich um eine gebrauchte Sache handelt, ist jedoch für die Sicherheitserwartungen massgebend[861].

9 Werden Arbeiten an gebrauchten Sachen vorgenommen, fragt es sich, ob die Sache nicht verändert, und damit zu einem neuen Produkt wird. Dies ist bei Reparaturen, Wartungsarbeiten und Teilauswechslungen in der Regel zu verneinen, bei Generalüberholungen und Modernisierungen unter Umständen zu bejahen (etwa beim Aufgummieren von Reifen)[862].

B. Ausdehnung

10 Gemäss Art. 3 Abs. 1 lit. a handelt es sich auch dann noch um ein Produkt, wenn eine vormals bewegliche Sache einen Teil einer anderen beweglichen oder unbeweglichen Sache bildet. Damit dehnt das PrHG den Produktbegriff über den Begriff der beweglichen Sache nach ZGB hinaus.

I. Bestandteile von beweglichen Sachen

11 Teilprodukte, wie der Automotor, die Bremsen, die Türschlösser und die Reifen[863], die in einem Endprodukt, einer anderen beweglichen Sache, aufgehen und somit sachenrechtlich als Bestandteile bezeichnet werden, teilen gemäss dem Akzessionsprinzip[864] das rechtliche Schicksal der Hauptsache, Art. 642 ZGB. Die Bestandteile bleiben aber auf Grund von Art. 3 Abs. 1 lit. a weiterhin Produkte.

12 Umgekehrt fragt es sich, wie das Endprodukt zu qualifizieren ist. So wird die Ansicht vertreten, dass die „Verkehrsanschauung" entscheiden soll, ob es sich beim Endprodukt um ein eigenständiges neues Produkt handelt[865]. Massgebend sei dabei der Verwendungszweck. Dementsprechend ist zum Beispiel der Lastwagen, der von einem Händler nach Kundenwunsch mit Aufbauten versehen wurde, als eigenständiges Produkt und der Händler als

---

861 Fellmann/von Büren-von Moos, N 147.
862 Christen, 46; Taschner/Frietsch, N 36 zu § 2; von Westphalen, in: Produkthaftungshandbuch, § 61 N 9.
863 Von Westphalen, in: Produkthaftungshandbuch, § 61 N 31.
864 Meier-Hayoz, Syst. Teil N 98 f.
865 Rolland, N 23 f. zu § 2; von Westphalen, in: Produkthaftungshandbuch, § 61 N 31.

Hersteller zu betrachten, weil dem Fahrzeug ein anderer Verwendungszweck zukommt[866].

Diese autonome Auslegung erübrigt sich für das PrHG. Dort, wo das Sa-   **13**
chenrecht von einer zusammengesetzten Sache[867] ausgeht, muss für ein
Enderzeugnis die Produkteigenschaft bejaht werden. So stellt der oben er-
wähnte kundenspezifisch ausgebaute Lastwagen eine zusammengesetzte
Sache und damit ein Produkt dar. Sachgesamtheiten, die sich aus rechtlich
selbständigen Sachen zusammensetzen[868], müsste die Produkteigenschaft
regelmässig abgesprochen werden.

Die Unterscheidung Hauptsache und Zugehör (Art. 644 und 645 ZGB) ist   **14**
für die Qualifikation eines Erzeugnisses als Produkt nicht massgebend. In
beiden Fällen handelt es sich um rechtlich selbständige Sachen[869] und
demzufolge um Produkte. Als Beispiel sei hier die Brille und das Futteral
erwähnt.

II. Bestandteile von unbeweglichen Sachen

Der Produktbegriff schliesst Bestandteile von unbeweglichen Sachen mit   **15**
ein. Der Stahlträger, der in die Dachkonstruktion eines Hauses eingebaut
wurde, hat seine Produkteigenschaft mit dem Einbau nicht verloren[870].
Dasselbe gilt für Klima- oder Heizungsanlagen[871], für Fertighauswände,
Wasser- oder Gasleitungen, Mauersteine und Lacke[872] sowie für die
Schaukel auf einem Kinderspielplatz und sogar für die Produktionsanlage,
die in ein Fabrikgebäude eingebaut wird[873], jedoch nur, wenn die Produktionsanlage eine zusammengesetzte Sache und nicht eine Sachgesamtheit
darstellt[874].

Das Enderzeugnis, zum Beispiel das Haus, der Kinderspielplatz oder das   **16**
Fabrikgebäude stellt eine unbewegliche Sache dar und kann deshalb nicht
Produkt sein. Zugehör (Art. 644 und 645 ZGB) und Fahrnisbauten

---

[866] Von Westphalen, in: Produkthaftungshandbuch, § 61 N 33.
[867] Meier-Hayoz, Syst. Teil N 195.
[868] Meier-Hayoz, Syst. Teil N 140 ff.
[869] Meier-Hayoz, Syst. Teil N 196.
[870] Scheller, in: Unternehmenspraxis, N 166.
[871] Taschner/Frietsch, N 32 zu § 2.
[872] Vgl. Koch, Ratgeber, N 105 ff.
[873] Kullmann/Pfister, N 3603, 1 f.
[874] Vgl. oben N 15.

(Art. 677 ZGB), wie etwa die Baubaracke, sind bewegliche Sachen und Produkte.

III. Registrierte Mobilien, Vieh

17   Der Umstand, dass bei Schiffen und Luftfahrzeugen für den Eigentums-übergang ein Registereintrag notwendig ist[875], hindert die Unterstellung dieser Mobilien unter den Produktbegriff in keiner Weise. Vieh hingegen wird vom Produktbegriff in Art. 3 Abs. 2 als Erzeugnis der Tierhaltung ausgenommen.

IV. Energie

18   Zumindest nach traditioneller Auffassung stellt Energie keine bewegliche Sache im Sinne des ZGB dar[876]. Elektrizität ist aber laut Art. 3 Abs. 1 lit. b ein Produkt. Als Fehler kommen nur Schwankungen der Stromspannung oder Stromstärke in Frage[877]. Soweit Elektrizität nicht geliefert wird, ist es fraglich, ob das PrHG zur Anwendung gelangt[878].

19   Fraglich ist, wie andere Energiearten, wie Wärme und Licht, zu betrachten sind. Die RL wird in dieser Hinsicht restriktiv interpretiert, so dass nur der Elektrizität Produkteigenschaft zukommen soll[879]. Allerdings sieht Art. 713 ZGB vor, dass alle „Naturkräfte" Gegenstand des Fahrniseigentums sein können. Wenn nun nur die Elektrizität dem PrHG unterstellt wird, so ist das rechtsdogmatisch kaum zu begründen. Hier zeigt sich die Problematik der beinahe wörtlichen Übernahme der RL.

20   Im Falle der Fernwärme wird teils die Auffassung vertreten, es handle sich dabei um eine bewegliche Sache, da diese immer Wasser, Wasserdampf oder Luft als Träger voraussetzt[880]. Zutreffender ist es aber, nur den Träger als Sache und Produkt zu betrachten[881].

---

[875]   Meier-Hayoz, Syst. Teil N 72.
[876]   Meier-Hayoz, Syst. Teil N 223 ff.
[877]   Zusatzbotschaft I, 425. Vgl. N 114 zu Art. 4.
[878]   Ablehnend Christen, 41 f.; Kullmann/Pfister, N 3603, 2; Brüggemeier, 513; a.A. von Westphalen, in: Produkthaftungshandbuch, § 61 N 22; Fellmann/von Büren-von Moos, N 154; vgl. ferner N 115 zu Art. 4.
[879]   Taschner/Frietsch, N 3 zu Art. 2; a.A Brüggemeier/Reich, 150.
[880]   Rolland, N 14 zu § 2.
[881]   Taschner/Frietsch, N 3 zu Art. 2.

V. Dienstleistungen

Die Herstellung einer beweglichen Sache in Zusammenhang mit einer **21**
Dienstleistung ändert nichts an ihrer Produkteigenschaft. So stellen zum
Beispiel die Speisen, die ein Gastwirt im Rahmen der Bewirtung herstellt,
Produkte dar. Einige Autoren wollen in solchen Fällen danach differenzieren, ob die Dienstleistung oder die bewegliche Sache im Vordergrund
steht. Nur wenn letzteres bejaht werden kann, so soll von einem Produkt
die Rede sein[882]. Diese Differenzierung ist abzulehnen. Wie unbedeutend
das Erzeugnis im Vergleich zur Dienstleistung auch sein mag, es handelt
sich um eine bewegliche Sache und damit um ein Produkt[883].

Eine reine Dienstleistung ist, wie oben dargelegt[884], kein Produkt. Das gilt **22**
auch etwa für die Berechnungen eines Architekten oder Ingenieurs, die
sich später in einem Erzeugnis materialisieren[885]. Wird zum Beispiel eine
Fassadenplatte nach falschen statischen Berechnungen hergestellt, so haftet
der Hersteller der Platte und nicht derjenige, der die geistige Leistung erbracht hat.

C. Ausnahmen

Gemäss Art. 3 Abs. 2 gelten landwirtschaftliche Bodenerzeugnisse sowie **23**
Erzeugnisse der Tierzucht, Fischerei und Jagd vor einer ersten Verarbeitung nicht als Produkte. In den Erwägungen zur EG-Richtlinie werden diese Erzeugnisse den industriell hergestellten Produkten gegenübergestellt[886].
Die bundesrätliche Botschaft spricht von Produkten, die „hauptsächlich infolge von Naturvorgängen", unabhängig von menschlichen Eingriffen entstanden sind[887]. Offenbar wird angenommen, dass solche Erzeugnisse nicht
den gleichen Gefahren unterliegen wie die industriell hergestellten. Dieses
„bukolische Weltbild"[888] verträgt sich kaum mit den modernen Produktionsmethoden in der Landwirtschaft. Ein einigermassen plausibler
Grund für die Ausnahme von der Haftung kann in der Tatsache erblickt

---

[882]   Schmidt-Salzer/Hollmann, N 13 f. zu Art. 2; von Westphalen, in: Produkthaf-
        tungshandbuch, § 61 N 10.
[883]   Taschner/Frietsch, N 37 zu § 2.
[884]   N 5.
[885]   Vgl. Schmidt-Salzer/Hollmann, N 43 ff. zu Art. 2; a.A. Rolland, N 16 zu § 2.
[886]   ErwG 3.
[887]   Zusatzbotschaft I, a.a.O.
[888]   Rolland, N 42 zu § 2.

werden, dass diese Produkte zahlreichen Fremdimissionen ausgesetzt sind. Die daraus resultierenden Folgen sollen nicht den Produzenten angelastet werden. Dies war beispielsweise für den deutschen Gesetzgeber ausschlaggebend[889]. Gemäss Art. 15 Abs. 1 lit. a der RL ist es den einzelnen Staaten freigestellt, ob sie diese Erzeugnisse in ihren Gesetzen ebenfalls als Produkte behandeln wollen[890].

24   Eine geringfügige Abweichung zur EG-Richtlinie besteht insofern, als nach dem PrHG nur die Erzeugnisse des Bodens landwirtschaftlich sein müssen. Die Richtlinie hingegen verwendet zusammenfassend den Begriff „landwirtschaftliche Naturprodukte", wozu sie auch die Tiere und ihre Erzeugnisse zählt.

I. Erzeugnisse des Bodens

25   Der Begriff „landwirtschaftliche Bodenerzeugnisse" ist entsprechend der RL weit zu verstehen[891]. Keine Rolle spielt also die Intensität der Bodennutzung[892]. Privilegiert sind auch wildwachsende Pflanzen[893] sowie forstwirtschaftliche Erzeugnisse[894] und wohl auch der Gartenbau. Keine Produkte sind deshalb etwa Pilze, Waldbeeren, Moos, Holz, Getreide, Gemüse, Obst, Tabak sowie Topfpflanzen. Ausgenommen sind auch die Erzeugnisse der bodenunabhängigen Produktion (zum Beispiel die Champignonzucht oder Hydrokulturen)[895] sowie die Abkömmlinge von gentechnisch veränderten Pflanzen[896]. Produktionsmittel, wie Pflanzenschutzmittel und Düngemittel, sind selbstverständlich Produkte.

26   Die Produktionsmethoden sind unerheblich[897]. Auch wenn der Anbau durch einen industriell strukturierten Grossbetrieb erfolgt, was entsprechende Risiken mit sich bringt, so haben die Erzeugnisse ihren Ursprung

---

[889]   BT-Drucks. 11/5520, 14.
[890]   Zum Umgang mit den Optionen der Richtlinie in anderen europäischen Staaten vgl. PrH Europa N 1 ff..
[891]   Zusatzbotschaft I, a.a.O.
[892]   Von Westphalen, in: Produkthaftungshandbuch, § 61 N 120.
[893]   Taschner/Frietsch, N 12 zu Art. 2.
[894]   Zusatzbotschaft I, a.a.O.
[895]   Zusatzbotschaft I, a.a.O.; Taschner/Frietsch, N 53 zu § 2; a.A. Fellmann/von Büren-von Moos, N 159..
[896]   Zusatzbotschaft I, a.a.O.; Taschner/Frietsch, a.a.O.
[897]   Taschner/Frietsch, N 52 zu § 2; Rolland, N 44 zu § 2; von Westphalen, in: Produkthaftungshandbuch, § 61 N 49.

letztlich in Naturvorgängen. Umgekehrt ist die Herstellungsart für die Produkteigenschaft ebenfalls nicht ausschlaggebend.

Fraglich ist, ob nur Erzeugnisse, die durch organisches Wachstum entstanden sind, als Bodenerzeugnisse zu betrachten sind[898]. Die Frage ist jedoch kaum von praktischer Bedeutung. Auch wenn zu den Bodenerzeugnissen Gegenstände gezählt werden, die auf Grund von anorganischen Vorgängen entstanden sind, wie Sand, Kies, Ton oder Erdöl, so verhindert die Voraussetzung der landwirtschaftlichen Produktion eine Privilegierung[899]. Anders verhält es sich allenfalls beim Torf.　　　　　　　　　　　　　　　　　**27**

Wasserpflanzen, wie Algen oder Seegras, die mit dem Grund des Gewässers verbunden sind, sind zu den Erzeugnissen des Bodens zu rechnen[900], wobei ihre Gewinnung als landwirtschaftlich im weitesten Sinne bezeichnet werden kann. Tang und Plankton sind pflanzlicher Natur und sollten analog zu den Erzeugnissen des Bodens ebenfalls vom PrHG ausgenommen werden. Auch bei Meersalz besteht Nähe zu den Bodenerzeugnissen. Hier kann aber von landwirtschaftlicher Gewinnung nicht mehr die Rede sein.　　　　　　　　　　　　　　　　　**28**

II. Erzeugnisse der Tierzucht

Zu den Erzeugnissen der Tierzucht sind nicht nur die Tiere selbst, sondern auch die von ihnen gewonnenen Erzeugnisse[901], zum Beispiel Milch, Eier, Wolle und Pelze, zu zählen. Im Gegensatz zur RL und zum deutschen Produkthaftungsgesetz muss die Tierzucht nicht landwirtschaftlich sein, so dass sämtliche Zuchttiere sowie alle ihre Produkte vor der ersten Verarbeitung vom Produktbegriff ausgenommen sind. Tiere, die für wissenschaftliche Zwecke gezüchtet werden, fallen ebenfalls aus dem Anwendungsbereich des PrHG heraus.　　　　　　　　　　　　　　　**29**

Zum Bereich der Tierzucht gehört auch die Imkerei[902]. Als unverarbeitetes Erzeugnis ist ohne Zweifel die Biene und die Wabe mit Honig anzusehen. Fraglich ist, ob der Honig, der aus der Wabe herausgeschleudert wurde, be-　　　**30**

---

[898] Rolland, N 45 zu § 2; von Westphalen, in: Produkthaftungshandbuch, § 61 N 51.
[899] Taschner/Frietsch, N 53 zu § 2.
[900] Von Westphalen, in: Produkthaftungshandbuch, § 61 N 54.
[901] Zusatzbotschaft I, a.a.O.; Taschner/Frietsch, N 54 zu § 2.
[902] Die Botschaft setzt dies voraus, indem sie Honig beispielhaft erwähnt, Zusatzbotschaft I, a.a.O.

reits als verarbeitet zu betrachten ist[903]. Die Botschaft spricht ganz allgemein von Honig. Es wäre wohl auch unverhältnismässig, hier zu differenzieren[904].

III. Erzeugnisse der Fischerei

31   Weiter sind freilebende und gezüchtete Fische aus Gewässern jeglicher Art sowie Krebse, Muscheln, etc. vom Produktbegriff ausgenommen[905]. Analog zur Tierzucht müssten auch die Erzeugnisse von Fischen und Muscheln (etwa Kaviar und Zuchtperlen) von der Haftung ausgenommen werden, obwohl sie nicht durch Fischerei gewonnen werden[906].

IV. Erzeugnisse der Jagd

32   Ein Erzeugnis der Jagd ist alles erlegte oder gefangene Wild - unabhängig davon, ob es zulässigerweise der Jagd unterliegt[907]. Ein Reh, das in der Schonzeit geschossen wird, ist trotzdem ein Jagderzeugnis im Sinne des PrHG. Wiederum sind auch die von den erlegten Tieren gewonnen Erzeugnisse (zum Beispiel Felle) vom Produktbegriff auszunehmen[908]. Bei Tieren im Gehege ist Tierzucht anzunehmen[909].

V. Erste Verarbeitung

33   Mit ihrer ersten Verarbeitung werden die in Art. 3 Abs. 2 genannten Erzeugnisse zu Produkten. Wann eine erste Verarbeitung vorliegt, beurteilt sich nach den Umständen[910]. Als Verarbeitung sind grundsätzlich alle Umwandlungen anzusehen[911]. Eine Umwandlung muss aber mit der ersten Verarbeitung nicht notwendigerweise einhergehen. Vielmehr ist darauf abzustellen, ob das Erzeugnis durch die erste Verarbeitung „den Risiken

---

[903]   Taschner/Frietsch, N 56 zu § 2.
[904]   A.A. Fellmann/von Büren-von Moos, N 161.
[905]   Taschner/Frietsch, N 11 zu Art. 2.
[906]   A.A. Rolland, N 48 zu § 2.
[907]   Taschner/Frietsch, N 14 zu Art. 2; von Westphalen, in: Produkthaftungshandbuch, § 61 N 55.
[908]   Taschner/Frietsch, N 58 zu § 2.
[909]   Rolland, N 50 zu § 2.
[910]   Zusatzbotschaft I, a.a.O.
[911]   Zusatzbotschaft I, a.a.O.

der industriellen Fertigung" ausgesetzt wird[912]. Es sollte allerdings besser auf ganz allgemein hinzukommende Risiken abgestellt werden[913]. Denn auch bei der Verarbeitung im bäuerlichen Kleinbetrieb kommen für das Erzeugnis Risiken hinzu. Handwerklich hergestellte Erzeugnisse gelten zudem auch als Produkte.

Als Umwandlung und erste Verarbeitung ist etwa das Mahlen von Getreide   **34** zu Mehl, das Keltern von Trauben zu Most, das Schlachten von Vieh oder die Verarbeitung von Fisch zu Fischkonserven oder Fischmehl zu betrachten. Aber auch Konservierungsmassnahmen, wie mechanisches Trocknen, Sterilisieren oder Einsalzen von Fischen sowie Einfrieren, bergen besondere Risiken in sich, so dass eine erste Verarbeitung angenommen werden muss[914]. Auch ist die gentechnische Veränderung einer ersten Verarbeitung gleichzustellen[915]. Tätigkeiten, die das Erzeugnis kaum weiteren Risiken aussetzen und deshalb nicht als erste Verarbeitung qualifiziert werden, sind zum Beispiel blosse Sortierarbeiten, wie das Abschöpfen von Rahm oder das Dreschen von Getreide, sowie das Lagern oder Verpacken eines Erzeugnisses. Keine erste Verarbeitung ist der Abschluss der natürlichen Entwicklung, wie das Ernten oder das Töten des Tieres.

Dadurch, dass das Erzeugnis mit der ersten Verarbeitung zum Produkt   **35** wird, erstreckt sich die Haftung auch auf Fehler, die bereits vorher entstanden sind[916]. Gleichzeitig wird der Verarbeiter zum Haftungsadressaten[917]. Er ist verantwortlich für das Einsetzen der Produkteigenschaft. Der Verarbeiter muss mit dem Erzeuger des Produktes nicht identisch sein. Somit ist es möglich, dass zum Beispiel ein Metzger dafür einstehen muss, dass der Züchter ein Schwein mit schädlichen Futtermitteln gefüttert hat. Für einen Innenausgleich bietet das PrHG keine Handhabe.

---

[912] Zusatzbotschaft I, a.a.O.

[913] Taschner/Frietsch, N 61 ff. zu § 2; Rolland, N 52 f. zu § 2; von Westphalen, in: Produkthaftungshandbuch, § 61 N 58 ff.

[914] Taschner/Frietsch, N 13 zu Art. 2.

[915] Zusatzbotschaft I, a.a.O.; allgemein zur Haftung für gentechnisch hergestellte Produkte Hässig, 27 ff.

[916] Taschner/Frietsch, N 68 zu § 2; Rolland, N 54 zu § 2; von Westphalen, in: Produkthaftungshandbuch, § 61 N 65.

[917] Taschner/Frietsch, N 67 zu § 2; Rolland, a.a.O.; von Westphalen, in: Produkthaftungshandbuch, § 61 N 64; Fellmann/von Büren-von Moos, N 166.

D. Besondere Fälle

I. Druckwerke

36 Bücher, Landkarten, Fahrpläne etc. sind bewegliche Sachen und damit Produkte. Fraglich ist aber, ob sich ihre Produkteigenschaft auf den Inhalt erstreckt, was eine Haftung nach PrHG für Druckfehler, Entstellungen und Verwechslungen zur Folge hätte. Eine Verschuldenshaftung für Druckfehler ist zumindest vorstellbar[918].

37 Für den überwiegenden Teil der Lehre stellen das Druckerzeugnis und sein Inhalt eine untrennbare Einheit dar, so dass sich die Produkteigenschaft auf den Inhalt erstrecken soll[919]. Schwierigkeiten bereitet zusätzlich die Frage nach dem Hersteller. Der Autor scheidet aus, da dieser eine rein geistige Leistung erbringt. Er hat zwar ein Manuskript hergestellt, dieses geht aber nicht physisch in das Druckerzeugnis ein und ist deshalb kein Teilerzeugnis[920]. Der Buchdrucker bringt das Druckwerk nicht in Verkehr, zudem wird von ihm in der Regel ein fehlerloses Arbeiten nicht erwartet[921]. Höchstens eine Qualifizierung des Verlegers als Endhersteller im weitesten Sinne ist vorstellbar, da er sich zwar vom Autor, vom (unter Umständen selbständigen) Buchdrucker und vom Buchbinder zuarbeiten lässt, aber letztlich die Herstellung koordiniert und das Druckwerk in Verkehr bringt[922].

II. Software

38 Wie das Buch, so ist auch die Diskette, Hardware ganz allgemein, eine bewegliche Sache und damit Produkt. Ob sich die Produkteigenschaft auch auf das Softwareprogramm bezieht, ist wie beim Inhalt des Buches zweifelhaft. Die Parallele zu geistigen Leistungen, die in Büchern festgehalten werden, besteht nur bedingt. Bedarf es doch beim Buch zur Verwirklichung der darin enthaltenen Ideen der Rezeption, während die Anwendung

---

[918] BGH JZ 1971, 63; vgl. weiterführend Röhl, 369 ff.; auch Lang, 69 ff.

[919] Foerste, NJW 1991, 1438; Schmidt-Salzer/Hollmann, N 25 zu Art. 2, N 211 ff. zu Art. 7; Taschner/Frietsch, N 20 zu § 2; Rolland, N 20 zu § 2; von Westphalen, in: Produkthaftungshandbuch, § 61 N 14; Schlechtriem, VersR 1986, 1034; a.A. Kullmann/Pfister, N 3603, 3 und 5110, 7; vgl. ferner Meyer, 728 ff.

[920] Foerste, NJW 1991, 1439; Röhl, 376; a.A. Schmidt-Salzer/Hollmann, a.a.O., die gar ausschliesslich die Haftung des Autors anerkennen, soweit dieser das „Gut zum Druck" auf Druckfehler hin prüft.

[921] Foerste, NJW 1991, FN 82.

[922] Foerste, NJW 1991, 1438; Röhl, 376.

eines Computerprogramms vielfach unmittelbar zu Schäden führen kann, so zum Beispiel bei der Steuerung einer Produktionsanlage[923].

In der deutschen Lehre ist die Meinungsbildung noch nicht abgeschlossen[924]. Einige Autoren betrachten Computerprogramme als rein geistige Leistungen[925]. Andere knüpfen an die Verkörperung des Programms im Datenträger an und betrachten zumindest Standardsoftware als Produkt[926]. Diese Auffassung findet Rückhalt in der Rechtsprechung des BGH, der festgehalten hat, dass „Datenträger mit dem darin verkörperten Programm körperliche Sachen i.S. von § 90 BGB darstellen"[927]. Für Individualsoftware wird hingegen - auch wenn sie etwa auf einer Diskette verkörpert ist - mitunter Dienstleistungscharakter angenommen[928]. Was die Datenfernübertragung (on line) angeht, so scheitert die Produkteigenschaft an der mangelnden Verkörperung in einem Träger[929].

39

Das Bundesgericht hat sich über das Verhältnis von Computerprogrammen zu Art. 713 ZGB noch nicht geäussert. Auch in der Schweizer Lehre hört sich die Meinung, dass die Verkörperung des Programms bloss nebensächlich ist, weshalb weiterhin von einem immateriellen Wirtschaftsgut auszugehen ist[930]. Vertreten wird aber auch der gegenteilige Standpunkt; die Verkörperung sei unerlässlich, durch sie werde das Programm zur Sache[931]. Über die Produkteigenschaft der Software wurde noch kaum nach-

40

---

923 Kullmann, Produkthaftungsgesetz, 61.
924 Vgl. zusammenfassende Darstellungen bei: Fuhrer, 130 f.; Bühler, 91 ff.; Lehmann, 1724.
925 Nauroth, 188; Bauer, 38 ff. und 98 ff.; vgl. die Kritik bei Hoeren, 138 ff.
926 Engel, 707; Hoeren, a.a.O.; Meier/Wehlau, 98 f.; Koch/Schnupp, CR 1989, 898 ff.; Kullmann/Pfister, N 3603, 12 f.; Rolland, N 17 zu § 2; auch OLG Stuttgart NJW 1989, 2635.; dazu König, NJW 1989, 2604 f.
927 BGH NJW 1990, 320; vgl. dazu König, NJW 1990, 1584 ff.
928 Kullmann/Pfister, N 3603, 5; Meier/Wehlau, 99; Junker, N 480; Kort, CR 1990, 174 ff.; Hoeren, 142; a.A. Koch, Ratgeber, N 115; Koch/Schnupp, Softwarerecht, 164; Rolland, N 19 zu § 2; von Westphalen, in: Produkthaftungshandbuch, § 61 N 43; Heymann, 176 ff.
929 Bauer, 100 f.; Taschner/Frietsch, N 22 zu § 2; Smith/Hamill, 85; a.A. Hoeren, 139 f.; König, NJW 1989, 2605; Meier/Wehlau, 99, die eine analoge Behandlung zur Elektrizität vorschlagen; so auch von Westphalen, in: Produkthaftungshandbuch, § 61 N 44; in BGH NJW 1990, 320, wurde offengelassen, ob on line übertragene Programme Sachqualität aufweisen.
930 Honsell, Standardsoftware, 315.
931 Rüesch, 45 ff.

gedacht. In Anlehnung an deutsche Autoren[932], wird immerhin propagiert, zwischen integrierter und isolierter Software zu unterscheiden[933]. Mit Blick auf das Schädigungspotential sei dieser Differenzierung jener nach Standard- und Individualsoftware der Vorzug zu geben[934]. Entsprechend soll sich die Produkteigenschaft bei einer Maschine mit integrierter Software (Bankautomat, Kinderspielzeug, Fernseher) auch auf das Programm erstrecken, weil dieses direkt einen Schaden bewirken kann[935]. Isolierte Software (etwa Textverarbeitungs-, CAD- oder Buchhaltungsprogramme) wird erst durch den Benutzer wirksam, weshalb ihr der Produktcharakter abzusprechen ist[936].

III. Abfall

41   Wird Abfall als Grundstoff für Recyclingprodukte verwertet (zum Beispiel Schrott), so kommt ihm Produkteigenschaft zu[937]. Abfälle, die im Rahmen des Produktionsprozesses anfallen und bloss noch der Entsorgung zuzuführen sind, wie etwa chemische Substanzen, die beim Härten oder Veredeln von Metallen anfallen, sollen gemäss der Auffassung einiger Autoren keine Produkte sein, weil sie nicht „zur Benutzung als Produkt" bestimmt sind[938]. Abgesehen davon lässt sich bei solchen Abfällen die Voraussetzung des Inverkehrbringens verneinen, da der Hersteller keine kommerziellen Absichten an die Entsorgung knüpft[939]. Letztlich steht auch der Schutzzweck einer Anwendung des PrHG auf diese Abfälle entgegen[940].

42   Umstritten ist die Qualifikation von Erzeugnissen, die keine Verwendung mehr finden und deshalb derelinquiert werden. Die Produkteigenschaft

---

[932]   Bauer, 41 f. und 99 ff.; Taschner/Frietsch, N 28 zu Art. 6 und N 22 zu § 2.
[933]   Bühler, 97.
[934]   Bühler, a.a.O.
[935]   Bühler, a.a.O.; vgl. auch Smith/Hamill, 85.
[936]   Bühler, 98.
[937]   Schmidt-Salzer/Hollmann, N 31 zu Art. 2; Taschner/Frietsch, N 26 zu § 2; Kullmann/Pfister, N 3603, 3; von Westphalen, in: Produkthaftungshandbuch, § 61 N 12.
[938]   Schmidt-Salzer/Hollmann, a.a.O.; Taschner/Frietsch, a.a.O., N 6 zu Art. 2; Kullmann, Produkthaftungsgesetz, 59; von Westphalen, in: Produkthaftungshandbuch, § 61 N 13; a.A. Krämer, Verbraucherrecht, N 322.
[939]   Schlechtriem, VersR 1986, 1037; a.A. Koch, Ratgeber, N 110.
[940]   Rolland, N 37 zu § 2.

kann nicht mit der Dereliktion durch den letzten Benutzer enden[941]. Wird etwa ein Produkt auf die Strasse gestellt, ist damit noch nicht ausgeschlossen, dass das Erzeugnis Schäden verursachen kann. Es fragt sich weiter, ob das PrHG noch in der Entsorgungsphase anwendbar ist, oder ob die Produkteigenschaft „über der Kante des Containers" endet. Bei Sachschäden werden zumeist die gesetzlichen Voraussetzungen (Art. 1 Abs. 1 lit. b) nicht erfüllt sein. Personenschäden werden hingegen vom Gesetz uneingeschränkt erfasst (Art. 1 Abs. 1 lit. a).

Soweit ein fehlerhaftes Produkt den Tod einer Person oder deren Verletzung bewirken kann, geht das PrHG über den reinen Konsumentenschutz hinaus. Ausserdem erstrecken sich die Sicherheitserwartungen an ein Produkt auch auf dessen Entsorgung[942]. Dies manifestiert sich besonders deutlich in der Umweltschutzgesetzgebung. De lege lata werden Hersteller und Importeure von umweltgefährdenden Stoffen zur Selbstkontrolle und zur Instruktion des Konsumenten betreffend die Beseitigung verpflichtet, Art. 26 und 27 USG[943]. De lege ferenda[944] wird der Bundesrat ermächtigt, Vorschriften zu erlassen, die den Hersteller unter Umständen verpflichten, sein Produkt nach dem Gebrauch durch den Konsumenten zurückzunehmen, Art. 30 b USG-Revisionsentwurf. Zur Vermeidung von Abfällen soll gar das Inverkehrbringen von Produkten, für deren umweltverträgliche Entsorgung keine Verfahren bekannt sind, verboten werden können, Art. 30a USG-Revisionsentwurf. In diesen Vorschriften werden die Ansprüche, die heute an ein Produkt und an dessen Entsorgung gestellt werden, gesetzlich verankert. Der Hersteller, der ihnen nicht entspricht, begeht erstens eine widerrechtliche Handlung und zudem ist sein Produkt fehlerhaft[945]. Aus der Sicht der Produktehaftung ergibt sich für den Hersteller insbesondere die Pflicht, vor Gefahren bei der Entsorgung zu warnen[946],

43

---

[941] Rolland, N 33 zu § 2; von Westphalen, in: Produkthaftungshandbuch, § 61 N 13; a.A. Taschner/Frietsch, N 7 zu Art. 2.

[942] Koch, PHI 1992, 21 ff.

[943] Bundesgesetz über den Umweltschutz vom 7. Oktober 1983, SR 814.01.

[944] Entwurf zur Änderung des Bundesgesetzes über den Umweltschutz; veröffentlicht in BBl 1993 II 1556 ff.; vgl dazu die Botschaft des Bundesrates vom 7. Juni 1993, BBl 1993 II 1445 ff.

[945] U.U. sähe sich der Inhaber eines Betriebs oder einer Anlage, mit denen eine besondere Gefahr für die Umwelt verbunden ist, mit der Gefährdungshaftung nach Art 59a E-USG konfrontiert.

[946] Koch, PHI 1992, 24.

aber auch die Entsorgung zu beobachten[947] und das Produkt unter Umständen zurückzurufen[948].

IV. Künstliche Körperteile

44 Künstliche Körperteile, die nicht fest mit dem Körper verbunden sind (abnehmbare Prothesen, Gebisse, Perücken), stellen bewegliche Sachen[949] und Produkte dar. Der Arzt haftet unter Umständen als Lieferant oder Importeur. Mit dem Körper fest verbundene Ersatzteile (Zahnplomben, künstliche Rippen etc.) sind wie Körperteile keine beweglichen Sachen[950]. Vor ihrem Einsatz handelt es sich aber um Produkte. Es wäre nicht sinnvoll, wenn diese Erzeugnisse ihre Produkteigenschaft verlieren würden, bevor sie überhaupt Schäden verursachen können. Deshalb müssen künstliche Körperteile, die fest in den Körper integriert werden, weiterhin Produkte bleiben[951].

V. Menschliche Organe etc.

45 Keine Sachen sind der menschliche Körper und seine Teile. Nach der Trennung können Organe, Blut und Samen[952] Sachen sein[953]. Als Hersteller kommt aber der Spender nicht in Frage. Das Recht am Körper wird von der herrschenden Lehre als Persönlichkeitsrecht und nicht als Vermögensrecht eingestuft[954]. Und selbst wenn man ein Herstellen bejahen sollte, fehlt es an der kommerziellen Absicht. Als Hersteller kommt allenfalls die Organ-, Blut- oder Samenbank in Frage, sofern ihr irgendwelche Aufbereitungs- oder Konservierungstätigkeiten anzurechnen sind[955]. Somit käme etwa das PrHG zum Zug, wenn eine Blutbank Blut vertreibt, das Hepatitis-

---

[947] Koch, PHI 1992, 25 f.

[948] Koch, PHI 1992, 26 ff.

[949] Meier-Hayoz, Syst. Teil N 133.

[950] Meier-Hayoz, a.a.O.

[951] Taschner/Frietsch, N 28 zu § 2; a.A. von Westphalen, in: Produkthaftungshandbuch, § 61 N 17.

[952] Allgemein zu Haftungsfragen in Zusammenhang mit der heterologen künstlichen Insemination vgl. Schaumann, 169 ff.

[953] Meier-Hayoz, Syst. Teil N 132.

[954] Meier-Hayoz, Syst. Teil N 131.

[955] Taschner/Frietsch, N 5 zu Art. 2, N 27 zu § 2; Rolland, N 30 zu § 2; Kullmann/Pfister, N 3603, 3; von Westphalen, in: Produkthaftungshandbuch, § 61 N 16.

viren oder HIV enthält[956]. Denkbar wäre ferner die Lieferantenhaftung eines Spitals, sofern es im Rahmen eines Behandlungsvertrages zu einer Bluttransfusion kommt[957]. Auch eine Haftung für präparierte Leichen oder Leichenteile ist möglich[958], kann doch über diese in engen Grenzen rechtlich verfügt werden[959].

VI. Tiere und Mikroorganismen

Tiere werden von der Rechtsordnung als Sachen behandelt. Dementsprechend handelt es sich um Produkte, sofern nicht die Voraussetzungen von Art. 3 Abs. 2 erfüllt sind[960]. Mikroorganismen, wie Bakterien, Bazillen oder Viren, sind, sofern die Abgegrenztheit gegeben ist, bewegliche Sachen[961] und somit Produkte. Ein Hersteller wird aber nur auszumachen sein, sofern etwa Gentechnologie zum Einsatz kommt[962].   **46**

---

[956] Scheller, in: Unternehmenspraxis, N 207; vgl. zu den Rechtsgrundlagen im einzelnen Gross Jost, HIV-Infektion durch Blut und Blutprodukte, NZZ Nr. 221 vom 23. September 1993, 23..

[957] Scheller, in: Unternehmenspraxis, N 208.

[958] Rolland, N 29 zu § 2.

[959] Meier-Hayoz, Syst. Teil N 134 ff.

[960] Bezüglich weiterer Haftungsgrundlagen vgl. Fellmann, Tiersammlungen, 25 ff.

[961] Von Westphalen, in: Produkthaftungshandbuch, § 61 N 19; a.A Taschner/Frietsch, N 31 zu § 2.

[962] Von Westphalen, in: Produkthaftungshandbuch, § 61 N 20

Abschnitt 2
Fehler

Art. 4   Fehler

¹ Ein Produkt ist fehlerhaft, wenn es nicht die Sicherheit bietet, die man unter Berücksichtigung aller Umstände zu erwarten berechtigt ist; insbesondere sind zu berücksichtigen:

    a. die Art und Weise, in der es dem Publikum präsentiert wird;

    b. der Gebrauch, mit dem vernünftigerweise gerechnet werden kann;

    c. der Zeitpunkt, in dem es in Verkehr gebracht wurde.

² Ein Produkt ist nicht allein deshalb fehlerhaft, weil später ein verbessertes Produkt in Verkehr gebracht wurde.

Art. 4   Défaut

¹ Un produit est défectueux lorsqu'il n'offre pas la sécurité à laquelle on peut légitimement s'attendre compte tenu de toutes les circonstances, et notamment:

    a. de sa présentation;

    b. de l'usage qui peut en être raisonnablement attendu;

    c. du moment de sa mise en circulation.

² Un produit ne peut être considéré comme défectueux par le seul fait qu'un produit plus perfectionné a été mis ultérieurement en circulation.

Art. 4   Difetto

¹ Un prodotto è difettoso quando non offre la sicurezza che ci si può legittimamente attendere tenuto conto di tutte le circostanze, tra cui:

    a. la sua presentazione;

    b. l'uso al quale esso può essere ragionevolmente destinato;

    c. il momento della sua messa in circolazione.

² Un prodotto non può essere considerato difettoso per il solo fatto che un prodotto più perfezionato sia stato messo in circolazione successivamente ad esso.

A. Allgemeines

1   Das Produktehaftpflichtgesetz führt einen übergreifenden Fehlerbegriff ein. Die bekannten Fehlertypen[963] werden von diesem Gesetz nicht verwendet[964], bleiben aber weiter für den Bereich der Warenproduktion von

---

[963]   Wie Konstruktionsfehler, Fabrikationsfehler und Instruktionsfehler.

[964]   Vgl. die zutreffende Kritik von Borer, Haftpflichtrecht, 513, der bereits schon zum E-RL meinte, dass bei verschiedenen Fehlerkategorien, die völlig unterschiedliche Charakteristika aufweisen, man nicht versuchen solle, diese alle über den Kamm einer Einheitsdefinition zu scheren; zustimmend auch Kästli, 93 f. Rolland,

Bedeutung. Die Wahl eines abstrakteren Fehlerbegriffs ist vor allem darauf zurückzuführen, dass Abgrenzungsschwierigkeiten, wie etwa bei intellektuellen Leistungen, Druckwerken oder Kassetten u.ä, somit haben umgangen werden können[965].

Der Begriff des Produktfehlers steht nicht erst seit Verabschiedung des   **2**
PrHG im Mittelpunkt produkthaftungsrechtlicher Erörterungen in der Schweiz[966]. Mit der teilweise wörtlichen Übernahme der RL erweitert sich allerdings die Diskussion, die sich vor allem um die Abgrenzung des neuen Fehlerbegriffs zum gewährleistungsrechtlichen Fehlerbegriff dreht. Die rechtspolitische Diskussion in Europa um die Bedeutung des Art. 6 RL hat bis dato keine Präzisierung der Definitionen, die sich in der Vorschrift finden, gebracht[967]. Schon heute kann daher für die Schweiz gesagt werden, dass inskünftig bei der Anwendung und Auslegung des Art. 3 sich ein kaum einzugrenzender Beurteilungsmassstab für den Richter ergeben wird, der sich wegen mangelnder Kasuistik nur auf seinen „gesunden Menschenverstand" und die „Sozialadäquanz" verlassen kann[968].

B. Sicherheitserwartungen

I. Dogmatische Einordnung

Der produktehaftpflichtrechtliche Fehlerbegriff gründet sich auf die man-   **3**
gelnde Sicherheit der Sache[969]. Da der Zweck des Produktehaftpflicht-gesetzes sich auf die Behandlung von Gesundheitsschäden („körperliche Integrität") und Konsumentensachschäden beschränkt, wurde - wie bei der

---

N 6 zu § 3, ist der Auffassung, es handle sich beim Fehlerbegriff des ProdHaftG um eine gesetzestechnische Konstruktion, um Verkehrssicherungspflichten des Herstellers in einem Begriff bündeln zu können.

[965] Dazu im einzelnen vgl. N 112 ff. zu Art. 4.

[966] Vgl. Borer, Haftpflichtrecht, 498; ders. in: Schweiz - Europa - USA, 137 ff.; Fellmann, ZSR 1988, 281; Kästli, 91; Stauder, 366; Widmer, in: Schweiz - Europa - USA, 20 ff. Zu den einzelnen Fehlerkategorien vgl. N 22 ff. zu Art. 4.

[967] Allgemein zur Entstehungsgeschichte und zur Diskussion im Rahmen des deutschen ProdHaftG: Hollmann, 2392; Pauli, 147; Schmidt-Salzer, BB 1988, 349; Schubert, 74; Taschner/Frietsch, N 4 zu § 3.

[968] Vgl. dazu die berechtigte Kritik am Fehlerbegriff der RL von Borer, Haftpflicht-recht, 530; Kästli, 93; Schubert, 76 m.w.N. zur US-amerikanischen Definition des Fehlerbegriffs.

[969] Zusatzbotschaft I, 426.

RL - für die Definition der Fehlerhaftigkeit eines Produktes auf die Sicherheit der Sache abgestellt[970].

4   Die „berechtigten Sicherheitserwartungen", die ein Dritter bei der Benutzung eines Produktes hat, ist als unbestimmter Rechtsbegriff zu qualifizieren[971] und somit von der Rechtsprechung auszufüllen. Gefordert ist die Feststellung der objektiv und berechtigterweise erwarteten Sicherheit eines Produktes[972]. Wobei es nicht darum geht, die in der Bevölkerung tatsächlich vorhandenen Sicherheitserwartungen etwa durch Meinungsumfragen festzustellen; es geht vielmehr um be-„recht"-igte Erwartungen, über die der Richter in den meisten Fällen aufgrund „eigener Sachkunde" - ansonsten unter Hinzuziehung von Sachverständigen - zu entscheiden hat[973].

5   Dabei sind nach Art. 4 Abs. 1 alle Umstände zu berücksichtigen. Die Bewertung aller Umstände kann nämlich dazu führen, dass die zuvor aus einem Umstand gewonnene Erkenntnis der Fehlerhaftigkeit wieder so relativiert wird, dass nach der wertenden Gesamtschau nicht mehr von einem Fehler des Produkts ausgegangen werden kann[974].

6   Unerheblich ist somit, ob eine Sache fehlerhaft in dem Sinne ist, dass sie nicht zu dem Gebrauch taugt, zu dem sie bestimmt ist, oder nicht den erwarteten Wert hat. Dieser Fehlerbegriff gehört dem Kaufrecht an und umschreibt den Mangel, der vorliegt, wenn der Kaufgegenstand die Vertragserwartung des Käufers nicht erfüllt und dadurch dessen Interesse an Gleichwertigkeit von Leistung und Gegenleistung (Äquivalenzinteresse) gestört ist.

---

[970]   Vgl. zur Entstehungsgeschichte des Art. 6 RL Taschner/Frietsch, N 4 zu § 3. Rolland, N 2 zu § 3, stellt nochmals klar, dass es im Zusammenhang mit dem Fehlerbegriff der RL weder auf die Fehlerhaftigkeit des Produktes noch - wie im deliktischen Haftungsrecht üblich - auf die Verletzung einer bestehenden Verkehrssicherungspflicht im Zusammenhang mit der Herstellung des Produkts ankommt. Das Produktehaftpflichtrecht verzichtet auf solche vom deliktischen Handlungsunrecht geprägten Strukturen und knüpft als Kausalhaftung an den objektivierten haftungsbegründenden Umstand des Produktfehlers an.

[971]   So von Westphalen, in: Produkthaftungshandbuch, § 62 N 5.

[972]   Taschner/Frietsch, N 10 zu § 3.

[973]   Bartl, N 13 zu § 3; Rolland, N 13 zu § 13.

[974]   Taschner/Frietsch, N 11 zu § 3.

II. Normative Kriterien

1. Produktkenntnis

Die Sicherheitsvorstellung eines Benutzers, der über ein unter- bzw. über- **7** durchschnittliches Erkenntnis- und Erfahrungswissen verfügt, ist für die Frage nach der Fehlerhaftigkeit des Produktes grundsätzlich ohne Belang. Auszugehen ist dabei von der Person des durchschnittlichen Anwenders[975]. Wenn ein Konsument nicht weiss, dass ein scharfes Messer auch schneidet, und er sich selbst daran verletzt, begründet dieses unterdurchschnittliche Wissen nicht die Fehlerhaftigkeit des Messers. Allerdings kann es auf das unter- bzw. überdurchschnittliche Erkenntnis- und Erfahrungswissen einer bestimmten (kleinen) Zielgruppe dann ankommen, wenn das Produkt für diese Zielgruppe hergestellt wird und mit grosser Wahrscheinlichkeit zu erwarten ist, dass es nur von dieser Zielgruppe verwendet wird.

Verwenden Fachleute das Produkt (Chemiker, Ingenieure, Ärzte) sind an- **8** dere Massstäbe anzulegen, als bei einem Gebrauch durch Laien. Auch hier muss aber von „durchschnittlichen Fachleuten"[976] ausgegangen werden. Den jeweiligen Kunden- und Benutzerkreis muss der Hersteller auf eigenes Haftungsrisiko selbst abgrenzen und die Produktpräsentation beispielsweise danach ausrichten[977]. Daher können Produkte, die z.B. für den Gebrauch von Blinden aufgrund einer besonderen Art der Instruktionsvermittlung hergestellt werden, einer besonderen Sicherheitserwartung dieser Zielgruppe unterliegen.

2. Sicherheitserwartungen der Allgemeinheit

Nach dem PrHG werden zwischen Hersteller und dem Geschädigten **9** rechtsgeschäftliche Beziehungen nicht vorausgesetzt, sie liegen in der Regel auch nicht vor. Geschützt wird also nicht ein Vertragspartner, dessen Erwartungen sich aus dem Inhalt der Vereinbarung ergeben. Der Kreis der Geschützten ist weiter, er umfasst den Verwender des Produkts, aber nicht nur diesen. Auch unbeteiligte Dritte, sogenannte „Bystander", die mit dem Produkt nichts zu tun haben und eher zufällig Schaden erleiden (z.B. unbeteiligte Passanten, die durch die Explosion eines Gastanks verletzt werden,

---

975   Schmidt-Salzer, BB 1988, 350; sog. „reasonable consumer", Stauder, 367.
976   Schmidt-Salzer, BB 1988, 352.
977   Koch, Ratgeber, N 172; Stauder, a.a.O.

welche durch einen Fehler eines Ventils verursacht worden ist), fallen darunter[978].

10 Da der Kreis der potentiell Betroffenen jedenfalls grundsätzlich nicht eingegrenzt ist, sind es die Sicherheitsbedürfnisse der Allgemeinheit, die in Frage stehen[979]. Die Allgemeinheit als Träger von Erwartungen ist hier nicht als demoskopische Grösse zu verstehen, in dem Sinne, dass es auf ein statistisch zu erfassendes Ergebnis einer Meinungsbildung ankäme. Im konkreten Fall geht es um die Feststellung einer auf Sicherheitserwartungen bezogene Haltung der Gesellschaft, also um ein Bewertungsproblem, das am besten mit dem Begriff „Verkehrsanschauung" zu charakterisieren ist[980]. Aus diesen Gründen kann gefolgert werden, dass es für die Beurteilung der Sicherheitserwartungen nicht auf spezielle Bedürfnisse einzelner ankommen kann, sondern auf die nach der Verkehrsanschauung gebotenen Erwartungen[981]. In diesem Sinne ist die Sicherheitserwartung als „Rechtsfrage" zu qualifizieren[982].

11 Häufig wird in diesem Zusammenhang - durchaus auf der Grundlage einer angenommenen objektiven Bewertung - auf die Sicherheitserwartungen eines „verständigen Verbrauchers"[983] oder eines „idealtypischen durchschnittlichen Benutzers"[984] oder eines „durchschnittlichen Benutzers"[985] abgestellt. Bei näherer Betrachtung handelt es sich dabei um Umschreibungen dessen, was nach der Verkehrsanschauung als Sicherheitsstandard erwartet wird. Hinter den vielen Begriffen verbirgt sich kein sachliches Problem, sondern eine Kunstfigur, in der die gesellschaftlichen Vorstellungen über die Bedürfnisse der Allgemeinheit, wie sie letztlich vom Gericht im Einzelfall konkretisiert werden müssen, gebündelt werden[986].

---

[978] Vgl. dazu Taschner/Frietsch, N 27 zu § 1.

[979] Dies wird auch deutlich, wenn man sich vor Augen hält, dass Art. 4 Abs 1 die Sicherheitserwartung anspricht, die „man" berechtigterweise erwarten darf, vgl. Taschner/Frietsch, N 4 zu Art 6.; Schmidt-Salzer/Hollmann, N 67 zu Art. 6 .

[980] So Rolland, N 13 zu § 3; vgl. dazu auch Fellmann/von Büren-von Moos, N 184.

[981] Vgl. dazu auch Hollmann, 2392.

[982] Dazu von Westphalen, in: Produkthaftungshandbuch, § 62 N 8.

[983] Brüggemeier-Reich, 150.

[984] Schmidt-Salzer/Hollmann, Art 6 N 117; Hollmann, 2392.

[985] Vgl. von Westphalen, in: Produkthaftungshandbuch, § 62 N 6.; der hier von einer „Tatfrage" ausgeht.

[986] So Rolland, N 14 zu § 3.

Ein weiteres Kriterium, das die Bestimmung der allgemeinen Sicherheits-   **12**
erwartung beeinflussen kann, ist die Benutzungs- und Verbrauchserwar-
tung, die beim Produkthersteller besteht[987]. Dem Hersteller obliegt es, den
Einsatz des Produkts für technische und praktische Verwendungszwecke
zu bestimmen und dem Konsumenten mitzuteilen. Vor der Vermarktung
des Produkts müssen auf seiten des Herstellers auch Überlegungen angestellt werden, in welcher Weise das Produkt vom Verbraucher später zum
Einsatz gebracht werden wird. So muss der Hersteller eines Rollhockers
z.B. davon ausgehen, dass dieser Rollhocker auch als Tritt von der Putz-
frau gebraucht wird und er deshalb die für diesen Gebrauch erforderlichen
Standsicherheiten aufweisen muss.

Es kann aber auch tatsächliche Verwendungsmöglichkeiten für ein Produkt   **13**
geben, die unter keinem Aspekt mehr in die Benutzungs- oder Verbrauchs-
erwartung des Herstellers einzuordnen sind und die somit ausschliesslich
im Risikobereich des Benutzers oder Verwenders liegen[988].

Auszuschliessen ist auch der Umstand, dass eine Person mit krankhaft   **14**
empfindlichen Augen nicht erwarten kann, dass ein Hersteller von Fern-
sehgeräten mit grossem finanziellen Aufwand nur solche Geräte baut, die
besondere Schutzvorrichtungen haben, welche den krankhaften Zustand
ausgleichen. Ein Fernsehgerät, das diese Vorrichtung nicht aufweist, ist
nicht fehlerhaft, es entspricht nach der Verkehrsanschauung dem zu er-
wartenden Sicherheitsstandard.

Nicht erwartet werden können Hinweise auf Gefahren, die typisch und da-   **15**
mit voraussehbar sind (z.B. Verletzungsgefahren beim Abrutschen eines
Hammers, Beils oder Schraubenziehers). Für jedes Produkt muss aber ge-
trennt geprüft werden, ob und inwieweit Gefahren bei der Verwendung für
den vernünftigen Benutzer erkennbar sind. Soweit die Erkennbarkeit zweifelhaft erscheint, ist der Konsument auf die nicht erwartbare Sicherheit
hinzuweisen[989], gegebenenfalls auch unmittelbar vom Vertragshändler[990].

Da sich die Sicherheitserwartungen nach der Konsumentenerwartung des   **16**
jeweiligen Marktes oder Teilmarktes richten, kann dies dazu führen, dass
aufgrund dieser Erwartungen ein Produkt in einem Mitgliedstaat des Euro-

---

987   Dazu Taschner/Frietsch, N 27 zu § 3.
988   Taschner/Frietsch, a.a.O.
989   Taschner/Frietsch, N 15 zu Art. 6.
990   Taschner/Frietsch, a.a.O.

päischen Wirtschaftsraums (EWR) als fehlerhaft, in einem anderen dage-
gen als fehlerfrei angesehen wird[991]. So macht es einen Unterschied, ob ein
Traktor für den Gebrauch im flachen Land (Dänemark) oder im bergigen
Österreich eingesetzt wird; in letzterem Fall geht die Sicherheitserwartung
dahin, dass „man" wohl einen Überrollbügel erwartet, der den Fahrer beim
Umstürzen des Traktors schützt[992]. Die europäische Rechtsangleichung im
Bereich des Produktehaftpflichtrechts schliesst einen abgestimmten Sicherheitsstandard allerdings nicht ein[993]. Die danach anwendbaren unterschiedlichen Sicherheitserwartungen bringen somit zwangsläufig die Gefahr
divergierender Entscheidungen mit sich, was hinzunehmen ist[994]. Muss ein
Schweizer Hersteller also mit dem Export seines Produktes beispielsweise
in den EWR rechnen, so hat er inskünftig die in dem anderen europäischen
Land vorhandenen Sicherheitserwartungen bei der Herstellung seines Produktes zu berücksichtigen. Unterlässt er dies, so trifft ihn die Haftung für
etwaige Schäden[995].

3. Berechtigung der Sicherheitserwartungen

17   Die Sicherheitserwartungen der Allgemeinheit sind nach Art. 4 Abs. 1 für
die Beurteilung, ob das Produkt fehlerhaft ist, nur dann relevant, wenn sie
„berechtigterweise" erhoben werden können. Stellt man allein für die Erwartungshaltung auf die Verkehrsauffassung ab, dann hat die Anknüpfung

---

[991]   Zur Problematik der europäischen und weltweiten Sicherheitserwartungen ausführlich von Westphalen, in: Produkthaftungshandbuch, § 62 N 15.
[992]   Das ist nach Taschner/Frietsch, N 4 zu Art. 6, der Preis für den grösseren EG-
(EWR) Wirtschaftsraum, der ja auch sonst von dem Hersteller verlangt, sich auf
unterschiedliche Gegebenheiten einzurichten.
[993]   Rolland, N 16 zu § 3.
[994]   Taschner/Frietsch, N 6 zu Art. 6.
[995]   Hier werden Wertungsfragen der jeweiligen Importstaaten sicherlich jeweils
unterschiedlich beantwortet werden. Allerdings ist die Gefahr stark divergierender
Auslegungen wohl eher gering; denn es erscheint unwahrscheinlich, dass in der
Praxis durch Bakterien verseuchter Impfstoff, verweste Reste einer Schnecke in
einer Limonadenflasche, Dermatitis verursachende Unterwäsche in westeuropäi-
schen Staaten als von der Allgemeinheit hinzunehmende, in anderen als inakzep-
table Produkteigenschaften beurteilt werden; Beispiele nach Taschner/Frietsch,
N 6 zu Art. 6.

an die „berechtigterweise" erwartete Sicherheit, die der Verkehrsanschauung zugrunde läge, keine grosse Bedeutung [996].

III. Fehlerbegriff des PrHG und der Fehlerbegriff des Gewährleistungsrechts

Der Fehlerbegriff des PrHG unterscheidet sich - ebenso wie der des deliktischen Haftungsrechts - grundlegend von dem Fehlerbegriff im vertraglichen Gewährleistungsrecht[997]. Bei Austauschverträgen, wie dem Kauf- und Werkvertrag, wird als Fehler die Abweichung der tatsächlichen Beschaffenheit von der vertraglich vorausgesetzten oder (mangels einer entsprechenden Abrede) von der gewöhnlichen Beschaffenheit gesehen, die den Wert oder die Gebrauchstauglichkeit der Sache aufhebt oder mindert. Liegt ein Fehler (Mangel) dieser Art vor, dann ist die Äquivalenz von Leistung und Gegenleistung gestört, es finden Ausgleich und Rückabwicklung statt (Art. 205 OR).   **18**

Demgegenüber ist das PrHG - wie das deliktische Schadensersatzrecht - auf den Ausgleich der Schäden angelegt, die aus der Verletzung von Integritätsinteressen herrühren. Die Zurechnung des Schadensereignisses und des Schadens ist hier nicht auf das vertragliche Leistungsversprechen zurückzuführen, sondern auf die von der hergestellten Sache ausgehende Gefährdung. Nicht das gestörte Äquivalenzinteresse, sondern die mangelnde Sicherheit des Produkts ist der tragende Grund für die Einstandspflicht[998].   **19**

---

[996] Rolland, N 19 zu § 3. So auch Taschner/Frietsch, N 6 zu Art. 6, der die Beantwortung der Frage, wann eine Sicherheitserwartung zu Recht besteht, allein dem Richter überlassen will. In seine Hände sei diese Beurteilung gelegt. Er habe zu sagen, ob man von dem Produkt, das im konkreten Fall den Schaden verursacht hat, das Fehlen oder das Vorhandensein dieser besonderen Eigenschaft erwarten dürfe oder nicht. Das bedeutet, dass es auf die Abwägung im Einzelfall ankommt. Borer, Fehlerbegriff, 266 ff., setzt sich eingehend mit dem Begriff der „berechtigten Sicherheitserwartungen" auseinander, kommt aber letztlich zum gleichen Ergebnis, allerdings mit der Einschränkung, dass er bei komplexen technischen Sachverhalten in Frage stellt, ob der Richter für deren Beurteilung immer den notwendigen technischen Sachverstand mitbringe, 269; vgl. i.ü. Art 2 ZGB.

[997] Stauder, 380.

[998] Fellmann/von Büren-von Moos, N 197; Stauder, a.a.O.

20 Im Rahmen der Produktehaftpflicht werden grundsätzlich vier Fehlertypen unterschieden[999]. Die Verschiedenartigkeit der Haftung für unsichere Produkte bedingt jedoch, dass die häufig verwendeten Begriffe „Konstruktionsfehler", „Fabrikationsfehler", „Instruktionsfehler" und „Beobachtungsfehler" nur besonders häufige, keineswegs aber alle im Produktionsbereich denkbaren Fehlerquellen bezeichnen. Wenn deshalb im folgenden vor allem diese Fehlertypen näher betrachtet werden, so nur, weil sie Beispielcharakter besitzen. Es sind aber auch völlig andere Fehlertypen möglich, die nicht in das allgemeine Schema passen, allerdings aus haftungsrechtlicher Sicht einer Erläuterung bedürfen.

IV. Fehlertypen

21 Obwohl das PrHG im Einzelnen keine Unterscheidung der durchwegs bekannten Fehlerkategorien vornimmt, ist dennoch zu differenzieren, da einzelne Vorschriften nur auf bestimmte Kategorien anzuwenden sind[1000].

1. Konstruktionsfehler

22 Mit der Konstruktion (bei Arzneimitteln, Kosmetika, Pflanzenschutzmitteln und einer Vielzahl von Lebensmitteln mit der Rezepterstellung) beginnt der Prozess zur Herstellung jeder Ware. Daher steht auch die Konstruktionsverantwortung (bzw. Rezeptverantwortung) am Anfang der Produktherstellung. Von einem Konstruktionsfehler wird gemeinhin dann gesprochen, wenn das Produkt durch seine Konstruktion oder technische Konzeption (Rezeptur) eine Eigenschaft erhält, die es, gemessen an dem

---

[999] Vgl. dazu Fellmann, ZSR 1988, 281, der im Rahmen des Deliktsrechts von sechs Fehlerkategorien spricht, wobei der sog. „Ausreisser", wie er selbst einräumt, nur ein Unterfall des Fabrikationsfehlers und der „Entwicklungsfehler" ein Sonderfall des Konstruktionsmangels ist; vgl. auch Fellmann/von Büren-von Moos, N 201; ferner Stauder, 380.

[1000] So ist der Haftungsausschluss des Art. 4 Abs. 1 lit. b, der auf die Fehlerfreiheit im Zeitpunkt des Inverkehrbringens des Produkts abstellt, wohl nur für Fabrikationsfehler von praktischer Bedeutung, weil ein Konstruktionsfehler begriffsnotwendig einem Produkt von der Entstehung an auf Dauer anhaftet, und weil auch ein Instruktionsfehler das Produkt vom Zeitpunkt des Inverkehrbringens an begleitet, bis er nachträglich behoben wird; vgl. Taschner/Frietsch, N 10 zu Art. 7. Entsprechend ist Art. 4 Abs. 1 lit. d „Herstellung entsprechend verbindlich hoheitlich erlassener Rechtsvorschriften" nur auf Konstruktionsfehler anwendbar.

Gebrauch, für den es bestimmt ist, unzulänglich macht[1001]. Aufgrund der hohen Serienproduktion und der in grossen Chargen produzierten chemisch-pharmazeutischen Präparate hat der Herstellungsvorgang grösste Bedeutung, weil von einem etwaigen Konstruktions- oder Rezeptfehler die ganze Produktserie betroffen ist und daher Massenschäden entstehen können[1002].

Der Hersteller hat grundsätzlich die Pflicht, nur solche Produkte für einen **23** späteren Vertrieb herzustellen, die von ihrer Konstruktion bzw. Zusammensetzung her gewährleisten, dass der durchschnittliche Benutzer sie gefahrlos verwenden kann[1003]. Allerdings ist es zeitweise schwer festzustellen, ob die Sicherheitserwartungen des durchschnittlichen Produktbenutzers tatsächlich beeinträchtigt sind.

Fehlerhaft sind sicherlich Metallegierungen für einen Velorahmen, die sich **24** im nachhinein als nicht genügend widerstandsfähig erweisen[1004], Mineralwasserflaschen, die bersten[1005]; Bremsen eines PKW, die versagen[1006]; Septummeissel, die bei der Operation brechen[1007], oder aber auch ein Klapphocker, der keine Vorrichtung aufweist, in die der bewegliche Fussbügel nicht nur einrastet, sondern auch durch eine Sicherung so befestigt werden kann, dass die Sitzfläche nicht beim Hochheben ausrastet und dann die Finger des Benutzers gefährdet werden, wenn er den Hocker als Sitzgelegenheit verwenden will[1008].

Bei neu konstruierten Produkten, bei denen aktuell noch keine konkrete, **25** bestimmte Benutzererwartung im Blick auf die Sicherheit dieses neuen Produktes vorliegt, ist die Sicherheitserwartung im Sinne von Art. 4 Abs. 1 dann beeinträchtigt, wenn das neukonstruierte Produkt bereits in anderer Form früher auf dem Markt war. Dann geht nämlich die berechtigte Sicher-

---

[1001] Fellmann, ZSR 1988, 282; Taschner/Frietsch, N 9 zu Art 6.
[1002] Rolland, N 9 zu § 3; Fellmann, ZSR 1988, a.a.O.
[1003] So i.E. auch BGE 110 II 456, wo das BGer bei Restgefahren fordert, dass eine Konstruktion zu wählen sei, die mit an „Sicherheit grenzender Wahrscheinlichkeit" keinen Schaden verursacht.
[1004] Widmer, in: Schweiz - Europa - USA, 20.
[1005] BGHZ 104; 323 „Limonadenflasche".
[1006] BGH BB 1970, 1414 „Bremsen".
[1007] OLG Düsseldorf NJW 1978, 1693 „Septummeissel".
[1008] OLG Celle, Urt. v. 28.11.1977-9 U 83/77.

heitserwartung dahin, jedenfalls keine neuen - unerwarteten - Schäden infolge fehlender Produktsicherheit zu erleiden[1009].

26   Neuentwicklungen, insbesondere auf chemischem oder pharmazeutischem Gebiet, bemessen sich die Sorgfaltsanforderungen nach dem Stand der entsprechenden Wissenschaft[1010]. Bei der Entwicklung technischer Produkte sind die nach dem jeweiligen Stand der Technik möglichen Sicherheitsvorkehrungen zu treffen[1011]. Dabei ist zu verlangen, dass im Konstruktionsbereich mit der technisch-wissenschaftlichen Entwicklung Schritt gehalten werden muss, dass es also neben den Fachkenntnissen der Praxis unter Umständen auch auf wissenschaftliche, z.B. physikalische, Erkenntnisse ankommen kann[1012]. Nur wenn die Produktentwicklung diesem Stand der Technik und Wissenschaft entspricht und dennoch - für den Hersteller unvorhersehbar - aus der Produktbenutzung Gefahren für Benutzer oder Dritte entstehen, kann eine Haftung entfallen[1013].

27   Die Pflichten reduzieren sich auch nicht auf das, was „allgemein anerkannter Stand der wissenschaftlichen Erkenntnis und der Technik" ist, bzw. was den „allgemein anerkannten Regeln der Technik" entspricht. Hersteller und Konstrukteure neuer Produkte müssen sich vielmehr mit aller Sorgfalt an den neusten, ihnen zugänglichen technischen und wissenschaftlichen Erkenntnissen und Möglichkeiten orientieren und daher auch Fortschritte und Erkenntnisse beachten, die über die im Augenblick allgemein anerkannten Regeln hinausgehen[1014]. Sie haben auch die Verpflichtung, die Fortentwicklung der Technik ständig zu verfolgen[1015].

28   Es genügt daher auch nicht, Europa-(EN) oder ISO-Normen zu erfüllen, wenn die technische Entwicklung darüber hinausgegangen ist[1016]. Trotz Vorliegen technischer Normen muss daher bei der Konstruktion neuer Pro-

---

[1009] BGH BB 1970, 1414.
[1010] BGH, Urt. vom 26.11.1968-VI ZR 212/66.
[1011] Vgl. u.a. BGH VersR 1977, 545 „Verkehrsschild"; zum Begriff „Stand der Wissenschaft und Technik" vgl. N 55 zu Art. 5.
[1012] Kullmann, Produkthaftungsgesetz, 25.
[1013] Vgl. zum Entlastungsgrund des Art. 5 Abs. 1 lit. e N 55 ff. zu Art. 5.
[1014] BGH VersR 1967, 1195.
[1015] BGH VersR 1960, 1095 „Kühlanlage"; BGH VersR 1977, 545.
[1016] Für die DIN-Normen und VDE-Bestimmungen BGH Urt. v. 12.10.1967 -VII ZR 8/65; vgl. auch den Entlastungsgrund des Art. 5 Abs. 1 lit. d, der ausdrücklich nur von „hoheitlich erlassenen Vorschriften" spricht, näher dazu N 42 zu Art. 5.

dukte geprüft werden, ob die technischen Erkenntnisse fortgeschritten und die früheren Regeln überholt oder veraltet sind[1017].

Existieren noch keine technischen Normen, muss der Hersteller selbst er- **29** mitteln, welche Gefahren durch die Benutzung seines Produktes entstehen können und wie sie mit den im Zeitpunkt des Inverkehrbringens zur Verfügung stehenden Mitteln abgewendet werden können. Dabei muss er auch die Produktentwicklung seiner wichtigsten Mitbewerber verfolgen und feststellen, auf welche Weise zur Gefahrenminimierung beigetragen werden kann[1018].

Es reicht aus, dass die Produkte bei bestimmungsgemässem Gebrauch oder **30** - wenn der Hersteller die Verwendungsart nicht angegeben hat - bei sachgemässem und typischem Gebrauch nicht zu einer Gefahrenquelle werden[1019]. Der Hersteller von Maschinen darf allerdings nicht davon ausgehen, dass seine Produkte nur von Fachleuten bedient werden, die ihre Gefahren kennen und sich dementsprechend verhalten, oder dass sie nur Facharbeitern zugänglich sind[1020]. Er muss daher bei der Konstruktion bereits Sicherungsmassnahmen auch zum Schutz solcher zur Bedienung der Maschinen eingesetzter Personen treffen, die - aus Ungeschicklichkeit oder weil sie durch Gewöhnung an Gefahren abgestumpft sind - die nötige Sorgfalt bei der Bedienung ausser acht lassen[1021]. Erweiterte Verkehrssicherungspflichten können sich im übrigen aus der Produktbeobachtung ergeben.[1022].

Auch wenn sonstige Unvorsichtigkeiten beim Gebrauch eines bestimmten **31** Produkts oder sogar missbräuchliche Benutzung erfahrungsgemäss nicht selten vorkommt, wie z.B. bei der Benutzung von Maschinen, so muss eine Konstruktion gewählt werden, bei der der Benutzer auch in einem derartigen Fall keinen erheblichen Schaden erleidet[1023].

Das gilt vor allem, wenn jugendliche Benutzer gefährdet werden können **32** sowie dann, wenn Benutzungshinweise nicht ausreichen, um die Gefahren der Produktverwendung auszuschliessen. Der Hersteller muss daher je-

---

1017 Vgl. dazu Rust, N 115 ff.
1018 BGH VersR 1989, 1308 „Pferdeboxen".
1019 BGH VersR 1972, 149 „Förderanlage".
1020 BGH VersR 1972, 149.
1021 OLG Celle VersR 1984, 276 „Raupe".
1022 Vgl. dazu unten N 42 zu Art. 4.
1023 BGH VersR 1972, 276; Rust, N 105 ff.

weils prüfen, welche Sorgfalt üblicherweise vom Benutzer verlangt werden kann. Dabei ist auch dessen Mentalität und Vorbildung, vor allem eine etwaige technische Schulung, zu berücksichtigen[1024].

33   Jede Neuentwicklung sollte auch einem der Eigenart des Produkts und seiner späteren bestimmungsgemässen bzw. vom Hersteller erwarteten Verwendung entsprechenden Test- oder Prüfverfahren unterzogen werden. Dabei sollten diese Verfahren soweit wie möglich den späteren Einsatzbedingungen des Produkts entsprechen, aber auch Nebenwirkungen, die bei einem Gebrauch eintreten, z.b. allergische Reaktionen bei Arzneimitteln oder gefährliche Materialeigenschaften, etwa eine Feuergefährlichkeit, aufdecken[1025]. Die Prüfgeräte und Prüfverfahren müssen dem neusten Stand der Technik entsprechen. Verändert der Hersteller sein Produkt in einer Weise, die eine gewissenhafte Überprüfung auf den bisherigen Prüfständen nicht mehr zulässt, so muss er neue Prüfeinrichtungen schaffen[1026]. Die ausreichende Produktprüfung vor Beginn der serienmässigen Herstel-lung erübrigt sich auch dann nicht, wenn der Hersteller von einer Behörde eine Betriebszulassung[1027] erhalten hat. Trotz Vorlage einer solchen Zu-lassung kann dem Hersteller u.U. noch vorgeworfen werden, sein Produkt sei fehlerhaft konstruiert. Denn ein Hersteller muss oft mehr tun, als Behörden von ihm verlangen. Er darf sich nicht darauf verlassen, dass die Zulassungsbehörde etwaige Mängel entdecken und dann die Zulassung verweigern werde[1028].

34   Bei der Verwendung von Zulieferteilen oder -stoffen entstehen für den Hersteller des Endprodukts besondere Konstruktionspflichten. Er hat nämlich schon bei der Konstruktion bzw. Rezeptbildung für sein Produkt genau zu prüfen, ob etwa benötigte Zusatz- oder Hilfsstoffe, Einbauteile oder Halbfertigprodukte den zu stellenden Anforderungen genügen.

35   Der Hersteller des Endprodukts hat darüber hinaus die Qualität der zugelieferten Teile grundsätzlich zu prüfen[1029]. Auch hat er dafür Sorge zu

1024   BGH Urt. v. 23.6.1952-III ZR 168/51 „Rungenverschluss"; Rust, N 98.
1025   BGH VersR 1963, 861 „Auftaugerät".
1026   BGH BB 1970, 1414 f. „Bremsen".
1027   BGH Urt. v. 23.6.1952, a.a.O. für deutsche Zulassungsvorschriften, z.B. nach § 20 StVZO (Strassenverkehrszulassungsordnung), §§ 21 ff. AMG (Arzneimittelgesetz).
1028   BGHZ 99, 176 „Motorrad"; BGH VersR 1987, 103 „Zinkotom-Spray".
1029   BGH VersR 1972, 559 „Förderkorb".

tragen, dass die Behältnisse, in denen er seine Produkte in den Handel gibt, bei den Konsumenten und den mit dem Transport befassten Personen nicht zu Verletzungen führen[1030].

In einigen Fällen kann es auch auf die Kombination des neu konstruierten **36** Produkts mit Zubehörteilen ankommen[1031].

2. Fabrikations- und Herstellungsfehler

Beim Fabrikations- oder Herstellungsfehler, der nur ausnahmsweise eine **37** Mehrzahl gleichartiger Fehler verursacht, weicht das hergestellte Produkt vom geplanten Produkt ab[1032]. Es handelt sich also um die mangelhafte Fertigung einer an sich fehlerfreien Konstruktion[1033].

Meistens liegen die Fehlerursachen am Versagen der an der Herstellung **38** beteiligten Personen[1034] oder Anlagen, in jedem Fall an nicht uneingeschränkt wirksamen Ausgangskontrollen[1035].

Für das PrHG ist die Ursache des Fabrikationsfehlers von untergeordneter **39** Bedeutung. Da die nach Art. 4 Abs. 1 ausgerichteten Sicherheitserwartungen immer objektiviert sind, bereitet die Feststellung eines Fabrikationsfehlers keine Schwierigkeiten[1036]. Der Produktbenutzer geht nicht davon aus und vertraut darauf, dass das ihm überlassene Produkt keine sicherheitsrelevanten Fehler hat, die sein Integritätsinteresse verletzen könn-

---

[1030] BGH ZIP 1988, 1129 „Limonadenflasche".
[1031] Der BGH NJW 1987, 1009 stellt hier sehr hohe Anforderungen an den Hersteller. Er fordert, dass die Sicherungspflicht des Herstellers eines maschinell betriebenen Gerätes das gesamte notwendige Zubehör umfasse. Dies gelte auch für Zubehör, dessen Verwendung er durch Anbringung von Bohrlöchern, Ösen, Halterungen, Aufhängevorrichtungen etc. ermöglicht habe. In diesen Fällen sei der Hersteller auch ohne besonderen Anlass verpflichtet, den Zubehörmarkt zu überprüfen.
[1032] Taschner/Frietsch, N 9 zu Art 6.
[1033] Fellmann, ZSR 1988, 282 m.w.N.
[1034] Rust, N 123 f.
[1035] So auch Fellmann, ZSR 1988, 382; Widmer, in: Schweiz - Europa - USA, 20. In diese Kategorie gehören folgende vom BGE entschiedene Fälle: BGE 64 II 254 ff. „Steiggurt" (eingeschränkt - eher Werkvertragsrecht) ; BGE 90 II 86 ff. „Friteuse"; BGE 110 II 456 ff. „Schachtrahmen".
[1036] So die h.L.: Borer, Fehlerbegriff, 169 ff.; Schmidt-Salzer/Hollmann, N 35 ff. zu Art 8; von Westphalen, in: Produkthaftungshandbuch, § 62 N 36; Rolland, N 10 zu § 3.

ten[1037]. Anders ist dies beim deliktischen Produkthaftungsrecht[1038], da hier der Nachweis einer durchgehend einwandfreien Organisation des Herstellungsprozesses einschliesslich der notwendigen Kontrollen[1039] ein Haftungsausschluss in Betracht kommen kann[1040] (üblicherweise keine Haftung für „Ausreisser").

40 Nach dem PrHG hat der Hersteller auch für „Ausreisser"[1041] einzustehen[1042]. Ob der Nachweis einer einwandfreien Organisation des Herstellungsprozesses als ein Entlastungsbeweis i.S. von Art. 5 Abs. 1 lit. b angesehen werden kann ist zweifelhaft, aber zu verneinen[1043].

[1037] Von Westphalen, in: Produkthaftungshandbuch, § 62 N 36.

[1038] Vgl. hierzu die umfangreiche Kasuistik der deutschen Rechtsprechung bei Thomas, in: Palandt, N 14 zu ProdHaftG 3.

[1039] Dazu Rust, N 136 ff.

[1040] So ausführlich BGE 110 II 456 ff., allerdings mit der Haftungserweiterung wohl auch auf „Ausreisser", was bereits die Vorwegnahme des durch das PrHG eingeführten Art. 4 bedeutete, der „Ausreisser" nicht mehr zulässt. Vgl. dazu auch BGHZ VersR 1993, 367 ff. „Mineralwasserflaschen": Trägt ein Produkt erhebliche Risiken für den Verbraucher in sich, die in der Herstellung geradezu angelegt sind, und deren Beherrschung einen Schwerpunkt des Produktionsvorgangs darstellt, so dass über die übliche Warenendkontrolle hinaus besondere Befunderhebungen des Herstellers erforderlich sind, so kann aus der Verletzung dieser Pflicht zur Befunderhebung die Beweislast des Herstellers dafür folgen, dass der schadensstiftende Produktfehler nicht in seinem Verantwortungsbereich entstanden ist.

[1041] Als „Ausreisser" wird nach Widmer, in: Schweiz - Europa - USA, 18, ein mangelhaftes Einzelstück bezeichnet, dessen Mängel trotz sorgfältigster und bisher immer ausreichender Kontrolle unentdeckt geblieben sind. Häufig kommen diese Fälle bei industriellen Massenfertigungen vor; vgl. auch Rust, N 128; Taschner/Frietsch, Einf. N 71.

[1042] So die h.L.: Taschner/Frietsch, N 9 zu Art. 6; von Westphalen, in: Produkthaftungshandbuch, § 62 N 36; Rolland, N 10 zu § 3; Brüggemeier-Reich, 150. Allerdings erscheint diese Änderung - wegen der bereits durch das Bundesgericht, BGE 110 II 456, verlangten umfassenden Sorgfaltspflichten an den Hersteller - eher theoretischer Natur, da ohne wesentliche Haftungsverschärfung, vgl. dazu auch Schubert, 78.

[1043] Unklar Schmidt-Salzer/Hollmann, N 48 ff. zu Art. 7; Taschner/Frietsch, N 14 ff. zu Art 7; Schlechtriem, VersR 1986, 1038.

3. Instruktionsfehler

Bei einem Instruktionsfehler liegt der Fehler nicht im Produkt selbst be- **41**
gründet[1044]. Dieses ist einwandfrei und nach der Verkehrsanschauung geeignet, in den Verkehr gebracht zu werden. Die von ihm ausgehenden Gefahren sind beherrschbar, sie setzen jedoch unter Umständen die Beachtung bestimmter Verhaltensregeln voraus[1045]. Der Hersteller hat daher
durch die Gebrauchsanweisungen, Anleitungen, Warnungen u.ä. auf bestehende Gefahren hinzuweisen und Wege aufzuzeigen, wie eine gefahrlose
Benutzung möglich ist[1046]. Instruktionsfehler sind in erster Linie auf orga-
nisatorische Mängel im Bereich des Herstellers zurückzuführen. Besteht
ein anderweitiger Fehler des Produkts, dann kann dieser nicht dadurch
beseitigt werden, dass der Hersteller den Benutzer auf den Fehler hinweist
und ihn warnt. Allerdings kann in einem solchen Fall die Haftung des
Herstellers nach Art. 8 Abs. 2 i.V.m. Art. 44 Abs. 1 OR gemindert sein,
wenn den Produktverwender ein mitwirkendes Verschulden am Schadenseintritt trifft, das auch bei Nichtbeachtung einer Warnung bestehen
kann[1047].

4. Beobachtungsfehler

Der Hersteller hat nicht nur die Pflicht, vor oder bei dem Inverkehrbringen **42**
für die gefahrlose Beschaffenheit seines Produktes im Rahmen der Konstruktion, der Fabrikation und durch Instruktion zu sorgen. Ihn trifft auch
nach dem Inverkehrbringen die weitere Pflicht, das Produkt im Markt zu
beobachten[1048]. Der Gesetzgeber hat den Fall der Produktbeobachtung im
PrHG nicht explizit geregelt, er ist daher nach wie vor dem klassischen
Deliktsrecht vorbehalten und setzt demnach Verschulden oder eine Sorgfaltspflichtverletzung voraus. Allerdings kommt der Produktbeobachtung

---

1044   Taschner/Frietsch, N 9 zu Art. 6. Allgemein zu den Instruktionspflichten des Her-
       stellers im schweizerischen Recht: Hess, Betriebsanleitungen, 38 ff.; Lutz, 2 ff.
1045   Rolland, N 11 zu § 3.
1046   BGE 49 I 465; ausführlich dazu Rust, N 152 ff.;Taschner/Frietsch, a.a.O.; Lutz,
       5 f.
1047   Da die Instruktionsfehler unmittelbar in Art. 4 Abs. 1 lit. a („Präsentation" des
       Produkts) angesprochen werden und somit unter die vom Gesetzgeber aufgezähl-
       ten „Einzelfallumstände" fallen, sei hinsichtlich der umfangreichen Kasuistik auf
       N 62 zu Art. 4 verwiesen.
1048   Fellmann, ZSR 1988, 283; Fellmann/von Büren-von Moos, N 201; Taschner/
       Frietsch, Einf. N 82 m.w.N.

im Rahmen des Produktehaftpflichtgesetzes entscheidende Bedeutung zu[1049]. Aus diesem Grund seien nachfolgend die wesentlichen Anforderungen an die Produktbeobachtung beschrieben und allenfalls notwendige Handlungspflichten erläutert, die sich bei Verletzung dieser Pflicht ergeben.

43 In der Schweiz ist das Institut der Beobachtungsfehler noch wenig in Erscheinung getreten, wird allerdings überwiegend in der Lehre anerkannt[1050].

44 Es ist davon auszugehen, dass der Hersteller die Bewährung seines Produktes in der Praxis prüfen oder überprüfen lassen muss, damit er aus etwa dabei ermittelten und ihm bislang unbekannt gebliebenen Gefahren die notwendigen Konsequenzen ziehen kann. Gleichzeitig muss er aber auch prüfen, wie seine Konkurrenten, die ähnliche Produkte herstellen wie er, versuchen, die Produktgefahren zu vermeiden[1051]. Diese Pflicht erstreckt sich nicht nur auf die Gefahren, die sich etwa aus seinen eigenen Produkten ergeben. Sie kann ihn auch treffen, um rechtzeitig Gefahren zu erkennen, die aus der Kombinierung seines Produktes mit Produkten anderer Hersteller entstehen können und um ihnen entgegenzuwirken[1052].

45 Dabei richtet sich die Produktbeobachtungspflicht - wie alle Gefahrabwendungspflichten - nach Grösse und Art der möglicherweise eintretenden Gefährdungen. In allen Fällen, in denen Leben und Gesundheit der Produktbenutzer oder anderer Personen durch ein industrielles Massenprodukt ernstlich beeinträchtigt werden können, sind im allgemeinen umfangreiche Produktbeobachtungsmassnahmen notwendig. Dazu gehört bei Unternehmen mit grösserem Warenausstoss unter anderem der Aufbau einer Aussenorganisation, die Kundenbeschwerden sammelt und an die Zentrale weiterleitet, die auf eine Stelle konzentrierte Überprüfung solcher Mängel- und Schadensanzeigen, die Verfolgung der Ergebnisse wissenschaftlich-technischer Kongresse, anderer Fachveranstaltungen und Testberichte über die Produktverwendung und die dabei gemachten Erfahrungen sowie die

---

1049 Beispielsweise im Rahmen der Wertung, was vernünftigerweise erwartbarer Gebrauch i.S. des Art. 4 Abs. 1 lit. b ist, oder hinsichtlich der Pflichten gegenüber eines alten Produktes, wenn ein verbessertes auf den Markt gelangt, vgl. Art. 4 Abs. 2.

1050 Vgl. Fellmann, ZSR 1988, 383 m.w.N; Widmer , in: Schweiz - Europa - USA, 20.

1051 BGH VersR 1989, 1308 „Pferdebox".

1052 BGH NJW 1987, 1009; Taschner/Frietsch, Einf. N 83.

innerbetriebliche Sammlung und Auswertung der Fachliteratur[1053]. Unternehmen, die ihre Produkte in der ganzen Welt vertreiben, sind sogar verpflichtet, das gesamte internationale Schrifttum auf dem einschlägigen Gebiet zu verfolgen[1054].

Treffen Schadensmeldungen ein, so muss der Hersteller sorgfältig über- **46**
prüfen, ob die Unfälle auf Konstruktions- oder Fabrikationsfehler bzw. Instruktionsfehler oder bewusst Fehlanwendungen zurückzuführen sind. Lässt sich nicht sofort klären, ob das Produkt als Schadensursache in Betracht kommt, so müssen die vor der Produkteinführung vorgenommenen Test- und Prüfverfahren wiederholt werden[1055]. Unter Umständen muss der Hersteller bereits vor endgültiger Klärung dieser Frage Sicherungsvorkehrungen treffen, vor allem dann, wenn aufgrund eines zwar nicht dringenden, aber ernst zu nehmenden Verdachts zu befürchten ist, dass Gesundheitsschäden entstehen können[1056].

Er muss dann, jedenfalls aber, wenn er erkennt, dass sein Produkt Schäden **47**
verursachen kann, aufgrund seiner Verkehrssicherungspflicht dafür sorgen, dass in Zukunft solche Schäden nach Möglichkeit vermieden werden.

Sind die Gefahren durch Änderungen in der Konstruktion bzw. Zusam- **48**
mensetzung des Produkts oder im Herstellungsverfahren zu vermeiden, dann darf der Hersteller erst dann die Produktion fortsetzen, wenn er diese Änderung vorgenommen hat. Er ist sogar dann zu einer Änderung seiner Produkte gezwungen, wenn andere Hersteller noch auf die herkömmliche Art weiterproduzieren[1057].

Eventuell kann es auch genügen, die Produktkennzeichnung oder die Ge- **49**
brauchsinformation zu ändern[1058]. Dabei muss der Hersteller berücksichtigen, dass der mit dem Produkt vertraute Benutzer eines besonders deutlichen Hinweises bedarf, um neue Warnungen zur Kenntnis zu nehmen. Sie dürfen daher nicht in Zubereitungshinweise aufgenommen werden. Es reicht auch nicht, sie bei unveränderter graphischer Gestaltung und farblicher Aufmachung der Banderolen-Texte oder der Beschriftung der Ver-

---

1053 BGH VersR 1960, 1095; BGH VersR 1977, 920 „Pflanzenschutzmittel".
1054 BGH Urt. v. 17.3.1981·VI ZR 286/78 „Apfelschorf II".
1055 Schmidt-Salzer, BB 1972, 1435.
1056 BGHZ 80, 192 „Apfelschorf I".
1057 BGH VersR 1989, 1308 „Pferdebox".
1058 Zu den Anforderungen im einzelnen sehr lehrreich BGH VersR 1992, 96 ff. „Kindertee".

packung innerhalb des dortigen Fliesstextes ohne besondere Hervorhebung abzudrucken[1059].

50   Ist weder eine Änderung des Produkts noch der Produktinformation möglich, dann muss der Hersteller den Vertrieb des Produkts einstellen.

51   Bezüglich der bereits ausgelieferten Produkte hat der Hersteller alles zu tun, was ihm den Umständen nach zugemutet werden kann, um die Gefahr abzuwenden. Es kann daher ausreichen, wenn der Hersteller den Abnehmern bzw. Konsumenten oder auch denjenigen, die für die Produktverwendung verantwortlich sind (z.b. Ärzten bei verschreibungspflichtigen Medikamenten, Architekten, Baustoffhändlern) nachträglich weitere Hinweise über die Handhabung, Anwendung und Haltbarkeit (im Hinblick auf die Wirksamkeit, Produktveränderung, Abnutzung) gibt oder entsprechende Warnungen erteilt[1060].

52   Unter Umständen sind sogar gross angelegte Warnaktionen über Presse, Funk und Fernsehen mit mehrfachen Wiederholungen erforderlich, die möglichst die gesamte Bevölkerung erreichen (z.b. bei bestimmten Gefahren für Leben und Gesundheit durch Verbrauch giftiger oder verunreinigter Lebensmittel)[1061].

53   Die einschneidenste und für den Unternehmer kostspieligste Massnahme ist der Rückruf ganzer Produktserien[1062], der insbesondere aus der Kraftfahrzeugbranche bekannt und dort, vor allem bei erheblichen Fehlern in der Serienproduktion, auch häufig unumgänglich ist[1063]. Solche Rückrufaktionen können aber auch bei anderen Produkten als Kraftfahrzeuge in Betracht kommen, z.b. bei in Serie produzierten Bohrmaschinen, Druckbehältern oder Antriebsmaschinen für andere Werkzeuge (Sägen, Hobel, Schleifgeräte), die von Hand- und Heimwerkern benutzt werden, aber auch bei elektrischen Nähmaschinen und Küchengeräten und selbst bei Radios

---

[1059]   So BGH VersR 1992, 96 ff.
[1060]   Taschner/Frietsch, Einf. N 87.
[1061]   Ausführlich dazu Herrmann, BB 1985, 1801; Hess, in: Handbuch, 14/6; Koch, Ratgeber, N 270; Link, 1126; Rheineck, 755 ff.; Rust, N 44 ff.; Schwenzer, JZ 1987, 1059; vgl. auch Fellmann, ZSR 1988, 284 m.w.N.
[1062]   Ob eine Rückrufpflicht besteht, ist in der deutschen Lehre und Rechtsprechung sehr umstritten, vgl. dazu Rolland, Teil II N 49 m.w.N., hat sich aber zumindest in der Rechtsprechung wohl letztlich bei gesundheitsgefährdenden Produkten durchgesetzt, vgl. BGH NJW 1990, 2560.
[1063]   Dazu Krämer, DAR 1982, 39; Hager, VersR 1984, 799.

und Fernsehapparaten sowie Lebensmittelkonserven und Kosmetika. Solche Aktionen müssen, wenn die Gefahr gross ist, ebenfalls durch Presse, Rundfunk und Fernsehen bekanntgegeben werden. Der Hersteller hat dann dafür zu sorgen, dass in entsprechenden Vertragswerkstätten oder in seinem Unternehmen selbst der Fehler behoben wird. Wirtschaftliche Erwägungen haben, wenn Leben und Gesundheit einzelner oder der Allgemeinheit in Gefahr sind, grundsätzlich keinen Einfluss auf diese Gefahrenabwendungspflicht des Produzenten[1064].

5. Entwicklungsfehler

Technische Fehler, die nach dem Stand von Wissenschaft und Technik[1065] zum Zeitpunkt des Inverkehrbringens[1066] des Produkts noch nicht erkennbar waren, sind keine haftungsbegründenden Konstruktionsfehler. Beim Entwicklungsrisiko geht es eben nicht mehr um die Verantwortlichkeit des Produzenten im engeren Sinne. Realisiert sich ein Entwicklungsrisiko, trifft ihn kein Vorwurf[1067], denn der Hersteller soll nicht für diejenigen Mangelfolgeschäden aufkommen, die für ihn nicht vorhersehbar waren[1068]. **54**

Diese „Vorhersehbarkeit" ist kein eigentliches Verschuldensmoment. Sie knüpft vielmehr daran an, ob nach dem Stand der Wissenschaft und Technik im Zeitpunkt, in dem das Produkt in den Verkehr gebracht wurde, dessen objektiv vorhandenen schädigenden Eigenschaften trotz Anwendung aller Erkenntnis-, Prüf- und Testverfahren nicht entdeckbar waren[1069]. Um Verwechslungen mit dem Konstruktionsfehler, der sich bei der Entwicklung eines Produkts einschleicht, zu vermeiden, wäre es sinnvoller, von Entwicklungsgefahren oder Entwicklungsrisiken zu sprechen. **55**

Bei der Begriffsbestimmung des Entwicklungsfehlers sind zwei Fallgruppen zu unterscheiden[1070]: **56**

1064 Taschner/Frietsch, Einf. N 89 m.w.N.
1065 Zum Begriff N 57 ff. zu Art. 5.
1066 Zum Begriff N 2 ff. zu Art. 5.
1067 So eindeutig der Entscheid ZR 1985, Nr. 4, Kanton Zürich „Reinigungsmaschine", in dem die Frage eines verschuldeten widerrechtlichen Unterlassens einer Vorsichtsmassregel geprüft, aber aufgrund eines Entwicklungsrisikos verneint wurde; vgl. Fellmann, ZSR 1988, 284, mit zahlreichen Beispielen und m.w.N.
1068 Taschner/Frietsch, Einf. N 95.
1069 Vgl. Widmer, in: Schweiz - Europa - USA, 21.
1070 Nach Taschner/Frietsch, Einf. N 96.

57   -   Es liegt ein Produkt vor, dessen objektiv vorhandenen gefährlichen
             Eigenschaften im Zeitpunkt des Inverkehrbringens durch keine der
             nach dem Stand der Wissenschaft und Technik möglichen Methoden
             entdeckbar sind. Erst einige Zeit nach dem Inverkehrbringen wird eine
             Untersuchungsmethode erfunden, mit deren Hilfe das produktimma-
             nente Schädigungspotential entdeckt werden kann. Diese neue, bisher
             unbekannte Möglichkeit der Fehlerermittlung ist allein auf den (techni-
             schen) Fortschritt zurückzuführen. Da also eine derartige Erkenntnis-
             möglichkeit in bezug auf den Produktfehler im Zeitpunkt des Inver-
             kehrbringens objektiv nicht gegeben war, handelt es sich bei dem da-
             mals nicht entdeckbaren und damit unentdeckt gebliebenen Fehler um
             einen Entwicklungsfehler.

58   -   Kein Entwicklungsfehler liegt demhingegen vor, wenn der Produkt-
             fehler nicht wegen fehlender wissenschaftlicher oder technischer Mög-
             lichkeiten, sondern deshalb unentdeckt bleibt, weil für den Produ-
             zenten die Ausnutzung sämtlicher vorhandener Kontroll- und Prüf-
             möglichkeiten untragbar, also z.B. wirtschaftlich unzumutbar wäre. In
             diesem Fall kann es sich nicht um einen Entwicklungsfehler handeln,
             sondern um einen nicht vorwerfbaren Konstruktions-, Fabrikations-
             oder Instruktionsfehler, sofern der Hersteller alles ihm Zumutbare ge-
             tan hat, den Fehler zu ermitteln; eine schuldhafte Verletzung der Sorg-
             faltspflichten könnte ihm deshalb in der Regel nicht vorgeworfen wer-
             den[1071].

Eine weitere besondere Rolle spielt in diesem Zusammenhang noch die
Entwicklungslücke. Hier ist die Gefahr oder der Fehler erkannt, jedenfalls
aber erkennbar. Vor dem Hintergrund des Stands der Wissenschaft und
Technik kann diese Gefahr/dieser Fehler aber im Zeitpunkt des Inverkehrbringens nicht beseitigt werden. Fälle solcher Art gehören nicht zu dem
Bereich des Entwicklungsrisikos[1072]. Es handelt sich um Fragen zu der
erwartbaren Sicherheit eines Produkts und zu der ausreichenden Instruktion über das bei seiner Nutzung verbleibende Restrisiko[1073]. Fehlt dem

---

[1071] Nach der heutigen Rechtsprechung des BGer, vgl. Syst. Teil N 12, liegen die
        Sorgfaltspflichtanforderungen allerdings sehr hoch.
[1072] A.A. Foerste, in: Produkthaftungshandbuch (Bd. I), § 24 N 85.
[1073] Vgl. dazu N 26 zu Art. 4; vgl. auch die gesetzlichen Vorschriften am Beispiel der
        RL 89/392/EWG „Maschine": Anhang I Pkt. 1.7.2. RL-Maschine besagt, dass der
        Hersteller auf potentielle, nicht offensichtliche Gefahren hinzuweisen habe.

Produkt wegen der Entwicklungslücke die Mindestsicherheit, darf es nicht in den Verkehr gebracht werden. Ein solcher Mangel kann in der Regel auch nicht durch Instruktion egalisiert werden[1074]. Ist jedoch die Mindestsicherheit gegeben und wird darüber hinausgehend durch genügend Instruktion auf die Entwicklungslücke hingewiesen, so handelt es sich bei der Entwicklungslücke nicht länger um einen Fehler, der eine Produktehaftpflicht auslösen kann.

Aus den genannten Gründen ist im PrHG eine Haftung für Entwicklungs-   **59** risiken nicht vorgesehen (vgl. Art. 5 Abs. 1 lit. e)[1075] bzw. nach Deliktsrecht zu lösen.

Entwicklungsrisiken können aber, wenn sie später erkennbar werden,   **60** Warnpflichten als Folge von Produktbeobachtungspflichten nach Verschuldensrecht auslösen[1076].

V. Für die Sicherheitserwartung massgebende Umstände

Ob ein Produkt die berechtigterweise erwartete Sicherheit bietet, ist unter   **61** Berücksichtigung „aller Umstände" zu ermitteln[1077]. Für die berücksichtigenden Umstände gibt Art. 4 Abs. 1 drei beispielhaft gemeinte („insbesondere") Kriterien[1078]. Diese dienen der Inhaltsbestimmung der Generalklausel und zugleich ihrer Begrenzung. Es ist jedoch keineswegs so, dass alle Umstände, die für den Hersteller oder den Geschädigten eine Rolle spielen, in Betracht zu ziehen wären[1079]. Es spielen nur diejenigen Ge-

---

[1074] Vgl. N 50 zu Art. 4.
[1075] Vgl. dort N 55 zu Art. 5; Die RL überliess es den EG-Mitgliedstaaten, ob sie die Haftung für Entwicklungsfehler einführen wollten. Von dieser Option hat lediglich Luxemburg Gebrauch gemacht. Frankreich will ebenfalls den Einwand nicht zulassen; vgl. zum Stand der Umsetzung der RL in Frankreich PrH Europa N 8. Finnland, Norwegen sowie Schweden haben in ihren Produkthaftungsgesetzen allerdings ebenfalls den Einwand des Entwicklungsrisikos ausgeschlossen; zu den Transformationsgesetzen der einzelnen EG-Staaten vgl. PrH Europa N 1 ff.; zur Haftungslage in den EFTA-Staaten vgl. PrH Europa N 27 ff.
[1076] Taschner/Frietsch, Einf. N 85, vgl. dazu N 42 zu Art. 4.
[1077] Dieser Hinweis ist an sich selbstverständlich, da der Richter stets unter Erwägung aller Umstände des Einzelfalls urteilt, vgl. Taschner/Frietsch, N 11 zu Art. 6.
[1078] Taschner/Frietsch, N 12 zu Art. 6.
[1079] So ist es nach Rolland, N 20 zu § 3, offensichtlich, dass ein wirtschaftlicher Engpass oder der Ausfall qualifizierten Personals beim Hersteller keine Umstände i.S. des Art. 4 Abs. 1 sind, die es gestatten würden, den Sicherheitsstandard unter einen Mindeststandard zu senken.

sichtspunkte eine Rolle, die vom Schutzzweck des PrHG gedeckt sind und die insbesondere die nach objektiven Kriterien zu bewertende Erwartungshaltung der Allgemeinheit (Verkehrsauffassung) nicht durch subjektive Bedürfnisse des Herstellers und wohl auch nicht die des Produktverwenders relativieren[1080].

1. Präsentation des Produkts

62 Unter Präsentation ist das Produkt in seiner Gesamtheit als Sache in seiner Nutzungs- und Verbraucherbestimmung zu verstehen, wie es der Hersteller in den Verkehr bringt und damit unmittelbar auf die Sicherheitserwartungen des Produktbenutzers abzielt[1081]. Damit ist die Produktpräsentation ein massgeblicher Gesichtspunkt für die Sicherheitserwartungen des Konsumenten. Der Begriff der Präsentation wird sehr weit ausgelegt und umfasst z.B. die Produktbeschreibung, Anweisungen für Gebrauch und Montage, Verpackung, Ausstattung, Güte- oder andere Qualitätszeichen, Warnhinweise und Werbung sowie auch schon die blosse Produktgestaltung[1082].

63 Die Produktpräsentation ist jede Art der Vorstellung des Produkts im Verhältnis zu potentiellen Benutzern. Dies muss keine öffentliche an die Allgemeinheit gerichtete Darbietung sein, auch eine Präsentation im geschlossenen Kreis, selbst gegenüber einer Einzelperson, genügt[1083]. Gleichgültig ist, ob die Darbietung vor oder nach dem Inverkehrbringen des Produkts stattgefunden hat. Oft werden Produkte vor ihrer Auslieferung vorgestellt und dabei - auch unter Sicherheitsgesichtspunkten - marktgerecht dargeboten. Die als Präsentation zu wertende Aussage über das Produkt kann sich auf das Produkt selbst beziehen und dessen vorhandene oder fehlende Eigenschaften und Funktionen betreffen. Dabei muss es sich um Eigenschaften und Funktionen handeln, die die Sicherheit des Produkts berühren[1084].

[1080] So Taschner/Frietsch, N 12 f. zu Art. 6.

[1081] Rolland, N 21 zu § 3; Taschner/Frietsch, N 31 zu § 3;

[1082] Von Westphalen, in: Produkthaftungshandbuch, § 62 N 39 m.w.N.; dazu Fellmann/von Büren-von Moos, N 212 f.

[1083] Scheller, in: Unternehmenspraxis, N 231.

[1084] Rolland, N 21 zu § 3.

a) Produktbeschreibungen

Grundsätzlich kann davon ausgegangen werden, dass Produktbezeichnun- **64**
gen, Produktbeschreibungen, Eigenschaftszusicherungen sowie alle sonstigen Hinweise, aus denen sich ergibt, welche Funktionsweise dem Produkt
eigen ist, deswegen als Präsentation im Sinne von Art. 4 Abs. 1 lit. a zu
qualifizieren sind, weil sie geeignet sind, die Sicherheitserwartungen des
Produktbenutzers zu beeinflussen. Dabei ist auch die dem Produkt zuge-
dachte Zweckbestimmung entscheidend[1085].

Vielfach ist es dem Hersteller allerdings nicht möglich oder nicht zumut- **65**
bar, ein Produkt so zu gestalten oder herzustellen, dass es für alle vorhersehbaren Verwendungszwecke gefahrlos zu benutzen ist und nicht etwa
(wie z.b. bei Arzneimitteln) schädliche Nebenwirkungen hat. Dennoch
kann sein Inverkehrbringen vertretbar erscheinen, etwa mit Rücksicht auf
seine besonderen Vorzüge oder mangels Erfindung eines besseren Produkts; vor allem aber auch, wenn es bei bestimmungsgemässem Gebrauch
unschädlich ist und nur bei Fehlgebrauch, unsachgemässem Gebrauch oder
ausgesprochen bestimmungswidrigem Gebrauch Schäden verursachen oder
wenn es, was bei Arzneimitteln, Kosmetika, Reinigungs-, Desinfektions-,
Insektenvertilgungsmittel usw. vorkommt, nur für bestimmte (zu Allergien
neigende) Personen gefährlich werden kann. Bleibt in derartigen Fällen ein
gewisser Gefahrenbereich „offen", so hat der Hersteller die Pflicht, die
potentiellen Benutzer durch besondere Produktkennzeichnung zu warnen,
um die ihnen drohenden Gefahren abzuwenden[1086].

Der Hersteller muss daher vor allem die Grenzen der Produktverwendung **66**
und die Gefahren eines naheliegenden Fehlgebrauchs oder sogar eines
Missbrauchs aufzeigen, der noch im Rahmen der allgemeinen Zweckbestimmung liegt[1087].

[1085] Von Westphalen, in: Produkthaftungshandbuch, § 62 N 41. So muss z.B. ein als
„Schwimmweste" bezeichnetes Produkt - im Gegensatz zu einer „Schwimmhilfe"
- ihren Träger auch tatsächlich vor dem Untergang in tiefem Wasser schützen.

[1086] So bereits sehr instruktiv das Bundesgericht im Jahre 1923, BGE 49 I 465 ff., im
berühmten „Anilin-Fall": „Der Fabrikant habe sich, wenn ihm die nötigen Sach-
kenntnisse fehlten, über die Eigenschaften seines Produktes durch Befragung
Sachkundiger Rechenschaft zu geben und allenfalls einer Gesundheitsschädigung
durch geeignete Gebrauchsanweisung vorzubeugen"; dazu Fellmann, ZSR 1988,
383; Fellmann/von Büren-von Moos, N 222; Rust, N 155, 185; auch Lutz, 4
m.w.N.

[1087] BGH VersR 1981, 957 „Kältemittel"; BGH VersR 1992, 96 ff. „Kindertee".

67 Ferner muss er den Benutzer darüber aufklären, welche Gefahrenquellen bei - im weitesten Sinne - bestimmungsgemässem Gebrauch bestehen und wie sie sich vermeiden lassen, etwa durch eine besondere Aufstellung oder Anbringung eines Geräts oder durch Beachtung bestimmter Regeln bei der Produktverwendung, wie Art, Zeit, Dauer des Gebrauchs, Beachtung von Schutzmassnahmen, Vermeidung von Sonnen- und Wärmeeinwirkung auf das Produkt[1088].

68 Inhalt und Umfang der Produktbeschreibungen werden wesentlich durch das gefährdete Rechtsgut bestimmt und sind daher vor allem von der Grösse der Gefahr abhängig[1089]. Sie bestehen nur im Rahmen der Konsumentenerwartung[1090].

69 Was auf dem Gebiet allgemeinen Erfahrungswissens der in Betracht kommenden Abnehmerkreise liegt, braucht deshalb nicht zum Inhalt einer Produktbeschreibung gemacht zu werden; denn derjenige, der eine Maschine, ein Werkzeug oder ein sonstiges Gerät anschafft, muss sich grundsätzlich selbst darum kümmern, wie er damit umzugehen hat; es ist seine Sache, sich darüber zu unterrichten, wie es in der rechten Weise zu handhaben ist[1091].

[1088] Vgl. dazu Rust, N 189.

[1089] BGHZ 80, 192 „Apfelschorf I".

[1090] BGH DB 1986, 1113 „Überrollbügel".

[1091] BGH VersR 1975, 1032 „Spannkupplung"; deutlich nochmals BGH Urt. v. 5.5.1992-VI ZR 188/91 „Sattelauflieger". In all diesen Fällen muss auch nicht vor unsachgemässem Gebrauch gewarnt werden. So hat der BGH VersR 1955, 765, 766, von dem Hersteller eines Insektenvertilgungsmittels keinen Hinweis verlangt, dass auch bei nützlichen Insekten, z.B. Bienen, schädliche Einwirkungen entstehen können. Bei dem Hersteller eines Zinksprays erwartet der BGH, Urt. 7.10.1986 -VI ZR 197/85, jedoch den besonderen Hinweis, dass bei Verwendung eines solchen Sprays in engen Räumen bei fehlender Belüftung die Gefahr der Entflammbarkeit des entstehenden Gas-/Luftgemisches entsteht, da dies nicht für jeden Benutzer derartiger Mittel ersichtlich ist. Dazu sehr eindeutig BGE 96 II 108, Pra 1971, Nr. 1 „Gasolin": „Die Aufklärung über die Art und Weise, wie die Substanz oder ihre Dämpfe (es ging hier um Gasolin, was als Reinigungsmittel von einer Apotheke einem Kunden für die Reinigung seiner Kleider im Haushalt empfohlen wurde und durch unsachgemässe Anwendung zu einer Explosion und Zerstörung des Hauses führte) sich entzünden können, obliegt nicht dem Verkäufer; es ist vielmehr Sache des Erwerbers, sich unter Berücksichtigung der Lehren der Lebenserfahrung entsprechend zu verhalten".

Die vorerwähnten Grundsätze gelten nicht nur beim Inverkehrbringen von 70
Geräten und sonstigen Arbeitsmitteln, sondern auch für Montageanweisungen[1092]. Was zum normalen technischen Fachwissen der Monteure gehört, muss nicht in Montageanweisungen aufgenommen werden[1093]. An
diesen Grundsätzen ändert sich nichts, wenn mit den Produkten auch Minderjährige in Berührung kommen können, die in einem Ausbildungsverhältnis zu dem eigentlichen Produktverwender stehen. Es ist Sache des
jeweiligen Ausbilders, ihnen die vielen modernen Arbeitsmittel innewohnende Gefährlichkeit bei unsachgemässen Gebrauch rechtzeitig und
eindringlich bewusst zu machen[1094].

b) Werbeaussagen

Es ist allgemein anerkannt, dass die Werbung eine Präsentation im Sinne 71
von Art. 4 Abs. 1 lit. a ist[1095]. Da die Werbung das wichtigste Instrument
der Vermarktung eines Produktes darstellt, kann ihr im Rahmen der Produktpräsentation eine besondere Bedeutung zukommen, wenn durch die
Art der Werbung sicherheitsrelevante Gesichtspunkte des Produkts berührt
werden und sie eine bestimmte Erwartungshaltung der Allgemeinheit im
Hinblick auf die Produktsicherheit weckt[1096]. Ob sich eine Werbung in
Sicherheitsaussagen bezüglich des Produkts niederschlägt, ist nicht von
vorneherein generell zu bestimmen[1097]. Grundsätzlich gilt, dass der Konsument aufgrund der Produktpräsentation mit bestimmten konkreten Eigenschaften des Produkts rechnen muss, auf die er sich bei Benutzung verlassen zu können glaubt. Soweit es sich um allgemeine Anpreisung oder erkennbare Übertreibungen handelt, kann dadurch regelmässig keine berechtigte Sicherheitserwartung begründet werden[1098]. Eine Werbeaussage
wie „Rund 2000 Feinlamellen greifen sicher in jedem Schnee" ist beim
Konsumenten eindeutig als Übertreibung zu erkennen und kann keine bestimmten Sicherheitserwartungen hinsichtlich dieses so beworbenen Pneus
begründen. Gleiches gilt für eine Anpreisung wie: „Die Unterwasseruhr

---

1092 Von Westphalen, in: Produkthaftungshandbuch, § 62 N 42.
1093 BGH DB 1986, 1113 „Überrollbügel".
1094 BGH Urt. v. 7.7.1981-VI ZR 62/80 „Kältemittel".
1095 Fellmann/von Büren-von Moos, N 234; von Westphalen, in: Produkthaftungshandbuch, § 62 N 43 m.w.N.
1096 Rolland, N 22 zu § 3.
1097 Taschner/Frietsch, N 34 zu § 3.
1098 Von Westphalen, in: Produkthaftungshandbuch, § 63 N 43.

funktioniert sogar in Atlantis", oder einen Werbespot, in dem zwei Lastwagen versuchen, zwei Metallscheiben auseinanderzuziehen, die mit einem Tropfen eines Klebstoffs verbunden waren.

72 Je allgemeiner die werbende Produktdarstellung ist, desto weniger kann sie als ernstgemeinte Aussage über bestimmte Eigenschaften und Funktionen des Produkts verstanden werden. Es ist jedoch nicht erforderlich, konkrete Tatsachen über ein Produkt anzugeben, um Sicherheiterwartungen des Konsumenten zu begründen. Bestimmte naheliegende Bewertungen eines Produktes können ausreichen, wenn der Konsument aufgrund solcher Aussagen einen Schluss auf bestimmte Tatsachen ziehen kann[1099].

73 Werbeaussagen, die die Sicherheit des Produkts betreffen, sollten daraufhin überprüft werden, ob sie technisch korrekt sind, Sicherheitsaspekte relativieren und keine absoluten Versprechungen enthalten und andere (meist) ältere noch auf dem Markt befindliche Produkte des eigenen Unternehmens nicht negativ darstellen, z.B. durch Hinweise auf „fortschrittliche" Verbesserungen[1100]. Formulierungen wie „absolut frei von", „geeignet für alle Zwecke", „absolut unschädlich", „wartungsfrei", „ungiftig", „kinderleicht", „für jedermann", sollten vermieden werden.

74 Ob ein Vertragsverhältnis vorliegt, ist irrelevant, da auch eine Zeitungsannonce geeignet sein kann, den besonderen Vertrauenstatbestand einer Eigenschaftszusicherung herbeizuführen[1101].

75 Auf die Art der Werbung kommt es nicht an. Sie kann zur Darbietung werden, unabhängig davon, ob sie in einem Massenmedium, einem Prospekt[1102] oder einem Beipackzettel vermittelt wird[1103].

c) Verkaufsberatung

76 Nicht erforderlich ist im Sinne von Art. 4 Abs. 1 lit. a, dass die Präsentation jeweils durch den nach Art. 2 haftenden Hersteller erfolgt. Es reicht

---

[1099] So legt z.B. die Werbung für ein Kraftfahrzeug mit der Aussage „Spitzenstand der Technik" das Vorhandensein eines Antiblockiersystems nahe. Werden in Werbeprospekten Kajaks in extremen Wildwassern gezeigt, kann der potentielle Benutzer davon ausgehen, dass sie auch tatsächlich für einen derartigen Extremeinsatz geeignet sind; dazu Fellmann/von Büren-von Moos, N 237.
[1100] Vgl. Hess, Betriebsanleitungen, 141 f.
[1101] BGH WM 1982, 697; von Westphalen, in: Produkthaftungshandbuch, § 62 N 44.
[1102] BGH WM 1968, 829 „Kleber".
[1103] Rolland, N 22 zu § 3.

aus, dass sich der Hersteller Dritter bedient, die für ihn Werbung, anwendungstechnische Beratung[1104] etc. gegenüber den Produktbenutzern vornehmen[1105]. In diesem Zusammenhang kommen beispielsweise Vertreter, Händler und Werkstätten in Betracht. Die von ihnen ausgehende Präsentation des Produkts ist stets dem Hersteller zuzurechnen, wenn und soweit sie - aus der Perspektive des Anwenders - als Erklärung, Beratung o.ä. des Herstellers erscheinen[1106]. Dabei muss er sich auch solche Darbietungen zurechnen lassen, die er selber nicht gebilligt oder autorisiert hat[1107]. Entscheidend ist allein, ob die auf diese Weise geweckte Sicherheitserwartung dem Hersteller zuzurechnen ist, also dem Produktbenutzer nicht als die eines Dritten, sondern als die des Herstellers berechtigterweise erscheint.

d) Anwenderqualifizierende Eigenschaften

Die Sicherheit und deren berechtigte Erwartung ist personell fixiert auf den   77
objektivierten und verständigen Konsumenten oder Benutzer eines derartigen Produkts, also mit anderen Worten auf den Idealtyp eines solchen in seiner Gesamtheit[1108]. Der Hersteller hat es in der Hand, in welcher Weise er das jeweilige Produkt in den Verkehr bringt; insbesondere hat er es in der Hand, ob das jeweilige Produkt für den Fachmann oder Nichtfachmann bestimmt ist. Wird ein bestimmtes Produkt von vornherein nur für den Fachmann hergestellt und nur für diesen in den Verkehr gebracht, so bezieht sich die durchschnittliche, idealtypisch verstandene Sicherheitserwartung - und damit auch das entsprechende Benutzerwissen - auf eben diesen Standard[1109]. Folglich braucht der Hersteller im Rahmen seiner Präsentation nur zu berücksichtigen, welches Anwendungs- und Erfahrungswissen bei dem durchschnittlichen Fachmann in der betreffenden Branche als bekannt vorausgesetzt werden kann[1110]. Bei einem Nichtfachmann dürfen dagegen keine oder nur geringe Kenntnisse und Fähigkeiten vorausgesetzt

---

[1104] Vgl. dazu Rust, N 193 ff.
[1105] Von Westphalen, in: Produkthaftungshandbuch, § 62 N 49.
[1106] Taschner/Frietsch, N 14 zu Art 6.
[1107] Dabei handelt es sich nicht um einen Haftungsausschlussgrund von Art. 5 Abs. 2, sondern um eine Frage normativer Zurechnung nach dem Schutzzweck des PrHG, Rolland, N 27 zu § 3.
[1108] Hollmann, 2392; Taschner, NJW 1986, 614.
[1109] BGH NJW 1975, 1827 „Spannkupplung".
[1110] BGH BB 1986, 936 „Überrollbügel".

werden, was der Hersteller zu beachten hat. Je nach Vertriebsweg oder Abnehmerkreis kann ein und dasselbe Produkt beim Laien und Fachmann eine individuell verschiedenartige Sicherheitserwartung hervorrufen. Die subjektive Sicherheitserwartung des konkreten und geschädigten Benutzers oder Konsumenten kann deshalb nicht von ausschlaggebender Bedeutung, sondern allenfalls erster oder weiterer Anhaltspunkt für die erforderliche Bewertung sein[1111].

e) Haftungsausschluss durch Präsentation

78 Häufig sind Hersteller der Ansicht, sie könnten die Sicherheitserwartungen durch entsprechende Präsentation beschränken. Dies ist nach dem PrHG grundsätzlich weder durch entsprechende Warnhinweise noch durch Freizeichnungsklauseln möglich. Vielmehr hat der Hersteller den erhöhten Sicherheitserwartungen des Konsumenten vermehrt Rechnung zu tragen.

aa) Warnungen

79 Soweit eine Instruktion des Konsumenten erforderlich ist, muss der Hersteller gewährleisten, dass sie auch den Adressaten erreicht und von ihm verstanden wird. Alle einem Produkt beigegebenen Warnhinweise, Gebrauchsanweisungen, Bedienungsanleitungen, Beipackzettel usw. müssen - soweit sie zur Vermeidung von Gefahren dienen - vor allem übersichtlich, klar und für das Verständnis des Benutzers plausibel sein[1112]. Sie sind so abzufassen, dass der Benutzer deutlich auf die entstehenden Gefahren hingewiesen und in geeigneter Weise darüber aufgeklärt wird, wie das Produkt gehandhabt werden muss[1113].

80 Muss der Hersteller damit rechnen, dass nicht nur Deutsche, sondern u.U. auch ausländische Arbeitskräfte oder Konsumenten mit seinem Produkt umgehen, dann ist er verpflichtet, möglichst allgemeinverständliche, bekannte und aussagekräftige Gefahrensymbole zur Kennzeichnung seines

---

[1111] Taschner/Frietsch, N 25 zu § 3; von Westphalen, in: Produkthaftungshandbuch, § 62 N 48.

[1112] Rust, N 174; Rolland, Teil II N 33a; Taschner/Frietsch, N 37 zu § 3. Zu den formellen und materiellen Anforderungen beim Erstellen einer Gebrauchs- und Betriebsanleitung vgl. ausführlich Hess, Betriebsanleitung, 161 f.

[1113] BGHZ 99, 167, 181 „Motorrad"; zu den Warnhinweisen im einzelnen Hess, Betriebsanleitungen, 140 ff.; Rust, N 178; Fellmann/von Büren-von Moos, N 242.

Produkts zu verwenden[1114]. Der Hersteller hat seine Gefahrenhinweise auch möglichst eindrucksvoll zu gestalten. Ein Zuviel an detaillierten Instruktionen kann dieses Ziel verfehlen[1115].

Wichtige Hinweise über Produktgefahren und deren Abwendung dürfen **81** auch nicht zwischen Teilinformationen und Darreichungsformen, Werbeaussagen, Kundendienststellen usw. versteckt oder in Garantiebedingungen eingearbeitet werden[1116].

Sind bei der Produktanwendung oder -verwendung erhebliche Körper- **82** oder Gesundheitsschäden bei Menschen zu befürchten, werden sogar besonders strenge Anforderungen an die Aufklärung gestellt. So wird bei derartigen Fällen unter klarer Bezeichnung der drohenden Folgen bzw. spezifischen Gefahren ein eindringlicher, sinnfälliger und unmissverständlicher Hinweis auf den vollen Umfang des Risikos gefordert[1117]. Jedenfalls bei solcher Gestaltung müssen die Funktionszusammenhänge klar gemacht werden, damit erkennbar wird, warum das Produkt gefährlich ist. Es genügen weder Gebrauchsanweisungen, noch Verhaltensvorschriften ohne Bezeichnung der konkreten Gefahr[1118]. Auch Hinweise über die Aufbewahrung und Lagerung bestimmter Produkte oder über Produkteigenschaften bringen für den Verwender oft nicht die erforderliche Information. So reicht der Vermerk „feuergefährlich" nur bei Stoffen, die lediglich eine besondere Brennbereitschaft haben, nicht aber bei solchen, die leicht verflüchtigende, in gasförmigem Zustand leicht entzündbare Bestandteile enthalten und deshalb unter Umständen sogar explosionsgefährlich sind[1119].

[1114] Vgl. dazu Anhang V der EG-Richtlinie über Mindestvorschriften für die Sicherheits- und/oder Gesundheitsschutzkennzeichnung (92/58/EWG), die eine Vielzahl nützlicher und allgemein anerkannter Sicherheitszeichen enthält; Rust, N 175.

[1115] BGH Urt. v. 7.10.1986-VI ZR 187/85 „Zinkotom-Spray".

[1116] BGH Urt. v. 9.12.1986-VI ZR 65/86 „Motorrad".

[1117] OLG Koblenz Urt. v. 14.7.1969-1 U 323/65 „Holzschutzmittel". Hinzuweisen ist in diesem Zusammenhang auch auf die gesetzlichen Sicherheitsanforderungen bei der Konzipierung und beim Bau von Maschinen, die in den EG-Mitgliedstaaten durch die Maschinenrichtlinie (89/392/EWG) aufgestellt (vgl. insbesondere Anhang I unter Pkt. 1.1.2 ff. RL-Maschine) und von der Industrie zu berücksichtigen sind.

[1118] OLG Koblenz, a.a.O.

[1119] BGH Urt. v. 20.10.1959-VI ZR 152/58-Klebemittel; vgl. dazu auch Entscheid Kanton Zürich ZR 185, Nr. 4 „Reinigungsmaschinen".

83   Der Hersteller darf sich auch nicht schlechthin auf die Gefahrenhinweise beschränken, die Gesetze oder Rechtsverordnungen von ihm verlangen, wenn diese keine abschliessende Regelung über alle dem Produkt anhaftenden Gefahren enthalten. Er hat in derartigen Fällen dem Verwender alle etwa noch erforderlichen weiteren Informationen und Hinweise zu geben, die dieser benötigt, um das Produkt ohne Gefahren für sich oder andere zu verwenden[1120].

84   Auch darf bei der Bemessung der Präsentationspflichten des Warenherstellers schliesslich keine Rücksicht auf dessen Absatzinteresse genommen werden. Falls er aus Kostengründen unter Umständen bestimmte sicherheitsfördernde Massnahmen oder Verfahren nicht anzuwenden braucht, so muss er doch auf die Gefahren seiner Erzeugnisse auch dann hinweisen, wenn dies seine Absatzchancen beeinträchtigen kann[1121].

bb) Freizeichnung

85   Der Hersteller kann seine Haftung nicht durch die Art der Produktpräsentation einschränken oder gar ausschliessen. Dies ergibt sich bereits aus Art. 8, danach darf die Haftung - gleich, auf welche Weise - nicht wegbedungen werden[1122].

86   Der Hersteller kann auch nicht im Rahmen der Produktbeschreibung oder der Gebrauchsanweisung darauf hinweisen, dass das Produkt gerade keine Sicherheit bietet oder die Angaben über die Produktbeschaffenheit unverbindlich seien. Denn wenn die Sicherheit nicht erwartet werden kann, liegt nach der Definition des PrHG auch kein Fehler vor. In Einzelfällen ist es allerdings schwierig, zu unterscheiden, ob die Haftungsvoraussetzung des Art. 4 Abs. 1 vorliegt, denn wer auf besondere Gefahren seines Produktes ausdrücklich hinweist, der erklärt damit gleichzeitig, insoweit keine Haftung übernehmen zu wollen[1123].

[1120] BGH „Zinkotom-Spray", a.a.O.

[1121] BGH Urt. v. 11.7.1972-VI ZR 194/70

[1122] Vgl. dazu N 6 ff. zu Art. 8; auch Rolland, N 8 zu § 14 m.w.N.

[1123] Von Westphalen, § 62 N 52. M.E. ist die Auslegung in diesen Fällen ausserordentlich schwer und muss entsprechend dem Sinn und Zweck des PrHG zum Schutze des Konsumenten restriktiv erfolgen.

2. Wirkungslosigkeit des Produktes

Ob ein wirkungsloses Produkt, das der Hersteller als wirkungsvoll darbie-   **87**
tet, einen Fehler im Sinne von Art. 4 Abs 1. darstellt, ist umstritten. Eine
Meinung ist der Ansicht, ein wirkungsloses Produkt beeinträchtige dessen
Gebrauchsfähigkeit, denn der Gebrauch eines Produkts, das einen bestimmten Erfolg herbeiführen soll, liege in seiner Wirksamkeit. Der für die
Produktehaftung entwickelte Fehlerbegriff habe aber mit der Beeinträchtigung der Gebrauchsfähigkeit nichts zu tun. Enttäuschte Erwartungen des
Verwenders seien nach Vertragsrecht zu regeln, nicht nach Produktehaftungsrecht. Bei einem wirkungslosen Produkt trete der Schaden nach den
gegebenen Kausalbedingungen auch ohne Verwendung der wirkungslos
gebliebenen Sache ein. Das Produkt sei also nicht aufgrund seiner schädigenden Eigenschaften Ursache des Schadens[1124].

Richtig erscheint allerdings die gegenteilige Auffassung. Es ist zwar zu-   **88**
treffend, dass sich die Folgen wirkungsloser Produkte häufig darin er-
schöpfen, dass der Verwender sie nicht nutzen kann. Diese Fälle sind nach
Gewährleistungsrecht abzuwickeln. Das PrHG findet dann schon deshalb
keine Anwendung, weil es an der in Art. 1 Abs. 1 vorausgesetzten besonderen Rechtsgutsverletzung fehlt. Anders sind die Fälle zu sehen, in denen
die Wirkungslosigkeit des Produkts zu einem Schaden an den durch das
PrHG geschützten Rechtsgütern führt, weil der Geschädigte es mit Rücksicht auf die Präsentation der Wirkungen des Produkts unterlassen hat, ein
anderes wirkungsvolles Produkt einzusetzen oder andere schadensverhü-
tende Massnahmen zu treffen. Hier ist die sicherheitsrelevante Präsentation
ursächlich für den eingetretenen Schaden. Ein zurechenbarer Schaden kann
auch dann entstehen, wenn der Geschädigte zu einer Unterlassung veranlasst wird[1125]. Bietet z.B. der Hersteller ein Schädlingsbekämpfungsmittel
an, das den Befall von Obstbäumen mit Apfelschorf verhindern soll[1126],
dann trifft ihn bei Wirkungslosigkeit des Impfstoffs nicht nur die Einstandspflicht nach den kaufrechtlichen Gewährleistungsvorschriften, wenn

---

[1124] So Taschner/Frietsch, N 29 zu Art. 6.
[1125] So wohl die h.M. Brüggemeier-Reich, 150; Diederichsen, VersR 1984, 799;
        Fellmann/von Büren-von Moos, N 282; Rolland, N 24 zu § 3; Schlechtriem,
        VersR 1986, 1034; von Westphalen, in: Produkthaftungshandbuch, § 59 N 20.
[1126] Vgl. BGH BB 1981, 1045 ff. „Derosal"; BGH BB 1981, 1048 ff. „Benomyl".

der Geschädigte bei Kenntnis dessen Wirkungslosigkeit andere Massnahmen zum Schutze seiner Obstbäume unternommen hätte[1127].

89 Bei der Wirkungslosigkeit von Kosmetika oder Arzneimitteln dürfte der Nachweis eines Körper- oder Gesundheitsschaden allerdings schwerfallen[1128], etwa dann, wenn das Produkt als wirksam gegenüber Falten, Runzeln, Pickeln oder Orangenhaut „präsentiert" wird[1129].

3. Gebrauch des Produktes

90 Ein weiterer Umstand, auf den Art. 4 Abs. 1 lit. b „insbesondere" abstellt, ist der Gebrauch des Produktes, mit dem vernünftigerweise[1130] gerechnet werden kann. Dieser Produktgebrauch hat allerdings nichts mit dem kaufrechtlichen Begriff der „Gebrauchstauglichkeit" zu tun[1131]. Auch im Rahmen des Art. 4 Abs. lit. b kommt es somit auf die Sicherheitserwartung des durchschnittlichen Produktbenutzers an[1132]. Mit dem Produktgebrauch ist der objektive, noch vernünftige und erwartbare Gebrauchszweck unter

---

[1127] Vgl. BGH a.a.O.

[1128] Zu den Folgen einer ungewollten Schwangerschaft durch ein unwirksam sich erweisendes Empfängnisverhütungsmittel: BGH NJW 1980, 1452.

[1129] Dazu Westphalen, in: Produkthaftungshandbuch, § 59 N 20, der hier mit Einschränkungen nach den Grundsätzen des unlauteren Wettbewerbs vorgehen will.

[1130] Die RL und demzufolge auch die Zusatzbotschaft I, 426, verwenden hier den Ausdruck „billigerweise"; m.E. handelt es sich um eine sprachlich sinnvolle Textkorrektur des Gesetzgebers, deren Ursprung im ErwG 6 RL, wo von „unvernünftig" im Zusammenhang mit dem Gebrauch des Produktes gesprochen wird, zu sehen ist.

[1131] Scheller, in: Unternehmenspraxis, N 240.

[1132] Streitig ist, ob auf den „Idealtyp des durchschnittlichen Benutzers" oder auf die „Sicherheitserwartungen der Allgemeinheit" abzustellen ist. Rolland, N 36 zu § 3, hält den Streit für weitgehend konstruiert, denn bei dem Idealtyp des durchschnittlichen Benutzers wird davon ausgegangen, dass er einem „rechtlich normativen Idealtyp" entspricht, womit ausgeschlossen ist, dass er im Hinblick auf die Sicherheitsbedürfnisse ein falsches Bewusstsein entwickelt. Entscheidend sei vielmehr, dass die objektiven Sicherheitserwartungen nicht durch subjektive Betrachtungen oder Übungen von einzelnen oder Gruppen relativiert werden; dazu auch Brüggemeier/Reich, 150; Schmidt-Salzer, BB 1988, 350.

wertender Beurteilung der Umstände des Einzelfalls gemeint[1133]. Auszunehmen davon ist lediglich der krasse Missbrauch des Produkts[1134].

a) *„Vernünftiger" Gebrauch*

Der vernünftige Gebrauch ergibt sich zum einen aus der objektiven Funk-   **91**
tionsbestimmung für das konkrete Produkt, aus dessen Art und Wesen.
Von wesentlicher Bedeutung ist auch die subjektive Zweckbestimmung,
die vom Hersteller durch die Präsentation beeinflusst oder vorgegeben
ist[1135]. Da das Gesetz auf den Gebrauch abstellt, mit dem „vernünftigerweise gerechnet werden kann", ist auch der vorhersehbare und übliche,
jedenfalls nicht ganz fernliegende, Fehlgebrauch davon erfasst[1136]. Mit
einem Gebrauch kann man vernünftigerweise rechnen, wenn die Verwendung des Produkts im Rahmen gängiger und nicht fernliegender Verhaltensweisen liegt[1137].

Ob der Hersteller im konkreten Fall mit einem solchen Gebrauch gerechnet   **92**
hat, ist unerheblich. Grundsätzlich irrelevant ist auch, ob er mit einem solchen Gebrauch rechnen konnte, da es nicht darum geht, ob ihm ein Verschulden anzulasten ist. Allerdings kann dies die Frage aufwerfen, ob mit
dem schadensauslösenden Gebrauch nach der Verkehrsauffassung nicht
gerechnet werden konnte. War im konkreten Fall mit dem Gebrauch nach
der Verkehrsauffassung nicht zu rechnen, dann weist das Produkt keinen
Fehler auf, der Hersteller haftet nicht[1138].

Was als „vernünftig" im Sinne von Art. 4 Abs. lit. b gelten darf, ist   **93**
ausserordentlich schwierig zu beurteilen und hängt entscheidend von den
Umständen des Einzelfalles ab. Einfacher fällt sicher die Abgrenzung zum
Begriff „unvernünftig" - der sich bereits in den Erwägungsgründen der RL
finden lässt[1139]. „Unvernünftig" ist sicherlich der bewusste Fehlgebrauch
oder die bewusste Zweckentfremdung des Produkts. Ausgegrenzt wird da-

---

[1133] Zusatzbotschaft I, 426; Taschner/Frietsch, N 42 zu § 3.
[1134] Rolland, N 34 zu § 3. Vgl. auch ErwG 6 RL der bereits darauf hinweist, dass „von
        jedem missbräuchlichen Gebrauch des Produkts abgesehen (werden müsse), der
        unter den betreffenden Umständen als unvernünftig gelten muss".
[1135] Taschner/Frietsch, N 43 zu § 3.
[1136] Zusatzbotschaft I, 426; Von Westphalen, in: Produkthaftungshandbuch, § 62
        N 54.
[1137] Hollmann, 2393.
[1138] Vgl. von Westphalen, in: Produkthaftungshandbuch, § 62 N 54.
[1139] ErwG 6 RL.

mit die Gebrauchs- und Verbrauchssituation, die so weit vom Funktions-
bereich des konkreten Produkts entfernt ist, dass sie weder aus der Sicht
des objektiven Benutzers noch aus derjenigen eines vergleichbaren Produzenten vorstellbar ist[1140]. So darf eine Babycreme keine unverträglichen
Stoffe enthalten, da damit zu rechnen ist, dass das Kind die Creme ver-
schluckt. Andererseits darf aber ein Rasenmäher nicht zum Heckenschneiden verwendet werden, ein „Kälteschutzmittel" nicht zum „Sniffing"[1141],
ein Bolzensetzgerät nicht als Schusswaffe eingesetzt oder ein sprühbarer
Lack nicht zum Haarfärben verwendet werden[1142]. Auch muss der Hersteller eine gewisse Überbeanspruchung seines Produkts einkalkulieren[1143]. Er
muss generell solche Gefahrensituationen in die Produktkonzeption mit
einbeziehen, mit denen bei Produkten dieser Art nach der Lebenserfahrung
damit zu rechnen ist. So muss der Hersteller eines elektrischen Gerätes z.B.
damit rechnen, dass dieses durch Dauerbetrieb überbeansprucht wird oder
dass der Benutzer vergisst, es nach Gebrauch wieder abzuschalten. Der
Hersteller hat daher Vorkehrungen zu schaffen, die im Falle einer solchen
Überbeanspruchung einen durch Heisslaufen des Gerätes verursachten
Brand vermeiden, z.B. indem er entsprechende Sicherungen in das Gerät
einbaut[1144].

94   Unberührt bleibt jedoch die nach der Verschuldenshaftung bestehende
Verpflichtung des Herstellers, vor vorhersehbarem Missbrauch im Rahmen
der ihm obliegenden Produktbeobachtungspflicht[1145] zu warnen. Diesbezüglich kann sehr wohl dem Produzenten eines Rasenmähers, der zweck-
fremd und in gefährlicher Weise zum Heckenschneiden eingesetzt wird,
eine Warnpflicht vor diesem - möglicherweise aufgrund der Grösse des
Rasenmähers - vorhersehbaren Missbrauch obliegen.

[1140]   Taschner/Frietsch, N 45 zu § 3.
[1141]   BGH NJW 1981, 2514.
[1142]   Schmidt-Salzer, BB 1989, 350.
[1143]   BGH VersR 1972, 560.
[1144]   Beispiel von Scheller, in: Unternehmenspraxis, N 242.
[1145]   Dazu N 42 zu Art. 4; Taschner/Frietsch, N 47 zu § 3; von Westphalen, in: Pro-
        dukthaftungshandbuch, § 62 N 59; hinsichtlich der notwendigen betriebsorgani-
        satorischen Massnahmen im Bereich der Produktbeobachtung, vgl. Hess, in:
        Handbuch, 14/3.

b) Bestimmungswidriger Gebrauch

Auch der Fehlgebrauch kann also dem Hersteller dann zugerechnet wer-   **95**
den, wenn er im Sinne von Art. 4 Abs. 1 lit. b noch ein Gebrauch ist, mit
dem „vernünftigerweise" zu rechnen ist. Dem Richter ist im Rahmen seines Beurteilungsermessens somit die Aufgabe zugewiesen, die Grenzlinie,
ob ein Produktmissbrauch oder vorhersehbarer Fehlgebrauch vorliegt, nach
der Berücksichtigung aller Umstände des Einzelfalls vorzunehmen[1146].
Dabei ist Ausgangspunkt die konkrete Verwendung des betreffenden Produktes im Schadensfall[1147]. Allerdings kann das Produkt nicht ausschliesslich und isoliert in bezug auf die einzelne Schadenskonstellation betrachtet
werden[1148]. Je weiter der tatsächliche Gebrauch des Produkts sich von dem
bestimmungsgemässen entfernt, desto mehr muss der Geschädigte darlegen, aus welchen Gründen dieser (Fehl)-Gebrauch dem Hersteller noch
„vernünftigerweise" zuzurechnen ist[1149].

VI. Zeitpunkt des Inverkehrbringens

Die Sicherheitserwartungen der Allgemeinheit sind nicht konstant und ver-   **96**
ändern sich mit der technischen Entwicklung. Ohne einen zeitlichen Be-
zugspunkt würde ein Produkt im Fall einer Änderung der Sicherheitserwartung nachträglich fehlerhaft werden[1150]. Folgerichtig stellt Art. 4 Abs.
1 lit. c auf diejenigen Sicherheitserwartungen ab, die im Zeitpunkt des
Inverkehrbringens[1151] des Produkts vorherrschen[1152]. Spätere Veränderungen können zwar Rückschlüsse auf vorherige Phasen zulassen und die Ent-

---

1146 Von Westphalen, in: Produkthaftungshandbuch, § 62 N 55.
1147 Taschner/Frietsch, N 43 zu § 3.
1148 Schmidt-Salzer/Hollmann, N 73 ff. zu Art. 6; Taschner/Frietsch, N 46 zu § 3. Ein
      Sicherheitsgurt, der in einer speziellen und häufigen Schadenssituation Verletzun-
      gen besonderer gurttypischer Art hervorruft, die ohne ihn nicht entstanden wären,
      ist deshalb nicht fehlerhaft, bzw. lässt sich auf den Einbau dieses Sicherheitsgurtes
      nicht die Fehlerhaftigkeit des Kraftfahrzeuges gründen. Die berechtigte Sicher-
      heitserwartung hinsichtlich des Sicherheitsgurtes kann sich nur darauf beziehen,
      dass der angelegte Gurt bei Autounfällen in den meisten Fällen schadensmindernd
      wirkt; eine negative Auswirkung des Sicherheitsgurtes in seltenen Fällen führt
      nicht zu seiner unangemessenen Gefährlichkeit; BGH NJW 1979, 1364; OLG
      Stuttgart NJW 1985, 3086.
1149 Schmidt-Salzer/Hollmann, N 149 zu Art 6.
1150 Rolland, N 38 zu § 3.
1151 Vgl. zum Begriff „Inverkehrbringen" N 2 ff. zu Art. 5.
1152 Taschner/Frietsch, N 48 zu § 3.

wicklung ab dem Tag des Inverkehrbringens vor Augen führen; sie sind aber nicht ausschlaggebend für die Beurteilung, inwieweit ein (behaupteter) Produktfehler tatsächlich haftungsrechtlich relevant ist[1153]. Es kommt also nicht auf den Zeitpunkt des Schadenseinstritts an[1154].

97 Verändert sich allerdings die berechtigte Sicherheitserwartung der Konsumenten nach dem Inverkehrbringen des Produkts grundlegend und wird das „alte" Produkt dieser Sicherheitserwartung nicht mehr gerecht[1155], so kann den Hersteller auch hier aus den Grundsätzen der Instruktionshaftung[1156] die Pflicht treffen, den Konsumenten über die „reduzierte" Sicherheit dieses „alten" Produktes aufzuklären oder dieses Produkt möglicherweise zurückzurufen.

98 Wird das Produkt durch Dritte absichtlich verändert, werden beispielsweise Lebensmittel nach dem Inverkehrbringen in krimineller Absicht vergiftet, so liegt ein im Sinne des Art. 4 PrHG fehlerhaftes Produkt nicht vor[1157]. Die nachträgliche Manipulation lässt das ursprünglich fehlerfreie Produkt nicht unter produktehaftpflichtrechtlicher Kriterien fehlerhaft werden. Geschehen diese schadensverursachenden Produkteingriffe allerdings vor dem Inverkehrbringen des Produkts, also noch im Einflussbereich des Herstellers, muss seine Haftung bejaht werden, soweit kein Fall der höheren Gewalt oder groben Drittverschuldens angenommen werden kann[1158].

99 Sind keine grundlegenden Sicherheitsrisiken mit dem Produkt verbunden, hat der Hersteller ein grosszügiges zeitliches Ermessen, wann er sein Produkt verbessern will. Festzuhalten ist auch, dass gewisse Übergangsfristen wirtschaftlich-technisch unvermeidbar und daher einzuräumen sind[1159].

[1153] Taschner/Frietsch, a.a.O.

[1154] Von Westphalen, in: Produkthaftungshandbuch, § 62 N 60.

[1155] Der Produzent hat allerdings nur dann sofort zu reagieren, wenn sich das Gefahrenpotential des „alten" Produkts nicht unwesentlich vergrössert, und erwartet werden kann, dass sich der nunmehr erhöhte Sicherheitsstandard auch in diesem Produkt niederschlagen muss; Taschner/Frietsch, N 51 zu § 3; von Westphalen, in: Produkthaftungshandbuch § 62 N 62.

[1156] Vgl. N 51 zu Art. 4.

[1157] Taschner/Frietsch, N 50 zu § 3.

[1158] Taschner/Frietsch, a.a.O.; a.A. unter Hinweis auf einen fehlenden Rechtswidrigkeitszusammenhang Schmidt-Salzer/Hollmann, N 66 ff. zu Art 7.

[1159] Schmidt-Salzer/Hollmann, N 8 ff. zu Art 6.

VII. Sonstige Umstände

Die im Rahmen des Art. 4 Abs. 1 angeführten „besonderen" Umstände **100** sind nicht abschliessend, sondern bedürfen im Einzelfall der Berücksichtigung „aller Umstände", ohne dadurch den Grundgedanken der Fehlerdefinition, nämlich die berechtigterweise erwartbare Sicherheit, zu verletzen[1160].

1. Natur des Produkts

Die Natur des Produktes kann die zu erwartende Sicherheit beeinflussen. **101** Bei Benutzung von Hammer und Nägeln oder einem Messer kann man sich verletzen. Diese Verletzungsgefahr liegt in der Natur des Produkts und gehört zum allgemeinen Wissen der Konsumenten, so dass diese Verletzungsgefahr nicht Gegenstand einer besonderen Warnung oder Instruktion sein muss[1161]. Auch nimmt die Allgemeinheit bei verschiedenen Produkten Nebenwirkungen teilweise ganz erheblicher Art hin, obwohl diese Nebenwirkungen im Grunde erhebliche Sicherheitsmängel des Produkts darstellen. So ist zum Beispiel Rattengift nicht nur für schädliche Nager tödlich, sondern auch für Nutz- bzw. Haustiere. Dennoch wird es eingesetzt, obwohl man nicht verhindern kann, dass auch andere Tiere damit in Berührung kommen, die man gar nicht töten will. Auch werden bei einigen Produkten Nebenwirkungen deshalb hingenommen, weil diese Produkte nicht auf andere Weise herzustellen sind, oder der Verbraucher setzt sich beim Konsum von Tabakwaren und Alkoholika ganz bewusst den allgemein bekannten gesundheitlichen Risiken des Tabak- und Alkoholgenusses aus[1162].

2. Preis des Produkts

Der Sicherheitsaufwand für ein Produkt ist auch eine Sache des Preises **102** und vom Hersteller her betrachtet eine Frage der Kalkulation sowie der mutmasslichen Akzeptanz seines entsprechend kalkulierten Produkts auf dem Markt. Offenkundig ist, dass ein Zusammenhang zwischen den Sicherheitserwartungen der Allgemeinheit und dem Preis eines Produkts

---

1160   Taschner/Frietsch, N 52 zu § 3.
1161   Fellmann/von Büren-von Moos, N 277 f.; Taschner/Frietsch, N 53 zu § 3.
1162   Taschner/Frietsch, N 55 zu § 3.

besteht[1163]. Die Sicherheitserwartungen des Besitzers eines Kleinwagens ist nicht vergleichbar mit denjenigen, die der Fahrer eines BMW, Mercedes oder Volvo - unter Berücksichtigung der damit gegebenen, erhöhten passiven Sicherheit - hat. Die Relevanz ist jedoch begrenzt[1164]. Schwierig ist, dabei die jeweils hinnehmbare Grenze des Mindeststandards an Sicherheit zu ziehen. Das PrHG soll eben nicht nur den Produktbenützer, sondern auch den unbeteiligten Dritten in der Person des „Bystanders" schützen[1165]. Die Bereitschaft eines einzelnen Produktbenutzers oder einer Mehrheit von ihnen, sich mit einem Produkt zufriedenzugeben, welches den Mindeststandard an Sicherheit nicht erreicht, macht das Produkt nicht fehlerfrei und entlastet den Hersteller daher nicht[1166].

103   Wo der Mindeststandard liegt, lässt sich nicht allgemein sagen, das hängt von den technischen Möglichkeiten, insbesondere aber auch von der Gefährlichkeit des Produkts ab. Dass ein preiswerter Personenwagen mit einfachen, aber wirksamen Bremsen ausgelegt wird, entspricht den Erwartungen der Allgemeinheit, bei einem gänzlichen Verzicht auf Bremsanlagen oder auch nur auf Handbremsen würde dies sicher nicht der Fall sein, auch wenn dadurch das Produkt erheblich billiger würde. Daraus folgt, dass der Preis wie auch andere wirtschaftliche Gesichtspunkte, nur oberhalb der Mindestanforderungen an den Sicherheitsstandard eine Rolle spielen können[1167].

104   Auch kann der Hersteller von einer technisch möglichen Sicherheitsmassnahme allein aus Kostengründen nicht absehen und sich gar damit verteidigen, für eine hinreichende sichere Konstruktion seien die Kosten zu hoch, und der Markt gebe einen kostendeckenden Preis nicht her[1168]. Die wirtschaftliche Situation des Herstellers kann unter keinem Gesichtspunkt

---

[1163]   Borer, Fehlerbegriff, 273; Schmidt-Salzer/Hollmann, N 76 zu Art 6.; Taschner/Frietsch, N 55 zu § 3.

[1164]   Rolland, N 44 zu § 3.

[1165]   Von Westphalen, in: Produkthaftungshandbuch, § 62 N 22. Beispiel: Ein Trabant wird in einen Verkehrsunfall verwickelt; es löst sich infolge eines Fabrikationsfehlers ein Vorderrad und verletzt einen Passanten.

[1166]   Brüggemeier-Reich, 150.

[1167]   Schmidt-Salzer, BB 1988, 351; so auch Taschner/Frietsch, N 21 zu Art. 6, der Erwägungen wie „Kosten-Nutzen- bzw. Risiko-Nutzen-Analysen" zulassen, aber die Grenzen des Risikos dafür eindeutig unter Berücksichtigung der Sicherheitserwartung der Allgemeinheit ziehen will.

[1168]   Von Westphalen, in: Produkthaftungshandbuch, § 62 N 25.

ein Grund sein, den Mindeststandard an Sicherheit für die von ihm hergestellten Produkte zu senken; fehlen bei ihm die Voraussetzungen für eine
den Erwartungen der Allgemeinheit entsprechende Herstellung von Produkten, dann muss er sie unterlassen.

3. Langzeitverhalten des Produkts

Ein besonderes Langzeitverhalten des Produkts kann ebenfalls die Frage **105**
nach dessen Fehlerhaftigkeit beeinflussen. Dies gilt insbesondere auch vor
dem Hintergrund der in Art. 10 Abs. 1 festgelegten Frist, nach der ein
Anspruch des geschädigten Konsumenten 10 Jahre nach dem Inverkehrbringen des Produkts erlischt. Diese Frist lässt allerdings nicht den Schluss
zu, dass die Lebensdauer jedes Produkts während dieses Zeitraums gewährleistet sein müsste[1169]. Ist eine geringere Lebensdauer des Produkts
bekannt oder erkennbar, so ist das Produkt nicht fehlerhaft, wenn das
ansonsten fehlerfreie Produkt nach dem Zeitpunkt seiner üblichen Lebensdauer wegen des Zeitablaufs schadensverursachend wirkt[1170]. Haben z.B.
Skistöcke aus Kunststoff bekanntermassen wegen Materialermüdung nach
dem Gebrauch von drei Jahren die Tendenz zu brechen, ist der Hersteller
für einen Skiunfall, der auf einem gebrochenen Stock nach Ablauf der
bekannten Lebensdauer der Skistöcke zurückzuführen ist, nicht verantwortlich. Gleiches gilt, wenn der Konsument ausreichend darauf hingewiesen worden ist, dass das Produkt nur eine begrenzte Lebensdauer hat.
Dieser Hinweis kann aber eine Verantwortlichkeit des Herstellers für die
nach Ablauf der Lebensdauer verursachten Schäden des Produktes nur
dann ausschliessen, wenn er konkret genug gehalten ist und dem Benutzer
ermöglicht, die Dauer der Nutzungszeit durch Berechnungsangaben zu
ermitteln[1171].

4. Technische Vorschriften und Regeln

Die Herstellung von Produkten wird vielfach durch Rechtsvorschriften **106**
geregelt, die sicherstellen sollen, dass die Sicherheitsbedürfnisse der
Allgemeinheit befriedigt werden[1172]. Die staatlichen Sicherheitsvorschrif-

---

1169 Fellmann/von Büren-von Moos, N 280; Taschner/Frietsch, N 57 zu § 3.
1170 Taschner/Frietsch, a.a.O.
1171 Brüggemeier-Reich, 150; Taschner/Frietsch, a.a.O.
1172 Von Westphalen, in: Produkthaftungshandbuch, § 62 N 18.

ten[1173] definieren in allgemeiner Form gewisse Sicherheitsstandards, ohne die Herstellung des Produktes im einzelnen vorzugeben. Sie haben den Zweck, die Herstellung fehlerhafter, d.h. im vorliegenden Zusammenhang unnötig gefährlicher Produkte, zu verhindern. Insoweit deckt sich das Programm dieser Vorschriften mit den in Art. 4 Abs. 1 vorgegebenen Sicherheitsanforderungen, wie sie im Fehlerbegriff enthalten sind. Sie stellen aber nur Leitlinien dar und berücksichtigen nicht immer den letzten Stand von Wissenschaft und Technik. Dem Hersteller kann somit durchaus die Pflicht obliegen, z.B. die Kennzeichnung gefährlicher Produkte über gegebene gesetzliche Vorschriften hinaus auszudehnen und zu konkretisieren[1174]. Die Einhaltung gesetzlicher Sicherheitsvorschriften ist keine Garantie für die Fehlerhaftigkeit eines Produkts nach dem PrHG; umgekehrt gilt jedoch der Grundsatz, dass bei Nichteinhaltung gesetzlicher Sicherheitsvorschriften stets ein Produktfehler vorliegt.

107 Noch grössere Zurückhaltung ist geboten bei den technischen Regelwerken wie z.B. den ISO/DIN/EN-Normen. Sie sind private, auf Verbandsgrundlage entwickelte und vorgeschriebene technische Standards, die nicht nur Sicherheitsgesichtspunkte zum Inhalt haben, sondern auch der Vereinfachung und Rationalisierung der Produktion, der Transparenz des Produktangebotes etc. dienen. Sie entsprechen nicht immer dem letzten Stand von Entwicklung und Technik, da sie nur in bestimmten Abständen fortgeschrieben werden[1175]. Ein Hersteller darf sich auch nicht darauf verlassen, eine Genehmigungs- oder Zulassungsbehörde werde etwaige Mängel aufdecken und dann die Genehmigung bzw. Zulassung versagen, sofern die betreffende Behörde nur die Konstruktion des Herstellers unter Berücksichtigung des für sie überschaubaren Sachverhalts überprüft[1176]

[1173] Zu denken ist etwa an die Stoffverordnung ,SR 814.013; das BG über den Verkehr mit Giften, SR 814.80; die Giftverordnung, SR 814.801; das BG betreffend die elektrischen Schwach- und Starkstromanlagen, SR 734.0; die Luftreinhalteverordnung, SR 814.318.142.1; die Lärmschutzverordnung, SR 814.50 u.v.a.; vgl. Hess, Betriebsanleitungen, 63 ff.

[1174] Taschner/Frietsch, N 17 zu § 3; auch BGH NJW 1987, 372 „Zinkotomspray".

[1175] Rolland, N 42 zu § 3.

[1176] Zu denken wäre beispielsweise an die Zulassungsprüfung für das Inverkehrbringen elektrischer Erzeugnisse nach Art 5 ff. der Verordnung über elektrische Niederspannungserzeugnisse vom 7.12.1992 (NEV, SR 734.26); vgl. Von Westphalen, in: Produkthaftungshandbuch, § 62 N 19; BGH NJW 1987, 373 „Verzinkungsspray".

Die Bedeutung der technischen Regelwerke wie auch der verwaltungs-   **108**
rechtlichen Spezialgesetzgebung im Zusammenhang mit dem Fehlerbegriff
liegt nicht in ihrer normativen Beachtlichkeit, sondern im Beweisrecht.
Sind nämlich vorgegebene technische Standards dieser Art im konkreten
Fall eingehalten worden, so spricht die Vermutung dafür, dass das Produkt
die Sicherheit bietet, die von der Allgemeinheit berechtigterweise erwartet
werden kann. Dies gilt jedenfalls dann, wenn bis zu diesem Zeitpunkt keine Anhaltspunkte für eine Änderung der Erwartungshaltung gegeben sind.
Nicht ausgeschlossen ist der Nachweis, dass das der Herstellung zugrunde
liegende Regelwerk nicht dem vorausgesetzten Standard der Sicherheitsanforderungen entsprochen hat, z.b. weil es fehlerhaft oder veraltet war.

VIII. Produktverbesserung

Die Vorschrift des Art. 4 Abs. 2 hat nur klarstellende Funktion, indem sie   **109**
verdeutlicht, dass grundsätzlich keine Verpflichtung des Herstellers besteht, nach Entwicklung eines vergleichbaren, verbesserten Produkts (mit
meist grösserer Sicherheit) seine alten Produkte vom Markt zu ziehen[1177].

Unterscheidungskriterium ist dabei die jeweilige Modelländerung, also das   **110**
„verbesserte" Produkt als solches. Zu vergleichen sind des weiteren die
jeweiligen - durch den Zeitpunkt des Inverkehrbringens umgrenzten -
Sicherheitserwartungen des durchschnittlichen Produktbenutzers. Zielen
diese darauf ab, auch das ältere Modell als fehlerhaft zu kategorisieren, so
findet Art. 4 Abs. 2 keine Anwendung[1178]. Der Anwendungsbereich des
Art. 4 Abs. 2 ist allerdings nicht nur auf konstruktive Änderungen begrenzt[1179]; möglich sind auch Verbesserungen hinsichtlich der Fabrikation
und Instruktion[1180]. Die beiden zu vergleichenden Produkte müssen auch
nicht von demselben Hersteller stammen[1181].

[1177] Dazu von Westphalen, in: Produkthaftungshandbuch, § 62 N 64, die Vorschrift
        geht auf Art. 6 Abs. 2 RL zurück, der aus übertriebener Vorsicht eingefügt worden
        ist, um auch den allerletzten Zweifel auszuräumen, dass mit der RL nicht beab-
        sichtigt sei, den Hersteller für seine Produkte zeitlich unbegrenzt entsprechend den
        jeweiligen Sicherheitsstandards haften zu lassen und ihm bei nachträglichem Ein-
        treten von Sicherheitserwartungen evtl. Rückrufpflichten aufzuerlegen, so
        Rolland, N 45 zu § 3.
[1178] Von Westphalen, in: Produkthaftungshandbuch, § 62 N 65.
[1179] So aber Taschner/Frietsch, N 32 zu Art 6; Borer, Fehlerbegriff, 279.
[1180] Von Westphalen, in: Produkthaftungshandbuch, § 62 N 66; Rolland, N 46 zu § 3.
[1181] Rolland, a.a.O.

111 Art. 4 Abs. 2 stellt eine Beweiswürdigungsvorschrift dar[1182]. Es reicht nicht aus, wenn der Geschädigte lediglich den Fehlernachweis dadurch erbringt, dass er ein „verbessertes" Produkt als Beweismittel dem Gericht vorlegt. Er muss vielmehr nachweisen, dass das schadenstiftende Produkt - im Zeitpunkt des Inverkehrbringens - seinerseits bereits fehlerhaft war. Oder er kann Gründe dafür vortragen, dass die „Verbesserung" nichts anderes ist, als eine Fehlerbeseitigung, die mit der technischen Weiterentwicklung nichts zu tun hat[1183].

IX. „Besondere" Produkte und ihre Fehler

1. Druckwerke

112 Druckerzeugnisse wie Bücher oder Zeitschriften sind bewegliche Sachen, daher als solche Produkte im Sinne von Art. 3[1184]. Es stellt sich allerdings die Frage, ob etwa der Verlag, der für die Herstellung des Trägers der intellektuellen Leistung verantwortlich ist, für die aufgrund von Druckfehlern, Verwechslungen, Entstellungen von Texten, Auslassungen etc. entstandenen Schäden haftet, ob also für den Fall, dass z.B. in einem medizinischen Fachbuch die anzuwendende Dosis eines Mittels aufgrund eines Druckfehlers verzehnfacht worden ist, Ansprüche nach dem PrHG gegen den Verleger gegeben sind[1185].

113 Hier ist zunächst zu differenzieren zwischen einerseits der geistigen Leistung, die im Buch verkörpert ist, und andererseits dem Medium „Buch" als blossem Informationsträger. Da jedoch geistige Leistung und Medium -

---

[1182] Schmidt-Salzer/Hollmann, N 267 zu Art. 6.

[1183] Schmidt-Salzer/Hollmann, N 268 zu Art. 6.

[1184] Vgl. dazu N 38 zu Art. 3; zur Einordnung nach dem Sachbegriff des § 90 BGB Röhl, 371.

[1185] Vgl. BGH JZ 1971, 63; anstatt 2.5.% Natriumchloridlösung zur Infusion war 25% gedruckt. Das Komma fehlte. Der Arzt verabreichte eine 20%ige Lösung; ein ähnlicher Fall verursachte in Frankreich 9 Mio SFr. Rückrufkosten: 180 000 Exemplare des „Petit Larousse illustré" mussten aus dem Buchhandel zurückgezogen werden, da sich ein Druckfehler in der 91ger Ausgabe eingeschlichen hatte. Auf der Farbtafel mit den Gift- und Speisepilzen wurden zwei tödlich giftige Pilze als „unbedenklich" eingestuft. Der Irrtum hatte sich bei der Gravur ereignet, wo zwei Farbpastillen vertauscht worden waren. Da der „Petit Larousse" zahlreichen Pilzsammlern als Referenz dient, entschloss sich der Verlag, sämtliche an den Buchhandel versandten Exemplare zurückzuziehen; Börsenblatt/D vom 11.9.1990; vgl. dazu Röhl, 378.

obwohl auf verschiedene Urheber zurückzuführen - eine untrennbare Einheit darstellen, bilden beide eine bewegliche Sache[1186]. Für fehlerhafte Handlungsanweisungen des Autors oder Verlags an den Drucker haftet letztlich gegenüber dem Leser allein der Verlag. Es handelt sich bei der „Buchherstellung" somit lediglich um interne „Verarbeitungsschritte", die nicht mehr die unmittelbare Verantwortlichkeit des Autors betreffen, sondern in den Verantwortungsbereich des Verlegers fallen[1187]. Der Verleger haftet für schadensverursachende Fehler im Übermittlungssystem[1188].

2. Elektrizität

Die Elektrizität ist in den Produktbegriff des Art. 3 Abs. 1 lit. b mit einbezogen. Im Zusammenhang mit Art. 4 Abs. 1 stellt sich nunmehr die Frage, wann Elektrizität fehlerhaft ist. Bei Elektrizität kommen sowohl Stromunterbrechungen als auch Spannungsschwankungen als sicherheitsrelevant und möglicherweise schadensverursachend in Betracht[1189]. Schwankungen der Stromstärke (Ampère) oder der Spannung (Volt) können als Fehler angesehen werden, wenn die Allgemeinheit gleichbleibende Stromstärke und Spannung zu erwarten berechtigt ist. Das kann, muss aber nicht der Fall sein[1190]. Das hängt von der Gewohnheit ab. Danach entscheidet sich, ob hochempfindliche elektrische Geräte, die auf Stromschwankungen reagieren, mit der Erwartung verwendet werden dürfen, dass sie nicht durch solche Veränderungen des elektrischen Stroms beschädigt werden. Fraglich ist, ob es zu häufigen Schadensfällen mit Körperschäden kommen kann. Sollten jedoch ausnahmsweise elektrisch betriebene medizinische Apparaturen durch Spannungsschwankungen in ihren Leistungen beeinträchtigt werden und zu Körperschäden von Patienten führen, käme wohl eine Haftung des den elektrischen Strom herstellenden Elektrizitätswerks in Frage[1191].

114

1186 Vgl. zum Meinungsstreit N 37 zu Art. 3.

1187 Letztlich besteht für den Verleger eine Regressmöglichkeit gegen den Autor aus Vertrag; so auch Röhl, 375 m.w.N.

1188 So auch Rolland, N 20 zu § 2; a.A. Taschner/Frietsch, N 27 zu Art. 6, die die Problematik des Druckfehlers der Verschuldenshaftung und den sie tragenden Verkehrssicherungspflichten zuordnen wollen; Schmidt-Salzer/Hollmann, N 215 zu Art. 7.

1189 Von Westphalen, in: Produkthaftungshandbuch, § 61 N 22.

1190 Taschner/Frietsch, N 26 zu Art. 6.

1191 Taschner/Frietsch, a.a.O.

115 Ob in dem Fall, wo keine Elektrizität geliefert wird, Art. 1 Abs. 1 nicht zur Anwendung kommen soll, ist zumindest zweifelhaft[1192]. Danach ist nach einer Auffassung gar kein Produkt geliefert worden[1193]. Allerdings muss berücksichtigt werden, dass unter dem Gesichtspunkt der massgebenden Sicherheitserwartung des Konsumenten es sehr wohl darauf ankommen kann, nämlich wenn er unter Umständen im Vertrauen auf die Lieferung von Elektrizität Dispositionen getroffen hat, z.B. teures Fleisch in die Tiefkühltruhe legte. Im Schadensfall ist daher nicht einzusehen, warum er allein den Schaden tragen soll. Auch in anderen Fällen differenziert die Sicherheitserwartung nicht danach, ob sicherheitsrelevante Teile überhaupt nicht oder in fehlerhafter Ausführung geliefert werden[1194].

3. Software

116 Soweit Software als ein Produkt im Sinne des PrHG[1195].qualifiziert wird ergeben sich allerdings Schwierigkeiten bei der Beantwortung der Frage, wann Software nicht die Sicherheit bietet, die in bezug auf dieses Produkt berechtigterweise erwartet werden kann. So wird die Meinung vertreten, da Software nicht fehlerfrei herstellbar sei, könne sich eine Sicherheitserwartung im vernünftigen Rahmen nicht bilden[1196]. Diesen Erwägungen kann jedoch in ihrer Allgemeinheit nicht zugestimmt werden. Massgebend für die Fehlerhaftigkeit von Software sind ebenfalls die Umstände des Einzelfalls. Ist nämlich die konkrete Software z.B. zum Einsatz in der Medizintechnik oder zur Gerätesteuerung im Produktionsablauf bestimmt und steht aufgrund dieses besonderen Einsatzbereiches die körperliche Integrität der Patienten bzw. Anwender in Frage, kann an die Fehlerfreiheit von Software keine geringere Anforderung gestellt werden als an andere Produkte. Ist die erforderliche Sicherheit in dem konkreten Einsatzbereich nicht zu erreichen, ist die Software dafür ungeeignet. Steht nur ein geringes Schadenspotential durch möglicherweise fehlerhafte Software in Frage, wird in

---

[1192] Von Westphalen, in: Produkthaftungshandbuch, § 61 N 22.
[1193] Brüggemeier, 513.
[1194] So richtig von Westphalen, in: Produkthaftungshandbuch, a.a.O.
[1195] Vgl. N 38 zu Art. 3.
[1196] So Taschner/Frietsch, N 60 zu § 3 m.w.N.

der Gesamtbewertung der Schwierigkeit, einwandfrei funktionierende Software herzustellen, besondere Bedeutung zukommen[1197].

4. Teilprodukte und Grundstoffe

Der Hersteller eines Teilprodukts oder Grundstoffs kann nur dann in An- **117** spruch genommen werden, wenn Teilprodukt und/oder Grundstoff zum Zeitpunkt ihres Einbaus bzw. ihrer Verwendung für das Endprodukt selbst fehlerhaft gewesen sind und diese Fehlerhaftigkeit kausal für den durch das Endprodukt verursachten Schaden war[1198]. So stellt z.b. die fehlerhafte Sicherung, die als Teilprodukt in ein elektrisches Gerät eingebaut wird, einen Sicherheitsmangel dar. Löst dieses elektrische Gerät wegen der Nichtfunktion der Sicherung einen Brand aus, haftet der Hersteller der Sicherung ebenso wie der Endprodukthersteller, da das fehlerhafte Teilprodukt (Sicherung) dazu geführt hat, dass das Endprodukt als solches ebenfalls fehlerhaft wurde.

Allerdings haftet der Teilprodukt- bzw. Grundstoffhersteller gem. Art. 5 **118** Abs. 2 dann nicht, wenn der Fehler des Endprodukts durch dessen Konstruktion oder durch die Anleitung des Endherstellers verursacht worden ist. So trifft z.b. allein den Endhersteller, der aus zugelieferten Grundstoffen eine hitzeresistente Metallegierung herstellen soll, die Haftung nach dem PrHG, wenn er die Grundstoffe falsch mischt, deshalb die Metallegierung nicht hitzeresistent ist und dadurch ein Schaden verursacht wird. Etwas anderes gilt, wenn der Endhersteller das Endprodukt nach falschen Anweisungen des Teil- bzw. Grundstoffherstellers produziert. In diesem Fall trifft die Haftung auch den Grundstoff- bzw. Teilhersteller[1199].

[1197] Schmidt-Salzer/Hollmann, N 80 zu Art. 2; Taschner/Frietsch, N 61 zu § 3; von Westphalen, in: Produkthaftungshandbuch, § 61 N 45.
[1198] Vgl. im einzelnen zum Entlastungsbeweis des Art. 5 Abs. 2 N 72 zu Art. 5.
[1199] Taschner/Frietsch, N 38f. zu § 4.

Kapitel 4
Ausnahmen von der Haftung und Selbstbehalt

Abschnitt 1
Ausnahmen von der Haftung

Art. 5   Ausnahmen von der Haftung

[1] Die Herstellerin haftet nicht, wenn sie beweist, dass:

a. sie das Produkt nicht in Verkehr gebracht hat;

b. nach den Umständen davon auszugehen ist, dass der Fehler, der den Schaden verursacht hat, noch nicht vorlag, als sie das Produkt in Verkehr brachte;

c. sie das Produkt weder für den Verkauf oder eine andere Form des Vertriebs mit wirtschaftlichem Zweck hergestellt noch im Rahmen ihrer beruflichen Tätigkeit hergestellt oder vertrieben hat;

d. der Fehler darauf zurückzuführen ist, dass das Produkt verbindlichen, hoheitlich erlassenen Vorschriften entspricht;

e. der Fehler nach dem Stand der Wissenschaft und Technik im Zeitpunkt, in dem das Produkt in Verkehr gebracht wurde, nicht erkannt werden konnte.

[2] Die Herstellerin eines Grundstoffs oder eines Teilprodukts haftet ferner nicht, wenn sie beweist, dass der Fehler durch die Konstruktion des Produkts, in das der Grundstoff oder das Teilprodukt eingearbeitet wurde, oder durch die Anleitungen der Herstellerin dieses Produkts verursacht worden ist.

Art. 5   Exceptions à la responsabilité

[1] Le producteur n'est pas responsable s'il prouve:

a. qu'il n'a pas mis le produit en circulation;

b. que, compte tenu des circonstances, il y a lieu d'estimer que le défaut ayant causé le dommage n'existait pas au moment où il a mis le produit en circulation;

Art. 5   Eccezioni alla responsabilità

[1] Il produttore non è responsabile se prova che:

a. non ha messo in circolazione il prodotto;

b. è lecito ritenere, tenuto conto delle circostanze, che il difetto che ha causato il danno non esistesse quando l'aveva messo in circolazione;

c. que le produit n'a été ni fabriqué pour la vente ou pour toute autre forme de distribution dans un but économique, ni fabriqué ou distribué dans le cadre de son activité professionnelle;

d. que le défaut est dû à la conformité du produit avec des règles impératives émanant des pouvoirs publics;

e. que l'état des connaissances scientifiques et techniques, lors de la mise en circulation du produit, ne permettait pas de déceler l'existence du défaut.

2 En outre, le producteur d'une matière première et le fabricant d'une partie composante ne sont pas responsables s'ils prouvent que le défaut est imputable à la conception du produit dans lequel la matière première ou la partie composante est incorporée, ou aux instructions données par le fabricant du produit.

c. non ha fabbricato il prodotto per la vendita o per qualsiasi altra forma di distribuzione a scopo economico, né l'ha fabbricato o distribuito nel quadro della sua attività professionale;

d. il difetto è dovuto alla conformità del prodotto a prescrizioni imperative emanate dai poteri pubblici;

e. lo stato delle conoscenze scientifiche e tecniche al momento in cui fu messo in circolazione il prodotto non permetteva di scoprire l'esistenza del difetto.

2 Inoltre, il produttore di una materia prima o di una parte componente non è responsabile se prova che il difetto è dovuto alla concezione del prodotto in cui è stata incorporata la materia prima o la parte, oppure alle istruzioni date dal fabbricante del prodotto.

A. Allgemeines

Das PrHG sieht eine Reihe von Möglichkeiten vor, in denen die Ersatz-   1
pflicht des Herstellers ausgeschlossen ist. Der Gesetzgeber hat damit ein Korrektiv für die verschuldensunabhängige Haftung schaffen wollen. Für den Hersteller wird prozessual die Möglichkeit eröffnet, das Vorliegen der Haftungsausnahmen unter Beweis zu stellen und so eine mögliche Inanspruchnahme durch den Geschädigten abzuwenden. Die Ausschlussgründe gelten grundsätzlich für jeden Hersteller im Sinne des Art. 2[1200]. Die Eigenarten der einzelnen Ausschlussgründe können jedoch im Einzelfall dazu führen, dass die eine oder die andere Entlastung der Natur der Sache nach oder aus anderen Gründen nicht in Frage kommt[1201]. Daher ist teil-

---

[1200] Taschner/Frietsch, N 2 zu Art. 7.
[1201] Taschner/Frietsch, a.a.O.

weise die Anwendbarkeit der Art. 5 Abs. 1 lit. a - e für jeden Hersteller gesondert zu prüfen.

B. Entlastungsmöglichkeiten

I. Fehlendes Inverkehrbringen des Produktes durch den Hersteller, Art. 5 Abs. 1 lit. a

1. Begriff des Inverkehrbringens

2   Der Hersteller haftet nicht für Schäden, die von einem Produkt verursacht worden sind, das von ihm nicht in den Verkehr gebracht worden ist. Hersteller im Sinne von Art. 5 Abs. 1 ist zunächst der Hersteller des Endprodukts, aber auch der Hersteller des Teilprodukts. Daneben ist auch der Quasi-Hersteller, der Importeur sowie - unter den einschränkenden Voraussetzungen des Art. 2 Abs. 2 - auch der Lieferant, der dem Geschädigten das fehlerhafte Produkt verkauft hat, darunter zu verstehen.

3   Der Begriff des Inverkehrbringens wird zwar in der RL und dem PrHG vielfach verwandt, eine Definition ist jedoch nicht eingearbeitet worden[1202]. Es sind deshalb eine Reihe von Interpretationsversuchen unternommen worden, wie z.B. „Übergabe an einen Dritten", „Markteinführung", „Verlust der tatsächlichen Gewalt". In der Regel wird ein Inverkehrbringen dann vorliegen, wenn das Produkt das „Werk" des Herstellers tatsächlich verlassen hat[1203], also die Herausgabe aus dem Herrschaftskreis des Herstellers erfolgt ist[1204].

[1202] Eine Definition wurde von den Verfassern der RL für überflüssig gehalten, weil es sich „aus seinem Wortsinn (dem Wortsinn des Art. 5 Abs. 1 lit. a, Red.) von selbst versteht". Im Europäischen Übereinkommen über die Produkthaftung bei Körperverletzung und Tötung vom 27.1.1977 war der Begriff in Art. 2 lit. d definiert worden als „Übergabe der Sache an eine andere Person", wobei anzunehmen ist, dass dabei eine andere Person als der Hersteller gemeint ist, so Rolland, N 88 zu § 1.

[1203] „Werktorprinzip" nach Hollmann, 2396. Nach Taschner/Frietsch, N 54 zu § 1, kann aber das Werktorprinzip nur im übertragenen Sinne Geltung beanspruchen. Nach dem Sinn und Zweck des Begriffs muss es auch ausreichen, wenn z.B. bei einem Kauf ab Werk das Schadensereignis sich nach der Übergabe noch auf dem Betriebsgelände ereignet, das Produkt durch Weitergabe an andere also nur bildlich das „Werk" verlassen hat.

[1204] Schmidt-Salzer/Hollmann, N 14 zu Art. 7. Die Zusatzbotschaft I, 426, spricht hier von einer Handlung des Herstellers, durch die er das Produkt zum Zweck des

a) Das „willentliche" Inverkehrbringen

Das Inverkehrbringen muss auf einen willentlichen Akt des Herstellers zu- **4**
rückzuführen sein[1205]. Die Geschäftsfähigkeit braucht nicht vorzulie-
gen[1206]. Das bedeutet, dass ein Wechseln aus der Sphäre des Herstellers
ohne sein Zutun kein Inverkehrbringen ist. Dies ist z.b. der Fall, wenn das
Produkt entwendet wird oder abhanden kommt[1207]. Auch verloren gegan-
gene Produkte (z.b. auf dem Transport zwischen zwei räumlich getrennten
Bereichen der Produktionsstätte), die von einem Finder genutzt und sonst
von dritter Seite in Verkehr gebracht werden, können nicht dem Hersteller
zugerechnet werden[1208]. Darunter fällt auch die Produktpiraterie[1209].

Die willentliche Entäusserung der Sache ist kein Rechtsgeschäft, sondern **5**
eine tatsächliche Handlung[1210]. Daraus folgt, dass eine Weitergabe durch
einen Geschäftsunfähigen oder in der Geschäftsfähigkeit beschränkten
Hersteller ein wirksames Inverkehrbringen ist, sofern der Handelnde einen
natürlichen Handlungswillen hat. Wird das Inverkehrbringen durch Be-
dienstete des Herstellers veranlasst, so kommt es auf deren Willen an.
Verschuldensfragen spielen keine Rolle. Hat der Hersteller die Sache aufgrund eines Irrtums oder einer arglistigen Täuschung in Verkehr gebracht,
so entlastet ihn dies nicht; dies gilt auch dann, wenn das Inverkehrbringen
durch ein Rechtsgeschäft veranlasst worden ist und das dem Inverkehrbringen zugrundeliegende Rechtsgeschäft angefochten wird. Den Akt der
Entäusserung kann der Hersteller nicht anfechten, da es sich um einen
tatsächlichen Vorgang handelt. Nimmt der Hersteller an, dass eine Sache,
die er weitergibt, kein Produkt im Sinne des PrHG sei, obwohl dies der
Fall ist, entlastet ihn das nicht[1211].

b) Herstellung zur Eigennutzung

Bringt der Hersteller sein Produkt zur Ausstellung auf Messen und anderen **6**
Veranstaltungen, wird man zwanglos ein Inverkehrbringen annehmen kön-

---

geschäftlichen Vertriebs aus seinem Kontrollbereich entlässt; dazu Fellmann/von
Büren-von Moos, N 315.

1205   Von Westphalen, in: Produkthaftungshandbuch, § 60 N 37.
1206   Von Westphalen, a.a.O.
1207   Schlechtriem VersR 1986, 1037.
1208   Taschner/Frietsch, N 59 zu § 1.
1209   Taschner/Frietsch, N 60 zu § 1.
1210   Von Westphalen, a.a.O.
1211   So Rolland, § 1 zu N 89.

nen. Der Hersteller soll haften, wenn er ein fehlerhaftes Produkt Aussenstehenden in einer Weise zugänglich macht, dass dies nicht mehr als rein innerbetrieblicher Teil des Herstellungsprozesses angesehen werden kann[1212]. Fraglich ist, ob dies auch gilt, wenn ein Arbeitnehmer das fertiggestellte Produkt in der Weise in den Verkehr bringt, dass er es ausserhalb des „Werktors" des Herstellers testet[1213]. Oder wenn in einem Unternehmen eigenständig hergestellte Maschinen verwendet werden, oder auch dann, wenn Maschinen, Geräte etc. im Rahmen der Qualitätskontrolle getestet werden. Wird die Herrschaftsgewalt über das fehlerhafte Produkt in all diesen Fällen von einem Angestellten oder Mitarbeiter des jeweiligen Herstellers ausgeübt, liegt noch kein endgültiges Inverkehrbringen vor[1214].

c) Reparaturleistungen

7 Zweifelhaft ist, ob eine Sache in Verkehr gebracht ist, wenn der Hersteller ein Zwischenerzeugnis oder das Produkt selbst zum Veredeln, zur Reparatur oder ähnlichen Zwecken an Dritte weitergibt, in aller Regel in der Absicht, die Sachen zurückzuerhalten. Die Annahme, dass hier ein Inverkehrbringen vorliege[1215], ist verfehlt. Es wäre in der Tat unangemessen, von einem Inverkehrbringen auszugehen, wenn und soweit die Zweckrichtung dieses Inverkehrbringens nur darin besteht, etwaige Mängel/Fehler des Produkts zu beseitigen. Denn das Inverkehrbringen muss sich auf das Produkt beziehen, also auf seine Nutzung, Weiterverarbeitung, Verwendung etc.[1216].

d) Materialprüfung/Qualitätskontrolle

8 Werden Materialprüfungen, Tests etc. bei Dritten durchgeführt, zu denen das zu prüfende, zu testende Produkt verbracht wird, so liegt erst dann ein Inverkehrbringen vor, wenn es der Kontrolle der Arbeitnehmer des Auf-

---

[1212] Fellmann/von Büren-von Moos, N 319; von Westphalen, in: Produkthaftungshandbuch, § 62 N 38.

[1213] Taschner/Frietsch, N 8 zu Art 7.

[1214] So Hollmann, 2394; Taschner/Frietsch, N 8 zu Art. 7; a.A. Kullmann/Pfister, N 3602, 11; eingeschränkt Schmidt-Salzer/Hollmann, N 81 zu Art. 7.

[1215] So Rolland, N 92 zu § 1; wohl auch Taschner/Frietsch, N 58 zu § 1. Dies würde aber den Verzicht auf das voluntative Element des Inverkehrbringens bedeuten und die Haftung des Herstellers zu einer echten Gefährdungshaftung werden lassen.

[1216] So zutreffend von Westphalen, in: Produkthaftungshandbuch, § 60 N 41.

traggebers entzogen wird. Hier besteht eine Parallele zum Inverkehrbringen eines Teilprodukts[1217].

e) Teilprodukte

Eindeutig ist die Rechtslage beim Hersteller eines Teilprodukts, wenn er   **9**
dieses an den Hersteller weiterliefert. Hier wird ein Inverkehrbringen zu
bejahen sein[1218]. Voraussetzung ist allerdings, dass auch der Hersteller des
Teilprodukts willentlich und frei seine Verfügungsmacht über das jeweilige Teilprodukt aufgibt, so dass es in die Herrschaftssphäre des Endherstellers/Assemblers gelangt[1219]. Werden deshalb Arbeitnehmer des Endherstellers/Assemblers durch das fehlerhafte Teilprodukt verletzt oder getötet,
so haben sie einen Schadenersatzanspruch gegen den Teilhersteller gemäss
Art. 1 Abs. 1.

f) Abfälle, Müll

Zweifelhaft ist die Rechtslage bezüglich derjenigen Sachen, die zwar vom   **10**
Hersteller hergestellt, aber nicht als Produkt in den Verkehr gebracht werden sollen. Dies betrifft vor allem Produktionsabfälle[1220], deren sich der
Hersteller entledigen muss oder will, und die er als Abfall zur reinen Entsorgung und nicht zur Wiederverwertung, z.B. als Grundstoff bestimmt
hat. Denkbar sind auch Fallkonstellationen, in denen funktionsfähige Produkte, die bei der Qualitätskontrolle wegen festgestellter Mängel oder aus
anderen Gründen ausgesondert worden sind, abredewidrig von demjenigen, dem der Hersteller sie z.B. als Schrott überlassen hat, in Verkehr
gebracht werden. Eine Haftung erscheint hier unangemessen, da in beiden
Fällen die Sachen ohne Willen des Herstellers in den Verkehr gebracht
wurden[1221].

2.   Inverkehrbringen durch den Hersteller eines Teilproduktes

Der Hersteller eines Teilprodukts bringt das Teilprodukt in Verkehr, wenn   **11**
dieses mit seinem Willen seinen Produktionsbereich verlässt. Es gilt inso-

---

1217 Fellmann/von Büren-von Moos, N 320; von Westphalen, in: Produkthaftungshandbuch, § 60 N 42.
1218 Kullmann/Pfister, N 3602, 9 f., Taschner/Frietsch, N 57 zu § 1.
1219 Frietsch, 31.
1220 Vgl. dazu N 43 zu Art. 3.
1221 So Taschner/Frietsch, N 61 zu § 1; Schlechtriem, VersR 1986, 1037.

weit nichts anderes als beim Hersteller des Endprodukts. Das Teilprodukt ist auch dann in Verkehr gebracht, wenn es dem Hersteller des Endprodukts zugeliefert wird, um dort weiterverarbeitet zu werden[1222]. Für den Fall, dass nicht von vorneherein abzusehen ist, ob ein Produkt Teilprodukt oder Endprodukt ist, muss die Funktion und Zuordnung letztlich den Ausschlag geben (Sand als Baustoff oder als Streugut; Nägel und Schrauben als Mittel zur Vervollständigung eines Endprodukts oder als selbständige Endprodukte). Die Haftung des Herstellers des Teilproduktes würde sonst vom Zufall abhängen[1223].

3. Inverkehrbringen durch den Quasi-Hersteller

12   Dem Hersteller gleichgestellt ist der Quasi-Hersteller[1224]. Auch bei ihm wird vorausgesetzt, dass er das Produkt des eigentlichen Herstellers in Verkehr gebracht hat. Für das Inverkehrbringen gelten für ihn dieselben Grundsätze wie für den eigentlichen Hersteller[1225].

13   Wird ein Produkt mit dem Namen, Warenzeichen oder einem anderen unterscheidungskräftigen Kennzeichen des Quasi-Herstellers ohne oder gegen seinen Willen vertrieben, dann hat er es nicht in den Verkehr gebracht. Sind Namen und Warenzeichen o.ä. bereits ohne seinen Willen angebracht worden, fehlt es schon an der Eigenschaft als Hersteller - Quasi-Hersteller, so dass sich die Frage des Inverkehrbringens nicht stellt. Billigt er nachträglich einen so gearteten Vertrieb, ist er von diesem Zeitpunkt ab ein Hersteller, der das Produkt in Verkehr gebracht hat[1226].

[1222]   Hollmann, 2396; a.A. Schmidt-Salzer/Hollmann, N 33 zu Art. 7, der die Meinung vertritt, dass solche Vertriebswege „innerhalb der Herstellerkette" jedenfalls „Im Rahmen horizontaler Arbeitsteilung" nicht in den Anwendungsbereich der Richtlinie fallen, weil der Herstellungsvorgang noch nicht abgeschlossen sei. Rolland, N 95 zu § 1, gibt hier zu bedenken, dass es bereits in den Erläuterungen zum Vorschlag der EG-Kommission zum RL-Entwurf von 1975 heisst: „Gewöhnlicherweise ist eine Sache in den Verkehr gebracht, wenn sie der Verteilerkette übergeben wurde". Dies besage bereits für sich gesehen nichts, da die Erläuterungen selbst keine abschliessende Aussage enthielten. Mit der RL sei beabsichtigt gewesen, alle für den Herstellungsprozess verantwortlichen Hersteller in die Haftung einzubeziehen, es gebe keine Anhaltspunkte, dass dies innerhalb der Herstellerkette oder in der Kette Hersteller-Händler nicht der Fall sei.
[1223]   Dazu auch Schlechtriem VersR 1986, 1037.
[1224]   Zum Begriff: N 62 ff. zu Art. 2.
[1225]   Von Westphalen, in: Produkthaftungshandbuch, § 60 N 45.
[1226]   Taschner/Frietsch, N 6 zu Art. 7.

4. Inverkehrbringen durch den Importeur

Der als Hersteller geltende Importeur[1227] bringt eine Sache in den Verkehr, **14**
wenn er sie in die Schweiz einführt. Wird das Produkt ohne oder gegen den
Willen eingeführt oder vertrieben, fehlt es am Merkmal des Inverkehrbringens. Importiert er ein Produkt, um es anderen als den in Art. 2 Abs. 1 lit. c
genannten Zwecken zuzuführen, fehlt es bereits an den Voraussetzungen
für eine Gleichstellung mit einem Hersteller. Billigt er nachträglich den
Import oder eine Zweckbestimmung im Sinne des Art. 2 Abs. 1 lit. c,
haftet er von dem Zeitpunkt an wie ein Hersteller, der das Produkt in Verkehr gebracht hat. Die Haftung des Importeurs tritt unabhängig davon ein,
ob beim eigentlichen Hersteller ein „Inverkehrbringen" des Produkts festgestellt werden kann. Die Verhältnisse sind genauso zu beurteilen wie
beim Quasi-Hersteller[1228].

Zweifelhaft ist, wann das von einem Importeur eingeführte Produkt in Ver-   **15**
kehr gebracht ist. Es wird angenommen, das sei der Zeitpunkt der Einfuhr[1229]. Der Wortlaut des Art. 5 Abs. 1 lit. a gibt für die Auslegung nichts
her. Aus Art. 2 Abs. 1 lit. c lässt sich nur ableiten, dass der Importeur vom
Zeitpunkt der Einfuhr ab die Herstellereigenschaft hat. Dass die Waren von
diesem Zeitpunkt ab als in den Verkehr gebracht gelten, besagt die Vorschrift nicht. Nimmt man die Verhältnisse des „klassischen" Herstellers
zum Massstab, dann spricht viel dafür, den Zeitpunkt der Einfuhr bereits
als den Zeitpunkt des Inverkehrbringens zu werten. Der Hersteller eines
Produkts haftet nach dem PrHG nicht schon dann, wenn er die Ware fertig-
gestellt hat; die Lagerhaltung im eigenen Bereich fällt noch in das Stadium
vor dem Beginn der Haftung nach dem PrHG. Bei dem Importeur ist dieser
Zeitraum vergleichbar mit der Lagerhaltung nach Einfuhr und vor der
Weitergabe in den Vertrieb. Dass es in dieser Zeit zu schadenstiftenden
Vorfällen kommen kann, ist möglich, ist aber auch im Fall des Herstellers
nicht anders. Ein erkennbarer Grund, die Haftung des Importeurs für die
Dauer der Lagerhaltung vor der Auslieferung schärfer zu gestalten als beim
Hersteller, ist nicht erkennbar. Auch der Importeur muss die Möglichkeit

---

[1227] Zum Begriff: N 78 zu Art. 2.
[1228] Taschner/Frietsch, a.a.O.
[1229] So Swisslex-Botschaft, 8; Taschner/Frietsch, a.a.O.

haben, zu prüfen, ob er die Ware überhaupt in den Verkehr bringen will[1230].

5. Inverkehrbringen durch den Lieferanten

16 Auch der Lieferant wird unter den engen Voraussetzungen des Art. 2 Abs. 2 und Abs. 3 als Hersteller angesehen[1231]. Was den Zeitpunkt des Inverkehrbringens anbelangt, gilt für ihn nichts anderes als in den anderen Fällen des Haftungsbeginns. Vorausgesetzt wird, dass das Produkt mit Willen des Lieferanten aus seinem Machtbereich gelangt[1232]. Solange das Produkt bei ihm lagert, ist es nicht in den Verkehr gebracht. Dies gilt allerdings nur im Verhältnis zu ihm und seiner Haftung als Hersteller. Soweit es um die Haftung des eigentlichen Herstellers geht, ist das Produkt bereits mit der Weitergabe an den Händler oder den Vorlieferanten in den Verkehr gebracht.

17 Der Lieferant haftet ebenso wie der Quasi-Hersteller und Importeur auch dann, wenn das Produkt nicht vom tatsächlichen Hersteller in den Verkehr gebracht wurde[1233]. Eine abweichende Beurteilung scheint nicht mehr dem Schutzzweck des PrHG zu entsprechen; liegt doch der Grund für die Haftung des Lieferanten gemäss Art. 2 Abs. 2 und Abs. 3 nicht darin, dass dieser gegenüber dem Geschädigten die Benennung des Herstellers bzw. des Vorlieferanten verschweigt[1234], sondern in der Tatsache, dass er ein anonymisiertes - fehlerhaftes - Produkt in den Verkehr bringt, welches die Rechtsgüter Dritter nach Art. 1 Abs. 1 schädigt.

II. Der Fehler zum Zeitpunkt des Inverkehrbringens, Art. 5 Abs. 1 lit. b

18 Die Haftung des Herstellers entfällt, wenn nach den Umständen davon auszugehen ist, dass der für den Schaden ursächliche Fehler nicht vorlag, als das Produkt vom Hersteller in den Verkehr gebracht wurde, d.h. der Fehler später entstanden ist. Die Vorschrift regelt die Risikoverteilung zwischen

---

[1230] Fellmann/von Büren-von Moos, N 315; Rolland, N 100 zu § 1; a.A. von Westphalen, in: Produkthaftungshandbuch, § 60 N 48.

[1231] Zum Begriff: N 96 zu Art. 2.

[1232] Taschner/Frietsch, N 62 zu § 1.

[1233] So von Westphalen, in: Produkthaftungshandbuch, § 60 N 49; a.A. Rolland, N 102 zu § 1.

[1234] So aber Rolland, a.a.O.

Hersteller und dem Geschädigten. Der Hersteller haftet nur für Fehler, die bis zum Zeitpunkt des Inverkehrbringens des Produkts entstanden sind. Latent vorhandene oder angelegte Fehler - mit Ausnahme der Entwicklungsrisiken - sind ihm zuzurechnen.

Der Hersteller haftet also nicht für Schäden, die auf Fehler zurückzuführen **19** sind, die nach dem Inverkehrbringen entstanden sind. Solche Fehlerquellen können z.b. in der unsachgemässen Behandlung innerhalb der Vertriebskette, in der normalen Abnutzung, in einer unsachgemäss durchgeführten Reparatur Dritter oder in einem sachwidrigen Gebrauch liegen, wobei allerdings die Einschränkung des Art. 4 Abs. 1 lit. b zu beachten ist[1235].

Der Hersteller kann den Beweis zu seiner Entlastung in zweifacher Hin- **20** sicht führen: Zum einen kann er den negativen Nachweis erbringen, dass zum Zeitpunkt des Inverkehrbringens der schadensursächliche Produktfehler noch nicht vorlag. Zum anderen ist der positive Nachweis möglich, dass der zum Schaden führende Produktfehler erst nach dem Inverkehrbringen entstanden ist. Beide Alternativen des Entlastungsbeweises bedeuten für den Hersteller einen erheblichen personellen und finanziellen Aufwand. So wird er etwa die Fehlerfreiheit zum Zeitpunkt des Inverkehrbringens nur durch die Durchführung von laufenden Qualitäts-, Eingangs- und Ausgangskontrollen und deren entsprechender Dokumentation nachweisen können[1236]. Inwieweit der zum Schaden führende Produktfehler erst nach dem Inverkehrbringen entstanden ist, entzieht sich in aller Regel der Kenntnis des Herstellers, weil es sich nicht in seiner Sphäre abspielt. Der Nachweis wird deshalb - wenn überhaupt - auch nur schwer zu führen sein, insbesondere dann, wenn das schadhafte Produkt vernichtet wurde und deshalb gutachterlich nicht mehr untersucht werden kann.

Der Gesetzgeber hat zwar durch die Einführung der verschuldensunab- **21** hängigen Haftung nach dem PrHG dem Hersteller aufgebürdet, die Voraussetzungen für das Vorliegen der Entlastungsmöglichkeiten im Rahmen des Art. 5 Abs. 1 im Streitfalle zu beweisen, weil dieser die besseren Möglichkeiten der Beweisführung hat[1237].

1235 Rolland, N 110 zu § 1.
1236 Zur betriebswirtschaftlichen, juristischen und technischen Bedeutung der Dokumentation vgl. Hess, in: Handbuch, 14/1, mit weiteren Beispielen zur Dokumentation der Qualitätssicherung als Entlastungsmittel; Koch, Ratgeber, N 363 ff.
1237 Vgl. dazu auch N 101 f. zu Art. 1.

22   Um den Hersteller aber nicht in eine untragbare Beweisnot zu bringen, hat
      der Gesetzgeber in Art. 5 Abs. 1 lit. b eine Formulierung für das Vorliegen
      dieser Entlastungsmöglichkeit gewählt, die den nach deliktischem Recht
      gültigen Standard unterschreitet[1238].

23   Ähnlich wie beim „prima facie"- Beweis braucht der Hersteller nicht den
      ansonsten geforderten Vollbeweis zu erbringen. Er hat nur noch Umstände
      darzutun, die den Schluss zulassen, sein Produkt sei zum Zeitpunkt des
      Inverkehrbringens fehlerfrei gewesen. Dies führt zu dem Ergebnis, dass
      das mit der Beweiswürdigung befasste Gericht vom Vorliegen der Ent-
      lastungsvoraussetzungen nicht mit an Sicherheit grenzender Wahrschein-
      lichkeit überzeugt sein muss. Ausreichend ist nunmehr ein hohes Mass an
      Wahrscheinlichkeit, um das Gericht von der Nichtexistenz des Fehlers zur
      Zeit des Inverkehrbringens bzw. dessen spätere Entstehung zu überzeu-
      gen[1239].

24   Bei der Überprüfung der vom Hersteller dargelegten Umstände durch das
      Gericht kommt es auf verschiedene Kriterien an. Zunächst wird von zen-
      traler Bedeutung sein, inwieweit der Hersteller in der Lage ist, zu doku-
      mentieren, dass seine Qualitäts- und Kontrollmassnahmen das Vorkommen
      von Fehlern der im Prozess behaupteten Art ausschliessen können[1240].

25   Hier kommen Kontrollen bei der originären Herstellung aber auch - im
      Falle der Wiederverwendung des Produkts - vor dem erneuten Inverkehr-
      bringen in Betracht. Fest steht, dass der Hersteller nicht jede denkbare
      Kontrolle durchführen muss[1241]. Vielmehr hat unter dem Gesichtspunkt der
      Zumutbarkeit[1242] eine Güterabwägung stattzufinden. Die Risiken, die mit
      dem Produkt (im Falle eines Fehlers) verbunden sind, müssen dem wirt-
      schaftlichen Aufwand gegenübergestellt werden, der für den Unternehmer
      bei einer weiteren Intensivierung der Kontrolle entstehen würde.

[1238] Rolland, N 108 zu § 1: „Es genügt ein Geschehensablauf der nach allgemeiner
       Lebenserfahrung die Schlussfolgerung auf den Zeitpunkt des Fehlereintritts plau-
       sibel erscheinen lässt. Die blosse Möglichkeit des Geschehensablaufs reicht nicht
       aus"; dazu auch Taschner/Frietsch, N 13 f. zu Art. 7.
[1239] Fellmann/von Büren-von Moos, N 324; Schmidt-Salzer/Hollmann, N 51 zu Art. 7;
       Taschner/Frietsch, N 14 zu Art 7.
[1240] Dazu ausführlich Hess, in: Handbuch, 14/1.
[1241] BGH VersR 1960, 856; BGH BB 1967, 1357.
[1242] Dazu BGH NJW 1988, 2614.

Der Hersteller kann aber auch andere Umstände dartun, die auf die Fehler-   **26**
losigkeit seines Produktes zur Zeit der Inverkehrgabe schliessen lassen. So
können z.b. die Art des Produktes, die Intensität des Gebrauchs und insbesondere die Zeitspanne zwischen dem Inverkehrbringen und dem Schadensereignis auf nachträgliche Fehlerquellen hinweisen[1243]. Wird das Produkt häufig genutzt und ist es schon über mehrere Jahre im Verkehr, ohne
dass es zu Schadensereignissen gekommen ist, so steigt der Grad der
Wahrscheinlichkeit, dass es bei der Inverkehrgabe in Ordnung war, mit
dem Ablauf der Jahre, in denen es sich auf dem Markt befindet[1244].

Allerdings darf die Wahrscheinlichkeitsabwägung nicht streng nach den   **27**
abgelaufenen Jahren durchgeführt werden. Es ist auch auf die im Verkehr
befindliche Produktzahl abzustellen. So kann bei einem Produkt mit hoher
Auflage die Wahrscheinlichkeitsabwägung schon nach wenigen Jahren für
eine Fehlerfreiheit zum Zeitpunkt des Inverkehrbringens sprechen, während diese Abwägung bei einem Produkt mit geringerer Umlaufstärke nach
dem gleichen Zeitablauf anders zu bewerten wäre.

Auch hat der Hersteller die Möglichkeit, über eine regelmässige Wartung   **28**
des Produkts, durchgeführt durch ihn selbst oder eine von ihm anerkannte
Werkstatt, den Zustand des Produkts zu bestimmten Zeitpunkten zu dokumentieren. Wenn bei regelmässigen fachkundigen Inspektionen ein Fehler
nicht entdeckt wird, spricht einiges dafür, dass er auch zum Zeitpunkt des
Inverkehrbringens nicht vorgelegen hat.

Diese Entlastungsmöglichkeit entfällt bei Massenartikeln, die entweder   **29**
wartungsfrei sind oder bei denen sich der Aufwand wirtschaftlich nicht
lohnt.

Schliesslich bleibt dem Hersteller die Möglichkeit, mit Hilfe von Sachver-   **30**
ständigen den Schadensfall zu analysieren und gegebenenfalls zu rekon-
struieren. So kann sich z.b. bei Verkehrsunfällen gutachterlich herausstellen, dass der behauptete Fehler nicht Ursache, sondern Folge des Unfalls war (Beispiel: ein geplatzter Reifen kann Ursache eines Unfalls, aber
durchaus auch dessen Folge sein).

Für die nach Art. 2 Abs. 1 dem Hersteller haftungsmässig gleichgestellten   **31**
Personen gelten hier keine Besonderheiten.

1243 Taschner/Frietsch, N 14 zu Art. 7.
1244 Beachte Art. 10 Abs. 1, der bestimmt, dass die Haftung des Herstellers ganz ent-
      fällt, wenn das betreffende Produkt 10 Jahre im Verkehr ist.

III. Herstellung des Produkts zum wirtschaftlichen oder beruflichen Zweck, Art. 5 Abs. 1 lit. c

32 Die Ersatzpflicht des Herstellers ist dann ausgeschlossen, wenn er das Produkt weder für den Verkauf oder eine andere Form des Vertriebs mit wirtschaftlichem Zweck hergestellt noch im Rahmen seiner beruflichen Tätigkeit hergestellt oder vertrieben hat. Das Gesetz bringt damit zum Ausdruck, dass die Produktehaftpflicht primär ein Ergebnis industrieller Produktion ist, welche im weitesten Sinne kommerzielle Zwecke verfolgt[1245]. Mit dieser Vorschrift wird deutlich, dass das PrHG keinen allgemeinen Schutz gegen eine Verletzung von Verkehrssicherungspflichten bieten will, sondern durchaus selektiv verfährt. Die Beschränkung der Haftung auf den Schadensausgleich bei Beschädigung „privater" Sachen (Art. 1 Abs. 1 lit. b) zeigt dasselbe auf der Schuldnerseite[1246].

33 Die Voraussetzungen der Entlastungsgründe stehen kumulativ zueinander. Eine Haftung des Herstellers ist somit nur ausgeschlossen, wenn es am Vorgang der Herstellung und des Vertriebs zum Zwecke wirtschaftlicher Betätigung oder im Rahmen einer beruflichen Tätigkeit fehlt[1247].

1. Herstellung mit wirtschaftlichem Zweck

34 Die erste Voraussetzung des Art. 5 Abs. 1 lit. c betrifft die subjektive Seite, nämlich den Herstellungszweck[1248]. Nur die Herstellung zum Zweck der Entgelterzielung ist haftungsbegründend[1249]. In der Absicht, durch den Vertrieb des Produkts ein Entgelt zu erzielen, liegt die wirtschaftliche Zielrichtung, auf deren Fehlen das PrHG abstellt[1250].

a) Gewinnerzielungsabsicht

35 Den Herstellungszweck bestimmt der Hersteller. Es genügt allerdings nicht, dass der Hersteller mit der Herstellung eine konkrete, bestimmte Ab-

---

[1245] Taschner/Frietsch, N 18 zu Art. 17; ders., N 74 zu § 1.

[1246] Rolland, N 117 zu § 1; vgl. dazu auch von Westphalen, in: Produkthaftungshandbuch, § 60 N 51, der im übrigen auf den Herstellerbegriff des Art. 2 und den Tatbestand des „Inverkehrbringens" abstellt.

[1247] Taschner/Frietsch, a.a.O.

[1248] Rolland, N 120 zu § 1.

[1249] Schmidt-Salzer/Hollmann, N 74 zu Art. 7.

[1250] Taschner/Frietsch, N 75 zu § 1.

sicht - ein inneres Motiv - hegt, sie muss nach aussen erkennbar sein[1251]. Nicht massgebend ist die Art der Herstellung oder der übliche Verwendungszweck des fraglichen Produkts. Beabsichtigt z.b. der Hersteller von Haushaltsgeräten oder Lampen, eines dieser Geräte für seinen privaten Haushalt zu verwenden, so sind die Voraussetzungen der privaten Herstellung und Verwendungszwecke auch dann gegeben, wenn die Geräte aus der Serie stammen und gewöhnlich für den Verkauf bestimmt sind[1252]. Andererseits, wenn ein Hersteller zunächst Produkte für den privaten Ge- oder Verbrauch herstellt, später aber seine Absicht ändert und diese Produkte dann gewerblich in Verkehr bringt, reicht dieser Vorgang aus, um die Haftung nach Art. 1 Abs. 1 auszulösen[1253].

b) Verkauf und Formen des Vertriebs

Eindeutig ist, dass der Verkauf von hergestellten Produkten mit einer wirt- **36** schaftlichen Zielrichtung verknüpft ist[1254]. Zu den gleichgestellten Vertriebsarten zählen die Vermietung, der Mietkauf (vgl. auch Art. 2 Abs. 1 lit. c) und das Leasing; es können aber auch andere Vertragstypen zugrunde liegen, wie z.B. Werkvertrag oder Pachtvertrag u.a[1255]. Durch den Bezug zum Verkauf als Leitbild wird der Eindruck erweckt, als würde ein Vertrieb im Rahmen einer vertraglichen Verbindung vorausgesetzt. Das ist nicht der Fall. Es kommt allein auf die kommerzielle Überlassung des Produkts an, nicht auf dessen rechtliche Einordnung[1256].

Der Normalfall einer Herstellung für den Vertrieb mit wirtschaftlichem **37** Zweck ist der entgeltliche Vertrieb. Ein wirtschaftlicher Zweck kann aber auch vorliegen, wenn ein Entgelt nicht verlangt werden soll. So wird man die unentgeltliche Überlassung von Produkten zu Werbezwecken (z.B. Werbegeschenke) durchaus als Überlassung zu einem wirtschaftlichen Zweck ansehen müssen, ebenso die Überlassung eines Produktes zu Test-

---

1251 Von Westphalen, in: Produkthaftungshandbuch, § 60 N 53.
1252 Rolland, N 120 zu § 1.
1253 Kullmann/Pfister, N 3602, 17. Dies sind allerdings seltene Fälle: Das Beispiel des tischlernden Vaters, der zunächst seinem Kind eine Freude machen will, dann aber das Produkt verkauft, um Entgelt zu erzielen, ist zwar nicht lebensfremd, aber man muss die Beweisprobleme im Auge behalten, weil es um den Nachweis „innerer Tatsachen" bezogen auf die Absicht, ein Entgelt zu erzielen, geht.
1254 Von Westphalen, in: Produkthaftungshandbuch, § 60 N 55.
1255 Hollmann, 2394.
1256 Von Westphalen, in: Produkthaftungshandbuch, § 60 N 56.

zwecken[1257]. Deshalb kann auch ein in Form einer Leihe überlassenes Produkt, sofern ein wirtschaftlicher Zusammenhang besteht, wirtschaftlichen Zwecken dienen, z.b. die leihweise Überlassung von Ausstellungsstükken[1258]. Es soll daher genügen, wenn die Überlassung eines Produkts mittelbar zur Gewinnerzielung verwendet wird. Ein typisches Beispiel hierfür sind die den Ärzten regelmässig zugehenden Arzneimittelmuster. Es kommt auch darauf an, ob die Absicht des Herstellers, ein Entgelt zu erzielen, zumindest mittelbar vorliegt, etwa um Folgeaufträge zu erhalten; oder eine Maschine wird dem Kunden teilweise zur Verfügung gestellt, bis die neubestellte Maschine installiert ist[1259].

38   Caritative Zwecke sind hingegen keine wirtschaftlichen Zwecke[1260]. Schenkt z.B. ein Unternehmen eine - fehlerhafte - Laboreinrichtung einer Schule, so greift unmittelbar Art. 5 Abs. 1 lit. c ein. Schadensfälle können dann nur nach Art. 41/55 OR geltend gemacht werden. Anders allerdings, wenn eine Schenkung anlässlich eines Firmenjubiläums geleistet wird: Liegen hier Kundenbeziehungen vor, die auf diese Weise „gepflegt" werden, so ist auch in diesem Fall eine mittelbare Ziel- und Zweckrichtung im Sinne von Art. 5 Abs. 1 lit. c gegeben; es kommt massgeblich darauf an, den Vorgang des Herstellens und Inverkehrbringens als Einheit zu betrachten[1261].

2.   Herstellung oder Vertrieb im Rahmen der beruflichen Tätigkeit

39   Anders als bei der ersten Voraussetzung wird bei der zweiten Voraussetzung des Art. 5 Abs. 1 lit. c darauf abgestellt, ob der Hersteller das Produkt objektiv im Rahmen seiner beruflichen Tätigkeit hergestellt oder vertrieben hat. Herstellung und Vertrieb sind als Alternative zu verstehen („oder"),

---

1257   Fellmann/von Büren-von Moos, N 329; Wagener, in: Unternehmenspraxis, N 295.

1258   So Rolland, N 121 zu § 1; von Westphalen, in: Produkthaftungshandbuch, § 60 N 58; a.A. Schmidt-Salzer/Hollmann, N 80 zu Art. 7.

1259   Nach von Westphalen, a.a.O., ist kein Grund ersichtlich, diesen Fall anders zu behandeln als die unentgeltliche Überlassung von Warenproben oder Mustern zu Testzwecken: Weder das eine noch das andere ist Ausdruck eines Mäzenatentums, sondern dient vielmehr der Verfestigung der Kundenbeziehung, ist also mittelbar auf einen wirtschaftlichen Zweck gerichtet; a.A. Schmidt-Salzer/Hollmann, N 79 zu Art. 7.

1260   Taschner/Frietsch, N 20 zu Art. 7.

1261   So von Westphalen, in: Produkthaftungshandbuch, § 60 N 59.

was bedeutet, dass der Haftungsausschluss bereits entfällt, wenn das eine oder andere Merkmal gegeben ist[1262].

Der Begriff „beruflich" umfasst alle Arten professioneller Betätigung. Er **40** steht im Gegensatz zu der nicht beruflichen oder privaten Tätigkeit. Es kann sich um eine Haupt- oder Nebentätigkeit handeln. Auf die Rechtsform der Betätigung kommt es nicht an, ebensowenig darauf, ob es sich um eine abhängige oder freiberufliche Tätigkeit handelt[1263]. Charakteristisch für eine berufliche Betätigung ist die Leistung gegen Entgelt[1264], wenn auch nicht vorausgesetzt werden kann, dass ein solches im konkreten Fall erzielt worden ist. Verteilt ein Hersteller z.B. von ihm hergestellte Werbegeschenke ohne Entgelt, so erfüllt er gleichwohl die Voraussetzung der beruflichen Herstellung und des beruflichen Vertriebs. In Ausnahmefällen sind auch berufliche Tätigkeiten vorstellbar, die allgemein ohne Entgelt verrichtet werden, wenn sie über eine blosse Liebhaberei hinausgehen. Die Professionalität muss sich auf die Tätigkeit des Herstellers beziehen, nicht auf seine Fähigkeiten. Es genügt deshalb nicht, dass der Hersteller seine berufliche Qualifikation zur Herstellung einer Sache nutzt, wenn dies nicht im Rahmen seiner beruflichen Tätigkeit sich vollzieht. Stellt z.B. der Hersteller von Werkzeugmaschinen eine Metallplastik für seinen privaten Bedarf her, ist der Herstellungsvorgang privat. Art. 5 Abs. 1 lit. c setzt nicht eine bestimmte Art der Fertigung voraus, insbesondere kommt es nicht darauf an, ob es sich um industrielle oder handwerkliche Fertigung handelt[1265].

Bei der zweiten Alternative des Art. 5 Abs. 1 lit. c ist vom professionellen **41** Vertrieb die Rede, während bei der Anspruchsgrundlage des Art. 1 Abs. 1 Satz 1 i.V.m. Art. 5 Abs. 1 lit. a das Gesetz auf das Inverkehrbringen des Produktes abstellt. Zwischen den Begriffen „Inverkehrbringen" und „Vertrieb" besteht in diesem Zusammenhang kein sachlicher Unterschied. Der Unterschied zwischen den beiden einander ergänzenden Entlastungsgründen liegt darin, dass in Art. 5 Abs. 1 lit. a der Hersteller von der Haftung freigestellt wird, weil das Produkt nicht willentlich aus seinem Machtbe-

---

1262 Taschner/Frietsch, N 21 zu Art. 7.
1263 Schmidt-Salzer/Hollmann, N 92 zu Art. 7.
1264 Taschner/Frietsch, N 21 zu Art. 7.
1265 Schmidt-Salzer/Hollmann, N 92 zu Art. 7.

reich gelangt ist, während für Art. 5 Abs. 1 lit. c die fehlende Professionalität des Inverkehrbringens massgebend ist[1266].

IV. Herstellung des Produkts nach verbindlich, hoheitlich erlassenen Vorschriften, Art. 5 Abs. 1 lit. d

42 Die Haftung des Herstellers ist ausgeschlossen, wenn dieser ein fehlerhaftes Produkt aufgrund von ihm verbindlich zu befolgenden hoheitlichen Vorschriften produziert hat[1267].

43 Mit dieser Bestimmung soll nach dem Willen des Gesetzgebers eine gerechte Lösung für die Fälle gefunden werden, in denen der Hersteller wegen hoheitlicher verbindlicher Vorgaben, die zum Produktfehler führen, sich in einer Zwangslage zwischen Gehorsam und Haftung befindet[1268]. Grosse Bedeutung wird diese Bestimmung in der Praxis nicht haben[1269].

44 Art. 5 Abs. 1 lit. d ist auf den ersten Blick dennoch eine eher ungewöhnliche rechtspolitische Lösung für einen Entlastungsbeweis. Geht er doch von der Situation aus, dass der Hersteller durch verbindliche Rechtsvorschriften gehalten ist, fehlerhafte Produkte herzustellen. Die Alternative, gar nicht zu produzieren, mutet das Gesetz dem Hersteller nicht zu. Es löst den Konflikt zu Lasten des Geschädigten. In aller Regel handelt es sich um Fehler, die unerkannt sind oder bei denen die Fehlerhaftigkeit umstritten ist. In Betracht kommen wohl in erster Linie Konstruktionsfehler[1270]. Dass Instruktions- und Fabrikationsfehler Folge gesetzlicher Vorgaben sein können, ist wenig wahrscheinlich, am ehesten noch bei Instruktionsfehlern, wenn z.B. durch Gesetz der Inhalt einer Warnung oder Gebrauchsanweisung vorgeschrieben würde, der bestimmten Produkten beizufügen wäre[1271]. Im Deliktsrecht gibt es nichts Entsprechendes. Doch würde man

---

[1266] Von Westphalen, in: Produkthaftungshandbuch, § 60 N 62.

[1267] Vgl. dazu die Zusatzbotschaft I, 427.

[1268] Taschner/Frietsch, N 83 zu § 1; vgl. auch Hollmann, 2394 ff.; Schmidt-Salzer/ Hollmann, N 93 zu Art. 7.

[1269] Kullmann/Pfister, N 3602, 17.

[1270] Taschner/Frietsch, N 27 zu Art. 7; Rolland, N 128 zu § 1.

[1271] Diverse Gesetze und deren Verordnungen statuieren in der Schweiz Instruktionspflichten: z.B. das BG betreffend die elektrischen Stark- und Schwachstromanlagen (SR 734.0) mit der VO über die Erstellung, den Betrieb und den Unterhalt von elektrischen Starkstromanlagen (Starkstromverordnung, SR 734.2); das BG über den Schutz der Gewässer gegen Verunreinigung (Gewässerschutzgesetz, SR 814.20) mit den Technischen Tankvorschriften (TTV, SR 814.226.211): Art. 8, 9,

wohl bei vergleichbaren Fallgestaltungen davon ausgehen, dass das Inverkehrbringen eines durch verbindliche hoheitliche Vorschriften fehlerhaften Produkts die Rechtswidrigkeit ausschlösse.

Die Entlastung des Herstellers tritt nur dann ein, wenn das Produkt zum **45** Zeitpunkt des Inverkehrbringens[1272] fehlerhaft war und der Fehler infolge dazu verbindlicher Rechtsvorschriften dem Produkt anhaftete. Damit ist nicht gemeint, dass der Hersteller entlastet ist, wenn er sich allgemein im Rahmen der Rechtsordnung hält[1273]. Es wird vielmehr vorausgesetzt, dass er nach Massgabe vorgegebener Rechtsvorschriften produziert hat und diese Rechtsvorschriften den Gegenstand der Produktion inhaltlich so vorgeschrieben haben, dass der Hersteller nur die Möglichkeit hatte, das Produkt wie vorgegeben herzustellen oder die Herstellung zu unterlassen. Das PrHG löst diesen Konflikt, in den der Hersteller gestellt wird, zu Lasten des geschädigten Produktbenutzers, ohne diesem einen spezifischen Ausgleich im Verhältnis zum eigentlichen Veranlasser dieser Situation zu geben.

1.   Anforderungen an die Vorschriften

Unter die Bestimmung des Art. 5 Abs. 1 lit. d fällt nicht jede hoheitliche **46** Einwirkung oder Vorgabe, welche die Produktion betrifft. Der Tatbestand kann nur durch eine Rechtsvorschrift erfüllt werden[1274]. Der Begriff der „hoheitlich erlassenen Vorschriften" ist nur dann erfüllt, wenn sie in Form eines Gesetzes oder einer Verordnung erlassen worden sind[1275]. Nicht darunter zu subsumieren sind alle allgemein oder in Einzelfällen ergehenden hoheitlichen Normen, die unter der Ebene eines materiellen Gesetzes anzusiedeln sind. Die Herstellung auf der Grundlage hoheitlicher Einzelakte führt damit nicht zum Ausschluss der Haftung. Verwaltungsakte (Erlasse

---

+ Anhänge 1, 3; die Luftreinhalteverordnung (LRV, SR 814.318.142.1): Anhang 3; die Lärmschutzverordnung (LSV, SR. 814.41): Art. 5; die Verordnung über den Strahlenschutz (SR 814.50): Art. 18, 68, + Anhang 8; das BG über den Verkehr mit Giften (Giftgesetz, SR 814.80): Art. 2, 36 II, 42-48 mit der Giftverordnung (SR 814.801): Art. 15 u.a.; vgl dazu Hess, Betriebsanleitungen, 63 ff. m.w.N.

[1272]   Zum Begriff N 2 zu Art. 5.

[1273]   Rolland, N 129 zu § 1.

[1274]   Taschner/Frietsch, N 84 zu § 1; a.A. Kullmann/Pfister, N 3600, 15.

[1275]   Von Westphalen, in: Produkthaftungshandbuch, § 60 N 66 m.w.N.

und Verfügungen) können, auch wenn sie für den Produktfehler ursächlich sind, nicht zum Wegfall der Haftung führen[1276].

47 Überbetriebliche Regelwerke, also die sogenannten technischen Normen[1277], sind keine Rechtsvorschriften[1278]. Diese werden von privatrechtlichen Organisationen[1279] aufgestellt und in Abständen fortgeschrieben. Sie werden auch nicht als Gewohnheitsrecht betrachtet, selbst wenn sie über längere Zeit Bestand gehabt haben[1280]. Auch die Sicherheitsstandards, die im Rahmen der technischen Regelwerke festgelegt werden, sind lediglich Verhaltensempfehlungen und keine Rechtsquellen. Sie werden auch nicht als Gewohnheitsrecht betrachtet, selbst wenn sie über einen längeren Zeitraum Bestand gehabt haben[1281].

2. Die Verbindlichkeit für den Hersteller

48 Die Entlastung des Herstellers setzt voraus, dass er das fehlerhafte Produkt aufgrund von Vorgaben normativer Art so herstellen musste, wie er es hergestellt hat. Der Begriff „verbindliche" bezieht sich nicht nur auf die Rechtsvorschriften als solche, sondern auch auf den Inhalt. Es ist nicht notwendig, dass die Rechtsvorschriften strafbewehrt sind oder mit sonstigen Sanktionen, etwa Bussgeld, für den Fall der Zuwiderhandlung versehen sind. Es genügt, dass der Hersteller bei abweichendem Verhalten ge-

---

1276 Taschner/Frietsch, N 86 zu § 1; Schmidt-Räntsch, 441 ff.; a.A. für Teilbereiche Kullmann/Pfister, N 3600, 15; Schmidt-Salzer/Hollmann, N 96 zu Art. 7;

1277 Beispielsweise der Schweizerischen Normenvereinigung (SNV), der International Organization for Standardization (ISO), des Deutschen Instituts für Normung (DIN) oder der American Society for Testing and Materials (ASTM); dazu instruktiv Brunner, technische Normen, 170 ff; einen guten Überblick über die Aufgaben nationaler und internationaler Normungsorganisationen und die Normaufstellung gibt Mohr, 11 ff.

1278 Feldges, 64; Taschner/Frietsch, N 88 zu § 1; Rolland, N 130 zu § 1; Schmidt-Salzer/Hollmann, N 97 zu Art. 7; BGH NJW 1984, 802; a.A. (eingeschränkt nach altem Recht) Brunner, technische Normen, 181 f.

1279 In der Schweiz von den zuständigen Verbänden und Vereinen wie z.B. SIA (Bauwesen); VSS (Strassenwesen); VSM (Maschinen-, Metall- und Kunststoffindustrie); BCI (Chemie); SEV (Elektrotechnik) u.a.; die Adressen der wichtigsten nationalen und europäischen Normenvereinigungen sind aufgelistet bei Hess, Betriebsanleitungen, 171 ff.

1280 Marburger, 339; a.A. (zum bisherigen Produzentenhaftungsrecht in der Schweiz) wohl Brunner, technische Normen, 181 f., unklar für den Ausblick auf die RL ders., 187.

1281 Marburger, a.a.O.

gen die Rechtsordnung verstossen würde[1282]. Zu denken wäre an gesetzliche Auflagen, bestimmten Naturprodukten Konservierungsmittel beizufügen, Trinkwasser mit Zusatzstoffen zu versehen oder Zahnpasta mit karieshemmenden Mitteln anzureichern. Dabei wäre allerdings Voraussetzung, dass die Beigaben nicht nur als unbedenklich zugelassen, sondern zwingend vorgeschrieben würden[1283].

Nicht verbindlich ist jede Vorschrift, die es letztlich dem Adressaten überlässt, abweichende Lösungen mit einem gleichen oder höherem Sicherheitsstandard zu verwirklichen. Dies gilt vor allem für die detaillierte Anordnung eines auszuführenden Mindestsicherheitsstandards. Gerade bei solchen Vorgaben kann der Adressat über diesen Stand hinausgehen; auch überlässt man es ihm in aller Regel, mit welcher Konstruktions- oder Herstellungsweise er die Anordnung erfüllen möchte[1284].   **49**

Der allgemein unabweisbare Charakter, der einer jeden Rechtsvorschrift innewohnt, darf auch nicht mit dem nach Art. 5 Abs. 1 lit. d geforderten Zwang verwechselt werden, wenn die Bestimmung eine pauschale Verwei-   **50**

[1282] Taschner/Frietsch, N 89 zu § 1. Denkbar wäre z.b. ein Fall, in dem die Angaben der Stoffverordnung (SR 814.013) im Anhang 4, 5 falsche Mengenbezeichnungen für Handelsdünger enthielten: Erlaubt ist z.b. ein Chromanteil von nicht mehr als 2000 g/t Trockensubstanz; schreibt die VO irrigerweise 3000 g ist der Handelsdünger gefährlich und damit fehlerhaft. Der Hersteller, der nach dieser Vorschrift seinem Trockendünger 3000 g/t Chrom zugegeben hat, kann sich nach Art. 5 Abs. 1 lit. d entlasten.

[1283] Der Regelungsbereich des PrHG endet mit dem Ausschluss der Haftung des Herstellers, wenn der Tatbestand des Art. 5 Abs. 1 lit. d erfüllt ist. Bedenklich erscheint allerdings, dass das Gesetz die Frage offen lässt, ob der Geschädigte in einem solchen Fall einen Anspruch gegen den Urheber der verbindlich hoheitlichen Vorschrift hat, die zu dem fehlerhaften Produkt führte, also gegen den Staat. Die Beantwortung der Frage richtet sich allgemein nach den Grundsätzen der Staatshaftung, die in diesem Fall zu beachten sind, im einzelnen allerdings - rechtspolitisch unbefriedigend - keinen Ersatzanspruch des Geschädigten vorsehen; vgl. zum deutschen Amtshaftungsanspruch nach § 839 BGB i.V.m. Art. 34 GG von Westphalen, in: Produkthaftungshandbuch, § 60 N 77 m.w.N., der in Übereinstimmung mit der h.L. einen derartigen Anspruch auch in Deutschland für kaum durchsetzbar hält.

[1284] Taschner/Frietsch, N 89 zu § 1, weisen auch noch darauf hin, dass die „Grundlegenden Sicherheitsanforderungen", die die EG zusammen mit dem zuständigen Ausschuss im Rahmen des „nouvelle approche" (ABl. EG vom 7. Mai 1985 Nr. C 136/1) festlegen, eben nur Mindeststandards beschreiben und daher zwangsläufig nicht als verbindliche Rechtsvorschriften zu qualifizieren sind.

sung auf einen Stand der Wissenschaft und Technik vorgibt[1285]. Das gilt insbesondere in bezug auf das für das Produktehaftpflichtrecht bedeutsame Gesetz über die Sicherheit von technischen Einrichtungen und Geräten (STEG)[1286]. Das Gesetz stellt in sehr allgemeiner Form Mindestanforderungen an die Sicherheit technischer Arbeitsmittel auf, es gibt aber keine inhaltlichen Vorgaben über die Herstellung von Produkten. In Art. 3 STEG enthält es sogar eine pauschale Verweisung auf „anerkannte Regeln der Technik". Im Normalfall ist zwar die Rechtsvorschrift als solche zwingend. Trotz der pauschalen Verweisung enthält sie in bezug auf den Produktgestaltungs- und Produktermessensspielraum meist aber nur ausfüllungsbedürftige unbestimmte Rechtsbegriffe. Diese gewollte Offenheit des Rechts ermöglicht die kontinuierliche Anpassung an den Wandel der Technik und Wissenschaft, ohne dass ständig Rechtsänderungen erforderlich wären[1287]. Ein Zwang in dem Sinne, dass konkrete Produktionsergebnisse oder Sachlösungen festgeschrieben sind, wird dadurch allerdings nicht ausgeübt. Es ist dem Hersteller weiterhin möglich, sein Produkt zu gestalten und fortzuentwickeln, wenn auch oft im Rahmen vorgegebener Grenzen (vgl. dazu Art. 4 ff STEG). Damit bleibt er aber auch weiterhin mit dem daraus resultierenden Risiko der Haftung belastet[1288].

51   Staatliche „Negativprüfungen", wie z.B. Bauartzulassungen, staatliche Genehmigungen[1289], Abnahmen durch die kantonalen Strassenverkehrsämter sind ebenfalls kein Grund, den Haftungsausschluss zu gewähren[1290]. In

---

[1285]   Vgl. Rolland, N 132 zu § 1.

[1286]   SR 819.1 vom 16.3.1976, STEG, geändert am 18.6.1993, BBl 1993 II 915.

[1287]   Dazu überzeugend Feldges, 63 f.

[1288]   Feldges, 64; Marburger, 97; Schmidt-Salzer/Hollmann, N 100 ff. zu Art. 7; Brunner, technische Normen, 174, fragt beispielsweise, ob nun die Genehmigung (oder Bezeichnung) der technischen Normen durch das Departement des Innern nach dem STEG ein Entlastungsgrund für den Hersteller darstelle; er lässt die Frage allerdings offen, m.E. im Ergebnis wohl für einen Entlastungsgrund zu bejahen, str.; Taschner/Frietsch, N 91 zu § 1, meinen dazu, dass dies nur ausnahmsweise gelten kann, wenn es durch eine starre oder statische Verweisung in der Rechtsvorschrift auf eine detaillierte technische Norm geschieht; dazu auch BGH NJW 1984, 802.

[1289]   Z.B. des Eidg. Starkstrominspektorats hinsichtlich zulassungspflichtiger Erzeugnisse nach Art. 19 der VO über elektrische Niederspannungserzeugnisse NEV vom 7.12.1992, SR 734.26.

[1290]   Taschner/Frietsch, N 93 zu § 1; a.A. Wagener, in: Unternehmenspraxis, N 307, der im Zusammenhang mit dem deutschen TÜV (Technischer Überwachungs Verdiesen Fällen wird durch hoheitliche Feststellung, selbst wenn diese zur Inbetriebnahme des Produkts zwingend erforderlich sein sollte, nur bestätigt, dass der Stand der Technik im erforderlichen Umfang eingehalten ist. Dem Hersteller bleibt es aber zum einen freigestellt, wie er diesen erforderlichen Standard erreicht; zum anderen kann er über den geforderten und attestierten Sicherheitsstandard hinaus seine Konstruktions- und Fabrikationsfreiheit nutzen[1291].

Der Entlastungsgrund steht in erster Linie dem tatsächlichen Hersteller zu.   **52**
Er ist aber grundsätzlich für jeden Hersteller anwendbar. In jedem Fall ist der Zeitpunkt des Inverkehrbringens[1292] zu berücksichtigen, der für den jeweiligen Hersteller gilt, da die Verbindlichkeit durch Rechtsvorschriften im Zeitpunkt des Inverkehrbringens vorliegen muss. Nur die zu dieser Zeit verbindlichen Rechtsvorschriften können bekannt sein und müssen beachtet werden, so dass es gerechtfertigt ist, an diesem Moment anzuknüpfen. Dies kann dazu führen, dass für den einzelnen Hersteller wegen unterschiedlicher Zeitpunkte bei einer Änderung der rechtlichen Situation verschiedenartige Rechtsvorschriften - auch haftungsrechtliche - massgebend sein können. Lag die zum Fehler verbindliche Rechtsvorschrift bei der tatsächlichen Herstellung noch nicht vor, so kann sie dem tatsächlichen Hersteller auch nicht zugute kommen, selbst wenn der nächste Hersteller in der Kette sich darauf wegen des zwischenzeitlichen Erlasses der Vorschrift wird berufen können. Dies gilt z.B. für den Importeur, obwohl er in dem für ihn geltenden Zeitpunkt des Inverkehrbringens jedenfalls die Konstruktion und die Fabrikation des Produkts nicht mehr beeinflussen kann. Dies muss hingenommen werden[1293]. Zu Gunsten des jeweiligen Herstellers kann zum einen unterstellt werden, dass die zwingende Rechtsvorschrift ihn von einem Teil seiner Herstellerverantwortung entlasten soll. Zum anderen ist die Bestimmung auf der Grundlage gesicherter Erkenntnisse auch im Interesse des Produktbenutzers oder Konsumenten erlassen worden. Stellt sie sich - weil fehlerverursachend - als falsch heraus, so ist es ge-

---

ein)-Abnahme oder anderen behördlichen Genehmigungen die Auffassung vertritt, dass sich gewisse Richtlinien soweit verdichten können, dass sie sehr wohl eine Entlastungsmöglichkeit des Herstellers darstellen; vgl. auch Pauli, 138 ff.

1291   Von Westphalen, in: Produkthaftungshandbuch, § 60 N 73.
1292   Zum Begriff N 3 zu Art. 5.
1293   So Taschner/Frietsch, N 95 zu § 1.

recht, nur den haftungsrechtlich aus der Zwangssituation zu entlassen, der ihrem Zwang rechtlich unterworfen war[1294].

3. Ausländische Rechtsvorschriften

53 Art. 5 Abs. 1 lit. d lässt offen, insoweit der RL folgend, ob es sich bei den verbindlichen Rechtsvorschriften um solche des Staates handelt, in dem das Produkt hergestellt worden ist oder um solche des Staates, in dem das Produkt vertrieben wird[1295].

54 Weil der Zweck des PrHG darauf angelegt ist, den Schutz der durch ein fehlerhaftes Produkt geschädigten Person sicherzustellen, spricht vieles dafür, den Anwendungsbereich von Art. 5 Abs. 1 lit. d auf solche „verbindlichen Rechtsvorschriften" zu begrenzen, die am Schadensort gelten[1296]. Würde man nämlich ausschliesslich auf das Herstellungsland abheben, so wäre zwar der Hersteller geschützt, weil er sich dann auf Art. 5 Abs. 1 lit. d mit Erfolg berufen könnte. Dieses Ergebnis ist jedoch nicht befriedigend, wenn und soweit das - fehlerhafte - Produkt mit Wissen und Wollen des Herstellers in ein anderes Land verbracht wurde, in welchem vergleichbare „verbindliche Rechtsvorschriften" nicht bestehen[1297]. Stellt man deshalb auf den Schutz des Geschädigten ab, so ist es verfehlt, die Bestimmung dahin auszulegen, dass es sich um inländische Rechtsvorschriften handeln müsse[1298].

V. Der Stand von Wissenschaft und Technik, Art. 5 Abs. 1 lit. e (Entwicklungsrisiko)

55 Die Haftung des Herstellers entfällt, wenn der vorhandene Fehler nach dem Stand von Wissenschaft und Technik in dem Zeitpunkt des Inverkehrbringens vom Hersteller nicht erkannt werden konnte.

1. Fehler im Sinne des Art. 4

56 Die Vorschrift geht davon aus, dass von dem Hersteller ein fehlerhaftes Produkt in den Verkehr gebracht worden ist. Vor diesem Hintergrund defi-

---

1294 Taschner/Frietsch, a.a.O.
1295 Rolland, N 135 zu § 1.
1296 Schlechtriem, VersR 1986, 1036 f.
1297 Rolland, a.a.O.
1298 So aber Rolland, a.a.O.

niert sie den Begriff des Entwicklungsfehlers[1299] oder des Entwicklungsrisikos[1300]. Der Haftungsausschluss hat ersichtlich den Entwicklungsfehler
im Auge[1301]. Ob man im Rahmen dieser Bestimmung zwischen einem Entwicklungsfehler einerseits und einer Entwicklungslücke andererseits unterscheiden soll, erscheint fraglich[1302]. Während ein Entwicklungsfehler nach
diesen Definitionskriterien die Grenzen der menschlichen Gefahrener-
kenntnis bezeichnet[1303], wird der Begriff der Entwicklungslücke dahin umschrieben, dass damit die Grenze der menschlichen Lösungsmöglichkeiten
für erkennbare Problembereiche eines Produkts angesprochen ist[1304]. Richtig ist, auf die eigenständige Kategorie der „Entwicklungslücke" zu verzichten, weil zum einen dieser Begriff sprachlich unscharf ist, und zum anderen sich im Hinblick auf die Entlastungsmöglichkeit nach Art. 5 Abs. 1
lit. e - bezogen auf den verfügbaren Stand von Wissenschaft und Technik -
die gleiche Problemstellung ergibt, wie beim Entwicklungsfehler, so dass
die verschuldensunabhängige Haftung nur dann eingreift, wenn und soweit
der Fehler des Produkts nach dem Stand der Wissenschaft und Technik -
bezogen auf den Zeitpunkt des Inverkehr-bringens - vermeidbar war oder
wenn doch zumindest - bezogen auf den Tatbestand der „Entwicklungslük-
ke" - im Zeitpunkt des Inverkehrbringens Sicherheitserwartungen im Sinne
von Art. 4 Abs. 1 vorlagen, die zu dem Ergebnis führten, dass eine Grenze
menschlicher Problemlösungsmöglichkeiten nicht akzeptiert, sondern wegen der Dominanz der Sicherheitserwartung ein Produktfehler bejaht wurde[1305]. Dass dabei strikt auf den Zeit-punkt des Inverkehrbringens abzustellen ist, ergibt sich bereits aus Art. 5 Abs. 1 lit. e.

[1299] Vgl. N 54 ff. zu Art. 4.
[1300] Schmidt-Salzer/Hollmann, N 107 ff. zu Art. 7; Taschner/Frietsch, N 98 zu § 1;
        Brüggemeier/Reich, 153; Hollmann, 2395; Taschner, NJW 1986, 615. Diese
        Wortformel ist die wörtliche Übersetzung des amerikanischen „liability for
        development risks". In demselben Zusammenhang wurde eine andere formelhafte
        Wendung gebraucht: „state of the art-defense". Die Bedeutung beider Begriffe in
        der amerikanischen Rechtspraxis war und ist unklar. Übersetzungen in andere
        europäische Sprachen wie „risques de developpement" trugen den unklaren Be-
        griff nur weiter. Er ist in Europa bisher in keinem gesetzlichen Text verwendet
        worden, Taschner/Frietsch, N 34 zu Art. 7.
[1301] Vgl. zur Definition N 56 zu Art. 4.
[1302] Hierzu Schmidt-Salzer/Hollmann, N 109 zu Art. 7. Vgl. auch N 58 zu Art. 4.
[1303] Schmidt-Salzer/Hollmann, N 108 f. zu Art. 7.
[1304] Taschner/Frietsch, N 100 zu § 1.
[1305] Dazu mit Beispielen Rolland, N 142 zu § 1.

2. Erkennbarkeit des Fehlers nach dem Stand der Wissenschaft und Technik

57 Massstab für die Frage, ob der Fehler erkennbar war, ist der „Stand der Wissenschaft und Technik". Der Begriff ist weder in der RL noch im PrHG definiert[1306]. Weder die Erwägungsgründe der RL noch die Zusatzbotschaft I zum Bundesbeschluss über die Produktehaftpflicht[1307] geben Anhaltspunkte für die Auslegung[1308]. Nach schweizerischem Recht werden unterschiedliche Begriffe verwendet, um den Standard im technischen oder naturwissenschaftlichen Bereich zu kennzeichnen, so z.b. durch den Begriff „anerkannte Regeln der Technik" des Art. 3 STEG[1309] bzw. Art. 3 Abs. 1 NEV[1310] oder „Stand der Wissenschaft und Technik" des Art. 10 Atomgesetz[1311]. Gängig ist die Betrachtung, dass der „Stand der Technik" , die in der Praxis der jeweiligen Branche bereits realisierten technischen Möglichkeiten betrifft, während der „Stand der Wissenschaft und Technik" umfassender auch wissenschaftlich-theoretische Erkenntnisse, die die technisch-naturwissenschaftliche Praxis noch nicht erreicht haben, einbezieht. So wird in dem Begriffspaar nicht nur der Standard, der in der Theorie vorliegenden Forschungsergebnisse der Technik gesehen, sondern er bezieht sich weiter auch auf Erkenntnisse anderer wissenschaftlicher Disziplinen als der Technik, so sind beispielsweise auf dem Gebiet der Atomenergie die Erkenntnisse der Physik, der Biologie, der Ökologie oder der Medizin notwendigerweise einzubeziehen[1312]. Dies ist zutreffend, steht doch der Massstab der Wissenschaft und Technik in Beziehung zum Fehler, der seinerseits nicht nur durch die Beschreibung seines technischen Zustands, sondern durch die Sicherheitserwartung der Allgemeinheit definiert wird, welche ein breites Bewertungsspektrum voraussetzt[1313].

[1306] Zur verwirrenden Begriffsvielfalt: Winckler, 2125 ff.

[1307] Zusatzbotschaft I, 427.

[1308] Diesen Umstand hält Borer, Fehlerbegriff, 270, für um so bedauerlicher, als der Begriff des Standes von Wissenschaft und Technik keineswegs gefestigt ist, sondern, seiner unterschiedlichen Interpretation wegen, eine Quelle häufiger Missverständnisse darstellt.

[1309] Vgl. N 50 zu Art. 5.

[1310] Vgl. N 51 zu Art. 5.

[1311] Vom 23.12.1959, SR 732.0.

[1312] Marburger, 165.

[1313] Vgl. dazu Taschner/Frietsch, N 101 zu § 1.

Für die Bewertung der Frage im Rahmen des PrHG ergibt sich daraus noch   **58**
nichts Abschliessendes. Der „Stand der Wissenschaft und Technik" ist ein
Rechtsbegriff[1314]. Es handelt sich nicht um die Beschreibung eines ausser-
rechtlichen Sachverhalts. Der Begriff ist der RL[1315] entnommen, also ge-
meinschaftsrechtlicher Natur. Eine aus dem nationalen Recht ableitbare Inhaltsbestimmung allgemeiner Art, die geeignet wäre, als Grundlage für
eine allgemeine Begriffsbestimmung zu dienen, ist nicht möglich[1316]. Die
Auslegung kann sich daher nur aus dem PrHG selbst ergeben[1317].

Der „Stand der Wissenschaft und Technik" ist Massstab für die Frage der   **59**
Erkennbarkeit des Fehlers zum Zeitpunkt des Inverkehrbringens des
Produkts, die zur Entlastung des Herstellers führt[1318]. Es handelt sich um
eine Ausnahme von der Regel, dass der Hersteller für vorhandene Fehler
ohne Verschulden einzutreten hat[1319]. Das erfordert einen strengen Massstab. Das PrHG bezweckt den Schutz des einzelnen vor fehlerhaften Produkten. In den Sanktionen gegen den Hersteller liegt auch ein präventiver
Zug, der einer Regionalisierung des Sicherheitsstandards entgegenwirken
soll. Eine Regionalisierung verbietet sich auch schon deshalb, weil das
PrHG von einem objektiven Sicherheitsstandard ausgeht. Für die Zwecke
des PrHG sind „Wissenschaft" und „Technik" einander ergänzende Kriterien[1320]. Aus welchen Bereichen im konkreten Fall die Erkenntnis über die
Beschaffenheit des Produkts vorzugsweise zu beziehen ist, hängt von der
Eigenart des Produkts ab. Die Frage, ob die Erkenntnisse praxisbezogen
sein müssen, ist für das PrHG nicht einheitlich zu beantworten. Auch dies
hängt von der Art des Produkts und der Art des Fehlers ab. Wenn nur pra-
xisbezogene Erkenntnisse die Fehlerhaftigkeit erkennbar machen, dann
sind sie vorauszusetzen. Für die praktische Handhabung der Regelung lassen sich demnach folgende Leitlinien ableiten:

Der Stand der „Wissenschaft und Technik" ist die Summe der Erkenntnis-   **60**
se, die zur umfassenden Beurteilung des produktbezogenen Fehlers vor-

---

1314 Vgl. zu den einzelnen Auslegungsfragen im Schweizer Recht Brunner, technische
Normen, 161 f.
1315 Art. 7 lit. e RL
1316 Zu denken wäre z.B. an Art. 3 Abs. 2 NEV: „Als anerkannte Regeln der Technik
gelten insbesondere die international harmonisierten Normen".
1317 Schmidt-Salzer/Hollmann, N 125 zu Art. 7.
1318 Vgl. auch die Zusatzbotschaft I, 427.
1319 Von Westphalen, in: Produkthaftungshandbuch, § 60 N 81.
1320 Taschner/Frietsch, N 103 zu § 1.

handen sind. Dabei ist auf die Erkenntnis sowohl der Wissenschaft als auch der Praxis zu rekurrieren, soweit diese zur Beurteilung der Frage ergiebig sind. Der Begriff ist objektiv zu verstehen. Das bedeutet, dass es nicht darauf ankommt, ob der Hersteller aufgrund seiner individuellen Situation nicht in der Lage war, den Anforderungen gerecht zu werden, z.B. aus wirtschaftlichen Gründen. Objektiv bedeutet zugleich im Grundsatz universell. Der Hersteller kann sich nicht auf regionale Erkenntnisse beschränken[1321]. Branchenüblichkeit begründet nicht den Stand der Wissenschaft und Technik, sie kann ihm jedoch entsprechen.

61 Die Erkenntnisse müssen gesichert sein. Das ist dann der Fall, wenn sie allgemein anerkannt sind. Allgemein anerkannt kann allerdings nur im Sinne einer sich durchgesetzten herrschenden Meinung verstanden werden. Dass Mindermeinungen[1322], Aussenseiteransichten völlig irrelevant sind, dürfte andererseits nicht überzeugen[1323]. Insbesondere bei Produkten, deren Verwendung mit sehr hohen Risiken verbunden ist, können vereinzelt Erkenntnisse, vor allem wenn sie praxiserhärtet sind, Anlass sein, den Stand der Wissenschaft und Technik zu relativieren. Bei hochgiftigen Produkten z.B. wird man erwarten müssen, dass der Hersteller auch Aussenseiteruntersuchungen über Nebenwirkungen nicht ignoriert[1324]. Die vorausgesetzten Erkenntnisse beziehen sich auf die Entdeckbarkeit des Fehlers, nicht auf die Herstellung des Produkts. Deshalb trifft die Überlegung, ob der mehr oder weniger stark spezialisierte Hersteller sich auf einen mehr oder weniger speziellen Stand der Wissenschaft und Technik beschränken kann[1325], nicht den Kern der Sache. Auch der stark spezialisierte Produzent muss unter Umständen z.B. zur Optimierung eines Kontrollsystems auf allge-meine Erkenntnisse von Wissenschaft und Technik zurückgreifen.

3.   Stand der Wissenschaft und Technik

62 Was den Grad der Anforderungen angeht, der dem Hersteller angesonnen wird, lässt sich ein konkretes Verhaltensmuster aus dem PrHG nicht ableiten. Dies hängt insbesondere auch von der Art des Produkts ab und seiner

---

[1321] Fellmann/von Büren-von Moos, N 343; Taschner/Frietsch, a.a.O.
[1322] Lorenz, CR 1987, 568.
[1323] Brüggemeier-Reich, 153.
[1324] Zu weitgehend Brüggemeier-Reich, 153.
[1325] Schmidt-Salzer/Hollmann, N 135 zu Art. 7.

Gefährlichkeit. Einen absoluten Standard gibt es nicht[1326] und bedarf einer individuellen Adaption. Man wird daher generell sagen können, dass der Hersteller dann von der Haftung befreit ist, wenn er sich mit der nötigen Sorgfalt im Rahmen des ihm Zumutbaren bemüht hat, alle erforderlichen und ihm zugänglichen Erkenntnisquellen zu erschliessen[1327].

Dies rechtfertigt es anzunehmen, dass der Hersteller nicht jeder noch so **63** obskuren Erkenntnisquelle nachgehen muss. Er genügt seiner Sorgfaltspflicht, wenn er die Ergebnisse wissenschaftlicher Kongresse und Publikationen verfolgt und sie für den eigenen Betrieb verwertet[1328], also unter Umständen auch experimentell tätig wird. Der Umfang der Bemühungen kann allerdings nicht allein davon abhängig gemacht werden, ob der Hersteller seine Produkte in die ganze Welt verteilt. Ebensowenig ist es von Bedeutung, ob es sich um ein grosses oder ein kleines Unternehmen handelt[1329], denn ein Hersteller darf Produkte nur herstellen, wenn er das Gefahrenpotential beherrscht. Der Hersteller genügt dem in Art. 5 Abs. 1 lit. e vorausgesetzten Standard, wenn er sich über technische und wissenschaftliche Entwicklungen auf dem laufenden hält. Das schliesst auch die Beschäftigung mit ausländischen, fremdsprachigen Quellen ein, zwingt jedoch nicht, jede unbedeutende oder wegen der Sprache nur schwer zu vermittelnde Erkenntnis zu verwerten[1330].

4. Weiterentwicklung des Stands von Wissenschaft und Technik

Massgebender Zeitpunkt für den Haftungsausschluss ist der Tag des Inver **64** kehrbringens desjenigen Produkts, das konkret den Schaden verursacht hat. Der Zeitpunkt des Schadenseintritts spielt insoweit keine Rolle[1331]. Dies ist allein schon deshalb verständlich, weil der Stand der Wissenschaft und

---

[1326] Taschner, PHI 1986, 54, meint, dass ein Hersteller nur dann im Sinne des Art. 5 Abs. 1 lit. e entlastet sei, wenn „niemand auf der Welt" den Fehler habe erkennen können; ablehnend auch Wagener, in: Produkthaftungshandbuch, N 315.

[1327] Reinelt, 86.

[1328] Taschner/Frietsch, N 103 zu § 1; dazu auch BGH VersR 1981, 1006 „Benomyl"; BGH VersR 1960, 1095 „Kühlanlage": „dies kann bei einem Unternehmen, welches seine Produkte in der ganzen Welt vertreibt, die Verfolgung der Ergebnisse wissenschaftlicher Kongresse und Fachveranstaltungen sowie die Auswertung des gesamten internationalen Fachschrifttums bedeuten".

[1329] Von Westphalen, in: Produkthaftungshandbuch, § 60 N 89.

[1330] Vgl. Rust, N 92 ff.

[1331] Von Westphalen, in: Produkthaftungshandbuch, § 60 N 90.

Technik in aller Regel kein plötzlich eintretendes Ereignis ist, sondern ein sich allmählich entwickelnder, auch dialektisch verlaufender Prozess. Mitunter dauert es einige Zeit, bis eine Innovation erkennbar wird[1332]. Die Bestimmung will daher den Hersteller eines Produktes, dessen Fehler im Zeitpunkt des Inverkehrbringens objektiv nicht erkennbar war, wegen eines Fortschritts von Wissenschaft und Technik in bezug auf diese Fehlererkennung schützen.

65 Eine andere Ebene ist der Fortschritt, also die Weiterentwicklung von Wissenschaft und Technik im Hinblick auf einen zeitlich späteren Produktionsvorgang. Eine Weiterentwicklung der Produktionsgrundlagen wird im allgemeinen zu generell verbesserten Produkten führen. Sie wird oft auch fortschrittlichere Möglichkeiten bieten, einen Fehler in Konstruktion, Fabrikation und Instruktion zu vermeiden. Dies darf aber nicht mit dem Bereich des Entwicklungsrisikos verwechselt werden, der den zu einem bestimmten Zeitpunkt vorhandenen, aber nicht entdeckbaren Fehler betrifft[1333]. Grundsätzlich kann davon ausgegangen werden, dass ein ehemals fehlerfrei in den Verkehr gebrachtes Produkt nicht allein deshalb fehlerhaft wird, weil ein verbessertes Produkt auf dem Markt ist, das alte Produkt wird dadurch nicht rückwirkend fehlerhaft[1334].

66 Eine Verantwortlichkeit des Herstellers wäre aber aus der Produktbeobachtungspflicht[1335] denkbar, die gegebenenfalls eine Warn- oder Rückrufaktion zur Folge haben kann[1336].

5. Prozessuales

67 Bei der Entlastungsmöglichkeit nach Art. 5 Abs. 1 lit. e dürfte der gerichtliche Nachweis des Herstellers, dass das Produkt zum Zeitpunkt des Inverkehrbringens nach dem Stand der Wissenschaft und Technik fehlerfrei war, nur sehr schwer zu führen sein. Daher ist zu empfehlen, schon bei der Entwicklung des Produkts die Verfolgung der einschlägigen Quellen zu dokumentieren. Ansonsten ist der Hersteller im Falle einer gerichtlichen

---

[1332] Vgl. dazu auch Borer, Fehlerbegriff, 271.

[1333] Taschner/Frietsch, N 106 zu § 1.

[1334] Rolland, N 142 zu § 1; Rust, N 211; das ergibt sich bereits aus Art. 4 Abs. 2; vgl. N 109 ff. zu Art. 4.

[1335] Vgl. N 42 ff. zu Art. 4.

[1336] Fellmann/von Büren-von Moos, N 345; Von Westphalen, in: Produkthaftungshandbuch, § 60 N 90.

Auseinandersetzung mehr noch als ohnehin schon auf die Fachkunde und die Objektivität von Sachverständigen angewiesen[1337].

6. Anwendungsbereich

Die Entlastungsmöglichkeit des Art. 5 Abs. 1 lit. e gilt für sämtliche Hersteller im Sinne des PrHG. Da der Zeitpunkt des Inverkehrbringens des Produkts und der zu dieser Zeit gültige Stand von Wissenschaft und Technik entscheidend ist, ergeben sich für den einzelnen Hersteller im Sinne des Art. 2 unterschiedliche Konsequenzen.   **68**

Für den Quasi-Hersteller, Importeur und Lieferanten bedeutet das, dass sie sich nur entlasten können, wenn das Produkt zu dem Zeitpunkt nach dem Stand der Wissenschaft und Technik fehlerfrei war, als sie es in den Verkehr gebracht haben. Diese Hersteller müssen sich also informieren, ob sich der Stand von Wissenschaft und Technik seit der Herstellung fortentwickelt hat[1338]   **69**

7. Prüfliste zu Art. 5 Abs. 1 lit. e

Für die Anwendung der zur RL niedergelegten - und mit Art. 5 Abs. 1 lit. e identischen - Regeln[1339] haben Taschner/Frietsch[1340] eine Prüfliste erstellt, die die einzelnen Voraussetzungen für den Entlastungsgrund des Entwicklungsrisikos nochmals nachvollzieht: **70**

„Es ist ein Schaden entstanden. Er wurde durch ein Produkt verursacht. Der Geschädigte verlangt vom Hersteller Ersatz. Was ist zu prüfen?   **71**

i.   Wann ist das Produkt in den Verkehr gebracht worden?

ii. Hatte das Produkt zu dieser Zeit schon die Eigenschaft, die den Schaden verursachte?

- wenn nein: Kein Anspruch.

- wenn ja: Fortsetzung unter iii.

iii. Entsprach diese Produkteigenschaft den Sicherheitserwartungen, die die Allgemeinheit zu jener Zeit berechtigterweise erwartet?

- wenn ja: Produkt nicht fehlerhaft, kein Anspruch.

[1337]   Dazu Taschner/Frietsch, N 46 zu Art. 7.
[1338]   Taschner/Frietsch, N 107 zu § 1.
[1339]   Art. 7 lit. e RL.
[1340]   Taschner/Frietsch, N 52 zu Art. 7.

- wenn nein: Produkt fehlerhaft, Fortsetzung unter iv.

iv. War die Fehlerhaftigkeit nach dem damaligen Stand von Wissenschaft und Technik erkennbar, weil Wissenschaft und Technik damals objektiv die Möglichkeit zur Erkenntnis boten (die wissenschaftliche und technische Erkenntnismöglichkeit des in Anspruch genommenen Herstellers ist irrelevant)?

- wenn nein: Hersteller entlastet, kein Anspruch.
- wenn ja: Anspruch."

VI. Herstellung des Produkts nach Vorgabe und Anleitung, Art. 5 Abs. 2

72   Der Hersteller eines Teilproduktes und Grundstoffes wird von der Haftung befreit, wenn der Fehler erst durch die Konstruktion des Produkts, in welches das Teilprodukt eingebaut wurde (1. Alt.), oder durch die Anleitung des Herstellers des Endprodukts verursacht worden ist (2. Alt.).

73   Art. 5 Abs. 2 bietet für den genannten Herstellerkreis eine zusätzliche Entlastungsmöglichkeit. Dabei entsprechen der Begriff des Teilprodukteherstellers und Herstellers eines Grundstoffes der Regelung des Art. 2 Abs. 1 lit. a[1341].

74   Art. 5 Abs. 2 ist keine abschliessende Sonderregelung des Haftungsausschlusses für den Teilhersteller und den Hersteller eines Grundstoffes. Das folgt bereits aus dem Wort „ferner" im Eingangssatz der Vorschrift und bedeutet, dass der Teilhersteller und der Hersteller eines Grundstoffes sich auch auf die Haftungsausschlussgründe des Art. 1 Abs. 1 lit. b und Art. 5 Abs. 1 berufen können[1342].

75   Hintergrund dieser Regelung ist die Erkenntnis, dass die in Art. 5 Abs. 2 genannten Hersteller oft keinen Einfluss auf die konkrete Verwendung ihres zugelieferten Teils im Folgeprodukt haben oder als Zulieferer teilweise nach Vorgaben des Folge-Herstellers produzieren müssen[1343].

76   Es handelt sich um zwei Fälle: Ein Teilprodukt, das als solches nicht fehlerhaft war, als es von seinem Hersteller durch Lieferung an den Hersteller des Endprodukts in den Verkehr gebracht wurde, genügt den Anforderun-

---

[1341] So die Zusatzbotschaft I, 427.
[1342] Rolland, N 147a zu § 1.
[1343] Taschner/Frietsch, N 113 zu § 1.

gen nicht, denen es als Teil des Endprodukts ausgesetzt wird. Beispiel: Ein Druckventil mit einer ausgewiesenen Höchstbelastbarkeit von 2,2 atü wird in einen Dampfkessel eingebaut und einem Druck von 2,6 atü ausgesetzt. Zweites Beispiel: Der Hersteller des Endprodukts gibt dem Hersteller eines Teilprodukts genaue Anweisungen, dieses in einer ganz bestimmten Weise herzustellen, ohne ihn über die Funktion aufzuklären, die das Teilprodukt im Endprodukt haben soll. Der Konstrukteur einer Maschine bestellt ein in diese Maschine einzubauendes Teilstück mit genauer Spezifikation, verweigert dem Teilhersteller jedoch Angaben über das Endprodukt, damit über die Verwendung des Teilprodukts, um sein Betriebsgeheimnis zu wahren[1344].

Art. 5 Abs. 2 Alternative 1 entspricht bereits dem Grundmuster der Haftungsregelung des Art. 1 Abs. 1 Satz 1. Denn sie bedeutet nichts anderes als die Darstellung eines typischen, aber besonderen Falles, bei dem die Haftung deshalb ausgeschlossen ist, weil das Teilprodukt oder der Grundstoff zum Zeitpunkt des Inverkehrbringens nicht fehlerhaft war[1345].   **77**

Die zweite Alternative des Art. 5 Abs. 2 hat hingegen keine deklaratorische Bedeutung. Sie schliesst die Haftung des Teilherstellers aus, obwohl sein Produkt zum Zeitpunkt des Inverkehrbringens fehlerhaft ist. Damit erweist sich die Vorschrift als ein eigenständiger Haftungsausschlussgrund, der sich aus den allgemeinen Vorschriften des PrHG ableiten liesse[1346].   **78**

1. Fehlerhafte Konstruktion des Endprodukts, Art. 5 Abs. 2, Alternative 1

Die Entlastung des Teilherstellers tritt nur ein, wenn sein in Verkehr gebrachtes Produkt zu diesem Zeitpunkt, das ist in der Regel die Auslieferung an den Endhersteller, fehlerfrei war. Das ist unter anderem der Fall, wenn der Fehler des Endprodukts zurückzuführen ist auf dessen fehlerhafte Konstruktion. Gemeint ist, dass der Fehler ausschliesslich auf diese Kon-   **79**

[1344] Beispiele aus Taschner/Frietsch, N 53 zu Art. 7.

[1345] Schmidt-Salzer/Hollmann, N 151, 189 f. zu Art. 7; Taschner/Frietsch, N 55 zu Art. 7, halten die 1. Alternative des Art. 5 Abs. 2 daher für überflüssig, Rolland, N 148 zu § 1, sogar für irreführend, da sie den Eindruck erweckt, als führe jeder Konstruktionsfehler beim Endprodukt zum Haftungsausschluss des Teilherstellers, was nicht der Fall ist.

[1346] Schmidt-Salzer/Hollmann, N 151, 189 f. zu Art. 7.

struktion zurückzuführen ist[1347]. Hat jedoch das Teilprodukt einen Fehler und ist dieser für den Schaden ursächlich, dann entlastet dies den Teilhersteller auch dann nicht, wenn die fehlerhafte Konstruktion des Endprodukts mit zur Entstehung des Schadens beigetragen hat. Art. 5 Abs. 2 Alternative 1 befasst sich im wesentlichen mit der Verletzung einer Instruktionspflicht, die zur fehlerhaften Konstruktion des Endprodukts führt[1348]. Allerdings ist im Verhältnis Endhersteller-Teilhersteller nicht immer klar erkennbar, unter welchen Voraussetzungen eine Pflicht zur Instruktion anzunehmen ist, deren Verletzung das Teilprodukt fehlerhaft macht. Das hängt damit zusammen, dass Instruktionsfehler in aller Regel nicht dem Produkt selbst anhaften. Das Produkt ist für sich gesehen einwandfrei. Bedarf es zu seiner gefahrlosen Einrichtung oder Verwendung einer Anleitung oder einer Gebrauchsanweisung, dann wird das Produkt fehlerhaft, wenn diese Anleitung oder Gebrauchsanweisung dem Produktverwender nicht zur Verfügung gestellt wird oder wenn sie unzureichend ist. Dasselbe gilt im Hinblick auf die gebotene Warnung bei gefährlichen Produkten. So hat der Hersteller eines für die Möbelindustrie bestimmten Klebers auf etwaige Explosionsgefahren hinzuweisen[1349], der Hersteller von Bremsen oder Ventilen auf die Grenze ihrer Leistungsfähigkeit.

80   Hat der Hersteller eines Teilprodukts nach dem Inverkehrbringen seines Teilprodukts Kenntnis erhalten, dass es vom Hersteller des Endprodukts sachwidrig verwendet wird, so dass ein fehlerhaftes Endprodukt entsteht, hängt seine Haftung davon ab, ob nach dem PrHG nachwirkende Pflichten erwachsen, die, ähnlich den Produktbeobachtungspflichten des deliktischen Haftungsrechts, im Falle ihrer Verletzung haftungsbegründend sein können[1350]. Soweit es im Zusammenhang mit der Frage des Haftungsausschlusses darauf ankommt, ob der Hersteller des Teilprodukts die beabsichtigte Verwendung seines Produkts kennt, ist darauf abzustellen, ob im Bereich des Teilherstellers die für die Herstellung oder den Absatz Verant-

---

1347 Aus diesem Grund ergibt sich bereits, dass es sich bei dem Teilhersteller „entlastenden" Fehler in beiden Alternativen nur um einen Konstruktionsfehler handeln kann, so Taschner/Frietsch, N 54 zu Art. 7; Fellmann/von Büren-von Moos, N 350.

1348 Taschner/Frietsch, N 123 zu § 1.

1349 BGH NJW 1968, 1622 „Klebstoff"; Taschner/Frietsch, N 122 zu § 1; siehe auch Schmidt-Salzer/Hollmann, N 157 zu Art. 7 - Verwendbarkeitsempfehlungen oder anwendungstechnische Beratung.

1350 Taschner/Frietsch, N 121 zu § 1.

wortlichen die vorausgesetzte Kenntnis hatten. Nicht jedes zufällige Wissen eines Mitarbeiters des Teilherstellers ist ausreichend[1351].

2. Herstellung nach Anleitung, Art. 5 Abs. 2, Alternative 2

Bei dieser Bestimmung handelt es sich um einen selbständigen Haftungs-   **81**
ausschlussgrund. Ausschlaggebend für die Regelung ist die Erkenntnis,
dass in einem arbeitsteiligen Herstellungsprozess die Herstellung und die
Sachherrschaft über den Herstellungsgegenstand nicht immer zusammen-
fallen[1352]. Daher soll die Verantwortung für die Fehlerhaftigkeit des Produkts nicht demjenigen angelastet werden, der als reines Vollzugsorgan
keinen Einfluss auf die Art und Weise des konstruktiven Entstehens des
Produkts hat. Das bedeutet allerdings nicht, dass die „Anleitung" des Herstellers des Endprodukts als Freibrief anzusehen ist, die den Hersteller des
Teilprodukts schon deshalb entlastet, weil sie ihm gegeben worden ist. Daher ist zu unterscheiden: Ist das Teilprodukt für sich gesehen ohne Fehler
und lediglich für den konkreten Zweck fehlerhaft, ist der Teilhersteller
schon nach Art. 5 Abs. 1 lit. b bzw. nach Art. 5 Abs. 2 Alternative 1 entlastet, wenn nicht ein besonderer Anlass für Hinweise auf die Grenzen der
Verwendungsfähigkeit besteht. Der eigentliche Anwendungsfall des Art. 5
Abs. 2 Alternative 2 liegt erst vor, wenn der Teilhersteller ein Produkt herstellt, das für sich gesehen fehlerhaft ist, weil die (konstruktiven) Anleitungen des Herstellers des Endprodukts zur Herstellung des Teilprodukts
mangelhaft waren.

Eine Anleitung im Sinne des PrHG ist die bindende konstruktive oder her-   **82**
stellungsbezogene Weisung, die der Folge-Hersteller aufgrund seiner Ge-
samtkonzeption dem Zulieferer gemacht und ihm gegenüber durchgesetzt
hat. Im weiteren Sinne vergleichbar ist eine solche Anleitung mit dem
Zwang zum Fehler im Rahmen des Art. 5 Abs. 1 lit. d[1353]. Der zwingende
Moment beruht hier nicht auf einer hoheitlichen Rechtsvorschrift, sondern
ergibt sich durch den Vollzug einer privatrechtlichen Bestimmung.

Kennzeichnen lässt sich die „Anleitung"[1354] durch folgende zwei Abgren-   **83**
zungskriterien: Zum einen kann es sich um die Auftragsfertigung nach dem

---

1351 Schmidt-Salzer/Hollmann, N 158 ff. zu Art 7.
1352 Taschner/Frietsch, N 124 zu § 1.
1353 Vgl. N 42 ff. zu Art. 5; Taschner/Frietsch, N 126 zu § 1.
1354 Nach Wagener, in: Unternehmenspraxis, N 328, kommen neben einer ausdrück-
      lichen schriftlichen oder mündlichen Anleitung traditioneller Art auch Vorgaben

detaillierten Konstruktions- oder Herstellungsplan des Kunden (z.B. Herstellung einer Schraube mit bestimmter Windung und speziellem Schraubkopf unter Verwendung bestimmter Materialien nach den zur Verfügung gestellten Planangaben) handeln. Andererseits ist die Produktion im Rahmen der Vorgabe eines konkretisierten Produktionsziels, soweit dem Zulieferer die erforderliche Ausführung zur Erreichung des Ziels freigestellt ist (z.B. Bestellung von Schrauben unter Angabe einzuhaltender Qualitätsanforderungen oder unter Hinweis auf einen bestimmten Verwendungszweck) nicht aufgrund einer Anleitung erfolgt. Es ist leicht nachvollziehbar, dass es danach zu verschiedenen Konstellationen kommen kann. Bei der Einordnung ist jedoch zu beachten, dass der Zulieferer nach dem PrHG für den Fehler eines vom Auftraggeber vorgegebenen zwingenden Rahmens nicht verantwortlich sein soll, obwohl der Fehler sich im Produkt des Zulieferers realisiert[1355].

84 Der Teilehersteller ist nicht verpflichtet, die „Anleitung" auf ihre sachliche Richtigkeit zu überprüfen. Er braucht demnach grundsätzlich die konstruktiven Merkmale der Herstellung des ihm aufgegebenen Produkts nicht nachzuvollziehen[1356]. Anders können die Verhältnisse liegen, wenn er eine besondere Sachkunde auf diesem Gebiet hat und die Fehlerhaftigkeit sich aufdrängt. Massstab hierfür sind die allgemeinen Sicherheitserwartungen des Art. 4 Abs. 1[1357].

85 Weitergehende Pflichten, z.B. die Einstellung der Herstellung oder Auslieferung des fehlerhaften Teilprodukts, können dem Teilhersteller erwachsen, wenn mit der weiteren Verwendung des Teilprodukts erkennbar nicht unbeträchtliche Gefahren verbunden sind[1358].

3. Beweislastfragen für den Haftungsausschluss nach Art. 5 Abs. 2.

86 Grundsätzlich trifft für die besonderen Haftungsausschlussmöglichkeiten des Art. 5 Abs. 2 die Beweislast den Hersteller[1359]. Dieser Beweis kann

---

in Betracht, die mittels moderner Datentechnik, z.B. durch Datenträgeraustausch oder durch Datenfernübertragung, übermittelt wurden. Hier empfiehlt es sich, mögliche Haftungsfragen vertraglich zu regeln.

[1355] So Taschner/Frietsch, N 127 zu § 1.
[1356] Rolland, N 159 zu § 1.
[1357] Schlechtriem, VersR 1986, 1044.
[1358] Rolland, N 159 zu § 1.
[1359] Taschner/Frietsch, N 130 zu § 1.

durch jeden Produzenten geführt werden, der mit einem Anspruch des Geschädigten konfrontiert ist. In der Praxis wird damit primär der Hersteller des zugelieferten Teils angesprochen sein, da letztlich nur ihm diese Entlastungsmöglichkeit zugute kommen wird. Für den Folge-Hersteller kann diese Beweisführung keinen Ausschluss seiner Haftung bringen. Bei beiden Alternativen des Art. 5 Abs. 2 ist das Folgeprodukt fehlerhaft, und damit die Haftung dieses Herstellers in aller Regel auch bei einem Nachweis der Tatbestandsmerkmale des Art. 5 Abs. 2 gegeben[1360].

Bevor die Beweisführungspflicht des Zulieferers beginnt, hat im Streitfall **87** zunächst der Geschädigte zu beweisen, dass der in Anspruch genommene Zulieferer der Hersteller des schadensverursachenden Teilprodukts oder Grundstoffs ist. Hinzu kommt der vom Geschädigten ebenfalls vorab zu führende Beweis des Fehlers in bezug auf das zugelieferte Produkt selbst und dessen Ursächlichkeit für den Schaden. Diese Beweisführung kann sich ausschliesslich auf einen Fehler des Teilprodukts oder Grundstoffs - also unabhängig vom Folgeprodukt - beziehen. Es kann aber auch nachgewiesen werden, dass das zugelieferte Produkt bei einer Gesamtschau nach Funktion und Wirkungsweise in Verbindung mit dem Folgeprodukt als fehlerhaft bewertet werden muss. Erst wenn all dies geklärt ist, setzt die Darlegungs- und Beweislast des Zulieferers ein[1361].

Im Falle des Art. 5 Abs. 2 Alternative 1 muss der Zulieferer beweisen, dass **88** sein Produkt im Zeitpunkt seines Inverkehrbringens, also bei Auslieferung an den Folge-Hersteller, als solches fehlerfrei war. Dieser Beweis ist als ausreichend zu betrachten[1362].

Im Falle des Art. 5 Abs. 2 Alternative 2 ist zu beweisen, dass der schaden- **89** ursächliche Fehler des zugelieferten Produkts durch die Anleitung des Folge-Herstellers entstanden ist. Dabei kann es keine Rolle spielen, ob das Zulieferprodukt wegen einer solchen Anleitung bereits bei der Auslieferung an den Weiterverarbeiter objektiv fehlerhaft war, oder ob es nur im Kontext mit dem Folgeprodukt als fehlerhaft anzusehen ist. Der Zulieferer hat hier nicht nur die Existenz der Anleitung darzulegen, sondern auch den

---

[1360]   Schmidt-Salzer/Hollmann, N 179 zu Art. 7.
[1361]   Taschner/Frietsch, N 131 zu § 1.
[1362]   So mit weiteren Gründen Taschner/Frietsch, N 131 zu § 1.

Umstand, welchen Inhalt diese Anleitung hatte, und dass sie für ihn verbindlich war[1363].

4. Anwendung des Art. 5 Abs. 2 auf den Quasi-Hersteller, den Importeur und den haftenden Lieferanten

90   Vertreibt der Quasi-Hersteller Teilprodukte mit seinem Kennzeichen, dann
gilt er insofern als Hersteller, und zwar als Hersteller von Teilprodukten.
Er kann sich zu seiner Entlastung auf Art. 5 Abs. 1 berufen, d.h. er kann
darlegen, dass der Schaden nicht durch das von ihm vertriebene Produkt,
sondern durch die Konstruktion des Endprodukts verursacht worden ist,
desgleichen, dass das Produkt auf Anleitung des Endherstellers (vom
tatsächlichen) Hersteller geschaffen worden ist. Soweit es in diesem
Zusammenhang darauf ankommt, ob der Teilhersteller den Verwendungszweck des Teilprodukts kennt, kommt es in erster Linie auf die Kenntnis
des Quasi-Herstellers an. Ob die Unkenntnis des tatsächlichen Herstellers
dem Quasi-Hersteller zuzurechnen ist, ist zweifelhaft[1364].

91   Vertreibt der Quasi-Hersteller Produkte, in die Teilprodukte eingearbeitet
sind, dann gilt er als Hersteller eines Endprodukts. Er ist durch Art. 5
Abs. 2 nicht betroffen. Die für den Quasi-Hersteller geltenden Überlegungen sind in gleicher Weise für den haftenden Importeur massgebend[1365].

92   Soweit es um Art. 5 Abs. 2 Alternative 2 geht, kann die Regelung für den
Quasi-Hersteller und den Importeur, soweit sie dem Teilhersteller gleichgestellt sind, nur praktisch werden, wenn der Hersteller des Endprodukts
die vorausgesetzte Anleitung an den Quasi-Hersteller oder Importeur richtet.

93   Den Lieferanten trifft nur dann eine Einstandspflicht, wenn eine vorrangige
Herstellerhaftung überhaupt entstanden ist. Deshalb kann sich der Lieferant auf die in der Person des Teilherstellers begründeten Umstände, die
einen Haftungsausschluss zur Folge haben, berufen[1366].

[1363]   Taschner/Frietsch, a.a.O.; zu den betriebsorganisatorischen Folgen vgl. Schmidt-
Salzer/Hollmann, N 225 zu Art. 7.
[1364]   Rolland, N 164 zu § 1.
[1365]   Rolland, a.a.O.
[1366]   Rolland, a.a.O.

VII. Behauptungs- und Beweislast

In allen in den Art. 5 Abs. 1 lit. a - e aufgeführten Fällen geht das Gesetz **94**
von der Vermutung aus, dass kein Ausschlussgrund vorliegt. Der Gesetzgeber sieht es als den Regelfall an, dass der Hersteller das von ihm hergestellte Produkt in den Verkehr gebracht hat (lit. a), dass es in diesem Zeitpunkt fehlerhaft war (lit. b), dass es sich um ein für wirtschaftliche Zwecke
hergestelltes Produkt handelt (lit. c), dass dieses nicht nach verbindlichen,
hoheitlich erlassenen Vorschriften hergestellt wurde (lit. d), dass die Fehlerhaftigkeit nach dem Stand von Wissenschaft und Technik erkennbar war
(lit. e), und dass es sich bei einem Teilprodukt um ein ebenfalls von Anfang an fehlerhaftes Fabrikat gehandelt hat (Abs. 2).

Diese Ausgangslage führt dazu, dass es in den Fällen dem Hersteller ob- **95**
liegt, darzulegen und im Bestreitensfalle nachzuweisen, dass im konkreten
Fall eine Ausnahme von der Regel vorlag, als der Schaden eintrat[1367]. Gelingt ihm dieser Nachweis nicht, so trägt er die Beweislast in dem Sinne,
dass er die Folgen der Nichtbeweisbarkeit zu tragen hat: Er ist von seiner
Haftung nicht befreit[1368]. Welches Mass an Wahrscheinlichkeit nachzuweisen ist, um die Überzeugung des Richters von dem Vorliegen der Umstände zu bilden, die zum Ausschluss der Haftung führen, ist von Fall zu
Fall verschieden und wird überwiegend von objektiven Kriterien abhängen. Im Fall des Art. 5 Abs. 1 lit. b sind die Anforderungen an den Entlastungsbeweis bewusst streng formuliert, dass der Richter die Umstände des
Einzelfalls besonders sorgfältig zu prüfen hat[1369].

Es wird sicherlich eine geraume Zeit verstreichen, bis in der Praxis der **96**
Hersteller von den Möglichkeiten des Art. 5 Abs. 1 lit. a - e Gebrauch machen kann und wird. Es wurde zwar in der Schweiz schon bisher auf einem
sehr hohen Qualitäts- und Qualitätssicherungsniveau gearbeitet, mangeln
wird es aber an einer auch prozessual verwertbaren Dokumentation[1370].
Hier besteht sicherlich ein von der Rechtsprechung angemessen zu berück-
sichtigender Nachholbedarf.

[1367] Zusatzbotschaft I, 426.
[1368] Taschner/Frietsch, N 3 zu Art. 7; Zu den Beweislastfragen im Zusammenhang mit
        Art. 5 Abs. 2, vgl. Rolland, N 161 zu § 1.
[1369] Taschner/Frietsch, N 4 zu Art. 7.
[1370] Dazu Rust, N 47 ff.

Abschnitt 2
Selbstbehalt bei Sachschäden

Art. 6   Selbstbehalt bei Sachschäden

¹ Der Geschädigte muss Sachschäden bis zur Höhe von 900 Franken selber tragen.

² Der Bundesrat kann den Betrag gemäss Absatz 1 den veränderten Verhältnissen anpassen.

Art. 6   Franchise en cas de dommage matériel

¹ Le dommage causé à une ou à plusieurs choses doit être supporté par la victime jusqu'à concurrence de 900 francs.

² Le Conseil fédéral peut adapter aux circonstances nouvelles le montant prévu au 1er alinéa.

Art. 6   Franchigia in caso di danno materiale

¹ Il danno causato a uno o più beni fino a 900 franchi è a carico del danneggiato.

² Il Consiglio federale può adeguare alle nuove circostanze l'importo di cui al capoverso 1.

A. Allgemeines

1   In Anlehnung an Art. 9 lit. b der RL hat der Gesetzgeber auch in Art. 6 einen Selbstbehalt von 900 Franken bei Sachschäden vorgesehen. Die Berechtigung hierfür wird - analog den Erwägungsgründen Nr. 9 zur EG-Richtlinie[1371] - darin gesehen, dass im Rahmen der verschuldensunabhängigen Haftung die Inanspruchnahme des Herstellers auf gravierende Fälle beschränkt werden soll. Die Berechnung der Höhe dieses Betrages ergibt sich aus der Umrechnung der in der Richtlinie in Art. 9 lit b i.V.m. Art. 18 vorgesehenen unteren Grenze von 500 ECU an dem Tag, an dem die Richtlinie vom Rat der EG angenommen worden ist (25.7.1989)[1372].

2   Die Statuierung eines Selbstbehaltes ergänzt die bei Sachbeschädigung geltenden Haftungsbeschränkungen, welche in Art. 9 RL aufgeführt sind[1373]

[1371]   Ähnlich auch die Überlegungen des deutschen Bundesgesetzgebers, vgl. BT-Drucks. 11/2447, 24.
[1372]   Scheller, in: Unternehmenspraxis, N 360.
[1373]   Rolland, N 1 zu § 11.

(keine Haftung bei Schäden am Produkt selbst, Beschränkung der Haftung auf Schäden an „privaten" Sachen).

B. Selbstbehalt bei Sachschäden

Gemäss Abs. 1 muss der Geschädigte Sachschäden bis zur Höhe von 900   **3**
Franken selber tragen. Es handelt sich dabei um eine Haftungsuntergrenze, welche bei jedem Schadenereignis und bei jedem Geschädigten ein einziges Mal zum Tragen kommt, selbst wenn mehrere Sachen beschädigt sind[1374]. Liegt der Sachschaden des Geschädigten unter dieser Grenze, kann er einen solchen Anspruch nicht über das PrHG geltend machen, wohl aber gemäss anderer Haftungsgrundlagen (vgl. Art. 11 Abs. 2)[1375]. Übersteigt der Schaden diese Grenze (beträgt er z.B. Fr. 1'500.--), kann dem Geschädigten ein Schadensbetrag unter Abzug dieses Selbstbehaltes (somit also Fr. 1'500.-- abzüglich Fr. 900.--) zuerkannt werden[1376].

Eine Kürzung des Schadenersatzes um den Selbstbehalt bei einer Körper-   **4**
verletzung, welche jemand als Folge eines Produktfehlers erleidet, ist nicht vorgesehen. Zutreffend ist in diesem Zusammenhang der Standpunkt[1377], dass eine Sachbeschädigung, welche eine Körperverletzung nach sich zieht, nicht unter Art. 6 PrHG subsumiert werden kann. Begründet wird dies u.a. wie folgt: Auszugehen ist von einer Beschädigung eines Arzneimittels oder eines medizinischen Gerätes, welches zur Verletzung der körperlichen Integrität des Betroffenen führt. Liegt die Körperverletzung in einem solchen Fall im Rahmen kausaler Zurechnung, ausgehend von der Sachbeschädigung als Ursache, dann dürfte die Körperverletzung als primärer Schaden anzusehen sein und nicht als ein Faktor der Schadensberechnung bei der Sachbeschädigung. Die Haftungsbeschränkung gemäss Art. 6 hat demnach in diesem Fall nicht zu gelten.

Art. 6 Abs. 2 besagt, dass der Bundesrat den in Art. 6 Abs. 1 festgesetzten   **5**
Betrag den veränderten Verhältnissen anpassen kann. Dem Bundesrat wird

---

[1374] Vgl. dazu Zusatzbotschaft I, 427.

[1375] Z.B. Art. 41/55 OR; vgl. N 5 zu Art. 11.

[1376] Dies entspricht auch der zwingenden Vorgabe in der RL. Auf Anfrage eines Abgeordneten des Europäischen Parlaments hat die Kommission der EG dies erneut bestätigt und u.a. erklärt: „Überschreitet der Sachschaden die Selbstbeteiligung von 500 ECU, muss der Hersteller für den Gesamtschaden abzüglich der Selbstbeteiligung aufkommen" (Abl. EG vom 29. Mai 1989 Nr. C. 132/51).

[1377] Rolland, N 3 zu § 11.

damit die Möglichkeit eingeräumt, den wirtschaftlichen und monetären
Rahmenbedingungen Rechnung zu tragen[1378].

[1378] Diese Regelung entspricht Art. 18 Abs. 2 RL. Da die Inflation jede Wertangabe in
Ziffern aushöhlt, hat der Gemeinschaftsgesetzgeber in Abs. 2 diese Revisions-
klausel vorgesehen. Danach prüft er auf Vorschlag der EG-Kommission alle fünf
Jahre und ändert gegebenenfalls die in der Richtlinie festgelegten Beträge. Die
Vorschrift erlaubt lediglich eine Anpassung der Beträge an durch Inflation verän-
derte Wertrelationen, nicht eine Änderung der materiellrechtlichen Regelung, vgl.
Taschner/Frietsch, N 2 zu Art. 18; dazu Fellmann/von Büren-von Moos, N 129.

Kapitel 5
Solidarhaftung

Art. 7   Solidarhaftung

Sind für den Schaden, der durch ein fehlerhaftes Produkt verursacht worden ist, mehrere Personen ersatzpflichtig, so haften sie solidarisch.

Art. 7   Responsabilité solidaire

Lorsque plusieurs personnes répondent d'un dommage causé par un produit défectueux, ces personnes sont solidairement responsables.

Art. 7   Responsabilità solidale

Se più persone rispondono per un danno causato da un prodotto difettoso, sono responsabili solidalmente.

A. Wesen der Solidarhaft

Haften mehrere Schuldner für denselben Schaden solidarisch, so kann der Geschädigte von jedem von ihnen den Ersatz des ganzen Schadens verlangen, unabhängig davon, ob der betreffende Schuldner im internen Verhältnis zu den übrigen Solidarschuldnern überhaupt einen Teil des Schadens selber tragen müsste[1379]. Der Grundgedanke dieser Regelung ist, dass nicht der Geschädigte aus der Tatsache, dass der ihm entstandene Schaden durch Mehrere verursacht wurde, Nachteile tragen muss, indem er verschiedene Schädiger einzeln einklagen oder deren Beitrag zum Schaden gewichten müsste. Die damit begründete Gefahr, dass ein Solidarschuldner, welchen im Gegensatz zu den Mithaftenden nur ein leichtes oder gar kein Verschulden trifft, dem Geschädigten gegenüber vorläufig den ganzen Schaden tragen muss, wird dabei bewusst in Kauf genommen[1380]. **1**

Durch die Leistung eines Solidarschuldners werden die anderen von ihrer Leistung an den Geschädigten befreit, weshalb diesem aus der Solidarhaft keine Kumulation der Schadenersatzansprüche entsteht[1381]. Dies entspricht dem Grundsatz, dass ein Geschädigter aus der Entstehung eines Schadens keine Bereicherung erfahren dürfe. **2**

[1379] Brehm, N 36 zu Art. 50.
[1380] Merz, Obligationenrecht, 108 f; Kummer, ZBJ 1973, 142.
[1381] Brehm, N 37 zu Art. 50.

B. Die Entstehung der Solidarität

3 Solidarität entsteht durch Vertrag, in welchem die verschiedenen Schuldner sich zur solidarischen Haftung verpflichten, oder aufgrund des Gesetzes (Art. 143 OR).

4 Die Regelung der Haftung aufgrund unerlaubter Handlungen der Art. 41 ff. OR enthält zwei Bestimmungen, welche solidarische Haftung betreffen. Die erste ordnet solidarische Haftung für einen Schaden an, welcher gemeinsam verschuldet wurde (Art. 50 Abs. 1 OR). Gemäss bundesgerichtlicher Rechtsprechung wurde für gemeinsames Verschulden ein schuldhaftes Zusammenwirken der einzelnen Schädiger verlangt[1382].

5 Die zweite Bestimmung (Art. 51 Abs. 1 OR) sieht bei Haftung mehrerer Personen für denselben Schaden aus verschiedenen Rechtsgründen ein Rückgriffsrecht entsprechend Art. 50 Abs. 2 OR vor. Daraus folgt, dass auch zwischen mehreren Personen, welche aus verschiedenen Rechtsgründen für denselben Schaden haften, eine Anspruchskonkurrenz besteht, welche auch als unechte Solidarität bezeichnet wird.

6 Diese Unterscheidung wird von der neueren Lehre kritisiert. Art. 50 OR sei auf die Haftung mehrerer für einen Schaden anzuwenden, unabhängig davon, ob ihre Haftung sich aus verschiedenen Rechtsgründen ergebe oder sie je ein selbständiges Verschulden trifft[1383]. Zumindest eine analoge Anwendung von Art. 50 auf Art. 51 OR wird auch vom Bundesgericht befürwortet, sofern diese sachlich gerechtfertigt sei[1384].

I. Gesetzliche Grundlage

1. PrHG

7 Art. 7 schreibt solidarische Haftung derjenigen Personen vor, welche für einen Schaden, der durch ein fehlerhaftes Produkt verursacht wurde, ersatzpflichtig sind. Es stellt sich die Frage, ob sich diese Bestimmung auch auf Personen erstreckt, welche für den Schaden, der unter Beteiligung eines fehlerhaften Produktes entstanden ist, aus Vertrag oder unerlaubter

---

[1382] BGE 115 II 45.

[1383] Merz, Obligationenrecht, 104 (vgl. die Rezension durch Stark, SJZ 1985, 486); Brehm, N 21 ff. zu Art. 51 m.w.N., der sich selber nur für eine analoge Anwendung von Art. 50 OR ausspricht.

[1384] BGE 115 II 47.

Handlungen i.S. von Art. 41 ff. OR haften. Mit dieser weiten Auslegung der Formulierung wäre die Diskussion um echte und unechte Solidarität bei Mitverursachung eines Schadens im Zusammenhang mit einem fehlerhaften Produkt überholt. Das Problem des Verhältnisses der Art. 50 und 51 OR auf dem Wege der extensiven Auslegung von Art. 7 zu lösen geht aber meines Erachtens doch zu weit.

Das PrHG stellt ein Spezialgesetz im Bereich des Haftungsrechtes dar, in **8** welchem die Verantwortlichkeit für fehlerhafte Produkte geregelt wird. Es scheint daher problematisch für all jene, deren Haftung aufgrund der Art. 41 ff. entstand, die spezialgesetzliche Regelung anzuwenden, nur weil zufälligerweise ein fehlerhaftes Produkt eine Schadensursache gesetzt hat.

Ob der Gesetzgeber diese Auslegung beabsichtigte, muss bezweifelt wer- **9** den, sie würde aber der Tendenz, die Unterscheidung zwischen echter und unechter Solidarität zu überwinden[1385], entgegenkommen.

Das PrHG verwendet für die herstellende Person konsequent den Begriff **10** Hersteller respektive „Herstellerin". Ausgehend vom Wortlaut des Art. 7, der als einzige Bestimmung nicht von der „Herstellerin" spricht, müssten zumindest alle Personen, welche an der Entstehung des fehlerhaften Produktes mitgewirkt haben, solidarisch haften. Dies würde echte Solidarität zwischen Herstellern und Personen, welche den Fehler schuldhaft verursacht oder eine vertragliche Haftung für das fehlerhafte Produkt übernommen haben, bedeuten.

Die spezialgesetzliche Regelung betrifft deren eigene Haftung, indem sie **11** für die Fehlerhaftigkeit des Produktes verantwortlich sind, welche mittels PrHG bestimmt wird. So wäre ein Fall zu beurteilen, in welchem neben einem Hersteller auch eine aufgrund von Art. 41 ff. OR haftende Person ersatzpflichtig wird, deren Handlung gerade im Lichte des PrHG als widerrechtlich erscheint[1386].

[1385] Merz, Obligationenrecht, 102 ff.
[1386] Z.B. ein Händler, der in seiner eigenen Werbung zusätzliche Sicherheitserwartungen der Konsumenten weckt, könnte zwar nicht als Hersteller, aber doch aufgrund des PrHG haftpflichtig werden, da seine Präsentation Art. 4 Abs. 1 lit. a verletzte und somit widerrechtlich war.

2. Gemeinsames Verschulden

12 Wie bereits erwähnt, wurde zur Annahme echter Solidarität mehrerer aus Art. 41 ff. OR ersatzpflichtiger Personen vom Bundesgericht bisher nach wie vor ein gemeinsames Verschulden gefordert. Dies setzt ein bewusstes Zusammenwirken voraus[1387]. Bei Vorliegen voneinander unabhängiger Handlungen, welche zu demselben Schaden führen, bzw. mehrerer voneinander unabhängiger Haftpflichtiger aus demselben Rechtsgrund, liegt demgemäss lediglich Anspruchskonkurrenz vor, wobei die h.L. eine analoge Anwendung von Art. 51 OR befürwortet[1388].

II. Vertrag

1. Versicherungsvertrag

13 Verträge über Haftpflichtversicherungen räumen dem Geschädigten höchst selten ein direktes Forderungsrecht ein, welches sie solidarisch mit dem Versicherten haften lassen. Eine gesetzliche Ausnahme hierzu stellt die Motorfahrzeughaftpflichtversicherung dar, welche dem Geschädigten aufgrund von Art. 65 Abs. 1 SVG ein direktes Forderungsrecht gegen den Haftpflichtversicherer einräumt.

2. Lieferungsvertrag

14 Dass in Verträgen zwischen Herstellern und ihren eigenen Zulieferern oder zwischen Importeuren und deren Handelspartnern Solidarität für mögliche Drittschäden vereinbart wird, ist durchaus möglich. Sie würden je nach Ausgestaltung gegenüber dem Geschädigten eine vertragliche solidarische Haftung begründen, welche über den Anwendungsbereich des PrHG hinausgehen könnte.

3. Arbeitsvertrag

15 Die Haftung des Unternehmers für seine Hilfspersonen wird nach h.L. als vertragliche Haftung eingestuft[1389].

[1387] Brehm, N 7 zu Art. 50.
[1388] Brehm, N 95 zu Art. 51 m.w.N.; Fellmann/von Büren-von Moos, N 368.
[1389] Schaer, N 871 ff.; Keller/Gabi, 174.

C. Ausschluss persönlicher Herabsetzungsgründe

Dabei handelt es sich nicht um persönliche Einreden i.s. von Art. 145 Abs. **16** 1 OR, welche die Entstehung der Haftung an sich betreffen oder aber deren Untergang infolge Erlasses oder Verrechnung mit einer persönlichen Forderung des betreffenden Solidarschuldners gegenüber dem Gläubiger[1390].

Persönliche Herabsetzungsgründe i.s. von Art. 43 Abs. 1 und 44 Abs. 2 **17** OR, welche einem Schuldner alleine zustehen würden, können von Solidarschuldnern nicht vorgebracht werden[1391].

Der Ausschluss persönlicher Einreden wird von einem Teil der Lehre und **18** vom Bundesgericht grundsätzlich auch bei blosser Anspruchskonkurrenz i.s. von Art. 51 Abs. 1 OR bejaht[1392]. Allerdings werden bei besonderen Umständen Ausnahmen angenommen. So etwa, falls die Leistung des in Anspruch genommenen Solidarschuldners einem anderen Solidarschuldner zugute kommt, wie z.B bei Versicherungsleistungen an einen Ehegatten des Haftpflichtigen, von welchen letzterer ebenfalls profitieren würde[1393].

D. Rückgriff

Da das PrHG keine Regelung des Rückgriffes enthält, sind die Art. 50 und **19** 51 OR anwendbar (Art. 11). Die im externen Verhältnis bestehende Solidarität besteht im internen Verhältnis nicht mehr[1394]. Daraus folgt, dass der regressierende Ersatzleistende, gegen jeden der Mithaftpflichtigen einzeln vorgehen muss, welche alle ihren persönlichen Teil zu bezahlen haben.

I. Bei (echter) Solidarität

Aufgrund von Art. 149 Abs. 1 OR gehen die Rechte des Gläubigers durch **20** Subrogation auf den ihn befriedigenden Solidarschuldner über. Damit kann der betreffende Schuldner nicht nur aufgrund von Art. 50 Abs. 2 OR Regress für den seinen Haftungsanteil übersteigenden Betrag nehmen, sondern erhält auch die dem Gläubiger allenfalls zustehenden Nebenrechte,

---

1390 Schnyder, in: Privatrechtskommentar, N 3 zu Art. 145.
1391 Merz, Obligationenrecht, 106 f.
1392 Merz, Obligationenrecht, 108; Schnyder, in: Privatrechtskommentar, N 7 zu Art. 51.
1393 BGE 115 II 159 f.; Brehm, N 29 f. zu Art. 51.
1394 Brehm, N 60 zu Art. 50; Merz, Obligationenrecht, 113.

wie etwa ein direktes Forderungsrecht gegenüber einem Haftpflichtversicherer[1395]. Die Verjährung der subrogierten Forderungen beginnt in dem Zeitpunkt, in welchem der Geschädigte selbst Kenntnis der Haftungsgrundlage hatte und wird aufgrund von Art. 136 Abs. 1 OR durch Unterbrechungshandlungen des Geschädigten gegenüber allen Solidarschuldnern unterbrochen[1396]. Dem zahlenden Solidarschuldner steht aber ausser der Subrogation in die Ansprüche des Geschädigten ein selbständiges Recht auf Rückgriff aufgrund von Art. 148 Abs. 2 OR zu, welches erst im Zeitpunkt der Leistung entsteht[1397].

21 Die Regressquote bei Haftung aus gemeinsamen Verschulden wird vom Richter nach Ermessen bestimmt (Art. 50 Abs. 2 OR)[1398]. Sobald trotz verschiedener Rechtsgrundlage echte Solidarität vorliegt (z.B. bei zusätzlich begründeter vertraglichen Haftung) wird der Regress mittels Art. 51 Abs. 2 OR, genau gleich, wie wenn Art. 51 OR generell nur noch als Rückgriffsregel gesehen würde, bestimmt.

II. Bei Anspruchskonkurrenz (unechter Solidarität)

22 Bei Anspruchskonkurrenz regelt Art. 51 Abs. 2 OR den Rückgriff im Innenverhältnis der Solidarschuldner[1399].

23 Diese Rangfolge ist nicht absolut strikt, sondern kann durch richterliches Ermessen, welches durch den Verweis von Art. 51 Abs. 1 auf Art. 50 Abs. 2 OR auch hier zur Anwendung kommt, in Ausnahmefällen geändert werden[1400].

1. Kausalhaftpflichtiger Hersteller

24 Aufgrund der Regressregel von Art. 51 Abs. 2 OR steht dem kausalhaftpflichtigen Hersteller bei Leistung des ganzen Schadenersatzes an den Ge-

---

[1395] Schnyder, in: Privatrechtskommentar, N 10 zu Art. 50; Brehm, N 56 zu Art. 50, Keller/Gabi, 156.

[1396] Vgl. N 16 f. zu Art. 9.

[1397] Keller, 252; Oftinger, 355 f.; Schnyder, in: Privatrechtskommentar, N 3 zu Art. 148; Schaer, N 841; grundsätzlich gl.A. Spiro, Bd. I, 492. BGE 115 II 48 f. will den Regress allerdings nur zulassen, sofern der leistende Schuldner nicht grundlos zuwartete.

[1398] Brehm, N 57 zu Art. 50.

[1399] Kritik an dieser Regelung bei Schaer, N 842 ff.

[1400] Brehm, N 80 zu Art. 51; BGE 115 II 28.

schädigten ein Regress im vollen Umfang seiner Leistungen gegenüber dem aus Verschulden Haftpflichtigen zu[1401]. Nur wenn ein solcher nicht existiert oder insolvent ist, kann der Hersteller von dem aus Vertrag Haftenden den vollen Ersatz seiner Leistungen zurückverlangen[1402].

Sofern der Geschädigte von Anfang an seinen Anspruch gegenüber einem   **25** aus Verschulden oder aus Vertrag Haftenden geltend gemacht hatte, so haben diese ihrerseits kein Rückgriffsrecht auf den Hersteller[1403].

Gegenüber anderen Schadenersatzpflichtigen aus Kausal- oder Gefähr-   **26** dungshaftung kann der Hersteller anteilsmässig Regress nehmen[1404].

2. Hersteller mit zusätzlichem Verschulden

Erst wenn den Hersteller neben seiner Kausalhaftpflicht ein eigenes Ver-   **27** schulden trifft, kann er nur noch einen Teil seiner Leistung auf andere Haftpflichtige aus Verschulden und nichts vom vertraglich Haftenden, zurückfordern[1405].

Vertraglich Haftende[1406] haben grundsätzlich keinen Regressanspruch ge- **28** genüber dem Hersteller. Dies ändert sich jedoch, sofern diesen zusätzlich ein Verschulden trifft[1407]. Ausserhalb der Regelung von Art. 51 OR stehen Leistungen, welche aufgrund Verpflichtung erfolgen, ohne dass eine vertragliche Pflicht zur Schadenersatzleistung besteht[1408]. Der freiwillig Leistende hat für seine Leistungen kein Rückgriffsrecht auf die Schadener-

---

[1401] Einige Autoren möchten dem Kausalhaftpflichtigen auch die Wahl offen lassen, auf wen er Regress nehmen will, vgl. Brehm, N 90 zu Art. 51; Schnyder, in: Privatrechtskommentar, N 9 zu Art. 51.

[1402] Brehm, N 91 zu Art. 51 m.w.N.

[1403] Brehm, N 46 und 90 f. zu Art. 51; Schnyder, in: Privatrechtskommentar, N 11 zu Art. 51; Schaer, N 855 ff.

[1404] BGE 114 II 649, 116 II 649; Brehm, N 134 zu Art. 51. Im internen Verhältnis wäre eine Schlechterstellung des völlig verschuldensunabhängigen Gefährdungshaftpflichtigen gegenüber einem aus Sorgfaltspflichtverletzung haftenden Kausalhaftpflichtigen nicht zu rechtfertigen.

[1405] Keller/Gabi, 147; Brehm, N 55 zu Art. 51.

[1406] Z.B. der Installateur, welcher das fehlerhafte Produkt lieferte und anschloss.

[1407] Brunner, Vertragshaftung, N 323 f.; Keller/Gabi, 146.

[1408] Wie die Lohnfortzahlungspflicht des Arbeitgebers einzuordnen ist, ist umstritten. Brehm, N 59 zu Art. 51 und N 31 zu Art. 41, sieht nicht automatisch einen Schaden des Arbeitgebers infolge seiner Lohnfortzahlungspflicht. Betr. die Abgrenzung, ob vertragliche oder gesetzliche Leistungspflicht vgl. Schaer, N 876 ff.

satzpflichtigen, allerdings werden seine Leistungen bei der Berechnung des Schadens auch nicht berücksichtigt.

3. Versicherungen

a) Schadensversicherung

29 Der Regress von Schadensversicherungen, welche aufgrund einer vertraglichen Verpflichtung gegenüber dem Geschädigten diesem den Schaden ersetzt haben, wird durch Art. 72 VVG geregelt[1409]. Darin wird dem Schadensversicherer eine Subrogation in die Ersatzansprüche des Geschädigten gegenüber Dritten, welche aus unerlaubter Handlung haften, gewährt. H.L. und Rechtsprechung ergänzen diese Haftungsgrundlage des Dritten mit „schuldhaft", wodurch die Versicherung im Rahmen des Art. 51 Abs. 2 OR im Rang eines vertraglichen Ersatzpflichtigen steht[1410]. Allerdings soll er auf andere vertragliche Ersatzpflichtige nur ein Rückgriffsrecht haben, sofern diese ein schweres (vertragliches) Verschulden trifft[1411].

30 Von den Schadensversicherungen zu unterscheiden sind die Summenversicherungen, bei welchen sich eine Versicherungsgesellschaft verpflichtet, bei Eintritt eines bestimmten Ereignisses (Tod, Invalidität) eine bestimmte Summe auszuzahlen. Da der Summenversicherer sich vertraglich verpflichtete, seine Leistung unabhängig der Entstehung eines Schadens zu erbringen, gehört er nicht zum Kreis der Schadensersatzpflichtigen und hat gemäss Art. 96 VVG auch kein Regressrecht. Für den Geschädigten besteht daher in diesem Bereich Anspruchskumulation[1412].

b) Haftpflichtversicherung

31 Der Haftpflichtversicherer deckt das Risiko des Versicherten, für einen Schaden ersatzpflichtig zu werden. Art. 72 VVG wird analog auf die Haftpflichtversicherung angewendet, die Regressrechte des Versicherten gehen mittels Subrogation auf seinen leistenden Haftpflichtversicherer über[1413]. Der Haftpflichtversicherer nimmt im internen Verhältnis die gleiche Stel-

---

[1409] Keller, 176 ff.

[1410] Brehm, N 61 f. zu Art. 51 m.w.N.

[1411] Keller/Gabi, 156; Regressrecht gegenüber vertraglichen Ersatzpflichtigen wurde offengelassen in BGE 115 II 26.

[1412] Keller/Gabi, 155; Brehm, N 66 zu Art. 51.

[1413] BGE 116 II 647.

lung wie der Haftpflichtversicherte ein, d.h. sein Regressrecht im Rahmen von Art. 51 Abs. 2 OR hängt von dessen Rang ab[1414].

c)   Krankenkassen

Von der Ausgestaltung ihrer Statuten hängt ihre Leistungspflicht bei Dritt-   **32** haftung ab[1415]. Aufgrund der Ausgestaltung ihrer Leistungspflicht und den damit verbundenen Bedingungen (Abtretung der Ansprüche des Versicherten gegenüber Dritten) bestimmt sich auch ihr Regressrecht[1416].

Sofern dem Versicherten trotz statutarischer Subsidiaritätsklausel die Mög-   **33** lichkeit eingeräumt wird, die Kasse vorschussweise in Anspruch zu nehmen, besteht eine tatsächliche Anspruchskonkurrenz und damit wird sie als vertraglicher Ersatzpflichtiger im Rahmen von Art. 51 Abs. 2 OR behandelt[1417].

d)   Pensionskassen

Pensionskassen stellen eine Art der Schadensversicherung dar, weshalb sie   **34** der Regressrangordnung von Art. 51 Abs. 2 OR unterstehen[1418].

e)   Sozialversicherungen

AHV/IV, obligatorische Unfallversicherung und Militärversicherung haben   **35** aufgrund der jeweiligen Spezialgesetze eine Subrogation in die Ansprüche des Geschädigten, weshalb sie nicht der Regressordnung des Art. 51 Abs. 2 OR unterstehen[1419].

1414   BGE 116 II 648.
1415   Betr. die Grenzen der statutarischen Regelungsfreiheit vgl. BGE 114 V 171 ff.
1416   Brehm, N 67 zu Art. 51.
1417   Brehm, N 68 zu Art. 51, vgl. BGE 115 II 26.
1418   BGE 115 II 26; Schaer, N 884 ff.
1419   Brehm, N 70 zu Art. 51; Schaer, N 862.

Kapitel 6
Wegbedingung der Haftung

Art. 8   Wegbedingung der Haftung

Vereinbarungen, welche die Haftpflicht nach diesem Gesetz gegenüber dem Geschädigten beschränken oder wegbedingen, sind nichtig.

Art. 8 Exclusion de la responsabilité	Art. 8 Esclusione della responsabilità
Sont nulles les conventions qui limitent ou excluent au détriment de la victime la responsabilité civile résultant de la présente loi.	Sono nulle le convenzioni che limitano o sopprimono a svantaggio del danneggiato la responsabilità civile derivante dalla presente legge.

A. Normzweck

1   Das Ziel des PrHG ist, eine Kausalhaftung des Herstellers einzuführen, welche unabhängig irgendwelcher anderer Beziehungen zwischen dem Geschädigten und dem Hersteller besteht. Allenfalls besteht die Haftung aufgrund des PrHG alternativ zu einer vertraglichen Haftung[1420]. Gegenüber Dritten, welche keine Vertragspartner des Herstellers oder seiner Vertriebskette sind und das Produkt auch nicht benutzen, kann der Hersteller (oder sein Verteiler) keine vertragliche Haftungsbeschränkung erlangen[1421].

2   Ausser der Einführung der allgemeinen Kausalhaftung des Herstellers, bezweckt das PrHG speziell den Schutz der Konsumenten. Nur so ist die Beschränkung des Anwendungsbereiches des PrHG auf privat genutzte Sachen zu verstehen. Der Konsument soll auf diese Weise vor den immer undurchsichtigeren Gefahren der meist industriell erzeugten Waren geschützt werden. Deshalb soll er auch weder Tragweite noch Wirkung einer vorgeschlagenen Haftungsbeschränkung im Einzelfall überhaupt abschätzen müssen.

[1420]   BGE 117 II 269; Brunner, Vertragshaftung, N 106; Schnyder, in: Privatrechtskommentar, N 1 zu Art. 41.

[1421]   In diesem Fall wäre auch eine entsprechend gestaltete „Benutzungsanleitung" von vornherein unbeachtlich, vgl. Taschner/Frietsch, N 4 zu § 14.

B. Geltungsbereich

I. Haftpflicht aufgrund des PrHG

Haftungswegbedingungen sind nur im Bereich der Haftung aufgrund des **3** PrHG nichtig. Daraus folgt, dass nach wie vor Haftungsbeschränkungen möglich sind, deren Anwendungsbereich aber stark eingeschränkt wird. Einerseits ist eine Haftungsbeschränkung für Private, welche nicht im Rahmen einer geschäftlichen Tätigkeit etwas herstellen, sinnvoll[1422] und andererseits können Hersteller die Haftung für Schäden an gewerblich genutzten Sachen beschränken oder ganz wegbedingen, da auch dieser Bereich vom PrHG nicht erfasst wird.

Wurde eine Wegbedingung der Haftung vereinbart, der entstandene Scha- **4** den aber doch zum Teil vom PrHG erfasst, so ist die Wegbedingung lediglich teilnichtig, weshalb sie für den Schadenersatz, der nicht dem PrHG untersteht, gültig ist[1423].

Das PrHG räumt dem Geschädigten einen Anspruch auf Schadenersatz ein. **5** Eine Haftungsbeschränkung zwischen einem Teil- und einem Endhersteller könnte daher für das Innenverhältnis der beiden solidarisch haftenden Hersteller gültig erfolgen, da der Geschädigte durch die Ausgestaltung des Regresses zwischen diesen nicht mehr betroffen ist[1424].

II. Wegbedingung und Beschränkung

Die Haftpflicht gemäss PrHG kann weder wegbedungen noch beschränkt **6** werden. Sie darf also weder vollständig aufgehoben noch auf einen bestimmten Betrag von maximalem Schadenersatz beschränkt werden. Das Gesetz selbst führt eine minimale Grenze für Sachschäden ein, indem diese solange nicht vom PrHG erfasst werden sollen, als sie 900 Franken nicht erreichen[1425].

Da in diesem Bereich sowie bei Schäden an kommerziell genutzten Sachen **7** keine Kausalhaftung des Herstellers aufgrund des PrHG besteht, könnten Dritte nur noch im Rahmen von Art. 41 ff. OR direkt vom Hersteller Scha-

---

[1422] Welche auch konkludent vereinbart werden kann.
[1423] BGE 115 II 479, betr. eine quantitative Haftungsbeschränkung für von Art. 100 Abs. 1 OR nicht erfasstes leichtes Verschulden.
[1424] Taschner/Frietsch, N 10 ff. zu § 14.
[1425] Vgl. N 1 ff. zu Art. 6.

denersatz erlangen. Gegenüber Vertragspartnern wäre in diesem Bereich eine Beschränkung der vertraglichen Schadenersatzpflicht grundsätzlich möglich.

1. Vertragsrechtliche Grenzen der Haftungswegbedingung

8   Die vertragliche Wegbedingung der Haftung für rechtswidrige Absicht oder grobe Fahrlässigkeit ist nichtig (Art. 100 Abs. 1 OR). Diese Einschränkung der Privatautonomie wirkt nicht nur bei einer entsprechenden vertraglichen Haftung, sondern erfasst auch die allfällige ausservertragliche Haftungsbeschränkung[1426].

2. Wirkungen einer Haftungsbeschränkung

9   Ausserhalb des Geltungsbereiches von Art. 8 kann die Haftung gegenüber Vertragspartnern innerhalb der Schranken von Art. 100 Abs. 1 OR ganz wegbedungen oder beschränkt werden, wobei dies auch in Bezug auf die Schadenersatzpflicht im Rahmen von Art. 41 ff. OR Wirkung entfaltet. Eine Wegbedingung der Haftung bei leichter Fahrlässigkeit im Rahmen dieser Bestimmung wirkt sich nicht nur auf die vertragliche, sondern auch auf die deliktische Haftung gegenüber dem Vertragspartner aus[1427].

10 Gegenüber Dritten bleibt jedoch der Hersteller wegen Fehlens einer vertraglichen Haftungsbeschränkung in jedem Fall für jedes Verschulden i.S. von Art. 41 ff. OR bzw. Sorgfaltspflichtverletzung i.S. von Art. 55 OR haftpflichtig.

3. Umgehung durch Rechtswahl

11 Es bleibt zu prüfen, ob Ansprüche aus Produktehaftpflicht bei internationalen Sachverhalten mittels Rechtswahl einem anderen Recht unterstellt werden können.

12 Zwischen dem Hersteller und einem Dritten kann eine solche Rechtswahl nicht stattfinden, da zwischen ihnen keine vertraglichen Beziehungen bestehen.

[1426] BGE 115 II 479.
[1427] Wiegand, in: Privatrechtskommentar, N 3 zu Art. 100.

a) Akzessorietät des Vertragsstatuts

Vertragsparteien, welche ihren Vertrag einem bestimmten Recht unterstel-   **13**
len, bestimmen damit aufgrund der Akzessorietät grundsätzlich auch das
Recht für die damit im Zusammenhang stehenden deliktsrechtlichen Ansprüche (Art. 133 Abs. 3 IPRG)[1428].

b) Konsumentenverträge

Bei Sachschäden, welche dem PrHG unterstehen, werden vertragliche Be-   **14**
ziehungen zwischen dem Hersteller und dem Geschädigten meist Konsumentenverträge darstellen[1429]. Für diese Art der Verträge schliesst Art. 120
Abs. 2 IPRG eine Wahl des anwendbaren Rechts aus[1430].

Eine Umgehung des Verbotes der Haftungsbeschränkung auf dem Wege   **15**
der Rechtswahl in Konsumentenverträgen ist daher ausgeschlossen.

c) Verträge über nicht privat gebrauchte Produkte

Im Internationalen Verhältnis besteht bei diesen Verträgen grundsätzlich   **16**
keine Beschränkung der Rechtswahl. Es bleibt daher abzuklären, ob
Art. 135 IPRG betreffend das auf Produktemängel anwendbare Recht, eine
Ausnahme zum Prinzip der Akzessorietät darstellt.

Diese Frage ist zu bejahen, weshalb die Produkthaftpflicht nicht durch das   **17**
Vertragsstatut bestimmt wird, wodurch eine Rechtswahl die Anwendbarkeit des PrHG nicht ausschliessen kann[1431].

C. Abgrenzung zur Produktpräsentation

Die Produktpräsentation kann ihrerseits einen Fehler des Produktes darstel-   **18**
len oder aber die Sicherheitserwartungen der Benutzer und deren Verhalten
beeinflussen und übt daher einen direkten Einfluss auf die Fehlerhaftigkeit
des Produktes aus. Sie hat nicht primär zum Ziel, eine Haftung zu be-

---

[1428] Vgl. Syst.Teil N 237.
[1429] Ausnahmen sind denkbar, wenn das - für einen nicht privaten Zweck erworbene -
Produkt eine privat gebrauchte Sache, wie z.B. Kleidung oder eine Brille, beschädigt.
[1430] Vgl. Syst.Teil N 186.
[1431] Vgl. Syst. Teil N 237.

schränken, jedoch die Entstehung eines Schadens nach Möglichkeit zu verhindern[1432].

19   Abgrenzungsprobleme können sich allerdings ergeben, sofern die Produktpräsentation nicht die Vermeidung der Fehlerhaftigkeit durch Hinweis auf konkrete Gefahren beim Gebrauch des Produktes, sondern generelle Gefahrenhinweise oder Hinweise auf bereits bestehende Fehler enthalten und damit als einziges Ziel eine Haftungsbeschränkung verfolgen[1433].

20   Da eine Haftungsbeschränkung nichtig ist, können Produktpräsentationen nur insofern berücksichtigt werden, als sie für die Vermeidung eines Fehlers relevant sind[1434]. Diese Beurteilung wird oft von den konkreten Umständen bestimmt werden, je nach Benutzerkreis und dessen vorbestehenden, generellen Erwartungen und Erfahrungen, das Verteilnetz des Produktes und dem Weg der Information, der (technischen) Möglichkeiten und den damit verbundenen Erwartungen.

D. Nachträgliche Vereinbarungen

21   Das PrHG enthält im Gegensatz zu Art. 100 Abs. 1 OR keine Beschränkung auf im voraus vereinbarte Haftungsbegrenzungen. Es ist daher anzunehmen, dass Haftungsbeschränkungen generell nichtig sind. Es bliebe somit nur, einen eingetretenen Schaden im Rahmen eines aussergerichtlichen Vergleichs zu erledigen, in welchem der Haftungsumfang auf einen gewissen Betrag beschränkt wird.

[1432]   Vgl. N 65 ff. zu Art. 4.
[1433]   So kann etwa der Hinweis in der Beschreibung, die Inhaltsangaben seien unverbindlich, nicht die an und für sich schon bestehende Fehlerhaftigkeit der ungenauen Beschreibung kompensieren, Taschner/Frietsch, N 14 zu § 14.
[1434]   Roland, N 8 zu § 14.

Kapitel 7
Verjährung und Verwirkung

Abschnitt 1
Verjährung

Art. 9   Verjährung

Ansprüche nach diesem Gesetz verjähren drei Jahre nach dem Tag, an dem der Geschädigte Kenntnis vom Schaden, dem Fehler und von der Person der Herstellerin erlangt hat oder hätte erlangen müssen.

Art. 9   Prescription

Les prétentions en dommages-intérêts prévues par la présente loi prescrivent par trois ans à compter de la date à laquelle la victime a eu ou aurait dû avoir connaissance du dommage, du défaut et de l'identité du producteur.

Art. 9   Prescrizione

Le pretese di risarcimento derivanti dalla presente legge si prescrivono in tre anni a decorrere dal giorno in cui il danneggiato ha avuto o avrebbe dovuto avere conoscenza del danno, del difetto e dell'identità del produttore.

A. Kenntnis

Ansprüche aufgrund des vorliegenden Gesetzes unterliegen einer relativen Verjährung, welche durch die Kenntnis des Geschädigten ausgelöst wird. Im Vergleich zu den bisher im schweizerischen Obligationenrecht üblichen relativen Verjährungsfristen[1435] beträgt sie hier aber nicht ein sondern drei Jahre. Die zeitliche Ausdehnung der relativen Verjährung wird andererseits dadurch kompensiert, dass sie nicht erst bei tatsächlicher Kenntnis des Geschädigten sondern bereits im Zeitpunkt, in welchem er die einzelnen Voraussetzungen seines Schadenersatzanspruches hätte kennen müssen, beginnt.

1

[1435] So etwa bei Vertragsanfechtung (Art. 31 Abs. 2 OR), widerrechtlicher Schädigung (Art. 60 Abs. 1 OR), ungerechtfertigter Bereicherung (Art. 67, Abs. 1 OR) und Schenkung (251 Abs. 1 OR).

I. Kennen und Kennenmüssen

2   Kennenmüssen entspricht der fahrlässigen Unkenntnis der einzelnen Voraussetzungen des Schadenersatzanspruches[1436]. Vom Geschädigten wird somit die von den Umständen gebotene Aufmerksamkeit verlangt, ansonsten er sich nicht auf seine effektive Unkenntnis berufen kann, und die relative Verjährungsfrist trotzdem zu laufen beginnt. Die Kenntnis muss nachfolgende Aspekte erfassen.

II. Schaden

3   Der Geschädigte muss alle tatsächlichen Umstände kennen, welche geeignet sind, eine Klage zu veranlassen und zu begründen. Dies umfasst namentlich die Existenz, die Beschaffenheit und die wesentlichen Merkmale des Schadens[1437].

4   Hierzu muss auch die Kenntnis des möglichen Zusammenhangs zwischen dem verursachenden fehlerhaften Produkt und dem Schaden gehören, wobei Kenntnis/Kennenmüssen des natürlichen Kausalzusammenhanges genügt.

5   Sind die Auswirkungen der Schädigung noch nicht vollständig bekannt, weil der Umfang des Schadens[1438], namentlich der Grad einer Schädigung der Gesundheit, von der Entwicklung einer Situation abhängt, so beginnt die Verjährung erst nach Abschluss dieser Entwicklung[1439].

6   Grundsätzlich laufen, während ein schädigendes Ereignis andauert, keine Verjährungsfristen. Dies dürfte allerdings im Rahmen des PrHG nicht wesentlich sein, da die schädigende Handlung in der Inverkehrbringung des Produktes liegt, was eine fortgesetzte Handlung ausschliesst[1440].

[1436] Zäch, N 19 zu Art. 39; Koller, 46 N 167; BGE 116 II 692; Fellmann/von Büren-von Moos, N 386.

[1437] BGE 109 II 433.

[1438] Nicht aber dessen genau Bezifferung, welche u.U. nie erfolgen kann, da sich die Auswirkungen der Schädigungen auf die Zukunft stets nur geschätzt werden können, Brehm, N. 33 zu Art. 60.

[1439] BGE ,112 II 123; Brehm,, N 29 zu Art. 60.

[1440] 109 II 421; Acocella, SJZ 1990, 335.

III. Fehler

Die dreijährige, relative Verjährungsfrist beginnt bereits im Zeitpunkt zu **7**
laufen, in welchem der Geschädigte die Voraussetzungen seines Schadenersatzanspruches hätte kennen müssen. Es besteht insoweit eine Pflicht,
Anzeichen für ein fehlerhaftes Produkt nachzugehen, als der Geschädigte
sich nicht auf fahrlässige Unkenntnis des Fehlers berufen kann, sollte er
den Fehler effektiv erst drei Jahre nachdem der Fehler erkennbar gewesen
wäre, bemerken.

IV. Hersteller

Auch hier muss sich der Geschädigte nötigenfalls nach dem Hersteller **8**
erkundigen, um nicht Gefahr zu laufen, die Verjährungsfrist zu verpassen.
Da subsidiär auch der Lieferant schadenersatzpflichtig werden könnte
(Art. 2 Abs. 2), dürfte dieser ein grosses Interesse daran haben, die Nach-
forschungen seinerseits zu unterstützen.

Sollte der Lieferant trotzdem nicht innerhalb einer angemessenen Frist den **9**
Hersteller, den Importeur oder seinen eigenen Lieferanten nennen, so gilt
er erst ab diesem Zeitpunkt als Hersteller[1441]. Die relative Verjährungsfrist
ihm gegenüber beginnt daher auch erst zu laufen, nachdem feststeht, dass
er ersatzpflichtig ist.

B. Frist

I. Berechnung

Der Verlauf der Fristen für Klagen aus unerlaubter Handlung wird durch **10**
die allgemeinen Vorschriften über die Verjährung vertraglicher Ansprüche
geregelt (Art. 132 ff. OR)[1442].

Die Frist beginnt am Tage nachdem der Geschädigte die Voraussetzungen **11**
seines Anspruches hätte kennen müssen und endet am gleichen Tag des
gleichen Monats, drei Jahre später. Sollte dies einen Sonntag, allgemeinen
Feiertag oder einen Samstag treffen, so verlängert sich die Frist bis zum
folgenden Arbeitstag (Art. 132, 77, 78 OR, BG Fristenlauf an Samstagen).

[1441] Acocella, SJZ 1990, 337.
[1442] Brehm, N 6 zu Art. 60.

II. Stillstand

1. Unmöglichkeit der Geltendmachung

12   Die Geltendmachung vor einem schweizerischen Gericht darf nicht durch Umstände, welche in der Person des zur Geltendmachung der Ansprüche Berechtigten begründet sind, verunmöglicht werden[1443]. Da auch der Importeur als Hersteller gilt, spielt die Kontroverse, ob auch die Unmöglichkeit der Vollstreckung einer Urteilsforderung unter Art. 134 Abs. 1 Ziff. 6 OR subsumiert werden soll[1444], eine untergeordnete Rolle[1445]. Während einer richterlichen Sistierung, einer Rechtshängigkeitssperre[1446], oder der Erstellung einer gerichtlichen Expertise[1447] steht die Verjährung ebenfalls still.

13   Sobald aufgrund völkerrechtlicher Verträge mit Staaten des EWR-Raumes als Importeur i.S. von Art. 2 c gilt, wer die Waren in einen der Vertragsstaaten einführt, kommt wahrscheinlich[1448] auch das Lugano-Übereinkommen von 1988 zur Anwendung. Damit kann zwar immer noch in der Schweiz geklagt werden, sofern hier der Deliktsort liegt (Art. 5 Ziff. 3 LugÜ), aber die Vollstreckung müsste dann im Ausland erfolgen. Für diese ist gemäss Art. 26 Abs. 1 LugÜ kein besonderes Verfahren mehr notwendig[1449]. Die Diskussion, ob Art. 134 Abs. 1 Ziff. 6 OR neben der Unmöglichkeit der gerichtlichen Geltendmachung auch die mangelnde Vollstreckbarkeit erfasse, ist daher im Bereich des PrGH selbst bei Erweiterung des Importeurbegriffs praktisch hinfällig[1450].

[1443]   BGE 116 II 163.

[1444]   Berti, in: Privatrechtskommentar, N 7 f. zu Art. 134 m.w.N.

[1445]   Vorstellbar sind Fälle, in denen auf im Ausland gelegene Vermögensbestandteile gegriffen werden soll. Oft dürfte aber der Importeur zumindest eine Niederlassung in der Schweiz unterhalten, weshalb dann in der Schweiz auch ein Betreibungsort gegeben ist.

[1446]   Vgl. Art. 9 Abs. 1 IPRG, Art. 21 LugÜ.

[1447]   Berti, in: Privatrechtskommentar, N 14 zu Art. 134; Spiro, Bd. I, 174.

[1448]   Die Ratifizierung durch die Vertragsstaaten dürfte dafür eine Vorbedingung darstellen.

[1449]   Vgl. Syst.Teil N 251 f.

[1450]   Das LugÜ wurde bis September 1993 von folgenden Staaten ratifiziert: Finnland, Frankreich, Grossbritannien, Italien, Luxemburg, Norwegen, Niederlande, Portugal, Schweden, Schweiz.

2. Während eines amtlichen Inventars

Bei Todesfällen steht die Verjährung von Forderungen während der Dauer   **14**
eines öffentlichen Inventars still (Art. 586 Abs. 2 ZGB)[1451].

3. Betreibungsrechtliche Stillstände

Das Obligationenrecht enthält in Art. 134 Abs. 3 einen ausdrücklichen   **15**
Verweis auf betreibungsrechtlich normierte Verjährungsstillstände. So
steht die Verjährung aller Forderungen ab der Konkurseröffnung bis zu
zehn Tagen nach der zweiten Gläubigerversammlung still (Art. 207 Abs. 3
SchKG). Dasselbe gilt für Forderungen gegen den Schuldner für die Zeit
der Nachlassstundung (SchKG 297 Abs. 1 SchKG)[1452]. Schiebt der Richter
den Konkurs gemäss Art. 725a Abs. 1 OR auf, so steht die Verjährung
nicht still, da Betreibungen mit Unterbrechungswirkung trotzdem eingeleitet werden können[1453]. Dasselbe gilt für die Betreibungsferien, da gemäss
Art. 56 SchKG nur keine Betreibungshandlungen vorgenommen werden
dürfen, Betreibungsbegehren jedoch gestellt werden können[1454].

III. Unterbrechung

1. Unterbrechungshandlungen

a) *des Schuldners*

Durch die Anerkennung der Forderung seitens des Schuldners wird die   **16**
Verjährung unterbrochen. Als Beispiele führt Art. 135 Ziff. 1 OR ausdrücklich Zins- und Abschlagszahlungen, Pfand- und Bürgschaftsbestellungen an. Auch eine Wissenserklärung[1455] reicht aus, sofern daraus eindeutig hervorgeht, dass sich der Schuldner nicht nur moralisch sondern
rechtlich verpflichtet fühlt[1456].

[1451] Spiro, Bd I, 159, welcher sich auch für einen Sillstand bis zur Annahme der Erbschaft, die Eröffnung des Konkurses resp. der amtlichen Liquidation ausspricht.

[1452] Spiro, Bd.I, 158.

[1453] BGE 104 III 21 E.1.

[1454] Spiro, Bd.I, 312 ff.

[1455] Spiro, Bd.I, 353 ff; BGE 112 II 233.

[1456] Becker, N 1 zu Art. 135, Spiro, Bd.I, 371.

17   Die Verjährung wird auch unterbrochen bei Abschluss einer Schiedsge-
richts- oder Gerichtstandsabrede[1457], Bestellung einer Sicherheit und einer
Bitte um Stundung oder Erlass[1458] sowie bei Schuldübernahme[1459].

b) des Gläubigers

18   Durch Klage oder Geltendmachung vor einem Gericht oder Schiedsgericht
sowie Schuldbetreibung bzw. Eingabe im Konkurs wird die Verjährung
ebenfalls unterbrochen (Art. 135 Abs. 2 OR). Dabei genügt bereits die
Postaufgabe des Begehrens, ohne ein Zutun der Behörde[1460], vorausgesetzt, das Verfahren wird durchgeführt. Sofern die ungenügende Einleitung
eines Verfahrens aufgrund des kantonalen Prozessrechtes verbessert werden kann, beginnt die Verjährungsfrist wie bei einem normalen Verfahren
von neuem zu laufen[1461]. Wird hingegen wegen Unzuständigkeit des
Richters oder wegen eines verbesserlichen Fehlers die Klage zurückgewiesen und lief die Verjährungsfrist zwischenzeitlich ab, so läuft eine
Frist von sechzig Tagen um den Anspruch korrekt geltend zu machen
(Art. 139 OR)[1462].

19   Während eines Prozesses beginnt die Verjährung mit jeder gerichtlichen
Handlung der Parteien oder durch Verfügungen und Entscheidungen des
Richters (Art. 138 Abs. 1 OR)[1463]. Dasselbe gilt für jeden Betreibungsakt
während einer Schuldbetreibung. Bei Unterbrechung durch Eingabe im
Konkurs, beginnt die neue Verjährungsfrist erst zehn Tage nach der
zweiten Gläubigerversammlung resp. mit dem Widerruf des Konkurses
(Art 138 Abs. 3 OR i.V.m. Art. 207, 195 SchKG) zu laufen.

[1457] Bucher, AT, 464.
[1458] Berti, in: Privatrechtskommentar, N 5 zu Art. 135 OR; Spiro, Bd.I, 372; Bucher,
AT, 463..
[1459] Von Tuhr/Escher, 222 (FN 88).
[1460] BGE 114 II 262 (m.w.N.).
[1461] BGE 114 II 336 f. Dasselbe gilt bei Betreibungsurkunden welche trotz mangelhafter Bezeichnung den wirklich gemeinten Schuldner ohne weiteres erkennen lassen.
[1462] Spiro, Bd.I, 323 ff.
[1463] Spiro, Bd.I, 339.

2. Wirkung der Unterbrechung

a) Neubeginn der Verjährungsfrist

Mit der Unterbrechung beginnt die Verjährung von neuem zu laufen. **20** Sofern die Forderung durch Ausstellung einer Urkunde anerkannt[1464] oder durch richterliches Urteil festgestellt wurde, beträgt die neue Verjährungsfrist zehn Jahre (Art. 137 OR).

b) Gegenüber Solidarschuldnern

Beim Vorliegen echter Solidarität[1465], wirkt die Unterbrechung gegenüber **21** einem Solidarschuldner auch gegenüber allen anderen Solidarschuldnern (Art. 136 Abs. 1 OR). Ausserdem gehen die Rechte des Geschädigten durch Subrogation auf den zahlenden und somit rückgriffsberechtigten echten Solidarschuldner über, weshalb die Verjährung des Rückgriffanspruches bei echten Solidarschuldnern bereits im Zeitpunkt beginnt, in welchem der Schadenersatzanspruch des Geschädigten gegenüber dem Rückgriffsberechtigten bekannt ist[1466]. Im Bereich des PrHG wird die Solidarität zwischen den einzelnen Schädigern durch Art. 7 PrHG statuiert, weshalb eine echte Solidarität i.S. von Art. 143 OR vorliegt.

Der Kreis der aufgrund von Art. 7 PrHG solidarisch haftenden Personen **22** umfasst gemäss Gesetzeswortlaut Personen, die für den Schaden, der durch ein fehlerhaftes Produkt verursacht worden ist, ersatzpflichtig sind[1467].

c) Gegenüber Versicherern

Wenn der Geschädigte keine Möglichkeit hat, direkt gegenüber dem Haft- **23** pflichtversicherer Schadenersatzansprüche geltend zu machen, ist die Unterbrechung nicht relevant, da der Versicherer nur dem Schädiger Ersatz

---

[1464] Die Forderung muss dafür aber auch der Höhe nach anerkannt sein (BGE 113 II 268).

[1465] Echte Solidarität liegt nur vor, wenn die Solidarität durch Gesetz oder eine Vereinbarung vorgesehen ist. So sind ein Schadenersatzpflichtiger und seine Haftpflichtversicherung nur bis zum versicherten Höchstbetrag echte Solidarschuldner, nicht jedoch für den diese Limite übersteigenden Schadenersatzanspruch (BGE 106 II 250 = Pra. 1981 Nr. 35).

[1466] Brehm, N 19 zu Art. 51, wobei allerdings ein eigenes Rückgriffsrecht neben der Subrogation bestehen kann, welches wie bei unechten Solidarschuldnern erst mit der Schadenersatzleistung entsteht, vgl. N 20 zu Art. 7.

[1467] Für die Abgrenzung zu anderen Ersatzpflichtigen, vgl. N 7 ff. zu Art. 7.

für seine Vermögenseinbusse infolge Schadenersatzleistung zu zahlen hat. Der Anspruch des Versicherten entsteht somit erst mit der Leistung gegenüber dem Geschädigten[1468].

IV. Verlängerte Verjährung bei strafbaren Handlungen

1. Anwendung auf Ansprüche aufgrund des PrGH

24   Art. 9 statuiert einzig eine dreijährige relative Verjährung. Gem. Art. 11 Abs. 1 gelten die Bestimmungen des OR soweit das PrGH nichts anderes vorsieht. Da das PrHG keine ausdrückliche Regelung betreffend die Verjährung von Schadenersatzansprüchen aus strafbaren Handlungen enthält, ist davon auszugehen, dass die Verlängerung der Verjährung bei Ansprüchen, welche sich aus strafbaren Handlungen herleiten (Art. 60 Abs. 2 OR), auch auf die Verjährung von Schadenersatzansprüchen aufgrund des PrGH anzuwenden ist[1469] .

a)   Widerspruch zur RL

25   Die RL enthält nur betreffend Hemmung und Unterbrechung der dreijährigen Verjährung einen Vorbehalt zugunsten des nationalen Rechts. Da Art. 60 Abs. 2 OR aber nicht eine eigentliche Hemmung sondern schlicht eine andere Verjährung vorsieht (welche auch unterbrochen werden kann[1470]), widerspricht hier das PrGH der RL. Da das PrGH nur die RL als Vorbild nahm, nicht aber aufgrund einer völkerrechtlichen Verpflichtung die RL ins nationale Recht umgesetzt hat, gilt uneingeschränkt nationales Recht. Art. 60 Abs. 2 OR ist daher auf das PrGH anwendbar.

b)   Praktische Bedeutung

26   Die Richtlinie sieht in Art. 13 vor, dass Ansprüche, welche ein Geschädigter aufgrund Vorschriften über ausservertragliche Haftung geltend machen kann, nicht berührt werden. Sofern eine strafbare Handlung vorliegt, bedeutet die Kausalhaftung des neuen PrHG keine wesentliche Erleichterung für die grundsätzliche Geltendmachung der Schadenersatzansprüche eines Geschädigten.

1468   Eine Ausnahme besteht in der Motorfahrzeughaftpflichtversicherung. Hier haften aufgrund von Art. 65 Abs. 1 SVG Halter und Versicherung solidarisch.
1469   Zusatzbotschaft I, 428.
1470   BGE 112 II 231.

Unterschiede können sich allerdings insofern ergeben, als es sich um Fahr- **27** lässigkeitsdelikte handelt und das subjektive Verschulden des Schädigers äusserst klein ist. In diesen Fällen könnte bei der Festsetzung des Ersatz- umfanges ein erheblicher Unterschied zum Schadenersatz aufgrund des PrGH entstehen, da bei einer Kausalhaftung der Ersatzumfang nicht vom Grad des Verschuldens des Schädigers abhängt.

Sofern in diesen Fällen zwar die relative Verjährung von drei Jahren des **28** PrHG nicht aber die fünfjährige Verfolgungsverjährung für die strafbare Handlung abgelaufen wäre[1471], könnte sich der Geschädigte infolge der Anspruchskonkurrenz zwischen PrHG und ausservertraglicher Schädigung im Sinne von Art. 41 ff. OR auf letzteren Anspruch berufen, womit auch Art. 60 Abs. 2 OR zur Anwendung käme (Art. 60 Abs. 2 OR i.V.m. Art. 117, 127, 145 und 70 Abs. 3 StGB).

Dabei ist allerdings zu berücksichtigen, dass die strafrechtliche Verjährung **29** mit der Tathandlung, bzw. bei Dauerdelikten mit dem Ende der strafrecht- lichen Handlung beginnt[1472]. Dieser Beginn der strafrechtlichen Verjäh- rungsfrist gilt auch für die zivilrechtlichen Ansprüche, da nur dies der ratio legis, dass Zivilansprüche solange nicht verjähren können, als der Täter mit einer strafrechtlichen Verfolgung rechnen muss, entspricht[1473]. Die Unter- schiede zu der ungewohnt langen dreijährigen Verjährungsfrist des PrHG ab Kennenmüssens, dürften daher auch bei Anwendung der strafrecht- lichen Verjährungsfristen eher unbedeutend sein.

Die Unterbrechung der strafrechtlichen Verjährung des Zivilanspruches **30** richtet sich nach den zivilrechtlichen Bestimmungen von Art. 135f OR, weshalb die absolute strafrechtliche Verjährung von Art. 72 StGB nicht auf den zivilrechtlichen Anspruch angewendet wird[1474].

[1471] Dies im Falle fahrlässiger schwerer Körperverletzung oder Tötung. Bei vorsätzli- cher (eventualvorsätzlicher) schwere Körperverletzung oder Tötung würde die Verfolgungsverjährung zehn Jahre betragen.

[1472] BGE 112 II 189.

[1473] Brehm, N 92 zu Art. 60; Keller, Haftpflicht II, 235.

[1474] Keller, Haftpflicht II, 235; Brehm, N 93 zu Art. 60.

c) Ohne ein Strafverfahren

31 Die Durchführung eines Strafverfahrens ist keine Voraussetzung für die Anwendung der längeren Verfolgungsverjährung, das Vorliegen einer strafbaren Handlung genügt[1475].

d) Bindung des Zivilrichters

32 Bei der vorfrageweisen Feststellung des Vorliegens einer strafbaren Handlung - zur Bestimmung der anwendbaren Verjährungsfrist - ist der Zivilrichter an ein Strafurteil gebunden. Erst bei Beurteilung des Schadenersatzanspruches und der damit verbundenen Schuldfrage muss der Zivilrichter aufgrund von Art. 53 Abs. 2 OR in jedem Fall frei entscheiden[1476].

33 Inwieweit der Zivilrichter bei der Beurteilung, ob eine strafbare Handlung vorliege, an einen Einstellungsentscheid einer Untersuchungsbehörde gebunden sei, bestehen verschiedene Ansichten[1477]. Dabei muss wohl davon ausgegangen werden, dass gemäss kantonalem Prozessrecht freisprechenden Urteilen gleichgestellte Einstellungsverfügungen der Untersuchungsbehörden[1478] den Zivilrichter binden.[1479]

2. Anwendbarkeit gegenüber Dritten

a) Gegenüber dem Hersteller

34 Liegt eine strafbare Handlung von Mitarbeitern des Herstellers vor, so bleibt abzuklären, ob auch die Ansprüche gegenüber letzterem der strafrechtlichen Verjährung unterliegen.

[1475] BGE 112 II 188; Brehm, N 69 zu Art. 60; Keller, Haftpflicht II, 236.

[1476] BGE 107 II 159.

[1477] So wurde in BGE 111 II 440 generell jede Bindung einer Einstellungsverfügung verneint; Spiro, Bd.I, 213. BGE 101 II 321 wollte keine Bindung des Zivilrichters, sofern die Einstellungsverfügung aufgrund Fehlens der subjektiven Straffähigkeit erfolgt wäre, was jedoch in BGE 106 II 219 als zu verwirrend fallengelassen wurde, betont wurde erneut die ratio legis von Art. 60 Abs. 2 OR, welche in der Verhinderung der Verjährung der Zivilklage während einer möglichen strafrechtlichen Verfolgung bestehe.

[1478] In St.Gallen sind Einstellungsverfügungen der Untersuchungsbehörden Urteilen gleichgestellt, nicht aber in Zürich, nur teilweise nicht in der Waadt.

[1479] Brehm, N 86 zu Art. 60.

aa) Juristische Personen

aaa) Organe als Täter

Ansprüche gegenüber juristischen Personen, welche aus einer strafbaren   **35**
Handlung ihrer Organe hergeleitet werden, unterliegen der strafrechtlichen
Verjährung von Art. 60 Abs. 2 OR, da aufgrund des Organbegriffs deren
Handlungen nicht als Handeln für eine andere Person aufgefasst werden
können (Art. 55 ZGB)[1480].

bbb) Mitarbeiter ohne Organstellung

Art. 60 Abs. 2 OR stellt Klagen, welche aus einer strafbaren Handlung her-   **36**
geleitet werden unter die längere strafrechtliche Verjährung[1481]. Diese Bestimmung muss für diejenigen Haftpflichtigen gelten, welche für das Verhalten des Täters wie für eigenes einzustehen haben, unabhängig einer
Sorgfaltspflichtverletzung[1482]. Da die Haftung des Herstellers für ein
fehlerhaftes Produkt ein Einstehenmüssen für seine Mitarbeiter miteins-
schliesst, welches unabhängig von Sorgfaltspflichtverletzungen bei deren
Überwachung besteht[1483], sollte die strafrechtliche Verjährung für alle
Schadenersatzansprüche aus strafbarer Handlung gegenüber dem Hersteller
gelten.

bb) Natürliche Personen

Wie bereits gezeigt wurde, unterliegen Schadenersatzansprüche gegenüber   **37**
dem Hersteller, welche aus einer strafbaren Handlung hergeleitet werden,
unabhängig seiner gesellschaftsrechtlichen Beziehung zum strafbaren Mitarbeiter der längeren Verjährung von Art. 60 Abs. 2 OR. Da dieses Einstehen für die Handlungen der Mitarbeiter nicht aufgrund der Organhaftung
sondern aufgrund der Herstellerhaftung erfolgt, spielt die gesellschafts-
rechtliche Struktur des Herstellers selbst keine Rolle. Als Hersteller unterliegen auch natürliche Personen der längeren Verjährung, sofern die
Fehlerhaftigkeit des Produktes und der daraus resultierende Schadenersatz-

---

1480   BGE 112 II 190; Brehm, N 98 zu Art. 60; Spiro, Bd.I, 209; Volken, SJZ 1984,
       283; Riemer, BK, N 60 zu Art. 54/55.
1481   Obwohl in BGE 112 II 82 die Frage der strafrechtlichen Verjährung bei Zivil-
       ansprüchen gegenüber Dritten ausdrücklich auf das SVG beschränkt wurde, wird
       ein Abweichen der bisher strikten Praxis unabhängig des SVG gutgeheissen.
1482   Brehm, N 101 f. zu Art. 60; Keller, 237 f.
1483   Dies im Gegensatz zum Geschäftsherrn (Art. 55 OR), welcher sich durch Nach-
       weis der genügenden Sorgfalt der Haftung entziehen kann.

anspruch auf strafbare Handlungen eines Mitarbeiters des Herstellers zurückzuführen sind.

b) Gegenüber Haftpflichtversicherern

38 Sofern der Versicherungsvertrag dem Geschädigten wie bei den Motorfahrzeughaftpflichtversicherungen einen direkten Anspruch einräumen würde, müsste man die strafrechtliche Verjährung auch auf diesen Anspruch anwenden[1484].

c) Gegenüber den Erben

39 Der längeren strafrechtlichen Verjährung unterliegen auch Schadenersatzforderungen gegenüber den Erben des Schädigers, welche durch ihre Universalsukzession für die Schulden des Erblassers einzustehen haben[1485].

[1484] BGE 113 V 258, 112 II 79; Spiro, Bd.I, 209.
[1485] Spiro, Bd.I, 208; Volken, SJZ 1984, 282; Brehm, N 96f.zu Art. 60; Keller, Haftpflicht II, 237.

Abschnitt 2
Verwirkung

Art. 10   Verwirkung

¹ Ansprüche nach diesem Gesetz verwirken zehn Jahre nach dem Tag, an dem die Herstellerin das Produkt, das den Schaden verursacht hat, in Verkehr gebracht hat.

² Die Verwirkungsfrist gilt als gewahrt, wenn gegen die Herstellerin binnen zehn Jahren geklagt wird.

Art. 10   Péremption

¹ Les prétentions en dommages-intérêts prévues par la présente loi s'éteignent à l'expiration d'un délai de dix ans à compter de la date à laquelle le producteur a mis en circulation le produit qui a causé le dommage.

² Le délai de péremption est respecté si une procédure judiciaire a été engagée contre le producteur avant l'expiration de ces dix ans.

Art. 10   Perenzione

¹ Le pretese di risarcimento derivanti dalla presente legge si estinguono alla scadenza di dieci anni dal giorno in cui il produttore ha messo in circolazione il prodotto che ha provocato il danno.

² Il termine di perenzione è rispettato se contro il produttore è avviato un procedimento giudiziario entro dieci anni.

A. Allgemeines

Entgegen der im Obligationenrecht üblichen Regelung einer kurzen relativen Verjährungsfrist, welche normalerweise nur an die tatsächliche Kenntnis anschliesst, und einer zehnjährigen absoluten Verjährung wird im PrHG neben der relativen Verjährung eine Verwirkung statuiert. Dies scheint genau dem Wortlaut der RL zu entsprechen, welche in Art. 11 das „Erlöschen" der Ansprüche nach dem Ablauf von zehn Jahren seit dem Inverkehrbringen des Produkts vorsieht. Diese Frist kann nach Art. 10 Abs. 2 nur gewahrt werden, sofern „gegen die Herstellerin binnen zehn Jahren geklagt wird".   1

Sowohl das deutsche[1486] als auch das österreichische[1487] Produkthaftungsgesetz sehen ausser der Klage noch weitere Gründe vor, die ein Erlöschen   2

[1486] Das deutsche ProdHaftG sieht in § 13 vor, dass der Anspruch nach zehn Jahren erlischt, sofern nicht über den Anspruch ein Rechtsstreit oder ein Mahnverfahren

des Anspruches verhindern. Beide Regelungen entsprechen weitgehend der im Obligationenrecht üblichen absoluten Verjährung[1488].

B. Regelung des PrHG

I. Wahrung der Verwirkung

1. Verfahrensart

3   Das PrHG sieht als einzige Möglichkeit, die zehnjährige Frist zu wahren, eine Klage vor.

4   Dem Wortlaut des Gesetztes scheint die Wahrung der Verwirkungsfrist durch ein betreibungsrechtliches Verfahren zu widersprechen. Andererseits würde es keinen Sinn ergeben, wenn ein Geschädigter, obwohl er im konkreten Fall mit grösster Wahrscheinlichkeit bereits im Betreibungsverfahren zum Ersatz seines Schadens kommen würde[1489], eine Klage auf materielle Beurteilung seines Anspruches einleiten müsste. Der Geschädigte hat auf den Ablauf des betreibungsrechtlichen Verfahrens keinen allein bestimmenden Einfluss, weshalb er sich gegen Ablauf der Verwirkungsfrist nicht darauf verlassen könnte, dass ein allfällig nötiges gerichtliches Verfahren innerhalb des Betreibungsverfahrens noch rechtzeitig stattfinden könnte. Um diese Unsicherheiten zu beseitigen, müsste daher

---

anhängig sei. Ein rechtskräftig festgestellter Anspruch oder ein Anspruch aus einem anderen Vollstreckungstitel verjähren nicht. Dies gilt ausserdem für Ansprüche, welche Gegenstand eines aussergerichtlichen Vergleichs oder durch rechtsgeschäftliche Erklärungen anerkannt sind.

[1487] §13 des österreichischen PHG lautet: „Sofern nach diesem Bundesgesetz bestehende Ersatzansprüche nicht früher verjähren, verjähren sie 10 Jahre nach dem Zeitpunkt, zu dem der Ersatzpflichtige das Produkt in den Verkehr gebracht hat."

[1488] Gemäss Taschner/Frietsch, 19 zu § 13, sollen für Ansprüche aufgrund von § 1 Abs. 2 und 3 ProdHaftG lediglich die tatsächlichen Anerkennungshandlungen wie Zinszahlungen, Sicherheitsleistungen etc. keine Fristwahrung bewirken. Ansonsten genügt eine Anerkennung, welche ihrerseits wieder der Verjährung unterworfen ist.
Die Verjährung nach § 13 des österreichischen Produkthaftungsgesetzes kann sowohl unterbrochen als auch gehemmt werden, wofür bereits ernsthafte Vergleichsgespräche genügen, Lederer, 4/2.13.2.

[1489] So etwa, wenn sich Geschädigter und Hersteller bereits auf einen bestimmten Schadenersatzumfang verständigt haben und letzterer diesen schriftlich anerkannt hat.

meines Erachtens bereits mit einem Betreibungsbegehren die Verwirkungsfrist des PrHG gewahrt werden können[1490].

Der eigentlichen Klageerhebung wird ein Gesuch um Ladung zum amtlichen Sühnverfahren gleichgestellt, sofern das kantonale Prozessrecht, beim Scheitern einer gütlichen Einigung, entweder die Weiterleitung des Verfahrens an das zuständige Gericht von Amtes wegen vorsieht oder dem Kläger eine bestimmte Frist zur Einreichung der Klage setzt, und sie dieser auch einhält[1491]. Auch die Anrufung eines Schiedsgerichtes genügt[1492].   5

2. Bei mehreren Schuldnern

Durch die Klageeinreichung gegenüber einem Solidarschuldner, hat der Geschädigte die Verwirkungsfrist für seinen Anspruch gewahrt.   6

Handelt es sich dabei nicht um echte Solidarschuldner, sondern um Haftpflichtige, welche aufgrund einer Anspruchskonkurrenz im Sinne von Art. 51 Abs. 1 OR solidarisch haften, so entsteht deren interner Regressanspruch erst mit der Leistung des Schadenersatzes an den Geschädigten. Allerdings kann ein rückgriffsberechtigter Solidarschuldner nicht in jedem Fall davon ausgehen, dass er auch bei verjährten konkurrierenden Ansprüchen des Geschädigten gegen die Mitschuldner seinen Rückgriffsanspruch auch noch geltend machen kann[1493]. Daher ist einem eingeklagten Haftpflichtigen zu empfehlen, allenfalls weiteren Haftpflichtigen den Streit zu verkünden oder zumindest die Festsetzung des Regressrechtes gemäss Art. 50 Abs. 2 OR zu beantragen.   7

Analog zur Wirkung der Unterbrechung der Verjährung gegenüber unechten Solidarschuldnern, müsste bei der Verwirkung des Art. 10 davon ausgegangen werden, dass die Klage gegenüber einem unechten Solidarschuldner nur die Verwirkung des Anspruches gegenüber diesem verhindert. Will der Geschädigte das Risiko der Illiquidität des eingeklagten Schuldners nicht tragen und sich seine direkten Ansprüche gegenüber den anderen Schädigern weiterhin offen behalten, muss er gegenüber allen   8

[1490] Dies zumindest unter der Voraussetzung, dass der Geschädigte im Besitze eines Rechtsöffnungstitels ist und die Betreibung auch vollständig durchgeführt wird.

[1491] BGE 98 II 181.

[1492] Auch wenn Schiedsabreden zwischen Hersteller und Konsumenten praktisch nie vorliegen dürften, so sind sie doch im Bereich des PrHG nicht völlig auszuschliessen.

[1493] BGE 115 II 48.

Schädigern innerhalb zehn Jahren seit Inverkehrbringen des Produktes klagen.

9 Bei echten Solidarschuldnern im Sinne von Art. 50 Abs. 1 OR erfolgt aufgrund von Art. 149 Abs. 1 OR eine Subrogation in die Rechte des von einem Solidarschuldner befriedigten Geschädigten. Dies hat einerseits zur Folge, dass sein Rückgriffsrecht auf die anderen Solidarschuldner bereits mit der Entstehung des Schadens entstand, andererseits wurde die Verwirkungsfrist dieses Anspruches durch die Klageeinleitung des Geschädigten gewahrt, da analog zur Regelung der Unterbrechung auch bei der Verwirkung die Klage gegenüber allen Solidarschuldnern, ihre Wirkung entfaltet.

II. Fristverlauf

1. Weder Hemmung noch Unterbrechung

10 Verwirkungsfristen können weder gehemmt noch unterbrochen werden[1494].

2. Nachfrist zur Verbesserung

11 Eine gewisse Annäherung in der Handhabung von Verwirkungs- und Verjährungsfristen besteht im Bereich von Art. 139 OR[1495]. Sofern die Klage wegen Unzuständigkeit des angerufenen Richters oder wegen eines anderen verbesserlichen Fehlers zurückgewiesen wurde, und die Verwirkungsfrist in der Zwischenzeit abgelaufen ist, wird dem Kläger eine neue Frist von sechzig Tagen zur Geltendmachung seines Anspruches eingeräumt[1496].

3. Laufende Fristen nach der Klageeinleitung

12 Mit der Klageeinleitung wurde die Verwirkungsfrist gewahrt und das PrGH enthält keine Angaben zum weiteren Verfahrensablauf. Der Schweizer Rechtsordnung würde es widersprechen, brauchte sich der Gläubiger nach der Klageeinleitung nicht mehr um eine in zeitlicher Hinsicht vernünftige Durchsetzung seines Anspruches zu kümmern[1497]. Dementspre-

---

[1494] BGE 116 V 229; Bucher, AT, 451. Dies im Gegensatz zur absoluten Verjährung, welche ähnlich wie die Regelung im ProdHaftG einer Unterbrechung durch betreibungsrechtliche Handlungen und Anerkennung offen gestanden hätte.

[1495] Berti, in: Privatrechtskommentar, N 4 zu Art. 139.

[1496] BGE 89 II 176.

[1497] Spiro, Bd.II, 1031.

chend sieht das OR bereits während gerichtlicher Verfahren nicht einen Stillstand, sondern Unterbrechungen bei jeder prozessualen Handlung vor (Art. 138 Abs. 1 OR). Um noch grössere Unterschiede zwischen Ansprüchen aufgrund des PrHG und solchen aufgrund Art. 41 ff. OR zu vermeiden, sollte nach Wahrung der Verwirkungsfrist das gewohnte System der Verjährung anwendbar sein. Mit der Klageeinleitung würde daher eine dreijährige Verjährungsfrist zu laufen beginnen, welche sowohl durch prozessuale Handlungen der Parteien als auch Verfügungen oder Entscheidungen des Richters jeweils unterbrochen wird. Dies bedeutet ferner, dass dem Kläger mit dem Urteil eine zehnjährige Frist zu laufen beginnt, um seine gerichtlich zugesprochenen Ansprüche vollstrecken zu lassen (Art. 137 Abs. 2 OR). Dabei handelt es sich um eine normale Verjährungsfrist, welche sowohl gehemmt als auch unterbrochen werden kann.

III. Folgen der eingetretenen Verwirkung

1. Erlöschen des Schadenersatzanspruches

Mit dem Eintritt der Verwirkung erlöscht die Schadenersatzforderung, **13** weshalb diese weder gerichtlich geltend gemacht, noch zur Verrechnung gebracht werden kann. Dies im Gegensatz zur verjährten Forderung, welche als Naturalobligation weiterbesteht und nur ihrer gerichtlichen Geltendmachung die Einrede der Verjährung entgegensteht.

Nicht jede Verwirkung muss grundsätzlich zum Verlust einer Einrede **14** führen[1498]. Soll jedoch der Hersteller nach mehr als zehn Jahren vor überraschenden Ansprüchen und den damit verbundenen Beweisschwierigkeiten bewahrt werden, so muss im Bereich des PrHG auch die einredeweise Geltendmachung verwirkter Schadenersatzforderungen entfallen.

2. Verzicht auf Verwirkung

Die Verwirkung eines Anspruches ist nicht auf Einrede, sondern von Am- **15** tes wegen zu beachten. Es stellt sich daher die Frage, ob ein Verzicht auf die Verwirkung überhaupt möglich ist[1499]. Da die Verwirkung von Art. 10 lediglich den Schutz des Haftpflichtigen bezweckt und keine öffentlichen Interessen tangiert werden, steht einem nachträglichen Verzicht auf die be-

---

1498   Bucher, AT, 452; Spiro, Bd.II, 1127 m.w.N.
1499   Spiro, Bd. II, 1138.

reits eingetretene Verwirkung nichts entgegen. Allerdings könnte dann dem Hersteller aufgrund von Art. 146 OR kein Regressanspruch gegenüber weiteren Haftpflichtigen entstehen.

Kapitel 8
Verhältnis des Produktehaftpflichtgesetzes zu anderen Bestimmungen

Art. 11 Verhältnis zu anderen Bestimmungen des eidgenössischen oder kantonalen Rechts

¹ Soweit dieses Gesetz nichts anderes vorsieht, gelten die Bestimmungen des Obligationenrechts.

² Schadenersatzansprüche aufgrund des Obligationenrechts oder anderer Bestimmungen des eidgenössischen oder des kantonalen öffentlichen Rechts bleiben dem Geschädigten gewahrt.

³ Dieses Gesetz ist nicht anwendbar auf Schäden infolge eines nuklearen Zwischenfalls. Abweichende Bestimmungen in völkerrechtlichen Verträgen sind vorbehalten.

Art. 11 Rapport avec d'autres dispositions du droit fédéral ou cantonal

¹ Sous réserve des dispositions contraires de la présente loi, les dispositions du code des obligations sont applicables.

² Les prétentions en dommages-intérêts conférées à la victime par le code des obligations ou par d'autres lois fédérales ou de droit public cantonales sont réservées.

³ La présente loi ne s'applique pas aux dommages résultant d'accidents nucléaires. Les dispositions contraires prévues dans des traités internationaux sont réservées.

Art. 11 Rapporto con altre disposizioni del diritto federale o cantonale

¹ Impregiudicate le disposizioni contrarie della presente legge sono applicabili le disposizioni del Codice delle obbligazioni,

² Sono fatte salve le pretese di risarcimento conferite al danneggiato in applicazione del Codice delle obbligazioni o di altre leggi federali o di diritto pubblico cantonali.

³ La presente legge non si applica ai danni risultanti da incidenti nucleari. Sono salve le disposizioni contrarie previste da trattati internazionali.

A. Ergänzung durch Bestimmungen des Obligationenrechts

I. Generelle Verweisung auf Bestimmungen des OR

Durch die Verweisung von Art. 11 Abs. 1 werden die Regelungen des OR, sofern sie nichts Widersprechendes enthalten, auf Produktehaftpflichtfälle

1

anwendbar erklärt. Das PrHG kann daher als lex specialis zum OR aufgefasst werden, deren Lücken durch das Obligationenrecht gefüllt werden.

2   Diese Verweisung bezieht sich insbesondere auf die Art. 42 ff. OR, welche sowohl den Schadensbegriff, dessen Bemessung und die daraus resultierende Ersatzpflicht, als auch den Kausalzusammenhang, den Ersatz immateriellen Schadens und den Regress behandeln. Aber auch die Art. 127 ff. OR betreffend die Regelung der Verjährung oder Art. 143 ff. OR betreffend die Wirkungen der Solidarität sind anwendbar.

II. Kein völkerrechtlicher Vertrag

3   Mit der Ablehnung des EWR-Vertrages in der Volksabstimmung vom 6. Dezember 1992 besteht keine völkerrechtliche Verpflichtung, ein Produktehaftpflichtgesetz im Sinne der RL einzuführen. Auch eine Verpflichtung zur völkerrechtskonformen Auslegung des PrHG existiert (zumindest vorderhand) nicht. Die RL und andere europäische Produktehaftpflichtgesetze sind allerdings deshalb nicht bedeutungslos, sondern bei der Konkretisierung unklarer Bestimmungen rechtsvergleichend beizuziehen[1500].

4   Demzufolge ist auch kein Grund ersichtlich, warum für Art. 44 Abs. 2 OR etwas anderes gelten sollte[1501]. Allerdings ist damit zu rechnen, dass die Gerichte nur in Ausnahmefällen eine Notlage des Herstellers annehmen werden, da dem Hersteller im Rahmen seiner beruflichen Tätigkeit eine Absicherung seiner Haftungsrisiken zugemutet werden darf.

B. Konkurrenz zu Schadenersatzansprüchen aus anderen Bestimmungen

5   Art. 11 Abs. 2 sieht ausdrücklich vor, dass Schadenersatzansprüche aufgrund des OR sowie des eidgenössischen oder kantonalen öffentlichen Rechts neben denjenigen aus dem PrHG bestehen bleiben sollen.

I. Schadenersatzansprüche aufgrund des OR

6   Sowohl ausservertragliche als auch vertragliche Schadenersatzansprüche bleiben dem Geschädigten neben denjenigen aufgrund des PrHG gewahrt. Zu prüfen bleibt allerdings, inwieweit Bestimmungen betreffend Gefähr-

---

[1500] Thürer, 92.
[1501] Die Zusatzbotschaft I, 429, ging noch von einem EWR-Beitritt aus.

dungshaftungen eine alternative Anwendung anderer Haftpflichtbestimmungen überhaupt zulassen. Die in Spezialgesetzen geregelten Gefährdungshaftungen gehen als leges specialis den generellen Regelungen des OR vor[1502].

Das PrHG selbst stellt allerdings auch eine lex specialis zu Art. 41 OR dar.   **7**
Art. 11 Abs. 2 erklärt ausdrücklich andere Schadenersatzansprüche sowohl aufgrund des Obligationenrechts als auch aufgrund des öffentlichen Rechts als alternativ anwendbar. Allerdings legt die Formulierung „...aufgrund des Obligationenrechts oder anderer Bestimmungen des eidgenössischen und kantonalen öffentlichen Rechts..." einen generellen Einbezug des Bundesrechts, unabhängig seiner Qualifizierung als öffentliches oder kantonales Recht nahe. Diese Auslegung stimmt sowohl mit dem französischen als auch italienischen Wortlaut des Gesetzes überein. Da diese Regelung des PrHG lediglich einen Vorbehalt betreffend nuklearer Zwischenfälle (Art. 11 Abs. 3), nicht aber gegenüber anderen Gefährdungshaftungen vorsieht, ist davon auszugehen, dass ein Hersteller ungeachtet weiterer auf ihn anwendbarer Haftungsbestimmungen stets alternativ aufgrund des PrHG schadenersatzpflichtig wird[1503].

II. Schadenersatzansprüche aufgrund öffentlichen Rechts des Bundes oder der Kantone

Hier kommen insbesondere Schadenersatzansprüche aufgrund der Staats-   **8**
haftungsgesetze in Betracht[1504].

C. Vorrang anderer Bestimmungen

I. Kernenergiegesetz

Schäden infolge nuklearer Zwischenfälle werden gemäss Art. 11 Abs. 3   **9**
abschliessend durch das Kernenergiehaftpflichtgesetz[1505] geregelt.

[1502] Keller/Gabi, 159; Deschenaux/Tercier, § 32 N 2 ff.
[1503] So enthält auch der Entwurf für die Revision des USG nur Vorbehalte betreffend das OR (Art. 59a Abs. 3 E-USG), strengere Bestimmungen anderer Bundesgesetze (Art. 3 Abs. 1 USG) und Nuklear- und Strahlenschäden (Art. 3 Abs. 2 E-USG).
[1504] BG über die Verantwortlichkeit des Bundes sowie seiner Behördenmitglieder und Beamten, vom 14. März 1958, VG (SR 170.32). Für die kantonalen Haftungsbestimmungen und insb. das Haftungsgesetz des Kt. Zürich, vgl. Schwarzenbach-Hanhart.
[1505] SR 732.44.

10   Demzufolge schliesst das PrHG seine Anwendbarkeit für jene Schäden aus.

II. Völkerrechtliche Verträge

11   Der ausdrückliche Vorbehalt zugunsten völkerrechtlicher Verträge löst die Differenz zwischen der Lehre und der als Schubert-Praxis bekannten bundesgerichtlichen Rechtsprechung[1506].

[1506]   BGE 99 Ib 39, 112 II 1; Häfelin/Haller, N 341; Kälin, 75 m.w.N.

Kapitel 9
Übrige Bestimmungen

Abschnitt 1
Änderung bisherigen Rechts

Art. 12   Änderung bisherigen Rechts

Das Kernenergiehaftpflichtgesetz vom 18. März 1983 wird wie folgt geändert:

Art. 2 Abs. 1 Bst. b und c

[1] **Als Nuklearschaden gilt:**

  b. **der Schaden, der durch eine andere Strahlenquelle innerhalb einer Kernanlage verursacht wird;**
  c. **der Schaden, der als Folge behördlich angeordneter oder empfohlener Massnahmen zur Abwehr oder Verminderung einer unmittelbar drohenden nuklearen Gefährdung eintritt, mit Ausnahmen von entgangenem Gewinn.**

Art. 12 Modification du droit en vigueur

La loi fédérale du 18 mars 1983 sur la responsabilité civile en matière nucléaire est modifiée comme il suit:

Art. 2, 1er al., let. b et c

[1] Par dommage d'origine nucléaire, on entend:

  b. Le dommage causé par une autre source de rayonnement à l'intérieur d'une installation nucléaire;
  c. Le dommage, à l'exception du gain manqué, qui survient par suite des mesures ordonnées ou recommandées par les autorités afin d'écarter ou de réduire un danger nucléaire imminent.

Art. 12 Modificazione del diritto vigente

La legge federale del 18 marzo 1983 sulla responsabilità civile in materia nucleare è modificata come segue:

Art. 2 cpv. 1 lett. b e c

[1] Per danno nucleare s'intende:

  b. il danno causato da un'altra sorgente di radiazioni all'interno di un impianto nucleare;
  c. il danno conseguente a provvedimenti ordinati o raccomandati dalle autorità per evitare o ridurre un pericolo nucleare imminente, escluso il mancato utile.

1   Mit Art. 12 wird eine Ergänzung von Art. 2 Abs. 1 des Kernenergiehaft-
     pflichtgesetzes[1507] durch einen neuen Buchstaben b eingeführt. Die Ände-
     rung bewirkt, dass inskünftig auch Schäden, die innerhalb einer Kernan-
     lage durch andere Strahlenquellen als die Kernmaterialien verursacht wer-
     den, als „Nuklearschäden" gelten[1508].

2   Damit wird das Kernenergiehaftpflichtgesetz an das Pariser Übereinkom-
     men über die Haftung gegenüber Dritten auf dem Gebiet der Kernener-
     gie[1509] angepasst, das alle Strahlenquellen innerhalb einer Kernanlage er-
     fasst (vgl. Art 1 lit. a und lit. i des Übereinkommens). Die Revision wollte
     erreichen, dass das schweizerische Recht dem Geschädigten mindestens
     denselben Schutz gewährt wie das Pariser Übereinkommen[1510].

3   Der geltende Buchstabe b von Art. 2 Abs. 1 KHG wird - unverändert - zum
     Buchstaben c.

[1507]   KHG, SR 732.44 vom 18. März 1983.
[1508]   So Zusatzbotschaft I, 431.
[1509]   Übereinkommen vom 29. Juli 1960 in der Fassung des Zusatzprotokolls vom
         28. Januar 1964 und des Protokolls vom 16. November 1982; Gegenstand des Pa-
         riser Übereinkommens ist die zivilrechtliche Haftung des Inhabers einer Kernan-
         lage für Schäden an Leben oder Gesundheit von Menschen oder Sachschäden in-
         folge eines „nuklearen" Ereignisses, das in der Kernanlage eingetreten oder auf
         aus der Kernanlage stammende Kernmaterialien zurückzuführen ist. Die Haftung
         ist eine Gefährdungshaftung. Sie ist summenmässig auf 120 Millionen Rech-
         nungseinheiten je Schadensereignis und auf zehn Jahre beschränkt. Das Zusatz-
         übereinkommen sieht eine Erhöhung auf 300 Millionen Einheiten vor. Das Über-
         einkommen ist von Belgien, Dänemark, Deutschland, Finnland, Frankreich,
         Griechenland, Grossbritannien, Italien, Norwegen, Portugal, Schweden, Spanien
         und der Türkei ratifiziert. Die Schweiz hat dieses Übereinkommen bisher nicht
         ratifiziert, weil das KHG eine weitergehende, d.h. summenmässige unbegrenzte,
         Haftung vorsieht, vgl. Zusatzbotschaft I, 430; vgl. dazu Taschner/Frietsch, N 3 zu
         Art. 14.
[1510]   Zusatzbotschaft I, 431.

Abschnitt 2
Übergangsbestimmung

Art. 13   Übergangsbestimmung

Dieses Gesetz gilt nur für Produkte, die nach seinem Inkrafttreten in Verkehr gebracht wurden.

Art. 13   Disposition transitoire

La présente loi ne s'applique qu'aux produits mis en circulation après son entrée en vigueur.

Art. 13   Disposizione transitoria

La presente legge si applica soltanto ai prodotti messi in circolazione dopo la sua entrata in vigore.

A. Allgemeines

Das PrHG soll nicht für Produkte gelten, die vor seinem Inkrafttreten - also vor dem 1. Januar 1994 - in den Verkehr[1511] gebracht worden sind[1512]. Für die vorher in den Verkehr gebrachten Produkte verbleibt es bei der Produkte-Verschuldenshaftung.   **1**

B. Inhalt und Konsequenz der Vorschrift

Die Übergangsbestimmung will nicht darauf abstellen, wann ein Produkt der schadensverursachenden Art erstmals in den Verkehr gebracht worden ist. Massgebend ist vielmehr das konkrete, den Einzelschaden verursachende Produkt, also das streitbefangene Einzelprodukt.   **2**

Es ist der jeweilige Zeitpunkt des Inverkehrbringens in bezug auf den einzelnen Hersteller und dieses konkrete Produkt ausschlaggebend. Dies kann unter Berücksichtigung des Zeitablaufs zwischen dem Inverkehrbringen bei dem ersten Mithersteller und dem letzten dazu führen, dass ein und dasselbe Produkt in bezug auf den einen Hersteller noch und nur der traditionellen Produkthaftung unterliegt, während der zeitlich nachfolgende Mithersteller bereits der Haftung nach dem PrHG unterfällt.   **3**

Insbesondere beim Import in die Schweiz oder bei einer langen Verweildauer in der Vertriebskette kann dies zur Folge haben, dass zumindest für   **4**

[1511]   Dazu N 2 ff. zu Art. 5.
[1512]   Vgl. Zusatzbotschaft I,431.

den Importeur bereits die Vorschriften des Art. 2 Abs. 1 lit. c oder des Art. 2 Abs. 2 anzuwenden sind, obwohl für den Hersteller des Endprodukts, der das Produkt vor Inkrafttreten des PrHG in den Verkehr gebracht hat, nur die Produkt-Verschuldenshaftung gilt. In diesen Fällen muss sich der Importeur im Rahmen eines Rückgriffs gegen den Hersteller des Endprodukts, z.B. aus Art. 55 OR oder Vertrag, schadlos halten. Der Gesetzgeber hat dies offensichtlich bewusst in Kauf genommen[1513]. In diesem Fall muss aber nach der zwingenden Norm des Art. 2 Abs. 2 die Benennung durch den Lieferanten trotzdem für diesen „enthaftend" wirken. Hinsichtlich des Lieferanten ergibt sich jedoch eine andere Bewertung, haftet er doch nur „stellvertretend" für den Hersteller und Importeur. Für ihn kann daher lediglich das Inverkehrbringen des Herstellers im Sinne von Art. 2 oder des Importeurs massgeblich sein[1514].

5   Ist es streitig, ob das Produkt vor oder nach dem Inkrafttreten des PrHG in Verkehr gebracht worden ist, obliegt es dem Hersteller zu beweisen, dass dies vor diesem Zeitpunkt gewesen ist. Dies folgt zwingend aus dem Rechtsgedanken des Art. 5 Abs. 1 lit. a und lit. b.

[1513] So Zusatzbotschaft I, a.a.O.: „Es liegt hier eine gewisse Unbilligkeit vor; sie wäre aber noch grösser, wenn der Geschädigte jeweils nachweisen müsste, dass ein ausländischer oder gar unbekannter Hersteller das Produkt nach Inkrafttreten des Beschlusses in den Verkehr gebracht hat, damit er den Importeur (...) belangen könnte."; Fellmann/von Büren-von Moos, N 393.

[1514] Vgl. Swisslex-Botschaft, 80; Fellmann/von Büren-von Moos, N 394.

Abschnitt 3
Referendum und Inkrafttreten

Art. 14   Referendum und Inkrafttreten

¹ Dieses Gesetz untersteht dem fakultativen Referendum.

² Der Bundesrat bestimmt das Inkrafttreten.

Art. 14 Référendum et entée en vigueur

¹ La présente loi est sujette au référendum facultatif.

² Le Conseil fédéral fixe la date de l'entrée en vigueur.

Art. 14 Referendum ed entrata in vigore

¹ La presente legge sottostà al referendum facoltativo.

² Il Consiglio federale ne determina l'entrata in vigore.

Nach Ablauf der Referendumsfrist am 4. Oktober 1993 hat der Bundesrat   1
das Inkrafttreten des PrHG auf den 1.1.1994 festgesetzt.

Teil 3
Die Produktehaftpflicht in Europa

Kapitel 1
EG-Mitgliedstaaten[1515]

A. Belgien

Belgien ist der Verpflichtung zur Umsetzung der RL durch den Erlass der **1**
„Loi relative à la responsabilité du fait des produits défectueux" vom
25. Februar 1991[1516] nachgekommen[1517].

Das belgische Gesetz macht von den Abweichungen, die die RL in Art. 15 **2**
und 16 zulässt, keinen Gebrauch. Es kennt sowohl die Privilegierung der
landwirtschaftlichen Naturprodukte und der Jagderzeugnisse (Art. 2 Abs.
3), als auch den Einwand des Entwicklungsrisikos (Art. 8 lit. e) und
statuiert keine Haftungshöchstgrenze für Personenschäden. Erwähnenswert
erscheint, dass der immaterielle Schaden explizit in die Definition des
Schadensbegriffs einbezogen wurde (Art. 11 § 1).

B. Dänemark

Die RL wurde in Dänemark durch das Gesetz vom 7. Juni 1989[1518] umge- **3**
setzt. Das Gesetz folgt im wesentlichen dem Muster und Wortlaut der RL.
Die „development risk defence" wird zugelassen (§ 7 Abs. 1 Ziff. 4).
Landwirtschaftliche Naturprodukte und Jagderzeugnisse unterliegen der
Haftung nicht (§ 3 Abs. 2). Ebensowenig existiert eine finanzielle Haf-
tungsbegrenzung.

Auch nach dem dänischen Gesetz sind Schmerzensgeldansprüche möglich. **4**
Dies wird zwar nicht ausdrücklich erwähnt, ergibt sich aber aus § 1 des

---

[1515] Vgl. Übersicht bei Hess, in: Handbuch, 9/3.
[1516] Veröffentlicht im Moniteur Belge, vom 22. März 1991.
[1517] Zum bisherigen Recht vgl. Kocks, 182 ff.
[1518] Lovtidende A Nr. 371, in Kraft getreten am 10. Juni 1989; deutsche Übersetzung
in PHI 1989, 175 ff.

Schadenersatzgesetzes, das bei einer Körperverletzung die Zahlung von Schmerzensgeld vorsieht[1519].

5 Der Zwischenhändler haftet gemäss § 10 unmittelbar sowohl dem Geschädigten als auch jedem weiteren Zwischenhändler, der nach ihm in die Vertriebskette eintritt und den Kläger entschädigt hat (§ 11 Abs. 3).

6 „Sind mehrere Personen als Hersteller (...) haftpflichtig, wird die Haftung, soweit hierüber keine Vereinbarung besteht, zwischen diesen unter Berücksichtigung (...) der bestehenden Haftpflichtversicherung sowie der übrigen Umstände verteilt." § 11 Abs. 2 macht damit bis zu einem gewissen Grad die Haftung von der Versicherung abhängig, was auch § 25 des dänischen Schadenersatzgesetzes entspricht[1520].

C. Deutschland

7 Am 1. Januar 1990 ist das deutsche Produkthaftungsgesetz (ProdHaftG)[1521] in Kraft getreten, § 19. Es lässt den Einwand des Entwicklungsrisikos zu (§ 1 Abs. 2 Nr. 5)[1522], legt eine Haftungshöchstgrenze von 160 Millionen DM bei Personenschäden fest (§ 10) und nimmt landwirtschaftliche Erzeugnisse vor ihrer ersten Verarbeitung von der Haftung aus (§ 2 Satz 2). Im Bereich der Arzneimittelhaftung findet das ProdHaftG entgegen der Vorgabe der RL keine Anwendung (§ 15 Abs. 1)[1523].

D. Frankreich

8 Frankreich ist der Verpflichtung zur Transformation der EG-RL bisher noch nicht nachgekommen. Dies hatte bereits eine Klage der EG-Kommission beim Europäischen Gerichtshof zur Folge[1524], die zur Verurteilung Frankreichs führte[1525].

[1519] Sinding, 115.

[1520] Sinding, 116.

[1521] Gesetz vom 15. Dezember 1989, BGBl. I, S. 2198 ff.; abgedruckt in PHI 1989, 251 ff.

[1522] Vgl. dazu Hager, PHI 1991, 2 ff.

[1523] Zur Konkurrenzsituation der Produkthaftung in Sondergesetzen vgl. Junke, 138 ff.; bezüglich BGB 823 vgl. von Marschall, 166 ff.

[1524] PHI 1993, 53.

[1525] EuGH RS C-293/91.

Inzwischen hat nun ein aus Mitgliedern der Nationalversammlung und des 9 Senats gebildeter Ausschuss einen neuen Vorschlag unterbreitet[1526]. Der Einwand des Entwicklungsrisikos soll nun doch gestrichen werden[1527]. Im vorangehenden Entwurf des Justizministeriums war ein solcher Einwand noch vorgesehen[1528]. Doch war die „development risk defence" bereits im Vorentwurf von 1987 umstritten[1529].

Der französische Hersteller soll gemäss dem letzten Vorschlag auch haften, 10 wenn das Produkt staatlichen Normen entspricht[1530]. Weiter sind Sachschäden auch bei nichtprivater Nutzung zu ersetzen[1531]. Entsprechend dem vorangehenden Entwurf des Justizministeriums ist mit der Einbeziehung von landwirtschaftlichen Naturprodukten zu rechnen, nicht aber mit einem Haftungshöchstbetrag bei Personenschäden[1532].

Die Bestimmungen über die Haftung für fehlerhafte Produkte sollen ins 11 dritte Buch des Code Civil in einen Titel IV bis eingeführt werden, der mit Art. 1386-1 beginnt[1533]. Der vorangehende Titel IV betrifft „Verpflichtungen, die ohne Vertrag zustandekommen". In den Titeln V ff. werden verschiedene Vertragstypen behandelt. Die Einordnung folgt damit der Rechtsnatur der Produkthaftung.

Die neuen Art. 1386-1 bis 1386-19 des Code Civil sollen eine Berufung 12 auf die Sachmängelgewährleistung ausschliessen, Art. 1386 - 17 Abs. 1.

E. Griechenland

Durch die Ministerialverordnung vom 31. März 1988[1534] sollte die RL ins 13 griechische Recht umgesetzt werden. Es ist aber in Griechenland umstrit-

---

[1526] PHI 1993, 112 f.

[1527] PHI 1993, 112 f.

[1528] PHI 1990, 139; zum Entwurf des Justizmisteriums vgl. Lem, 115 ff. sowie 151 ff.; vgl. auch Rohls, in: Produkthaftungshandbuch, § 123 N 51 ff.

[1529] PHI 1988, 64; zum Vorentwurf vgl. Krauss, 26 ff.

[1530] PHI 1993, 112.

[1531] PHI 1993, 112.

[1532] PHI 1990, 139.

[1533] Lem, 115.

[1534] Nr. B 7535/1077; veröffentlicht in der Regierungsgazette 230/B/22. 4. 1988; deutsche Übersetzung in PHI 1988, 162 ff. sowie Schmidt-Salzer/Hollmann, Ausland, 3-2; vgl. Darstellung von Karakostas, 157 ff.

ten, ob die Ministerialverordnung überhaupt gültiges Recht darstellt[1535], so dass nun die Umsetzung der RL in einem Verbraucherschutzgesetz vorgesehen ist[1536].

14 Der Entwurf zu diesem Gesetz[1537] sieht eine Privilegierung landwirtschaftlicher Naturprodukte und Jagderzeugnisse vor, Art. 10 Abs. 2. Weiter ist in Art. 13 Abs. 3 ein Haftungshöchstbetrag für Personenschäden von sieben Milliarden Drachmen geplant. Zudem soll sich der Hersteller entlasten können, wenn er nachweist, dass das „Niveau der wissenschaftlichen und technischen Kenntnisse die Feststellung des Mangels" zum Zeitpunkt des Inverkehrbringes nicht zuliess, Art. 13 Abs. 1 lit. d. Ersatz für immaterielle Schäden kann im Rahmen der griechischen Produzentenhaftung nicht gefordert werden, Art. 12 Abs. 2.

F. Grossbritannien

15 Das Vereinigte Königreich hat die RL im ersten Teil des „Consumer Protection Act" vom 1. März 1987[1538] umgesetzt[1539]. Für die EG-Kommission erwies sich die britische Interpretation der RL jedoch als ungenügend, so dass sie beim britischen Ministerium für Handel und Industrie eine formelle Beschwerde einreichte[1540].

16 Im „Consumer Protection Act" wird für landwirtschaftliche Produkte eine Ausnahme vorgesehen (Art. 1 Abs. 2), der Einwand des Entwicklungsrisikos zugelassen (Art. 4 Abs. 1 lit. e) und auf eine finanzielle Haftungsbeschränkung bei Personenschäden verzichtet. Zu beachten ist, dass nach dem Consumer Protection Act nur der Endhersteller vom Lieferanten zu benennen ist. Nicht von der Auskunftspflicht erfasst ist der Teilhersteller[1541].

[1535] PHI 1990, 14.
[1536] PHI 1990, 14.
[1537] Deutsche Übersetzung bei Hess, in: Handbuch, 9/3.4, 9 ff.
[1538] Deutsche Übersetzung in PHI 1989, 18 ff.
[1539] Vgl. Triebel: in: Produkthaftungshandbuch, §124 N 23 ff.; auch Schmidt-Salzer/ Hollmann, Ausland, 4B.
[1540] PHI 1988, 47.
[1541] Schweighauser, 42.

G. Irland

Mit der „Liability For Defective Products Bill, 1991, No. 11 a"[1542] hat Ir- **17**
land die RL umgesetzt. Von den Optionen machte Irland wie folgt Gebrauch: Der Einwand des Entwicklungsrisikos wurde nicht ausgeschlossen
(Art. 6 lit. e), landwirtschaftliche Naturprodukte wurden nicht in die Haftung einbezogen (Art. 1 Abs. 1), und auf einen Haftungshöchstbetrag für
Personenschäden wurde verzichtet.

H. Italien

Die RL ist auch in Italien durch Verordnung umgesetzt worden. Das Präsi- **18**
dentialdekret Nr. 224 vom 24. Mai 1988[1543] ist am 30. Juli 1988 in Kraft
getreten. Darin ist der Einwand des Entwicklungsrisikos beibehalten worden (Art. 6 Abs. 1 lit. e), ebenso wie die Privilegierung landwirtschaftlicher Naturerzeugnisse (Art. 2 Abs. 3). Ein Haftungslimit ist bei Personenschäden nicht vorgesehen.

Hinzuweisen ist auf Art. 3 Abs. 4, der den Kreis der Haftpflichtigen um **19**
den Anscheinsimporteur erweitert. Art. 4 enthält besonders genaue Vorschriften über die subsidiäre Haftung des Lieferanten[1544]. Art. 7 Abs. 3
trifft Vorkehrungen für den Fall, dass das Inverkehrbringen durch einen
Zwangsverkauf erfolgt. Eine Befreiung von der Haftung ist nur möglich,
wenn der Schuldner den Fehler den Betreibungsbehörden fristgerecht bekannt gibt. Eine Beweiserleichterung findet sich in Art. 8 Abs. 2 Satz 2.
Macht der Hersteller geltend, dass der Fehler zum Zeitpunkt des Inverkehrbringens noch nicht vorlag, so genügt schon das Darlegen einer Wahrscheinlichkeit. Dagegen kann der Richter den Hersteller verpflichten, die
Sachverständigenkosten vorzuschiessen, wenn es wahrscheinlich erscheint,
dass der Schaden auf einen Produktfehler zurückgeht (Art. 8 Abs. 3).

Keine ausdrückliche Regelung fand der Grundsatz, dass die Haftung des **20**
Herstellers nicht dadurch vermindert wird, dass der Schaden zusätzlich
durch das Handeln eines Dritten verursacht wurde. Dieser Grundsatz ist

---

[1542] Deutsche Übersetzung in PHI 1992, 64 ff.
[1543] Veröffentlicht in der Gazetta Ufficiale, n. 146 de 23 giugno 1988; deutsche Übersetzung in PHI 1988, 125 ff. sowie bei Schmidt-Salzer/Hollmann, Ausland, 3-11.
Vgl. die Abhandlung von Posch/Padovini, in: Produkthaftungshandbuch, § 125
N 45 ff.
[1544] Kandut, 120 ff.

ohnehin von der italienischen Praxis anerkannt[1545]. Eine Zahlung von Schmerzensgeld kommt gemäss Art. 2059 Codice Civile nur in Betracht, wenn dies von einem Gesetz ausdrücklich vorgesehen wird. Dies ist etwa im Codice Penale in Art. 185 der Fall. Für die Produktehaftpflicht heisst das, dass nur ein Anspruch auf Schmerzensgeld besteht, wenn ein Straftatbestand - fahrlässige Tötung oder Körperverletzung - erfüllt ist[1546]. Damit ist die Leistung von Schmerzensgeld an ein Verschulden geknüpft.

I. Luxemburg

21 Die „loi relative à la responsabilité civile du fait des produits defectueux"[1547] - die luxemburgische Transformation der RL - ist am 2. Mai 1989 in Kraft getreten. Der luxemburgische Gesetzgeber hat den Einwand des Entwicklungsrisikos nicht übernommen. Auf die Einführung eines Haftungshöchstbetrags für Personenschäden hat er hingegen verzichtet. Landwirtschaftliche Naturprodukte wurden in das Haftungsregime einbezogen. Interessanterweise wurde der Selbstbehalt in ECU angegeben (Art. 2 Nr. 4).

J. Niederlande

22 Die RL diente in den Niederlanden bereits vor ihrer Umsetzung als Auslegungshilfe[1548]. Die Transformation wurde wie in Frankreich durch einen Einschub im Bürgerlichen Gesetzbuch vollzogen, Art. 1407 a - j[1549]. Die Bestimmungen traten am 1. November 1990 in Kraft. Sie gewähren dem Hersteller den Einwand des Entwicklungsrisikos (Art. 1407 a Abs. 1 lit. e) und kennen keine finanzielle Begrenzung der Haftung für Personenschäden. Landwirtschaftliche Naturprodukte und Jagderzeugnisse werden vor der ersten Verarbeitung von der Haftung ausgenommen, Art. 1407 c Abs. 1. Hinzuweisen ist vor allem auf Art. 1407 i, der Regressansprüche Dritter ausschliesst[1550].

[1545] Kandut, 122 f.

[1546] Kandut, 123.

[1547] Deutsche Übersetzung bei Hess, in: Handbuch, 9/3.8, 2 ff.

[1548] Dommering-van Rongen, 4.

[1549] Veröffentlicht im Staatsblad Nr. 487; deutsche Übersetzung bei Hess, in: Handbuch, 9/3.9, 3 ff. sowie bei Schmidt-Salzer/Hollmann, Ausland, 3-28.

[1550] Vgl. dazu van Wassenaer van Catwijck, 50 ff.; weiterführend Barendrecht, in: Produkthaftungshandbuch, § 127 N 21 ff.

K. Portugal

Portugal hat die Produkthaftung im Dekretsgesetz Nr. 383/89 vom 6. No- **23** vember 1989[1551] geregelt. Eine Ausnahme für landwirtschaftliche Natur-produkte und Jagderzeugnisse ist vorgesehen (Art. 3 Abs. 2), genauso wie der Einwand des Entwicklungsrisikos (Art. 5 lit. e). Im Falle eines Perso-nenschadens besteht ein Haftungslimit von 10 Milliarden Escudos, Art. 9. Für die Mitteilung des Herstellers oder Importeurs wird dem Lieferanten eine Frist von drei Monaten gesetzt, Art. 2 Abs. 2 lit. b. Die Beweislast wird nicht ausdrücklich geregelt. Sie richtet sich nach den allgemeinen Re-geln der Art. 442 ff. Código Civil, wonach der Geschädigte für das Vor-liegen sämtlicher Tatbestandsmerkmale beweispflichtig ist[1552]. Der Ersatz immaterieller Schäden richtet sich nach Art. 496 Código Civil; der im Fall der Tötung Ersatzansprüche statuiert[1553].

L. Spanien

Das spanische Justizministerium hat dem Parlament am 26. Februar 1993 **24** einen Entwurf zu einem Produkthaftungsgesetz[1554] vorgelegt. In der ersten Schlussbestimmung wird das Verhältnis zum Konsumentenschutzge-setz[1555] geregelt, das während langer Zeit einen Streitpunkt bildete und die Gesetzgebungstätigkeit lähmte[1556]. Die Artikel 25 bis 28 des Konsumen-tenschutzgesetzes werden nun nicht abgeschafft, finden aber keine Anwen-dung für Produkte im Sinne des Art. 2 des Produkthaftungsgesetzes.

Landwirtschaftliche Naturprodukte, Tierzucht-, Fischerei- und Jagderzeug- **25** nisse werden in Art. 2 von der Haftung ausgenommen. Der Entwurf enthält ferner eine Haftungshöchstgrenze für Personenschäden in der Höhe von 10.5 Milliarden Peseten, Art. 11. Der Einwand des Entwicklungsrisikos ist vorgesehen, Art. 6 Abs. 1 lit. e. Wie im portugiesischen Gesetz wird dem Lieferanten eine dreimonatige Frist zur Bekanntgabe des Herstellers oder Importeurs gesetzt, Art. 4 Abs. 3. Zu beachten ist die Zusatzbestimmung,

---

[1551] Veröffentlicht im Diário da República - I. Serie N° 255 vom 6. November 1989, 4880 ff.; deutsche Übersetzung in PHI 1990, 10 f.
[1552] Stieb, 20.
[1553] Stieb, 21 m.w.N.
[1554] Deutsche Übersetzung in PHI 1993, 154 ff.
[1555] Gesetz 26/1984 vom 19. Juli.
[1556] PHI 1990, 7; Gil, 149.

die vorsieht, dass der Lieferant an der Stelle des Herstellers haftet, wenn er das Produkt nachweislich in Kenntnis des Fehlers ausgeliefert hat. Er kann aber auf den Hersteller oder Importeur Regress nehmen. Für den Ersatz immaterieller Schäden wird in Art. 10 Abs. 2 auf andere Rechtsgrundlagen verwiesen[1557].

26   Von Interesse ist ferner die zweite Schlussbestimmung. Ihr zufolge wird die Regierung ermächtigt, im Konsumentenschutzgesetz eine Pflichtversicherung oder einen Garantiefonds einzuführen, um die Deckung der durch fehlerhafte Produkte (oder Dienstleistungen) verursachten Schäden zu gewährleisten.

[1557]   Im einzelnen vgl. Gil, 152, der u.U. Schmerzensgeldansprüche für „vom Gesetz mit umfasst" hält.

Kapitel 2
EFTA - Staaten[1558]

A. Finnland

Am 1. September 1991 ist das finnische Produkthaftungsgesetz[1559] in Kraft **27** getreten. Es lehnt sich stark an die RL an. Der Konsumentenschutz wird sehr ernst genommen, indem der Einwand des Entwicklungsrisikos nicht zugelassen, unverarbeitete Naturprodukte in die Haftung einbezogen und ein Haftungshöchstbetrag für Personenschäden ebenso wie ein Selbstbehalt für Sachschäden nicht vorgesehen ist.

Keine Anwendung findet das Gesetz, wenn dem Geschädigten durch die in **28** § 2 Abs. 3 ff. genannten Spezialgesetze zur Verfügung stehen. Der Ausschluss gilt allerdings nur, soweit der Rechtsschutz in den Spezialgesetzen besser oder ebenbürtig ist[1560]. Elektrische Energie ist nach finnischem Recht kein Produkt. Durch sie verursachte Schäden werden aber durch das Energiegesetz gedeckt[1561]. Eine weitere Besonderheit ist die in § 13 vorgesehene Möglichkeit, im Verordnungsweg die Haftung des Importeurs mit Rücksicht auf Handelsbeziehungen zu anderen Staaten auszuschliessen[1562]. Für den Umfang des zu ersetzenden Schadens wird in § 8 auf das Schadenersatzgesetz verwiesen. Daraus ergibt sich für Sachschäden die Voraussetzung, dass die Sache zum privaten Ge- oder Verbrauch bestimmt war, und für Personenschäden die Verpflichtung zur Zahlung von Schmerzensgeld[1563]. Bei den Verjährungsvorschriften in § 9 fällt auf, dass der Geschädigte den Produktfehler nicht kennen muss, damit die dreijährige Frist zu laufen beginnt.

1558 Vgl. Übersicht bei Hess, in: Handbuch, 9/4 ff.
1559 Gesetz Nr. 694 vom 17. August 1990; abgedruckt in Suomen säädöskokoelma, Finlands Författningssamling, Nr. 694; deutsche Übersetzung in PHI 1991, 53 ff.
1560 Pohl/Henrÿ, 46 f.
1561 Pohl/Henrÿ, 48.
1562 Pohl/Henrÿ, 50 f.
1563 Pohl/Henrÿ, 51.

B. Island

29 Islands Produkthaftungsgesetz vom 20. März 1991 ist am 1. Januar 1992 in Kraft getreten[1564]. Es hat die RL zum Vorbild, lässt den Einwand des Entwicklungsrisikos in Art. 7 Ziff. 4 zu, enthält eine Haftungshöchstgrenze für Personenschäden in der Höhe von 70 Millionen ECU und bezieht landwirtschaftliche Naturprodukte in die Haftung mit ein, Art. 3.

C. Liechtenstein

30 Als zukünftiges Mitglied des Europäischen Wirtschaftsraums ist Liechtenstein seiner Verpflichtung nachgekommen und hat am 12. November 1992 ein Produktehaftungsgesetz[1565] erlassen. Nach Art. 14 tritt das Gesetz gleichzeitig mit dem Abkommen über den Europäischen Wirtschaftsraum in Kraft. Das Gesetz lehnt sich weitestgehend an die RL an[1566]. Landwirtschaftliche Naturprodukte werden privilegiert (Art. 5 Abs. 2). Der Einwand des Entwicklungsrisikos wird eingeräumt (Art. 7 Abs. 1 lit. e). Eine Haftungsbeschränkung für Personenschäden enthält das liechtensteinische Gesetz nicht.

D. Norwegen

31 Seit dem 1. Januar 1993 ist das geänderte norwegische Produkthaftungsgesetz vom 23. Dezember 1988[1567] in Kraft. Im Hinblick auf den EG-Beitritt wurde das Gesetz der RL angepasst[1568]. Das Gesetz kennt den Einwand des Entwicklungsrisikos ebensowenig wie eine finanzielle Beschränkung der Haftung für Personenschäden. Auch auf eine Privilegierung der Naturprodukte wurde verzichtet, § 1 - 2, Abs. 1. Gemäss § 3 - 11 beträgt die absolute Verjährungsfrist 20 Jahre.

[1564] PHI 1991, 180.
[1565] Veröffentlicht im Landesgesetzblatt, LGBl. 1993/12, ausgegeben am 14. Januar. 1993; abgedruckt in PHI 1993, 58 f.
[1566] Im einzelnen vgl. Posch/Schneider, 56 f.
[1567] Gesetz Nr. 104; veröffentlicht in Norsk Lovtidende 1988, 1025; deutsche Übersetzung in PHI 1989, 91 ff.
[1568] PHI 1992, 105 f.

E. Österreich

Österreich hat zwar ein sich an der RL orientierendes Produkthaftungs- **32**
gesetz[1569] am 1. Juli 1988 in Kraft gesetzt, doch bedingt die Teilnahme am
Europäischen Wirtschaftsraum eine Novelle. Es liegt bereits eine entsprechende Regierungsvorlage[1570] vor, die auch schon vom Justizausschuss des
Nationalrates approbiert[1571] wurde. Die Behandlung im Plenum steht noch
aus, es werden aber keine wesentlichen Änderungen erwartet[1572]. Die no-
vellierten Bestimmungen sollen zusammen mit dem Abkommen über den
Europäischen Wirtschaftsraum in Kraft treten, § 19a Abs. 1.

Landwirtschaftliche Naturprodukte werden im österreichischen Produkt- **33**
haftungsgesetz vor ihrer ersten Verarbeitung der Haftung nicht unterworfen, § 4. Der Einwand des Entwicklungsrisikos wird in § 8 Ziff. 2 zugelassen. Eine finanzielle Beschränkung der Haftung für Personenschäden fehlt.
Nicht ganz klar ist die Bedeutung des § 16, der eine Pflicht zur „Deckungs-
vorsorge" statuiert[1573]. Auf jeden Fall ergibt sich aus dieser Vorschrift keine Versicherungspflicht für haftpflichtige Unternehmen[1574].

F. Schweden

Am 1. Januar 1993 ist das schwedische Produkthaftungsgesetz[1575] vom **34**
23. Januar 1992 in Kraft getreten. Es gewährt dem Hersteller den Einwand
des Entwicklungsrisikos (§ 8 Ziff. 4), verzichtet auf eine Begrenzung der
Haftung für Personenschäden und bezieht die landwirtschaftlichen Naturprodukte in die Haftung mit ein. Dem Lieferanten wird in § 7 Abs. 3 eine
Frist von einem Monat gesetzt, um den Importeur oder Hersteller zu benennen. § 10 bringt ein Regressrecht desjenigen, der auf Grund des Konsu-

---

[1569] PHG, veröffentlicht im BGBl. 1988/99, abgedruckt in PHI 1988, 61 ff.; vgl.
Posch, PHI 1990, 134 ff.; ders., in: Produkthaftungshandbuch, § 128 N 45 ff.;
Kraft, 54 ff.; umfassend Lederer, 5 ff.
[1570] 648 BlgNR 18. GP, vom 28. August 1992.
[1571] Bericht des Justizausschusses, 779 BlgNR 18. GP, vom 5. November 1992; die
nur leicht geänderte Regierungsvorlage ist abgedruckt in PHI 1993, 16 f.
[1572] Posch, PHI 1993, 17.
[1573] Vgl. Posch, PHI 1990, 136 m.w.N.
[1574] Posch, a.a.O.
[1575] Veröffentlicht in Svensk författningsamling, SFS 1992: 18 vom 4. Februar 1992;
deutsche Übersetzung in PHI 1992, 159 f.

mentenkaufgesetzes oder Konsumentendienstleistungsgesetzes Schadenersatz geleistet hat.

Anhänge

Anhang 1
Textsynopse

Produktehaftpflichtgesetz	EG-Richtlinie
Art. 1 Grundsatz	**Artikel 1**
1 Die herstellende Person (Herstellerin)[1576] haftet für den Schaden, wenn ein fehlerhaftes Produkt dazu führt, dass:	Der Hersteller eines Produkts haftet für den Schaden, der durch einen Fehler dieses Produkts verursacht worden ist.
a. eine Person getötet oder verletzt wird;	**Artikel 9**
b. eine Sache beschädigt oder zerstört wird, die nach ihrer Art gewöhnlich zum privaten Gebrauch oder Verbrauch bestimmt und vom Geschädigten hauptsächlich privat verwendet worden ist.	Der Begriff «Schaden» im Sinne des Artikels 1 umfasst
	a) den durch Tod und Körperverletzungen verursachten Schaden;
2 Die Herstellerin haftet nicht für den Schaden am fehlerhaften Produkt.	b) die Beschädigung oder Zerstörung einer anderen Sache als des fehlerhaften Produktes
	– …
	– sofern diese Sache
	i) von einer Art ist, wie sie gewöhnlich für den privaten Ge- oder Verbrauch bestimmt ist, und
	ii) von dem Geschädigten hauptsächlich zum privaten Ge- oder Verbrauch verwendet worden ist.

[1576] Die Personenbezeichnung ist weiblich, weil sie sich nach dem grammatischen Geschlecht des voranstehenden Substantivs richtet.

Produktehaftpflichtgesetz	**EG-Richtlinie**
Art. 2 Herstellerin	**Artikel 3**

<table>
<tr><td>

1 Als Herstellerin im Sinne dieses Gesetzes gilt:

  a. die Person, die das Endprodukt, einen Grundstoff oder ein Teilprodukt hergestellt hat;

  b. jede Person, die sich als Herstellerin ausgibt, indem sie ihren Namen, ihr Warenzeichen oder ein anderes Erkennungszeichen auf dem Produkt anbringt;

  c. jede Person, die ein Produkt zum Zweck des Verkaufs, der Vermietung, des Mietkaufs oder einer anderen Form des Vertriebs im Rahmen ihrer geschäftlichen Tätigkeit einführt; dabei bleiben abweichende Bestimmungen in völkerrechtlichen Verträgen vorbehalten.

2 Kann die Herstellerin des Produkts nicht festgestellt werden, so gilt jede Person als Herstellerin, welche das Produkt geliefert hat, sofern sie dem Geschädigten nach einer entsprechenden Aufforderung nicht innerhalb einer angemessenen Frist die Herstellerin oder die Person nennt, die ihr das Produkt geliefert hat.

</td><td>

(1)   «Hersteller» ist der Hersteller des Endprodukts, eines Grundstoffs oder eines Teilprodukts sowie jede Person, die sich als Hersteller ausgibt, indem sie ihren Namen, ihr Warenzeichen oder ein anderes Erkennungszeichen auf dem Produkt anbringt.

(2)   Unbeschadet der Haftung des Herstellers gilt jede Person, die ein Produkt zum Zweck des Verkaufs, der Vermietung, des Mietkaufs oder einer anderen Form des Vertriebs im Rahmen ihrer geschäftlichen Tätigkeit in die Gemeinschaft einführt, im Sinne dieser Richtlinie als Hersteller dieses Produkts und haftet wie der Hersteller.

(3)   Kann der Hersteller des Produkts nicht festgestellt werden, so wird jeder Lieferant als dessen Hersteller behandelt, es sei denn, dass er dem Geschädigten innerhalb angemessener Zeit den Hersteller oder diejenige Person benennt, die ihm das Produkt geliefert hat. Dies gilt auch für eingeführte Produkte, wenn sich bei diesen der Importeur im Sinne des Absatzes 2 nicht feststellen lässt, selbst wenn der Name des Herstellers angegeben ist.

</td></tr>
</table>

Produktehaftpflichtgesetz	**EG-Richtlinie**
3 Absatz 2 gilt auch für Produkte, bei denen nicht festgestellt werden kann, wer sie eingeführt hat, selbst wenn der Name der Herstellerin angegeben ist.	

Produktehaftpflichtgesetz	**EG-Richtlinie**
Art. 3 Produkt	**Artikel 2**
1 Als Produkte im Sinne dieses Gesetzes gelten:	Bei der Anwendung dieser Richtlinie gilt als «Produkt» jede bewegliche Sache, ausgenommen landwirtschaftliche Naturprodukte und Jagderzeugnisse, auch wenn sie einen Teil einer anderen beweglichen Sache oder einer unbeweglichen Sache bildet. Unter «landwirtschaftlichen Naturprodukten» sind Boden-, Tierzucht- und Fischereierzeugnisse zu verstehen, ausgenommen Produkte, die einer ersten Verarbeitung unterzogen wurden. Unter «Produkt» ist auch Elektrizität zu verstehen.
a. jede bewegliche Sache, auch wenn sie einen Teil einer anderen beweglichen Sache oder einer unbeweglichen Sache bildet, und	
b. Elektrizität.	
2 Landwirtschaftliche Bodenerzeugnisse sowie Tierzucht-, Fischerei- und Jagderzeugnisse gelten erst dann als Produkte, wenn sie einer ersten Verarbeitung unterzogen worden sind.	
	Artikel 15
	(1) Jeder Mitgliedstaat kann
	a) abweichend von Artikel 2 in seinen Rechtsvorschriften vorsehen, dass der Begriff «Produkt» im Sinne von Artikel 1 auch landwirtschaftliche Naturprodukte und Jagderzeugnisse umfasst;
	b) …

351

Produktehaftpflichtgesetz	EG-Richtlinie
Art. 4　Fehler	**Artikel 6**
1 Ein Produkt ist fehlerhaft, wenn es nicht die Sicherheit bietet, die man unter Berücksichtigung aller Umstände zu erwarten berechtigt ist; insbesondere sind zu berücksichtigen:	(1)　Ein Produkt ist fehlerhaft, wenn es nicht die Sicherheit bietet, die man unter Berücksichtigung aller Umstände, insbesondere
a.　die Art und Weise, in der es dem Publikum präsentiert wird;	a)　der Darbietung des Produkts,
b.　der Gebrauch, mit dem vernünftigerweise gerechnet werden kann;	b)　des Gebrauchs des Produkts, mit dem billigerweise gerechnet werden kann,
c.　der Zeitpunkt, in dem es in Verkehr gebracht wurde.	c)　des Zeitpunkts, zu dem das Produkt in den Verkehr gebracht wurde,
2 Ein Produkt ist nicht allein deshalb fehlerhaft, weil später ein verbessertes Produkt in Verkehr gebracht wurde.	zu erwarten berechtigt ist.
	(2)　Ein Produkt kann nicht allein deshalb als fehlerhaft angesehen werden, weil später ein verbessertes Produkt in den Verkehr gebracht wurde.
Art. 5　Ausnahmen von der Haftung	**Artikel 7**
1 Die Herstellerin haftet nicht, wenn sie beweist, dass	Der Hersteller haftet aufgrund dieser Richtlinie nicht, wenn er beweist,
a.　sie das Produkt nicht in Verkehr gebracht hat;	a)　dass er das Produkt nicht in den Verkehr gebracht hat;
b.　nach den Umständen davon auszugehen ist, dass der Fehler, der den Schaden verursacht hat, noch nicht vorlag, als sie das Produkt in Verkehr brachte;	b)　dass unter Berücksichtigung der Umstände davon auszugehen ist, dass der Fehler, der den Schaden verursacht hat, nicht vorlag, als das Produkt von ihm in den Verkehr gebracht wurde, oder dass dieser Fehler später entstanden ist;

Produktehaftpflichtgesetz	**EG-Richtlinie**
c. sie das Produkt weder für den Verkauf oder eine andere Form des Vertriebs mit wirtschaftlichem Zweck hergestellt noch im Rahmen ihrer beruflichen Tätigkeit hergestellt oder vertrieben hat;	c) dass er das Produkt weder für den Verkauf oder eine andere Form des Vertriebs mit wirtschaftlichem Zweck hergestellt noch im Rahmen seiner beruflichen Tätigkeit hergestellt oder vertrieben hat;
d. der Fehler darauf zurückzuführen ist, dass das Produkt verbindlichen, hoheitlich erlassenen Vorschriften entspricht;	d) dass der Fehler darauf zurückzuführen ist, dass das Produkt verbindlichen hoheitlich erlassenen Normen entspricht;
e. der Fehler nach dem Stand der Wissenschaft und Technik im Zeitpunkt, in dem das Produkt in Verkehr gebracht wurde, nicht erkannt werden konnte.	e) dass der vorhandene Fehler nach dem Stand der Wissenschaft und Technik zu dem Zeitpunkt, zu dem er das betreffende Produkt in den Verkehr brachte, nicht erkannt werden konnte;
2 Die Herstellerin eines Grundstoffs oder eines Teilprodukts haftet ferner nicht, wenn sie beweist, dass der Fehler durch die Konstruktion des Produkts, in das der Grundstoff oder das Teilprodukt eingearbeitet wurde, oder durch die Anleitungen der Herstellerin dieses Produkts verursacht worden ist.	f) wenn es sich um den Hersteller eines Teilproduktes handelt, dass der Fehler durch die Konstruktion des Produkts, in welches das Teilprodukt eingearbeitet wurde, oder durch die Anleitungen des Herstellers des Produktes verursacht worden ist.

Artikel 15
(1)   Jeder Mitgliedstaat kann
   a)   ...

Produktehaftpflichtgesetz	**EG-Richtlinie**
	b) abweichend von Artikel 7 Buchstabe c in seinen Rechtsvorschriften die Regelung beibehalten oder - vorbehaltlich des Verfahrens nach Absatz 2 des vorliegenden Artikels - vorsehen, dass der Hersteller auch dann haftet, wenn er beweist, dass der vorhandene Fehler nach dem Stand der Wissenschaft und Technik zu dem Zeitpunkt, zu dem er das betreffende Produkt in den Verkehr brachte nicht erkannt werden konnte.
	(2) Will ein Mitgliedstaat eine Regelung nach Absatz 1 Buchstabe b einführen, so teilt er der Kommission den Wortlaut der geplanten Regelung mit; die Kommission unterrichtet die übrigen Mitgliedstaaten hiervon.
	Der betreffende Mitgliedstaat führt die geplante Regelung erst neun Monate nach Unterrichtung der Kommission und nur dann ein, wenn diese dem Rat in der Zwischenzeit keinen einschlägigen Änderungsvorschlag zu dieser Richtlinie vorgelegt hat.

Produktehaftpflichtgesetz	**EG-Richtlinie**
	Bringt die Kommission jedoch innerhalb von drei Monaten nach der Unterrichtung dem betreffenden Mitgliedstaat nicht ihre Absicht zur Kenntnis, dem Rat einen derartigen Vorschlag zu unterbreiten, so kann der Mitgliedstaat die geplante Regelung unverzüglich einführen.
	Legt die Kommission dem Rat innerhalb der genannten Frist von neun Monaten einen derartigen Änderungsvorschlag zu dieser Richtlinie vor, so stellt der betreffende Mitgliedstaat die geplante Regelung für einen weiteren Zeitraum von 18 Monaten nach der Unterbreitung dieses Vorschlages zurück.
	(3) Zehn Jahre nach dem Zeitpunkt der Bekanntgabe dieser Richtlinie legt die Kommission dem Rat einen Bericht darüber vor, wie sich die Anwendung des Artikels 7 Buchstabe e und des Absatzes 1 Buchstabe b des vorliegenden Artikels durch die Gerichte auf den Verbraucherschutz und das Funktionieren des Gemeinsamen Marktes ausgewirkt hat. Der Rat entscheidet unter Berücksichtigung dieses Berichts nach Massgabe des Artikels 100 des Vertrages auf Vorschlag der Kommission über die Aufhebung des Artikels 7 Buchstabe e.

Produktehaftpflichtgesetz	**EG-Richtlinie**
Art. 6 Selbstbehalt bei Sach-schäden	**Artikel 9** …
1 Der Geschädigte muss Sachschä-den bis zur Höhe von 900 Franken selber tragen.	a) … b) …
	– bei einer Selbstbeteili-gung von 500 ECU
2 Der Bundesrat kann den Betrag gemäss Absatz 1 den veränderten Verhältnissen anpassen.	– …
	Artikel 18
	(1) Als ECU im Sinne dieser Richtlinie gilt die Rechnungseinheit, die durch die Verordnung (EWG) Nr. 3180/78 in der Fassung der Verordnung (EWG) Nr. 2626/84 festgelegt worden ist. Der Gegenwert in nationaler Währung ist bei der ersten Festsetzung derjenige, welcher am Tag der Annahme dieser Richtlinie gilt.
	(2) Der Rat prüft auf Vorschlag der Kommission alle fünf Jahre die Beträge dieser Richtlinie unter Berücksichtigung der wirtschaftlichen und monetären Entwicklung in der Gemeinschaft und ändert diese Beträge gegebenenfalls.
Art. 7 Solidarhaftung	**Artikel 5**
Sind für den Schaden, der durch ein fehlerhaftes Produkt verursacht worden ist, mehrere Personen ersatzpflichtig, so haften sie solidarisch.	Haften aufgrund dieser Richtlinie mehrere Personen für denselben Schaden, so haften sie unbeschadet des einzelstaatlichen Rückgriffsrechts gesamtschuldnerisch.

Produktehaftpflichtgesetz	EG-Richtlinie
Art. 8 Wegbedingung der Haftung Vereinbarungen, welche die Haftpflicht nach diesem Gesetz gegenüber dem Geschädigten beschränken oder wegbedingen, sind nichtig.	**Artikel 12** Die Haftung des Herstellers aufgrund dieser Richtlinie kann gegenüber dem Geschädigten nicht durch eine die Haftung begrenzende oder von der Haftung befreiende Klausel begrenzt oder ausgeschlossen werden. **Artikel 16** (1) Jeder Mitgliedstaat kann vorsehen, dass die Gesamthaftung des Herstellers für die Schäden infolge von Tod oder Körperverletzung, die durch gleiche Artikel mit demselben Fehler verursacht wurden, auf einen Betrag von nicht weniger als 70 Millionen ECU begrenzt wird. (2) Zehn Jahre nach dem Zeitpunkt der Bekanntgabe dieser Richtlinie unterbreitet die Kommission dem Rat einen Bericht über die Frage, wie sich diese Haftungsbegrenzung durch diejenigen Mitgliedstaaten, die von der in Absatz 1 vorgesehenen Möglichkeit Gebrauch gemacht haben, auf den Verbraucherschutz und das Funktionieren des Gemeinsamen Marktes ausgewirkt hat. Der Rat entscheidet unter Berücksichtigung dieses Berichts nach Massgabe des Artikels 100 des Vertrages auf Vorschlag der Kommission über die Aufhebung des Absatzes 1.

Produktehaftpflichtgesetz	**EG-Richtlinie**
Art. 9 Verjährung	**Artikel 10**
Ansprüche nach diesem Gesetz verjähren drei Jahre nach dem Tag, an dem der Geschädigte Kenntnis vom Schaden, dem Fehler und von der Person der Herstellerin erlangt hat oder hätte erlangen müssen.	(1) Die Mitgliedstaaten sehen in ihren Rechtsvorschriften vor, dass der aufgrund dieser Richtlinie vorgesehene Ersatzanspruch nach Ablauf einer Frist von drei Jahren ab dem Tage verjährt, an dem der Kläger von dem Schaden, dem Fehler und der Identität des Herstellers Kenntnis erlangt hat oder hätte erlangen müssen.
	(2) ...
Art. 10 Verwirkung	**Artikel 11**
1 Ansprüche nach diesem Gesetz verwirken zehn Jahre nach dem Tag, an dem die Herstellerin das Produkt, das den Schaden verursacht hat, in Verkehr gebracht hat.	Die Mitgliedstaaten sehen in ihren Rechtsvorschriften vor, dass die dem Geschädigten aus dieser Richtlinie erwachsenden Ansprüche nach Ablauf einer Frist von zehn Jahren ab dem Zeitpunkt erlöschen, zu dem der Hersteller das Produkt, welches den Schaden verursacht hat, in den Verkehr gebracht hat, es sei denn, der Geschädigte hat in der Zwischenzeit ein gerichtliches Verfahren gegen den Hersteller eingeleitet.
2 Die Verwirkungsfrist gilt als gewahrt, wenn gegen die Herstellerin binnen zehn Jahren geklagt wird.	
Art. 11 Verhältnis zu anderen Bestimmungen des eidgenössischen oder kantonalen Rechts	**Artikel 4**
1 Soweit dieses Gesetz nichts anderes vorsieht, gelten die Bestimmungen des Obligationenrechts.	Der Geschädigte hat den Schaden, den Fehler und den ursächlichen Zusammenhang zwischen Fehler und Schaden zu beweisen.

Produktehaftpflichtgesetz	EG-Richtlinie
2 Schadenersatzansprüche aufgrund des Obligationenrechts oder anderer Bestimmungen des eidgenössischen oder des kantonalen öffentlichen Rechts bleiben dem Geschädigten gewahrt. 3 Dieses Gesetz ist nicht anwendbar auf Schäden infolge eines nuklearen Zwischenfalls. Abweichende Bestimmungen in völkerrechtlichen Verträgen sind vorbehalten.	**Artikel 8** (1) Unbeschadet des einzelstaatlichen Rückgriffsrechts wird die Haftung eines Herstellers nicht gemindert, wenn der Schaden durch einen Fehler des Produkts und zugleich durch die Handlung eines Dritten verursacht worden ist. (2) Die Haftung des Herstellers kann unter Berücksichtigung aller Umstände gemindert werden oder entfallen, wenn der Schaden durch einen Fehler des Produkts und zugleich durch Verschulden des Geschädigten oder einer Person, für die der Geschädigte haftet, verursacht worden ist. **Artikel 9** … Dieser Artikel berührt nicht die Rechtsvorschriften der Mitgliedstaaten betreffend immaterielle Schäden. **Artikel 10** (1) … (2) Die Rechtsvorschriften der Mitgliedstaaten über die Hemmung oder Unterbrechung der Verjährung werden durch diese Richtlinie nicht berührt.

Produktehaftpflichtgesetz	**EG-Richtlinie**
	Artikel 13
	Die Ansprüche, die ein Geschädigter aufgrund der Vorschriften über die vertragliche und ausservertragliche Haftung oder aufgrund einer zum Zeitpunkt der Bekanntgabe dieser Richtlinie bestehenden besonderen Haftungsregelung geltend machen kann, werden durch diese Richtlinie nicht berührt.
Art. 12 Änderung von Bundesrecht	**Artikel 14**
Das Kernenergiehaftpflichtgesetz vom 18. März 1983 wird wie folgt geändert:	Diese Richtlinie ist nicht auf Schäden infolge eines nuklearen Zwischenfalls anwendbar, die in von den Mitgliedstaaten ratifizierten internationalen Übereinkommen erfasst sind.
Art. 2 Abs. 1 Bst. b und c	
1 Als Nuklearschaden gilt:	
b. der Schaden, der durch eine andere Strahlenquelle innerhalb einer Kernanlage verursacht wird;	
c. der Schaden, der als Folge behördlich angeordneter oder empfohlener Massnahmen zur Abwehr oder Verminderung einer unmittelbar drohenden nuklearen Gefährdung eintritt, mit Ausnahmen von entgangenem Gewinn.	
Art. 13 Übergangsbestimmung	**Artikel 17**
Dieses Gesetz gilt nur für Produkte, die nach seinem Inkrafttreten in Verkehr gebracht wurden.	Diese Richtlinie ist nicht auf Produkte anwendbar, die in den Verkehr gebracht wurden, bevor die in Artikel 19 genannten Vorschriften in Kraft getreten sind.

Produktehaftpflichtgesetz	EG-Richtlinie
Art. 14 Referendum und Inkrafttreten 1 Dieses Gesetz untersteht dem fakultativen Referendum. 2 Der Bundesrat bestimmt das Inkrafttreten.	**Artikel 19** (1) Die Mitgliedstaaten erlassen die erforderlichen Rechts- und Verwaltungsvorschriften, um dieser Richtlinie spätestens drei Jahre nach ihrer Bekanntgabe nachzukommen. Sie setzen die Kommission unverzüglich davon in Kenntnis. (2) Das in Artikel 15 Absatz 2 vorgesehene Verfahren ist vom Tag der Bekanntgabe der Richtlinie an anzuwenden. **Artikel 20** Die Mitgliedstaaten teilen der Kommission den Wortlaut der wichtigsten innerstaatlichen Rechtsvorschriften mit, die sie auf dem unter diese Richtlinie fallenden Gebiet erlassen. **Artikel 21** Die Kommission legt dem Rat alle fünf Jahre einen Bericht über die Anwendung dieser Richtlinie vor und unterbreitet ihm gegebenenfalls geeignete Vorschläge. **Artikel 22** Diese Richtlinie ist an die Mitgliedstaaten gerichtet.

Anhang 2
Richtlinie des Rates vom 25. Juli 1985 zur Angleichung der Rechts- und Verwaltungsvorschriften der Mitgliedstaaten über die Haftung für fehlerhafte Produkte (85/374/EWG)
ABl.-EG Nr. L 210/29

Der Rat der Europäischen Gemeinschaften -
gestützt auf den Vertrag zur Gründung der Europäischen Wirtschaftsge-
meinschaft, insbesondere auf Artikel 100,
auf Vorschlag der Kommission,
nach Stellungnahme des Europäischen Parlaments,
nach Stellungnahme des Wirtschafts- und Sozialausschusses,
in Erwägung nachstehender Gründe:

**Erwä-
gungs-
grund
Nr.**

1   Eine Angleichung der einzelstaatlichen Rechtsvorschriften über die Haftung des Herstellers für Schäden, die durch die Fehlerhaftigkeit seiner Produkte verursacht worden sind, ist erforderlich, weil deren Unterschiedlich-
keit den Wettbewerb verfälschen, den freien Warenverkehr innerhalb des
Gemeinsamen Marktes beeinträchtigen und zu einem unterschiedlichen
Schutz des Verbrauchers vor Schädigungen seiner Gesundheit und seines
Eigentums durch ein fehlerhaftes Produkt führen kann.

2   Nur bei einer verschuldensunabhängigen Haftung des Herstellers kann das
unserem Zeitalter fortschreitender Technisierung eigene Problem einer gerechten Zuweisung der mit der modernen technischen Produktion verbundenen Risiken in sachgerechter Weise gelöst werden.

3   Die Haftung darf sich nur auf bewegliche Sachen erstrecken, die industriell
hergestellt werden. Folglich sind landwirtschaftliche Produkte und Jagderzeugnisse von der Haftung auszuschliessen, ausser wenn sie einer indu-

striellen Verarbeitung unterzogen worden sind, die Ursache eines Fehlers dieses Erzeugnisses sein kann. Die in dieser Richtlinie vorzusehende Haftung muss auch für bewegliche Sachen gelten, die bei der Errichtung von Bauwerken verwendet oder in Bauwerke eingebaut werden.

Der Schutz des Verbrauchers erfordert es, dass alle am Produktionsprozess Beteiligten haften, wenn das Endprodukt oder der von ihnen gelieferte Bestandteil oder Grundstoff fehlerhaft war. Aus demselben Grunde hat die Person, die Produkte in die Gemeinschaft einführt, sowie jede Person zu haften, die sich als Hersteller ausgibt, indem sie ihren Namen, ihr Warenzeichen oder ein anderes Erkennungszeichen anbringt, oder die ein Produkt liefert, dessen Hersteller nicht festgestellt werden kann. **4**

Haften mehrere Personen für denselben Schaden, so erfordert der Schutz des Verbrauchers, dass der Geschädigte eine jede für den vollen Ersatz des Schadens in Anspruch nehmen kann. **5**

Damit der Verbraucher in seiner körperlichen Unversehrtheit und seinem Eigentum geschützt wird, ist zur Bestimmung der Fehlerhaftigkeit eines Produkts nicht auf dessen mangelnde Gebrauchsfähigkeit, sondern auf einen Mangel an Sicherheit abzustellen, die von der Allgemeinheit berechtigterweise erwartet werden darf. Bei der Beurteilung dieser Sicherheit wird von jedem missbräuchlichen Gebrauch des Produkts abgesehen, der unter den betreffenden Umständen als unvernünftig gelten muss. **6**

Eine gerechte Verteilung der Risiken zwischen dem Geschädigten und dem Hersteller bedingt, dass es dem Hersteller möglich sein muss, sich von der Haftung zu befreien, wenn er den Beweis für ihn entlastende Umstände erbringt. **7**

Der Schutz des Verbrauchers erfordert, dass die Haftung des Herstellers nicht durch Handlungen anderer Personen beeinträchtigt wird, die zur Verursachung des Schadens beigetragen haben. Ein Mitverschulden des Geschädigten kann jedoch berücksichtigt werden und die Haftung mindern oder ausschliessen. **8**

9   Der Schutz des Verbrauchers erfordert die Wiedergutmachung von Schäden, die durch Tod und Körperverletzungen verursacht wurden, sowie die
Wiedergutmachung von Sachschäden. Letztere ist jedoch auf Gegenstände
des privaten Ge- bzw. Verbrauchs zu beschränken und zur Vermeidung
einer allzu grossen Zahl von Streitfällen um eine Selbstbeteiligung in fester
Höhe zu vermindern. Die Richtlinie berührt nicht die Gewährung von
Schmerzensgeld und die Wiedergutmachung anderer seelischer Schäden,
die gegebenenfalls nach dem im Einzelfall anwendbaren Recht vorgesehen
sind.

10 Eine einheitlich bemessene Verjährungsfrist für Schadenersatzansprüche
liegt sowohl im Interesse des Geschädigten als auch des Herstellers.

11 Produkte nutzen sich im Laufe der Zeit ab, es werden strengere Sicher-
heitsnormen entwickelt, und die Erkenntnisse von Wissenschaft und Technik schreiten fort. Es wäre daher unbillig, den Hersteller zeitlich unbegrenzt für Mängel seiner Produkte haftbar zu machen. Seine Haftung hat
somit nach einem angemessenen Zeitraum zu erlöschen, wobei ein rechts-
hängiger Anspruch jedoch nicht berührt wird.

12 Damit ein wirksamer Verbraucherschutz gewährleistet ist, darf es nicht
möglich sein, die Haftung des Herstellers gegenüber dem Geschädigten
durch eine Vertragsklausel abweichend zu regeln.

13 Nach den Rechtssystemen der Mitgliedstaaten kann der Geschädigte aufgrund einer vertraglichen Haftung oder aufgrund einer anderen als der in
dieser Richtlinie vorgesehenen ausservertraglichen Haftung Anspruch auf
Schadenersatz haben. Soweit derartige Bestimmungen ebenfalls auf die
Verwirklichung des Ziels eines wirksamen Verbraucherschutzes ausgerich-
tet sind, dürfen sie von dieser Richtlinie nicht beeinträchtigt werden. Soweit in einem Mitgliedstaat ein wirksamer Verbraucherschutz im Arznei-
mittelbereich auch bereits durch eine besondere Haftungsregelung gewährleistet ist, müssen Klagen aufgrund dieser Regelung ebenfalls weiterhin
möglich sein.

Da die Haftung für nukleare Schäden in allen Mitgliedstaaten bereits aus- **14** reichenden Sonderregelungen unterliegt, können Schäden dieser Art aus dem Anwendungsbereich dieser Richtlinie ausgeschlossen werden.

Der Ausschluss von landwirtschaftlichen Naturprodukten und Jagderzeug- **15** nissen aus dem Anwendungsbereich dieser Richtlinie kann in einigen Mitgliedstaaten in Anbetracht der Erfordernisse des Verbraucherschutzes als ungerechtfertigte Einschränkung dieses Schutzes empfunden werden; deshalb müssen die Mitgliedstaaten die Haftung auf diese Produkte ausdehnen können.

Aus ähnlichen Gründen kann es in einigen Mitgliedstaaten als ungerecht- **16** fertigte Einschränkung des Verbraucherschutzes empfunden werden, dass ein Hersteller sich von der Haftung befreien kann, wenn er den Beweis erbringt, dass der Stand der Wissenschaft und Technik zu dem Zeitpunkt, zu dem er das betreffende Erzeugnis in den Verkehr gebracht hat, es nicht gestattete, die Existenz des Fehlers festzustellen. Die Mitgliedstaaten müssen daher die Möglichkeit haben, einschlägige Rechtsvorschriften, denen zufolge ein solcher Beweis nicht von der Haftung befreien kann, beizubehalten bzw. dahingehende Rechtsvorschriften zu erlassen. Werden entsprechende neue Rechtsvorschriften eingeführt, so muss jedoch die Inanspruchnahme einer derartigen Abweichung von einem gemeinschaftlichen Stillhalteverfahren abhängig gemacht werden, damit der Umfang des Schutzes in der Gemeinschaft möglichst in einheitlicher Weise erweitert wird.

In Anbetracht der Rechtstraditionen in den meisten Mitgliedstaaten em- **17** pfiehlt es sich nicht, für die verschuldensunabhängige Haftung des Herstellers eine finanzielle Obergrenze festzulegen. Da es jedoch auch andere Rechtstraditionen gibt, erscheint es möglich, den Mitgliedstaaten das Recht einzuräumen, vom Grundsatze der unbeschränkten Haftung abzuweichen und für Todesfälle und Körperverletzungen, die durch gleiche Artikel mit demselben Fehler verursacht wurden, die Gesamthaftung des Herstellers zu begrenzen, sofern diese Begrenzung hoch genug angesetzt wird, um einen angemessenen Schutz der Verbraucher und ein einwandfreies Funktionieren des Gemeinsamen Marktes sicherzustellen.

18 Mit dieser Richtlinie lässt sich vorerst keine vollständige Harmonisierung erreichen, sie öffnet jedoch den Weg für eine umfassendere Harmonisierung. Der Rat sollte von der Kommission daher regelmässig mit Berichten über die Durchführung dieser Richtlinie befasst werden, denen gegebenenfalls entsprechende Vorschläge beizufügen wären.

19 Im Hinblick darauf ist es besonders wichtig, dass die Bestimmungen der Richtlinie, die den Mitgliedstaaten Abweichungen ermöglichen, nach einem ausreichend langen Zeitraum überprüft werden, sobald genügend praktische Erfahrungen über die Auswirkungen dieser Abweichungen auf den Verbraucherschutz und auf das Funktionieren des Gemeinsamen Marktes gesammelt worden sind –

hat folgende Richtlinie erlassen:

Artikel 1

Der Hersteller eines Produkts haftet für den Schaden, der durch einen Fehler dieses Produkts verursacht worden ist.

Artikel 2

Bei der Anwendung dieser Richtlinie gilt als «Produkt» jede bewegliche Sache, ausgenommen landwirtschaftliche Naturprodukte und Jagderzeugnisse, auch wenn sie einen Teil einer anderen beweglichen Sache oder einer unbeweglichen Sache bildet. Unter «landwirtschaftlichen Naturprodukten» sind Boden-, Tierzucht- und Fischereierzeugnisse zu verstehen, ausgenommen Produkte, die einer ersten Verarbeitung unterzogen wurden. Unter «Produkt» ist auch Elektrizität zu verstehen.

Artikel 3

(1) «Hersteller» ist der Hersteller des Endprodukts, eines Grundstoffs oder eines Teilprodukts sowie jede Person, die sich als Hersteller ausgibt, indem sie ihren Namen, ihr Warenzeichen oder ein anderes Erkennungszeichen auf dem Produkt anbringt.

(2) Unbeschadet der Haftung des Herstellers gilt jede Person, die ein Produkt zum Zweck des Verkaufs, der Vermietung, des Mietkaufs oder einer anderen Form des Vertriebs im Rahmen ihrer geschäftlichen Tätigkeit in

die Gemeinschaft einführt, im Sinne dieser Richtlinie als Hersteller dieses Produkts und haftet wie der Hersteller.

(3) Kann der Hersteller des Produkts nicht festgestellt werden, so wird jeder Lieferant als dessen Hersteller behandelt, es sei denn, dass er dem Geschädigten innerhalb angemessener Zeit den Hersteller oder diejenige Person benennt, die ihm das Produkt geliefert hat. Dies gilt auch für eingeführte Produkte, wenn sich bei diesen der Importeur im Sinne des Absatzes 2 nicht feststellen lässt, selbst wenn der Name des Herstellers angegeben ist.

Artikel 4

Der Geschädigte hat den Schaden, den Fehler und den ursächlichen Zusammenhang zwischen Fehler und Schaden zu beweisen.

Artikel 5

Haften aufgrund dieser Richtlinie mehrere Personen für denselben Schaden, so haften sie unbeschadet des einzelstaatlichen Rückgriffsrechts gesamtschuldnerisch.

Artikel 6

(1) Ein Produkt ist fehlerhaft, wenn es nicht die Sicherheit bietet, die man unter Berücksichtigung aller Umstände, insbesondere

a) der Darbietung des Produkts,

b) des Gebrauchs des Produkts, mit dem billigerweise gerechnet werden kann,

c) des Zeitpunkts, zu dem das Produkt in den Verkehr gebracht wurde,

zu erwarten berechtigt ist.

(2) Ein Produkt kann nicht allein deshalb als fehlerhaft angesehen werden, weil später ein verbessertes Produkt in den Verkehr gebracht wurde.

Artikel 7

Der Hersteller haftet aufgrund dieser Richtlinie nicht, wenn er beweist,

a) dass er das Produkt nicht in den Verkehr gebracht hat;

b) dass unter Berücksichtigung der Umstände davon auszugehen ist, dass der Fehler, der den Schaden verursacht hat, nicht vorlag, als das Produkt von ihm in den Verkehr gebracht wurde, oder dass dieser Fehler später entstanden ist;

c) dass er das Produkt weder für den Verkauf oder eine andere Form des Vertriebs mit wirtschaftlichem Zweck hergestellt noch im Rahmen seiner beruflichen Tätigkeit hergestellt oder vertrieben hat;

d) dass der Fehler darauf zurückzuführen ist, dass das Produkt verbindlichen hoheitlich erlassenen Normen entspricht;

e) dass der vorhandene Fehler nach dem Stand der Wissenschaft und Technik zu dem Zeitpunkt, zu dem er das betreffende Produkt in den Verkehr brachte, nicht erkannt werden konnte;

f) wenn es sich um den Hersteller eines Teilproduktes handelt, dass der Fehler durch die Konstruktion des Produkts, in welches das Teilprodukt eingearbeitet wurde, oder durch die Anleitungen des Herstellers des Produktes verursacht worden ist.

Artikel 8

(1) Unbeschadet des einzelstaatlichen Rückgriffsrechts wird die Haftung eines Herstellers nicht gemindert, wenn der Schaden durch einen Fehler des Produkts und zugleich durch die Handlung eines Dritten verursacht worden ist.

(2) Die Haftung des Herstellers kann unter Berücksichtigung aller Umstände gemindert werden oder entfallen, wenn der Schaden durch einen Fehler des Produkts und zugleich durch Verschulden des Geschädigten oder einer Person, für die der Geschädigte haftet, verursacht worden ist.

Artikel 9

Der Begriff «Schaden» im Sinne des Artikels 1 umfasst

a) den durch Tod und Körperverletzungen verursachten Schaden;

b) die Beschädigung oder Zerstörung einer anderen Sache als des fehlerhaften Produktes
   - bei einer Selbstbeteiligung von 500 ECU
   - sofern diese Sache
   i) von einer Art ist, wie sie gewöhnlich für den privaten Ge- oder Verbrauch bestimmt ist, und
   ii) von dem Geschädigten hauptsächlich zum privaten Ge- oder Verbrauch verwendet worden ist.

Dieser Artikel berührt nicht die Rechtsvorschriften der Mitgliedstaaten betreffend immaterielle Schäden.

Artikel 10

(1) Die Mitgliedstaaten sehen in ihren Rechtsvorschriften vor, dass der aufgrund dieser Richtlinie vorgesehene Ersatzanspruch nach Ablauf einer Frist von drei Jahren ab dem Tage verjährt, an dem der Kläger von dem Schaden, dem Fehler und der Identität des Herstellers Kenntnis erlangt hat oder hätte erlangen müssen.

(2) Die Rechtsvorschriften der Mitgliedstaaten über die Hemmung oder Unterbrechung der Verjährung werden durch diese Richtlinie nicht berührt.

Artikel 11

Die Mitgliedstaaten sehen in ihren Rechtsvorschriften vor, dass die dem Geschädigten aus dieser Richtlinie erwachsenden Ansprüche nach Ablauf einer Frist von zehn Jahren ab dem Zeitpunkt erlöschen, zu dem der Hersteller das Produkt, welches den Schaden verursacht hat, in den Verkehr gebracht hat, es sei denn, der Geschädigte hat in der Zwischenzeit ein gerichtliches Verfahren gegen den Hersteller eingeleitet.

Artikel 12

Die Haftung des Herstellers aufgrund dieser Richtlinie kann gegenüber dem Geschädigten nicht durch eine die Haftung begrenzende oder von der Haftung befreiende Klausel begrenzt oder ausgeschlossen werden.

Artikel 13

Die Ansprüche, die ein Geschädigter aufgrund der Vorschriften über die vertragliche und ausservertragliche Haftung oder aufgrund einer zum Zeitpunkt der Bekanntgabe dieser Richtlinie bestehenden besonderen Haftungsregelung geltend machen kann, werden durch diese Richtlinie nicht berührt.

Artikel 14

Diese Richtlinie ist nicht auf Schäden infolge eines nuklearen Zwischenfalls anwendbar, die in von den Mitgliedstaaten ratifizierten internationalen Übereinkommen erfasst sind.

Artikel 15

(1) Jeder Mitgliedstaat kann

a) abweichend von Artikel 2 in seinen Rechtsvorschriften vorsehen, dass der Begriff «Produkt» im Sinne von Artikel 1 auch landwirtschaftliche Naturprodukte und Jagderzeugnisse umfasst;

b) abweichend von Artikel 7 Buchstabe c in seinen Rechtsvorschriften die Regelung beibehalten oder - vorbehaltlich des Verfahrens nach Absatz 2 des vorliegenden Artikels - vorsehen, dass der Hersteller auch dann haftet, wenn er beweist, dass der vorhandene Fehler nach dem Stand der Wissenschaft und Technik zu dem Zeitpunkt, zu dem er das betreffende Produkt in den Verkehr brachte nicht erkannt werden konnte.

(2) Will ein Mitgliedstaat eine Regelung nach Absatz 1 Buchstabe b einführen, so teilt er der Kommission den Wortlaut der geplanten Regelung mit; die Kommission unterrichtet die übrigen Mitgliedstaaten hiervon.

Der betreffende Mitgliedstaat führt die geplante Regelung erst neun Monate nach Unterrichtung der Kommission und nur dann ein, wenn diese dem Rat in der Zwischenzeit keinen einschlägigen Änderungsvorschlag zu dieser Richtlinie vorgelegt hat. Bringt die Kommission jedoch innerhalb von drei Monaten nach der Unterrichtung dem betreffenden Mitgliedstaat nicht ihre Absicht zur Kenntnis, dem Rat einen derartigen Vorschlag zu unterbreiten, so kann der Mitgliedstaat die geplante Regelung unverzüglich einführen.

Legt die Kommission dem Rat innerhalb der genannten Frist von neun Monaten einen derartigen Änderungsvorschlag zu dieser Richtlinie vor, so stellt der betreffende Mitgliedstaat die geplante Regelung für einen weiteren Zeitraum von 18 Monaten nach der Unterbreitung dieses Vorschlags zurück.

(3) Zehn Jahre nach dem Zeitpunkt der Bekanntgabe dieser Richtlinie legt die Kommission dem Rat einen Bericht darüber vor, wie sich die Anwendung des Artikels 7 Buchstabe e und des Absatzes 1 Buchstabe b des vorliegenden Artikels durch die Gerichte auf den Verbraucherschutz und das Funktionieren des Gemeinsamen Marktes ausgewirkt hat. Der Rat entscheidet unter Berücksichtigung dieses Berichts nach Massgabe des Artikels 100 des Vertrages auf Vorschlag der Kommission über die Aufhebung des Artikels 7 Buchstabe e.

Artikel 16

(1) Jeder Mitgliedstaat kann vorsehen, dass die Gesamthaftung des Herstellers für die Schäden infolge von Tod oder Körperverletzung, die durch gleiche Artikel mit demselben Fehler verursacht wurden, auf einen Betrag von nicht weniger als 70 Millionen ECU begrenzt wird.

(2) Zehn Jahre nach dem Zeitpunkt der Bekanntgabe dieser Richtlinie unterbreitet die Kommission dem Rat einen Bericht über die Frage, wie sich diese Haftungsbegrenzung durch diejenigen Mitgliedstaaten, die von der in Absatz 1 vorgesehenen Möglichkeit Gebrauch gemacht haben, auf den Verbraucherschutz und das Funktionieren des Gemeinsamen Marktes ausgewirkt hat. Der Rat entscheidet unter Berücksichtigung dieses Berichts nach Massgabe des Artikels 100 des Vertrages auf Vorschlag der Kommission über die Aufhebung des Absatzes 1.

Artikel 17

Diese Richtlinie ist nicht auf Produkte anwendbar, die in den Verkehr gebracht wurden, bevor die in Artikel 19 genannten Vorschriften in Kraft getreten sind.

Artikel 18

(1) Als ECU im Sinne dieser Richtlinie gilt die Rechnungseinheit, die durch die Verordnung (EWG) Nr. 3180/78, in der Fassung der Verordnung (EWG) Nr. 2626/84 festgelegt worden ist. Der Gegenwert in nationaler Währung ist bei der ersten Festsetzung derjenige, welcher am Tag der Annahme dieser Richtlinie gilt.

(2) Der Rat prüft auf Vorschlag der Kommission alle fünf Jahre die Beträge dieser Richtlinie unter Berücksichtigung der wirtschaftlichen und monetären Entwicklung in der Gemeinschaft und ändert diese Beträge gegebenenfalls.

Artikel 19

(1) Die Mitgliedstaaten erlassen die erforderlichen Rechts- und Verwaltungsvorschriften, um dieser Richtlinie spätestens drei Jahre nach ihrer Bekanntgabe nachzukommen. Sie setzen die Kommission unverzüglich davon in Kenntnis.

371

(2) Das in Artikel 15 Absatz 2 vorgesehene Verfahren ist vom Tag der Bekanntgabe der Richtlinie an anzuwenden.

Artikel 20

Die Mitgliedstaaten teilen der Kommission den Wortlaut der wichtigsten innerstaatlichen Rechtsvorschriften mit, die sie auf dem unter diese Richtlinie fallenden Gebiet erlassen.

Artikel 21

Die Kommission legt dem Rat alle fünf Jahre einen Bericht über die Anwendung dieser Richtlinie vor und unterbreitet ihm gegebenenfalls geeignete Vorschläge.

Artikel 22

Diese Richtlinie ist an die Mitgliedstaaten gerichtet.

Anhang 3
Europäisches Übereinkommen über die Produkthaftung bei Körperverletzung und Tötung vom 27.1.1977

Die Mitgliedstaaten des Europarats, die dieses Übereinkommen unterzeichnen

von Erwägung geleitet, dass es das Ziel des Europarats ist, eine engere Verbindung zwischen seinen Mitgliedern herbeizuführen;

angesichts der Entwicklung des Fallrechts in der Mehrzahl der Mitgliedstaaten, das die Haftung der Hersteller erweitert, um die Verbraucher mit Rücksicht auf die neuen Herstellungsverfahren sowie Marketing- und Verkaufsmethoden zu schützen;

in dem Bestreben, einen besseren Schutz der Allgemeinheit zu gewährleisten und gleichzeitig die legitimen Interessen der Hersteller zu berücksichtigen;

in Erwägung, dass dem Schadensersatz bei Körperverletzung und Tötung Vorrang eingeräumt werden sollte;

in dem Bewusstsein, wie wichtig es ist, besondere Vorschriften über die Haftung der Hersteller auf europäischer Ebene einzuführen;
sind wie folgt übereingekommen:

Artikel 1

1. Jeder Vertragsstaat passt spätestens bis zum Inkrafttreten des Übereinkommens für diesen Staat sein innerstaatliches Recht den Bestimmungen dieses Übereinkommens an.

2. Jeder Vertragsstaat übermittelt dem Generalsekretär des Europarats spätestens bis zum Inkrafttreten des Übereinkommens für diesen Staat den Wortlaut verabschiedeter Vorschriften oder eine Darstellung des Inhalts der bestehenden Gesetzesvorschriften, auf die er sich zur Durchführung des Übereinkommens stützt.

Artikel 2

Im Sinne dieses Übereinkommens:

a) bedeutet der Ausdruck „Produkt" alle natürlichen oder industiellen beweglichen Sachen, im Rohzustand oder verarbeitet, auch wenn sie mit einer anderen beweglichen oder unbeweglichen Sache verbunden sind;

b) bedeutet der Ausdruck „Hersteller" die Hersteller von Endprodukten oder von Bestandteilen sowie die Erzeuger von Endprodukten oder von Naturprodukten;

c) hat ein Produkt einen „Fehler", wenn es nicht die Sicherheit bietet, die man unter Berücksichtigung aller Umstände, einschliesslich der Darbietung des Produkts, von ihm zu erwarten berechtigt ist;

d) ist ein Produkt „in den Verkehr gebracht", wenn der Hersteller es einer anderen Person ausgeliefert hat.

Artikel 3

1. Bei einer Tötung oder Körperverletzung, die durch einen Fehler seines Produkts verursacht worden ist, hat der Hersteller Schadenersatz zu leisten.

2. Jeder, der ein Produkt eingeführt hat, um es in einem Geschäftsbetrieb in den Verkehr zu bringen, und jeder der ein Produkt als sein Produkt ausgegeben hat, indem er seinen Namen, sein Warenzeichen oder ein anderes Erkennungszeichen auf dem Produkt angebracht hat, gilt als Hersteller im Sinne dieses Übereinkommens und haftet als solcher.

3. Gibt das Produkt nicht die Identität einer der nach Absatz 1 oder 2 dieses Artikels haftenden Personen an, so gilt jeder Lieferant im Sinne dieses Übereinkommens als Hersteller und haftet als solcher, es sei denn, er gibt auf Ersuchen des Berechtigten innerhalb einer angemessenen Frist die Identität des Herstellers oder derjenigen Person bekannt, die ihm das Produkt geliefert hat. Das gleiche gilt im Falle eines eingeführten Produkts, wenn dieses Produkt nicht die Identität des in Absatz 2 erwähnten Importeurs angibt, auch wenn der Name des Herstellers angegeben ist.

4. Bei Schaden infolge eines Fehlers an einem Produkt, das mit einem anderen Produkt verbunden ist, haften der Hersteller des verbundenen Produkts und der Hersteller, der dieses Produkt verbunden hat.

5. Haften mehrere Personen nach diesem Übereinkommen für denselben Schaden, so haftet jede von ihnen gesamtschuldnerisch.

Artikel 4

1. Hat der Geschädigte oder derjenige, der berechtigt ist, Schadensersatz zu beanspruchen, durch eigene Schuld zu dem Schaden beigetragen, so kann der Schadensersatz unter Berücksichtigung aller Umstände verringert oder abgelehnt werden.

2. Das gleiche gilt, wenn jemand, für den der Geschädigte oder die Person, die berechtigt ist, Schadenersatz zu beanspruchen, nach innerstaatlichem Recht verantwortlich ist, schuldhaft zu dem Schaden beigetragen hat.

Artikel 5

1. Der Hersteller haftet nach diesem Übereinkommen nicht, wenn er nachweist,

a) dass das Produkt nicht von ihm in den Verkehr gebracht worden ist; oder

b) dass bei Berücksichtigung der Umstände die Wahrscheinlichkeit besteht, dass der den Schaden verursachende Fehler zu der Zeit, als das Produkt von ihm in den Verkehr gebracht wurde, noch nicht bestand oder dass dieser Fehler erst nachher auftrat; oder

c) dass das Produkt weder zum Verkauf, zur Vermietung oder einer anderen Form der Verteilung für die wirtschaftlichen Zwecke des Herstellers hergestellt worden ist.

2. Die Haftung des Herstellers wird nicht gemindert, wenn der Schaden sowohl durch einen Fehler an dem Produkt als auch durch die Handlung oder Unterlassung eines Dritten verursacht wird.

Artikel 6

Schadensersatzansprüche verjähren drei Jahre nach dem Tage, an dem der Berechtigte Kenntnis von dem Schaden, dem Fehler und der Identität des Herstellers erhalten hat oder vernünftigerweise hätte erhalten müssen.

Artikel 7

Der auf Grund dieses Übereinkommens gegen einen Hersteller bestehende Anspruch auf Schadensersatz erlischt, wenn nicht innerhalb von zehn Jahren nach dem Tag, an dem der Hersteller das den Schaden verursachende Einzelprodukt in den Verkehr gebracht hat, Klage erhoben wird.

Artikel 8

Die Haftung des Herstellers nach diesem Übereinkommen kann durch eine Ausschluss- oder Freizeichnungsklausel weder ausgeschlossen noch begrenzt werden.

Artikel 9

Dieses Übereinkommen gilt nicht für
a) die Haftung von Herstellern unter sich und für ihre Regressansprüche gegen Dritte;
b) Atomschäden.

Artikel 10

Die Vertragsstaaten führen keine von diesem Übereinkommen abweichenden Regelungen ein, auch wenn diese für den Geschädigten günstiger sind.

Artikel 11

Die Staaten können die Haftung des Herstellers hauptsächlich oder hilfsweise, ganz oder teilweise, ganz allgemein oder nur bestimmte Risiken, durch die Haftung eines Garantiefonds oder eine andere Form der Kollektivgarantie ersetzen, vorausgesetzt, der Geschädigte geniesst einen Schutz, der zumindest dem Schutz gleichwertig ist, den er auf Grund der in diesem Übereinkommen vorgesehenen Haftungsregelung gehabt hätte.

Artikel 12

Dieses Übereinkommen berührt nicht die Rechte, die ein Geschädigter möglicherweise auf Grund der gewöhnlichen Vorschriften des Rechts der vertraglichen und ausservertraglichen Haftung hat, einschliesslich Vorschriften über die Pflichten eines Verkäufers, der Waren im Rahmen seines Gewerbes verkauft.

Artikel 13

1. Dieses Übereinkommen liegt für die Mitgliedstaaten des Europarats zur Unterzeichnug auf. Es bedarf der Ratifikation, Annahme oder Genehmigung. Die Ratifikations-, Annahme- oder Genehmigungsurkunden werden beim Generalsekretär des Europarats hinterlegt.

2. Dieses Übereinkommen tritt am ersten Tag des Monats in Kraft, der auf den Ablauf einer Frist von sechs Monaten nach Hinterlegung der dritten Ratifikations-, Annahme- oder Genehmigungsurkunde folgt.

3. Für einen Unterzeichnerstaat, der das Übereinkommen später ratifiziert, annimmt oder genehmigt, tritt es am ersten Tag des Monats in Kraft, der auf den Ablauf der Frist von sechs Monaten nach Hinterlegung seiner Ratifikations-, Annahme- oder Genehmigungsurkunde folgt.

Artikel 14

1. Nach Inkrafttreten dieses Übereinkommens kann das Ministerkomitee des Europarats jeden Nichtmitgliedstaat einladen, dem Übereinkommen beizutreten.

2. Der Beitritt erfolgt durch Hinterlegung einer Beitrittsurkunde beim Generalsekretär des Europarats; die Urkunde wird wirksam am ersten Tag des Monats, der auf den Ablauf einer Frist von sechs Monaten nach dem Tage ihrer Hinterlegung folgt.

Artikel 15

1. Jeder Staat kann bei der Unterzeichnung oder bei der Hinterlegung seiner Ratifikations-, Annahme-, Genehmigungs- oder Beitrittsurkunde einzelne oder mehrere Hoheitsgebiete bezeichnen, auf die dieses Übereinkommen Anwendung findet.

2. Jeder Staat kann bei der Hinterlegung seiner Ratifikations-, Annahme- Genehmigungs- oder Beitrittsurkunde oder jederzeit danach durch eine an den Generalsekretär des Europarats gerichtete Erklärung diese Übereinkommen auf jedes weitere in der Erklärung bezeichnete Hoheitsgebiet erstrecken, dessen internationale Beziehungen er wahrnimmt oder für das er Vereinbarungen treffen kann.

3. Jede nach Absatz 2 abgegebene Erklärung kann in bezug auf jedes darin genannte Hoheitsgebiet durch eine an den Generalsekretär des Europarats gerichtete Notifikation zurückgenommen werden. Diese Zurücknahme wird wirksam am ersten Tag des Monats, der auf den Ablauf einer Frist von sechs Monaten nach Eingang der Rücknahmeerklärung beim Generalsekretär des Europarats folgt.

Artikel 16

1. Jeder Staat kann bei der Unterzeichnung oder bei der Hinterlegung seiner Ratifikations-, Annahme-, Genehmigungs- oder Beitrittsurkunde gerichtete Notifikation erklären, dass er auf Grund eines internationalen Abkommens, bei dem er Vertragspartei ist, Einfuhren aus einem oder mehreren näher bezeichneten Staaten, die ebenfalls Vertragsparteien jenes Abkommens sind, nicht als Einfuhren im Sinne des Artikels 3 Absatz 2 und 3 ansieht; in diesem Fall gilt die Person, die das Produkt in einen dieser Staaten aus einem anderen Staat einführt, als Importeur für alle Vertragsstaaten dieses Abkommens.

2. Jede auf Grund von Absatz 1 abgegebene Erklärung kann durch eine an den Generalsekretär des Europarats gerichtete Notifikation zurückgenommen werden. Diese Zurücknahme wird wirksam am ersten Tag des Monats, der auf den Ablauf einer Frist von einem Monat nach Eingang der Rücknahmeerklärung beim Generalsekretär des Europarats folgt.

Artikel 17

1. Ausser den in der Anlage zu diesem Übereinkommen vorgesehenen Vorbehalten dürfen keine Vorbehalte zu den Bestimmungen dieses Übereinkommens gemacht werden.

2. Die Vertragspartei, die einen der in der Anlage zu diesem Übereinkommen vorgesehenen Vorbehalte gemacht hat, kann ihn durch eine an den Generalsekretär des Europarats gerichtete Erklärung zurücknehmen; sie wird wirksam am ersten Tag des Monats, der auf den Ablauf einer Frist von einem Monat nach ihrem Eingang beim Generalsekretär folgt.

Artikel 18

1. Jede Vertragspartei kann, soweit es sie betrifft, durch eine an den Generalsekretär des Europarats gerichtete Notifikation dieses Übereinkommen kündigen.

2. Diese Kündigung wird wirksam am ersten Tag des Monats, der auf den Ablauf einer Frist von sechs Monaten nach Eingang dieser Notifikation beim Generalsekretär folgt.

Artikel 19

Der Generalsekretär des Europarats notifiziert den Mitgliedstaaten des Europarats und jedem Staat, der diesem Übereinkommen beigetreten ist,

a) jede Unterzeichnung

b) jede Hinterlegung einer Ratifikations-, Annahme-, Genehmigungs- oder Beitrittsurkunde;

c) jeden Tag des Inkrafttretens dieses Übereinkommens nach seinem Artikel 13;

d) jeden nach Artikel 17 Absatz 1 gemachten Vorbehalt;

e) jede Zurücknahme eines Vorbehalts nach Artikel 17 Absatz 2;

f) jede nach Artikel 1 Absatz 2, Artikel 15 Absatz 2 und 3, und Artikel 16 Absatz 1 und 2 eingegangene Mitteilung oder Notifikation;

g) jede nach Artikel 18 eingegangene Notifikation und den Tag, an dem die Kündigung wirksam wird.

Zu Urkund dessen haben die hierzu gehörig befugten Unterzeichneten dieses Übereinkommen unterschrieben.

Geschehen zu Strassburg am 27. Januar 1977 in englischer und französischer Sprache, wobei jeder Wortlaut gleichermassen verbindlich ist, in einer Urschrift, die im Archiv des Europarats hinterlegt wird. Der Generalsekretär des Europarats übermittelt allen Unterzeichnerstaaten und allen beigetretenen Staaten beglaubigte Abschriften.

Anlage

Jeder Staat kann bei der Unterzeichnung oder bei der Hinterlegung seiner Ratifikations-, Annahme-, Genehmigungs- oder Beitrittsurkunde erklären, dass er sich das Recht vorbehält,

1. anstelle von Artikel 4 sein gewöhnliches Recht anzuwenden, soweit dieses Recht vorsieht, dass der Schadensersatz nur bei grober Fahrlässigkeit oder vorsätzlichem Verhalten seitens der Geschädigten oder der Person, die den Schadensersatzanspruch stellen darf, verringert oder abgelehnt werden darf;

2. durch Vorschriften seines innerstaatlichen Rechts die Höhe des von einem Hersteller auf Grund dieses innerstaatlichen Rechts entsprechend

dem vorliegenden Übereinkommen zu zahlenden Schadensersatzes zu begrenzen. Diese Begrenzung darf jedoch nicht geringer sein als

a) der Betrag in nationaler Währung, der 70 000 Sonderziehungsrechten entspricht, wie sie vom Internationalen Währungsfonds zur Zeit der Ratifikation festgelegt sind, für jede Person, die getötet wurde oder eine Körperverletzung erlitten hat;

b) der Betrag in nationaler Währung, der 10 Millionen Sonderziehungsrechten entspricht, wie sie vom Internationalen Währungsfonds zur Zeit der Ratifikation festgelegt sind, für alle Schäden, die durch die gleichen Produkte mit dem gleichen Fehler verursacht wurden.

3. den Einzelhändler von primären landwirtschaftlichen Produkten von der Haftung zu den Bedingungen in Artikel 3 Absatz 3 auszunehmen, vorausgesetzt, er gibt dem Berechtigten alle in seinem Besitz befindlichen Informationen über die Identität der in Artikel 3 erwähnten Personen.

Sachregister

Teil 1 dieses Kommentars ist mit Syst. Teil bezeichnet, Teil 3 mit PrH. Europa. Auf die Anhänge wird mit der Bezeichnung Anhang und dessen Nummer verwiesen.

Prof. Dr. Francis Cagianut / Prof. Dr. Ernst Höhn

Unternehmungssteuerrecht

«Finanzwirtschaft und Finanzrecht» Band 46

3., überarbeitete Auflage, 855 Seiten,
gebunden, Fr. 154.–/DM 172.–/öS 1342.–
ISBN 3-258-04724-3

Dieses Buch enthält eine zusammenhängende Gesamtdarstellung der Besteuerung der Unternehmungen und der an ihnen beteiligten Personen. Es hat die Aufgabe, einerseits als praxisbezogenes und zugleich theoretisch fundiertes Hilfsmittel für Unterricht und andererseits als Nachschlagewerk für Praktiker zu dienen.

Ausgehend von der Unternehmung und ihrer Tätigkeit zeigt das Buch auf, welche Steuerfolgen die einzelnen zivilrechtlichen und wirtschaftlichen Tatbestände, die im Laufe der Existenz einer Unternehmung eintreten können, bei den verschiedenen Steuerarten auslösen. Besonderes Gewicht wird auf die ausserordentlichen Tatbestände wie Gründung, Finanzierung, Umgestaltung, Reservenrealisierung, Liquidation usw. gelegt. Neben dem Steuerrecht werden die handelsrechtlichen Grundlagen ausführlich behandelt. Der Text wird durch eine grosse Zahl von Beispielen erläutert und durch praxisorientierte Fragen ergänzt.

In der 3., nachgeführten Auflage werden die massgebenden Bestimmungen des DBG und des StHG sowie die seit dem Erscheinen des Buches publizierte Judikatur und Literatur in Nachträgen zu jedem einzelnen Kapitel systematisch gegliedert wiedergegeben. Diese Hinweise ergänzen den bisherigen, z.T. korrigierten Text, und erlauben den Lesern eine Orientierung über den aktuellen Stand von Gesetzgebung und Praxis.

Das Buch richtet sich namentlich an Steuerexperten, Bücherrevisoren, Treuhänder, Juristen, Steuerbeamte, Verantwortliche des Rechnungswesens, Buchhalter sowie an fortgeschrittene Studenten der Rechtswissenschaft und der Betriebswirtschaftslehre.

Verlag Paul Haupt Bern · Stuttgart · Wien

Prof. Dr. Ernst Höhn

Steuerrecht

Ein Grundriss des schweizerischen Steuerrechts
für Unterricht und Selbststudium

Schriftenreihe «Finanzwirtschaft und Finanzrecht» Band 8

7., überarbeitete Auflage, 673 Seiten

gebunden Fr. 120.–/DM 134.–/öS 1045.–
ISBN 3-258-04736-7

kartoniert Fr. 84.–/DM 94.–/öS 733.–
ISBN 3-258-04737-5

Seinem Zweck als Lehrmittel entsprechend, bietet dieses Buch eine Einführung in das schweizerische Steuerrecht, indem es die Steuern des Bundes, der Kantone und der Gemeinden im Überblick darstellt, die Grundbegriffe erläutert und wichtige Probleme behandelt.
Nachdem in der vorausgegangenen Auflage keine Änderungen vorgenommen werden konnten, ist in der 7. Auflage der Inhalt wieder auf den neusten Stand (Juni 1992) gebracht worden. Neben der Nachführung von Literatur und Judikatur sowie zahlreichen Änderungen im Text wurden namentlich die neuen Bundesgesetze (DBG, StHG, Stempelgesetz-Novelle) eingearbeitet. Die Darstellung der noch geltenden eidgenössischen und kantonalen Gesetzgebung wurde jedoch beibehalten. Das Buch führt somit in der vorliegenden Auflage sowohl in das zur Zeit geltende als auch in das in naher Zukunft massgebende Steuerrecht der Schweiz ein.

Verlag Paul Haupt Bern · Stuttgart · Wien